CONSUMER AND BUSINESS CREDIT MANAGEMENT

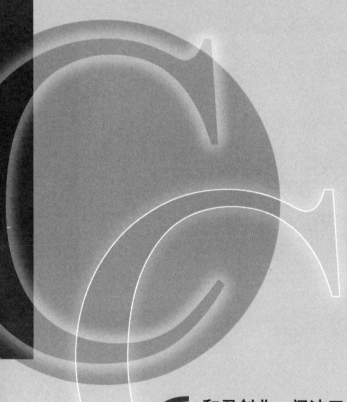

 和君创业·闻洁工作室 策划
H&J · Wen Jie Publishing Studio

工商管理经典译丛
信用管理系列

消费者与商业信用管理（第11版）

[美]罗伯特·科尔　朗·米什勒　著
(Robert Cole & Lon Mishler)

北京华译网翻译公司　译

中国人民大学出版社

译者前言

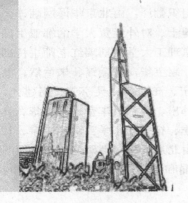

　　随着改革开放进程的不断加快，国际上各种经济概念及经济现象汹涌而至，信用也随着这股浪潮在市场中日益受到人们的重视。

　　信用是现代市场经济的生命，对经济的发展起到推动作用，使得人们的生活水平得以提高，需求得到更大的满足，同时也赋予企业更大的发展空间。发达国家的信用市场发展较早，已建立了完善的个人信用等级制度，资信评估、咨询机构和信用信息网，便于信用机构快速全面地评估借款人还贷的可能性和意愿；具备相关的完备的法律法规，使得整个信用交易顺畅地进行。

　　中国市场经济的改革已经20多年了，然而现代市场经济所必需的信用体系还未建立，信用观念尚未深入人心。当前的中国经济是由计划经济脱胎而出的，信用基础比较薄弱，中国信用市场的状况并不乐观。例如，目前我国还没有对居民个人资信状况和健康状况进行持续有效的调查、评估、监控的行业，因此，很难对借款人资信状况做出准确判断。又由于缺乏保险和担保制度；缺乏健全、规范的信用市场，同时社会保障体系不健全，消费政策不配套，并且缺乏相关的信用法规，信用机构对于交易对象的社会活动表现没有正常的程序与渠道可以进行了解，因此建立健全的、由个人、企业和政府信用机构组成的信用体系已成为当务之急，这就需要借助系统而详尽的研究和理论体系来支持，吸取已有的成功经验以建立和完善信用体系。

　　本书是美国乃至国际上影响最大，使用最广的信用管理教材，从首次出版以来已连续修订了10次，深受各国信用机构、企业管理者和相关管理专业师生和消费者的欢迎。其脉络清晰，内容丰富，同时佐以大量案例，详细阐述了信用的各种类型及其风险分析和信用决策的过程，还讨论了信用交易中所使用的收账过程、常用收账工具以及收账技巧等。有志于从事信用业的人士可以从书中找到成为一名优秀的信用管理者的理论基础，更加深入和全面地了解信用业务流程；相关信用管理机构也可以借鉴美国的信用法规，取其精华，建立适合中国具体情况的法律法规，完善我们的信用市场。相信诸位读者在阅读本书后都会有所收获。

本书由北京华译网翻译公司组织翻译，由北京华译网翻译公司学术顾问、中国政法大学副教授郭武文博士、对外经贸大学的邹亚生副教授、中国人民大学的徐佳宾副教授和北京理工大学的刘瑞红老师主持翻译，参加翻译的还有甄伟、甄宏、吴艳辉、赵宝华、谢金锋、朱怡然、洪洋、国利军、刘余华、徐翔、刘文成、郭宁、汪志华、吴京芳、高建光、吕新杰、高秀娟、姜慧娟、冯啸、米俊、孙琳、卢强、李莹、肖青华、袁霞、刘寅龙、孙宇、张瑞莲、孙静、赵学季、崔莹、张学昌、陈凌宇、甘文凝、马风涛、王玉生、季卫华等，全书由北京华译网翻译公司学术顾问甄宏博士审校。本书在翻译过程中如有疏漏和不妥之处，请各位读者与我们联系。E-mail：edubook@sohu.com。

北京华译网翻译公司

英文版序言

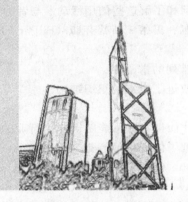

想想历史上的第一次信用交易。当然，那一定是发生在几百年以前，那时还没有银行、信用机构或者信用部门。可能是某位农夫向他的邻居借一些种子来种庄稼，并保证给出借者一部分他的收成；也可能是一个要养家糊口的人为了他（或她）的家庭而需要借一些食物，并保证付给出借者一些红利以报答其慷慨。

这个潜在的出借者可能会感到惊讶和担心，这就需要有信用。当然，如果有一些偿付的担保将会更好。一个人要怎样才能评估贷款的风险？将财产交予另一个人使用应要求得到什么样的补偿？当没有及时还款时该怎样收回贷款？

如果一位农夫或者商人获得资金以提供就业机会和产品，那么整个社会将会收益。在人类历史上，贷款以及其他信用活动就提供了这些机会。金融机构的产生就是为了将资金从储蓄者手中转移到借款者手里，以便于后者使用这些财富来创造经济价值。由于信用使得消费者、企业和政府能够购买到产品和服务，它对世界各国的经济增长都作出了贡献。

虽然评估风险、延长信用期限和收回款项的基本任务没有变，但是随着时间的推移，营销和操作信用活动的机制却发生了极大的变化。使用复杂信用评级程序的计算机往往决定了谁将获得信用卡。电子支付系统加速了账户金额的结算。信用部门持有大量的关于贷款者的信息数据，这些数据在互联网上可以得到。出借人持续开发更多的途径以为商家和消费者服务，而现在多数人都是利用可获得的信用计划来购买汽车、住房、商品和服务的。因此，现代的商人必须理解延长信用期限所带来的机会和挑战。

本书（第一版大约出版于 40 年前），以时间为顺序编入在信用管理系统和实践中所发生的这些变化。我们始终尽力帮助信用的提供者和使用者获得对这一强大的商业创造的合理应用。当我们将信用管理讲述给学生、商人、借款者和法律顾问时，我们尽力将理论与实际联系在一起。本书的第11版体现了许多新的和令人激动的特点：

- 商业机构的组织形式、可转让信用工具和信用审批政策等新专题；
- 列入许多参与信用活动的组织和机构的网址以便给学生以第一手的、相当于实践旅行的机会来访问和了解这些信用活动参与者的情况；
- 附带的案例分析以及对比尔和贝蒂·斯蒂芬斯（Bill and Betty Stevens）案例分析的补充；
- 每一章后面都有一个最新排列的术语表；
- 通过合并和展开一些章节改进了全书的组织结构；
- 加强的教师使用手册。

正是由于以下评论家的建议才使得本书可能跟上这个行业的变化，而他们的观点在这一修订版中也得到了体现，他们是：Stan Carson of Eastern Maine Technical College；John Gauthier of Gateway Technical College；Thomas C. Fryer of Northwestern Business College；and Frances L. Haldar of North Central Technical College. 我们对他们的帮助表示衷心的感谢。

同样，我们还衷心地感谢那些愿意将他们的时间和经验与我们共享以修订本书第11版的许多管理人员。我们要特别感谢以下人员：

- 全国信用管理协会的 Robin Schauseil，Teresa Donohue 和 Connine Cheak
- 经验信息服务中心的 Janis Lamar。
- 经验商业信息服务中心的 Kate Lohuis。
- Equifax 公司的 John Ford 和 Kristen Petrella。
- of Northeast Wisconsin Technical College 的 Dwight Noyes.

最后，我们感谢来自财务计划和信息服务中心的林达·弗勒确、布来恩·米歇尔和琼·文达克的热心帮助，以及他们提供的管理上的援助。他们的洞察力、技能和耐心为本书提供了很大的帮助。

当然，我们同样感谢读者的建议。我们将继续努力以提供一本优秀的教材来满足商业信用和消费者信用的培训需要。

朗·米什勒

罗伯特·科尔

目　　录

第1篇　信用概述

第3篇　消费者信用管理及分析

第 4 篇　理解商业信用

第 5 篇　商业信用管理与分析

第 6 篇　国际贸易信用

第 7 篇　收账管理与控制

第1篇
信用概述

第1章 经济中的信用

学习目标

在学完本章后，你应该能够做到：
- 给出信用的定义并解释信用活动的重要特点；
- 说明信用如何被划分为不同的类型；
- 说明信用的作用以及信用在我们经济生活中的重要性；
- 讨论商业周期以及联邦政府为稳定经济所做出的各种努力；
- 描述信用对消费者和企业所起的作用；
- 说明使用信用可能产生的危险；
- 说明由于信用的扩张和使用而需进行的教育。

内容提要

我们生活在一个充满信用的世界里。每一天，通过各种途径，我们变得越来越深陷于这个信用世界的各个不同方面。作为消费者、商人或投票人，我们对信用的应用也正在不断地增加。我们中的任何一个人都需要了解什么是信用、如何使用信用以及为规范信用使用而订立的法规。

从古至今，信用对美国经济的发展和大多数美国人所享有的高生活水平都做出了积极的贡献。信用提供了各种创立企业、维持企业生产经营和转让企业的方式，抚育了商业企业的成长。制造商、批发商和零售商在他们之间所发生的各种销售活动中，大量地使用了信用这一工具。信用条款提供了时间，使得付款前销售成为可能。企业同样也从各种为消费者提供信用的活动中受益，因为这使得他们能够增加销售量和开发新的市场。这些销售活动既扩大了就业，也推动了美国经济的发展。

由于美国消费者在没有现金购买商品时，可以通过信用的方式来购买住房、汽车和其他耐用品，他们的生活水平得到了很大提高。信用能帮助个人处理一些紧急情况，还能给予他们一种便捷的理财方式。许多大学生就是通过使用助学贷款来支付他们的教育费用的。

各级政府都大大地利用了信用，来为它们的各项政府活动开支以及公共设施建设融资，如建造新的学校、扩大健康和福利计划以及修建新的高速公路等。地方、州和联邦政府在它们的税收收入不足时，一般都是通过发行债券来筹集资金的。

人们对使用信用工具的观点发生了极大的变化。不久以前，许多消费者在没有现金的情况下往往放弃对商品的购买。然而如今，大多数消费者和企业都很欢迎各种信用活动，如果他们能够取得信用，他们就会马上购买所需的商品或服务。随着人们对信用以及以未来收入为保证进行借款行为的认可，甚至连政府赤字的不断扩大都是可以容忍的。

信用的使用成为美国经济中的一个重要组成部分，它是经济正常运行的润滑剂。然而，信用的大范围使用并不是没有风险的，过多使用信用的人往往发现，对信用的误用会导致破产、婚姻不和、精神压抑以及其他一些问题。企业也同样发现，信用销售会导致财务上发生困难。因此，我们要利用信用的有利方面，避免落入因对信用的无知和错误应用而造成的陷阱。

信用的定义

信用交易

在给信用下充分的定义之前，我们需要分析一下信用交易的过程及其组成要素。图1—1大体勾画出了信用活动的参与者、过程以及组成要素。

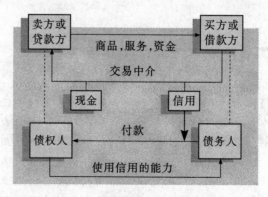

图1—1 信用交易

信用交易的过程

信用交易过程的第一阶段是销售商为购买者提供商品、服务或资金。该销售商可能是一个零售商或批发商，也可能是一个金融机构，前者为其他企业提供商品，后者则是为他人提供贷款。

买方先检查卖方提出的交易条款，并决定是否要达成这项交易。接着，买方提供一种**交易中介**（medium of exchange）（如卖方能接受的某种有价值的物品）以交换获得的商品或服务。买方可能提出以现金交易。现金交易方式是通用的，因此用现金很容易就能完成交易。然而，买方也可能会提出提供信用担保，保证在将来进行偿付。这种信用或承诺付款的使用范围很小，因为卖方必须首先判断买方的承诺是否真实有效，才能决定接受该笔交易是否值得。

如果接受了这笔信用担保，买方和卖方之间所达成的协议就大体决定了买方在将来一段时间内的支付金额。信用交易一旦达成，卖方就成为一个**债权人**（creditor），即信用交易中有权获得价值或款项的一方；而买方则成为一个**债务人**（debtor），即信用活动中负有偿债义务的一方。

向债权人偿还债务之后，该债务人的信誉就会得到增强，因为债务人显示了其在将来付款承诺的合法价值。**信誉**（creditworthiness）是指一个企业或消费者通过承诺在未来付款而获得商品、服务或资金的能力。各人的信誉不同，这取决于信用使用者的收入、负债以及他过去在信用活动中所显示出来的偿付意愿。

信用活动的组成部分

债权人在接受一个申请者以其信用而不是以现金来支付货款之前，要考虑许多因素。每项信用活动都有其特定的组成要素，并且这些要素决定了信用管理人员的任务、职责和所应关注的事项。

风险

现金销售能够产生即期的、确定的支付。然而，在信用交易中，买方或债务人最终可能并不付款。如果真是这样，卖方就会损失其最初所交付给债务人的商品、服务或资金的价值。由于随时都有可能发生损失，这使得卖方急于收回款项。信用活动的一个基本任务就是要评价一位特定顾客所包含的风险额度。

时间

在一个信用交易过程中，卖方要等待一段时间才能收到货款。如果卖方能立即收到货款，该笔资金就能用于投资以取得利润。信用交易使卖方失去投资收益，并有可能需要贷款以支付其自身的开销。

抵押品

卖方或者贷款人可能会要求对方提供抵押品以担保信用交易的安全。**抵押品**（collateral）是指借款者所拥有的（或正在购买的）有价值的物品，用来作为减少贷款人损失的风险的保证。债务人将抵押品的所有权转让给信用提供者，并同意在不能付款的情况下，将该物品割让给债权人。一位信用经理或贷款业务员必须参与评估借款人所提供抵押品的价值。

5

操作费用

卖方如果接受了买方的付款保证，他将会承受一些额外的费用，如信用管理人员的工资、额外的操作费用以及所需各种文书的费用。要成功地运作一个信用管理部门，还必须给信用人员配备所需的计算机和其他精密设备。此外，法律费用和其他一些收账费用也是不可避免的。

法律方面的考虑

信用交易还受到州和联邦立法机构出台的旨在保护债务人和债权人的法律的影响。必须深入了解这些法律，才能避免因诉讼引起的处罚和一些额外的费用。要保证信用工作人员能正确地处理信用交易，就需要对他们进行培训。同时，由于这些法律会时常变更，必须有人密切关注这些变化，才能在需要时调整信用政策和程序。

通货膨胀

通货膨胀（inflation）是指商品和服务价格的普遍上涨。如果付款期被拖延了一段时间，并且在这一期间内发生了通货膨胀，那么所收回款项的购买力将少于债权人最初提供给债务人的款项的购买力。随着物价的上涨，每一美元的真实价值将有所下降，因为购买物品或服务时需要支付更多的美元。如果你借给某人 1 美元，5％的通货膨胀率将使你一年以后所收回的款项变为 95 美分。

融资费用

债权人可能会要求，也可能不要求将融资费用作为信用交易的一个组成部分。**融资费用**（finance charge）是指基于债务人或借款人所收到的价款而收取的一笔额外费用。收取融资费用将有助于弥补上面所提到的各类支出，如：不付款所造成的损失、操作费用、投资收益损失、通货膨胀损失以及法律费用等。如果融资费用条款没有被专门列出来，那它肯定是被隐含在公司所提供的商品或服务的价款中了。

信用的定义

信用（credit）作为交易中介，其使用范围要受到一定的限制。因为存在如上所述的种种潜在损失及因素，信用经理或贷款业务员并不会允许每个人使用信用程序。信用是一种交易的中介，它使得买卖双方之间的价值转移更为方便，但却并不是任何人都有权使用的。在接受付款承诺前，信用管理人员将进行一些调查，以评估一位特定客户的风险程度。信用是一种特权，对于那些希望使用它的人来说，他们必须努力获得并保护它。

信用的分类

信用交易以许多不同的形式出现。我们基于使用信用的目的和支付价款的方式对信用进行分类。

信用的两大类型是私人信用和公共信用。**私人信用**（private credit）是指个人或企业所使用的，为了保证交易在经济中的私人部门内顺利进行而使用的信用。而**公共信用**（public credit）是指由某级政府，如州、地方或联邦政府，所直接提供或使用的信用。如果税收收入不足以弥补当前所需的各项支出，政府将主要通过出售政府债券以及一些其他有价证券来借入资金。本书主要讨论的是私人信用。

私人信用
　消费者信用
　　零售信用
　　　循环信用
　　　分期付款信用
　　　服务信用
　　现金信用
　　　分期付款贷款
　　　一次性支付贷款
　　　通用信用卡
　　不动产抵押贷款
　商业信用
　　商品信用
　　经营所需的财务资本
　公共信用

图1—2说明了一件产品经过生产和销售的各个阶段，到被最终使用者或消费者购买的一系列过程。在这一过程的每个阶段，一个企业购买一种商品并在某方面增加其价值，再将它出售给市场链条中的下一个企业。**商业信用**（business credit）描述了企业以信用作为交易中介购买商品以便再将它出售，或获得资金以用于经营的过程中所发生的各种信用关系。例如，一个批发商可能会从一系列相关的生产厂商那里购买大量的产品，再将不同系列的商品出售给各个零售商。随着商品在市场链条中的转移，该批发商以及其他企业都有可能既成为债权人又成为债务人。

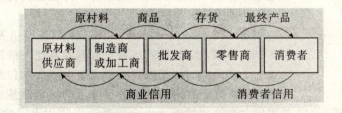

图1—2　市场链条

消费者信用出现在市场链条中的最后一个环节。**消费者信用**（consumer credit）是指由最终消费者所使用的，作为交易中介购买制成品和服务的信用。例如，一位消费者可以通过签署一项保证在未来几个月或几年内付款的协议来购买一辆新汽车。

消费者信用

消费者信用已被使用了数十年。那些想购买或者需要购买某些物品的消费者，往往愿意承诺以其将来的收入付款。有些家庭只在必要的时候才使用信用，例如将信用用于购买小汽车、住房等必需而又昂贵的耐用品。而其他一些家庭则会在更大范围内使用信用，如将信用用于购买一些奢侈品、服务以及其他一些他们想购买的物品上。

零售信用

零售信用（retail credit）是消费者在直接向销售商购买最终产品和服务时所使用的一种信用，它包括循环信用、分期付款信用和服务信用等一系列信用形式。这些信用形式之所以被联系在一起，是因为这些信用形式都是被商品销售者所接受的、同意等待将来付款的买方信用。例如，一个大型的家庭用品店会通过一种信用活动将一台冰箱销售给一位顾客，该销售者能够在未来一段特定时期内的每一个月收到一笔款项。

循环信用（revolving credit），又叫**开放性信用**或**选择性信用**，这类信用活动包含一项信用协议，以使消费者能以信用方式购买一系列不同物品，直到信用金额达到一个事先决定的最大值。通常销售商会发行一种信用卡，以决定哪些消费者能使用这种信用，而且该卡只能用于向发卡者购买商品。每个月消费者都会收到一份账单，上面列着他以前所进行的购买以及到期的款项。通常，如果在 25～30 天内消费者就付清了款项，那么他就不必支付额外的利息费用。如果消费者愿意，他也可以只支付一个基于标准公式计算出来的最小数额，但是对于未支付的部分，要支付一部分利息费用，该费用会在下一个月的账单中显示出来。

分期付款信用（retail installment credit）适用于单笔大宗交易，它承诺在未来很长的一段时间内定期支付一系列固定的款项。通常这是针对单个购买项目的一次性合约，该合约中包含了购货款、利息费用以及为防范违约风险而专门列出的条款。分期付款信用又被称为**封闭性信用**，因为该合约通常标有"全额支付"的字样，并且在支付完规定的最后一笔款项后就归还给购买者。

服务信用（service credit）产生于服务提供者同意他们的消费者延期付款。内科医生、牙医、水管工人以及其他一些提供各种服务的人，经常会在一个稍后的时间给消费者寄去账单以要求付款。通常，使用这种信用方式时不存在正式的合约，并且账单的总金额是由服务提供者确定的。服务提供者在许多情况下也会接受通用信用卡（这将在后文中介绍），或者为大额的债务设立分期付款计划。

现金信用

消费者信用的第二种类型是现金信用。**现金信用**（cash credit）是一种事前安排，即借款方从贷款方那里获得一笔资金，条件是同意在将来归还该笔资金，而且在归还资金时，通常还要附上借款的利息或融资费用。所借的资金可用于各种用途，如度假、结婚、应付紧急情况以及大额购买等。零售信用，即上面所述的消费者信用的第一种类型，是销售商提供信用以方便消费者对商品或服务的购买，而在现金信用中，是贷款方提供现金以供借款方使用。

分期付款贷款（installment loans）是一种贷款协定，该协定规定借款者在未来的一段时期内定期支付一系列固定的款项以偿还借款。例如，一个分期付款贷款的使用者可能会贷款向他或她的邻居购买汽车。助学贷款也属于分期付款贷款，这类贷款的还款期通常开始于学生毕业之后。在接受了贷款后，借款者将要向贷款者进行定期的支付以偿还本金和利息。借款者在申请贷款时，通常会被要求提供收入证明以及作为担保的金融资产，这样贷款者就能确信他有能力进行未来的偿付。

一次性支付贷款（single-payment loans）通常是一种短期贷款，贷款的期限只有一年或者更短。这种贷款协议规定，贷款将于期限结束时一次性偿还。有时，一次偿清信用贷款也称为**票据**贷款，借款者对贷款的使用存在一个固定的期限（如 90 天），他或她将在规定的期限结束时一次性偿还贷款。

通用信用卡（general-purpose credit cards）涉及一个信用协议，它使得借款者能够使用信用卡而不是用现金进行支付。这些信用卡，如万事达卡、维萨卡和 Discover 卡等，都已被许多销售商接受。借款者每月都会收到一份明细账单，列明专项费用、购货款以及预付款等。通常，持卡人如可每月足额付款，他就可以免交额外的利息费用。他也可以只支付一个最低限额，在这种情况下，利息费用就会被加入他的账单。上面列举的那些卡都是现金信用的例子，因为它们可用于多种目的，并且不是由某一个特殊的销售商为方便客户向他购货而发行的信用卡。

不动产抵押信用

不动产抵押信用（real estate credit）是消费者信用的第三种类型。在这种类型的贷款中，借款者要用其不动产作为贷款的抵押品才能获得贷款。该笔款项可能被用于购买或装修房屋，也可能被用于其他目的。借款人可能会获得一笔**抵押贷款**（mortgage loan），即以不动产担保的债务，以购买一套家庭住房。同样，将款项用于其他一些目的，如购买汽车、完成大学教育或装修房屋的抵押贷款也很受欢迎。而这些贷款之所以受到欢迎，是因为当前税法允许对许多这种类型贷款的利息支出从其应税所得额中扣除。

商业信用

商业信用是最古老的一种信用形式。供应商、生产商、销售商以及制造商都需要一些原材料和存货来维持他们企业的生产经营活动。因为在生产与对购货的付款之间经常存在一个时滞，所以往往需要一种信用交易。例如，从有文字记载的历史时期起，农场主就在使用这种信用交易，他们在播种时借款，在收获时还款。

商品信用

商品信用（merchandise credit）用于获得商品、原材料和存货以便再将它们售出。一个商业企业通常可以获得商品并同意根据销售商所制定的不同的延期支付条款进行支付。同时，在这一期间，企业就有可能将其购入的商品售出，筹集到偿还初始存货购买所需要的资金。例如，一个大学的文具店可以从作为学校供应商的批发商那里购买一批笔记本，而后者同意文具店在 30 天后再进行付款。

经营所需的财务资本

财务资本（financial capital）是指设立、维持以及运营一家企业所需的资金。资金将会被用于各方面的开支，如工资支付、营销费用、管理费用以及其他一些必须支付的费用。当这些费用发生时，必须用现金进行支付。当然，企业希望通过对其产品和服务的销售产生利润，以便能弥补这些支出。

公共信用

公共信用是指某一级政府为购买所需的产品、服务以及为其市民提供各种福利计划而借入的款项。当通过税收征集的款项不足以支付其提供的各种计划所需的资金时，各级政府，不论是联邦政府、州政府还是地方政府，都会通过借款筹集资金。通常，这是通过销售政府债券来实现的。发行政府债券，意味着政府承诺在未来一段时期内偿还投资者的本金并支付一定的利息。这样的例子包括：学区发行债券以建设新的学校；州政府销售债券以推行福利计划；联邦政府销售国库券为国防建设筹集资金等。公共信用的使用在近些年得到了极大的扩张，并且公共债务的规模也不断创造出新的记录。

信用在经济中的作用

信用已成为我们日常生活中不可缺少的一部分。它的使用既能带来好的结果，也能带来坏的结果，这取决于使用信用的原因以及借款人及时偿还款项的能力。例如，商业信用就被认为是一种**自动清偿信用**（self-liquidating credit），因为使用它的目的是获得商品和服务用于再出售，这样，它就能在随后的销售中自动地提供现金用于偿还借款。例如，一家体育用品商店以 60 天的信用条款获得一批自行车，在第一个月内，所有自行车都被售出了，那么店主就有足够的资金在欠款逾期以前偿还全部款项。

信用对消费者的作用

提高生活水平

由于信用使消费者能够用将来的收入购买现在所需的商品和服务，他们往往都能从信用的使用中获益。他们能用将来获得收入或资金的能力来提高他们当前的生活水平。例如，一对年轻的新婚夫妇，在租用第一套公寓时就能使用信用购买他们所需的家具；大学生能获得助学贷款以完成大学学业，并用其未来的收入偿还贷款。

处理紧急事务

消费者还可以使用信用来应付重要的紧急情况和危机。突发的汽车修理、医疗费用以及意外损失通常都需要立即进行支付，而信用能为消费者处理这些紧急事件提供方便。

提供便利

信用还是一种十分方便的工具。消费者可以环游世界而只用信用卡支付汽油费、旅馆费用、购买飞机票和纪念品，而不需要携带大量现金。如果旅行者有一张通用信用卡，那么他就绝不会遇上现金短缺。越来越多的销售商开始接受信用卡，而像汽车租赁公司之类的企业甚至更希望人们使用信用卡。

信用对企业的作用

开拓市场

企业可以依靠信用来开拓市场和寻找新的顾客。如果企业为他们的顾客提供信用购买的选择，他们就会拥有更多的顾客。因为有许多潜在消费者会因缺乏现金，而不能进行购买，或者更喜欢以信用方式购买以便能延迟支付。一个企业会很快发现他的许多竞争对手都在推行信用购买计划，如果他自己不接受信用购买的话，他就不能在市场上生存。

购买存货和供给品

企业也同样依赖于他们的供应商所提供的信用计划来获得他们经营所需的存货以及其他物品。如果企业能通过信用进行购货，他们就可以扩大商品的供给和储存更多的存货。

获得财务资本

最后，许多企业需要获得资本来创立、维持和扩大他们的生产经营。许多企业的现金流量很不均衡，各种支出往往发生在销售产品或提供服务以获取资金之前。如果没有了商业贷款，那么许多公司就不能建立新的经营场所、雇佣新的雇员以及支付营销费用等。

信用对经济的作用

信用有时被称为我们整个经济运行的润滑剂，它加速了资金和生产要素在经济体系内的流动。美国过去经济的增长，如就业的扩大、商品和服务的大量丰富，在一定程度上要归因于我们愿意相信其他人的信用。此外，信用还能通过调节信贷利率的高低，来稳定我们经济的运行。

经济稳定效应

图 1—3 说明了经济的运行周期。**商业周期**（business cycle）是指发生在我们经济体系内部的总支出水平和生产活动水平的上下波动。尽管不可能精确地预测到经济活动波动的程度和持续期，但在我们过去的历史中存在着经济周期却是不争的事实。在经济萧条时期，经济活动处于最低点，并出现了许多问题，最突出的就是高失业率和企业的倒闭。当经济处于萧条的阶段时，经济学家都希望能看到支出的增加和经济活动水平的上

升。而在经济的繁荣阶段，过高水平的经济活动又会导致通货膨胀，此时经济学家一般都希望支出能够减少。

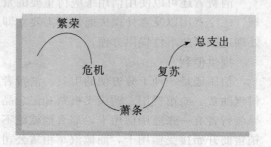

图1—3　商业周期

政府试图通过运用改变支出和经济活动水平的复合政策工具以使经济的上下波动趋于平稳，这些政策工具被分类为财政政策和货币政策。政府通过观察一系列的经济指标来监督经济的运行，接着就尽量根据需要来改变支出水平。基本经济理论告诉我们，当经济处于萧条期时，应扩大总支出，而当经济处于繁荣期时，应适当的削减总支出。信用的作用在货币政策中尤为重要，因为货币政策的目标就是要通过调控利率来影响总支出水平。

财政政策（fiscal policy）掌握在国会手中，国会可以通过法律来改变税收和政府支出水平。由于政府支出在社会总支出中占了相当大的一部分，所以它能直接增加或减少经济中的总支出。在经济萧条阶段，总统和国会往往会实施减税政策并扩大政府支出，支出的增加会刺激经济活动的上升并通常会使经济走出萧条。财政政策是非常有力的政策。例如，如果国会投票决定削减所得税，那么个人的支出很快就会增加，因为所得税征收的少了，许多人会立即将他们新增的收入用于消费，经济就会反弹。

在通货膨胀时期，应该增加税收并减少政府支出。然而，增税和削减支出在政治上都是不受欢迎的，所以许多控制通货膨胀的任务就落到了货币政策的头上。

货币政策（monetary policy）受控于联邦储备体系，它包含一系列不同的政策工具，用于扩张或收缩货币的供给量从而调控利率。在经济萧条时期，由于需要更多的支出，联邦储备体系就会扩张货币的供给以降低利率，以此鼓励消费和投资。在通货膨胀时期，利率水平将被提高以降低支出水平，从而降低物价。利率和货币供给量往往通过运用以下三个基本货币政策工具来控制的：（1）联邦储备贴现率的变动；（2）公开市场业务；（3）法定存款准备金的变动。

贴现率（discount rate）是联邦储备体系在向其系统内的商业银行发放贷款时所征收的利率。贴现率的变动影响极大，它通常体现了联邦储备体系所期望的利率走势。贴现率的变动往往会导致整个经济体系内贷款者所要求的利率的相应变动。当这些贷款者提高他们的利率后，汽车、住房和其他信用的价格就会立即上升，这样就会导致支出的减少。

公开市场业务（open-market operations）包括联邦储备体系对政府债券的买卖。如果联邦储备体系希望扩大货币的供给以降低利率，他就会从公众手中买入政府债券，这样就向流通中注入了更多的货币资金。而经济中有了更多的资金后，利率就会相应下降了。抵押贷款、汽车贷款以及其他一些信用价格的下降，就会导致支出的增加。而卖出政府债券将会减少货币供给，因为随着投资者支付现金购入债券时，资金就从流通中被抽走了。减少的货币供给会导致利率的上升并使企业和消费者的支出下降。

法定存款准备金（reserve requirements）是指存款机构（如银行、信用合作社和储蓄与贷款协会等）必须持有的或者存放在联邦储备体系内的资金。通过改变法定准备金要求，联邦储备体系既能够增强也能够减弱银行系统的放款和创造额外支出的能力。一家金融机构只须将其所有存款中的一小部分作为法定准备金，而其余一大部分则可用于贷款。这些贷款又会成为其他银行的存款，同样的因为这些银行也只须保留存款中的一小部分作为法定准备金，他们又能进一步地扩大贷款。这种贷款增加的过程，也即相应增加银行系统中存款的过程，是扩大我们经济中货币供给的最基本的渠道。经济萧条时期降低法定准备金要求，是扩张货币供给和降低利率水平的一种非常有效的方法。

信用使用中的风险

毫无疑问，对信用的不恰当使用会给企业、消费者及至整个社会带来许多问题。正如提供信用需要相当的谨慎一样，各方对信用的使用也必须谨慎，以保证信用被用于生产性支出。

消费者使用信用可能发生的风险

消费者可能会错误地使用信用并导致非常大的损失。由于过度地使用了信用，一些消费者会发现，他们最终不能偿还他们所借的款项，或者不能为所购买的商品进行定期地支付。信用工具很容易引起不谨慎消费者的错误决策，而对信用的误用可能会导致破产、财产损失、婚姻失败和信用等级降低。在使用信用的过程中，一些消费者发现他们已经过多地使用了自己将来的收入，以致失去了储存资金以实现重要财务目标的能力。随着可获得的信用购买的增加，学习预算的编制和正确的财务管理方法，对于每个家庭而言都变得更加重要了。

企业使用信用所可能发生的风险

当提供和使用信用时，企业也必须要小心谨慎。如果过多的消费者使用信用购买商品和服务却没有按照约定进行支付，那么为了弥补损失，就要求有更多的利润。导致小企业高破产率的一个非常重要的原因，就是他们没有能力执行一个好的信用管理政策。企业必须十分小心谨慎，以保证只有合格的顾客才能获得信用；必须成立有效的收账部门，以从信用的运作中产生出正的现金流量。当然，提供信用和回收账款的成本也必须加以控制，从而保证其不对利润产生重大影响。

需进行的教育

显然，信用的提供者和使用者都必须谨慎。信用变得越来越重要，并且有取代现金成为交易中介的趋势。由于信用是我们经济系统中一个非常重要的组成部分，几乎所有人（不论是消费者、商人还是投票人）都会从对信用的更多学习中受益。

对消费者的教育应包括：关于编制预算的学习、理解不同信用合约中合同条款的含义以及加强消费者遵守合约进行支付的意愿等。此外，他们同样还应了解在信用管理领域中，已经通过的各种法律所列明的对消费者权利的保护条款。

企业应该懂得如何建立可执行的信用政策、如何调查信用申请者的信誉以及如何收回依规定已到期的款项等。

重要术语

商业信用	business credit	交易中介	medium of exchange
商业周期	business cycle	商品信用	merchandise credit
现金信用	cash credit	货币政策	monetary policy
抵押品	collateral	抵押贷款	mortgage loan
消费者信用	consumer credit	公开市场业务	open-market operations
信用	credit	私人信用	private credit
债权人	creditor	公共信用	public credit
信誉	creditworthiness	不动产抵押信用	real estate credit
债务人	debtor	法定存款准备金	reserve requirements
贴现率	discount rate	零售信用	retail credit
融资费用	finance charge	分期付款信用	retail installment credit
财务资本	financial capital	循环信用	revolving credit
财政政策	fiscal policy	自动清偿信用	self-liquidating credit
通用信用卡	general-purpose credit cards	服务信用	service credit
通货膨胀	inflation	一次偿清贷款	single-payment loans
分期付款贷款	installment loans		

讨论题

1. 分别解释现金和信用是怎样在销售活动中充当交易中介的。
2. 说明信用交易中的 7 个重要组成部分。
3. 描述私人信用和公共信用这两种主要的信用形式。

4. 讨论一件典型的商品从生产到最终到达消费者手里所经历的各个阶段，并指出消费者信贷与商业信用之间的不同点。

5. 列举并描述并描述零售信用的 3 种形式。

6. 列举并描述现金信用的 3 种类型。

7. 定义不动产抵押贷款。

8. 讨论商业信用的 2 种类型间的差异。

9. 解释为什么商业信用常常被认为是 1 种自动清偿信用。

10. 描述消费者使用信用所得的 3 种好处。

11. 列举并解释企业使用信用所得的 4 种好处。

12. 描述财政政策并解释它是如何被用于改变经济中的总支出水平的。

13. 列举并解释联邦储备体系用以控制货币供给和利率的 3 种政策工具。

14. 解释以下两方使用信用时可能发生的风险：

　　a. 消费者

　　b. 企业

15. 为什么信用被称为"我们经济运行的润滑剂"？

16. 解释信用活动中的 7 个组成部分在以下交易中是如何结合的：

　　a. 从银行获得一笔汽车贷款

　　b. 助学贷款

　　c. 将企业存货销售给另一家企业

案例分析

（本案例的使用将贯穿于本书全文，并且为以后章节的案例分析提供信息。）

比尔（Bill）和贝蒂·斯蒂文斯（Betty Stevens）

美国恩尼镇主街 123 号

家庭资料

斯蒂文斯夫妇，结婚 21 年，有两个孩子：一个是罗伯特（Robert），17 岁；另一个是萨莉（Sally），14 岁。他们希望两个孩子都能上大学，比如上一所当地的州立大学。他们已经为每个孩子都开立了一个小的储蓄账户，但是还希望在孩子上大学时申请财政援助。贝蒂和比尔都希望他们的孩子能获得补助金或者奖学金，但他们同样也准备在需要时使用助学贷款。

拥有的产业

比尔是一家办公用品供应公司的所有者和经营者。该公司是一家地方性办公用品供应店，就坐落在他们家的附近。比尔现年 42 岁，他是在三年前开始经营这家公司的。他以自己的储蓄和从一家地方性银行——第一国民银行获得的分期付款贷款向一家全国性连锁店购买了特许经营权。当比尔向连锁总店购买货物时，他可以获得 30 天的信用期限。如果他在收到发票后 10 天内付款，可以获得相当于总货款 2% 的折扣。这也是他向他的其他供应商购货以补充存货时所使用的典型信用条款。比尔雇用了 2 名全职职工和 4 名兼职职工。

办公用品供应公司的顾客都是一些中小型公司，他们从这里购买纸制品、办公用具、计算机以及其他一些供应品。

在该商店购买商品可用现金、银行支票或信用卡付款。该商店接受的信用卡有万事达卡、维萨卡、Discover 卡以及专用信用卡——办公用品供应卡（其总公司发行的信用卡——译者注）。公司的老主顾都被邀请申请办理办公用品供应卡，这样他们就能在全美国任何一个连锁分店购买货物。一家销售融资公司，即顶尖财务公司（Ace Finance），最近愿意帮助该公司为购买计算机系统的顾客提供分期付款购买条款。

贝蒂的工作

贝蒂是主街牙科诊所的一名管理人员。她负责监督 3 名行政助理人员的工作，其中一名负责病人账单，一名负责病人的保险申请表，另一名则负责诊所的会计账簿。

拥有牙病保险的新病人，在第一次就诊时会被要求填一张申请表，以便诊所能收集到有关病人的保险公司的情况以及其他一些财务数据。接着牙医服务的账单就直接开给保险公司，并且给予 30 天的信用期。如果因某种原因账单未被支付，那么病人就会被要求偿付账单上的未付余额。对那些没有保险的病人，一般要求他们在就诊后直接全额支付账单，但是对一些具有良好信用记录的病人，他们也可以使用信用以延期付款。

斯蒂文斯夫妇的住房

斯蒂文斯夫妇现在的住房是在八年前用从银行获得的住房抵押贷款购买的。去年，他们又用住房所有权进行抵押贷款（第二次抵押），以获得资金装修他们的房屋和支付医疗费用。

其他信用活动

这个家庭拥有 3 张信用卡，一张是维萨卡，一张是 Discover 卡，还有一张是石油公司卡。斯蒂文斯夫妇去年从一个地方经销商那里购买了一辆新车，并利用了制造商所提供的优惠信贷。

以上行为中所涉及的信用

尽可能多地列举上述案例中所涉及的信用。用第一章所述的信用分类来判断以上描述的各类型的信用。判断：

a. 该信用是一种消费者信用还是一种商业信用？

b. 谁是债权人，谁是债务人？

第2章 信用经理的职责

学习目标

在学完本章后，你应该能够做到：

- 解释企业提供信用购买选择权的原因；
- 列举三种信用计划外部供给者的例子；
- 解释影响建立内部信用管理部门决策的各种因素；
- 描述信用经理所要达到的目标；
- 解释信用管理的各个步骤；
- 讨论信用经理职业组织的活动；
- 讨论从事信用管理工作所应具备的各种重要素质。

内容提要

第1章给出了信用的定义并讨论了信用在经济生活中的作用。现在，我们要考虑的是信用经理的职责：(1) 企业需要信用经理的原因；(2) 信用经理的工作目标；(3) 信用管理人员在处理信用申请过程的各个阶段中所应强调的职责和任务。最后我们将信用管理视为一种职业，并讨论一位好的信用经理所应具备的一些素质和技能。

企业提供信用计划所需做出的决策

企业提供信用计划，即提供非现金购买选择，所需做出的决策其实包含了两个基本问题。其中第一个问题是：我们是否应该提供信用购买选择，还是只接受现金购买？第二个问题是：假设信用计划是可行的，我们应该自行管理信用计划，还是使用外部信用供给者提供的信用管理服务？

大多数企业都允许其客户使用信用购买商品和服务。尽管我们偶尔会看到一两家企业贴出来的"不允许信用购买"的标志，但是提供信用购买计划基本上仍是通用的做法。制造商、批发商和零售商都会发现，如果他们提供信用计划，他们的销售额一般都会上升。企业同样也会发现，他们的顾客需要信用购买，这一方面是因为信用购买很方便，另一方面是因为顾客需要额外的时间来付款。许多消费者只从提供信用购买选择的企业那里购买商品。如果一家企业的竞争对手提供了信用计划，那么他要保持竞争力，就不可避免地也要提供信用计划。如果一个牙医在给病人看牙前就要求付款，或者一家办公用品批发商要求他的每位顾客预付货款，那他们的生意就要门庭冷落，最后只能关门大吉了。消费者会自动地转向那些提供延期付款计划的企业。最后，利息费用还是一些企业的重要收入来源，他们以提供信用计划的方式增加利润。

企业提供信用计划的原因

- 产生额外的销售
- 满足客户的需要
- 改善对消费者的服务
- 保持市场竞争力
- 增加利润

大多数企业需要通过提供信用计划来产生足够的销售额。因此，企业所需做出的更重要的决策可能是，应该发展企业内部信用计划还是利用信用购买选择的外部供给者。

利用信用计划的外部提供者

许多企业决定将信用管理功能转移给其他人。这类例子包括接受通用信用卡、将分期付款合同销售给间接贷款人以及将信用管理功能分包给其他公司。

通用信用卡

一些企业除了接受现金之外，还会接受一些信用卡，如维萨卡或者万事达卡。金融机构或其他提供金融服务的公司，在信誉调查后做出决定，是否给申请者办理信用卡。这些机构通常会给每一位顾客都安排一个信用额度，以限制他们在接受信用卡的商店或企业的购买总额。接受信用卡的企业可能需要实施必要的信用授权检查，以确定用卡人的合法身份以及所使用的信用卡不是丢失的或被盗的卡。通常，由于企业要支付交易费用，他最终收回的款项数额会少于顾客所支付的货款总额。此外，企业还需要购买一些用于收款的设备。

间接贷款人

一些企业会对大宗的交易项目提供分期付款购买选择。他们会帮助顾客填好信用申请表，然后将这张申请表交给一个间接贷款人。**间接贷款人**（indirect lender）是指这样的一家金融机构（如银行或消费者信用公司），他购买销售商因销售商品而产生的分期付款合同。例如，一位消费者可能从一家家用电器商店购买一台新的冰箱，并填写申请表和分期付款合同。稍后，该消费者就会从"购买"了该信用合同的消费者信用公司那儿收到一张付款账单。这样，家用电器商店就能立即收回货款，而消费者信用公司则负责定期收取合同中所列明的货物价款和利息费用。间接贷款人（在本案例中为消费者信用公司）通常要决定是否接受该消费者的信用合同。一旦签订了分付款合同，收取款项的任务就落到间接贷款人的头上了。

保理

正如我们将在后面章节中学到的，一些企业的信用管理部门决定通过使用一家保理公司的服务以将整个信用和收账的功能转让给其他信用供给者。**保理公司**（factor）是指从企业那里购买应收账款，并承担所有信用风险的金融机构或其他代理商。例如，一家销售香水的批发商可能会将他的所有订单都送到一家保理公司进行审查，以便使保理公司依据购买者的信誉决定哪些订单可以接受。如果订单被接受了，该香水批发商就可以立即收到现金，而保理公司则负责收回货款。利用保理公司的企业可能就不需要有全职的信用经理了。

这些由外部企业所提供的信用计划将在下一章中进行更详细的论述。利用其他机构提供信用计划的公司并不需要建立内部的信用管理部门。但是，使用外部的信用计划要承担一些费用。这些企业可能会遭到客户的投诉、失去商誉，并且其雇员要花费额外的时间填制必要的申请单、合同和销货凭证。企业同样还会发现，除了要支付上述费用外，他还会失去从信用活动中获得的利息收入。尽管存在上述的各种费用，一些企业还是宁愿选择利用外部信用供给者，而不愿意建立他们自己的信用管理部门。

建立内部的信用管理部门

通常，建立一个内部的信用管理部门是很困难的，因为建立一个新的部门会增加经营费用并需要有合格的人员，这些人员要在信用管理方面具有专门的知识和经验。此外，还需要考虑其他一些重要因素，如可使用的资金数额、销售商品的种类、法律限制以及可获得的外部信用供给者等。然而，对是否建立内部信用管理部门最重要的影响因素是，提供自我管理的信用计划对销售和利润所产生的影响。

运营成本

建立一个内部的信用管理部门将会涉及到很多费用。必须给信用管理人员支付工资；购买一些设备、办公用品和书面资料以支持信用管理活动。此外，促销信用计划、执行信用调查以及回收货款等，也要花费一些成本。此外，有时还不得不"注销"一些不可收回的款项。虽然收取的利息费用会弥补一些成本，但是，在商业信用中，可能没有这类收入或者这类收入很少以致不足以弥补成本。在决定是否要建立一个内部信用管理部门来提供信用购买选择时，企业家必须要仔细考虑以上的这些费用。

可使用的资金数额

当一家企业为向他购买商品或劳务的顾客提供额外的付款时间时，他实际上是将他的财务资本用于投资，因为他必须要等待他的顾客偿还款项。这时，企业的会计账簿上会增加一笔应收账款。**应收账款**（account receivable）是用于记录因销售货物或提供劳务而产生的对客户的应收款项的会计分录。许多商业信用以及一些消费者信用在付款期间是不征收利息费用的。然而，销售商在从其顾客那里收回货款之前，可能就要支付他自己的账单。企业必须要有充足的资金，才能支付他自己所欠的款项并等待客户付款。

合格的信用管理人员

应收账款发生问题是小企业经营失败的一个最主要原因。许多企业的所有者缺乏信用管理方面技能和经验。企业需要制定信用政策，以帮助雇员决定哪一个顾客有权进行信用购买，同时还需要有一些其他的程序来控制信用活动。企业需要有经验的信用工作人员，由他们负责做出信用决策、处理客户的账款并实施有效的收账政策。企业还必须遵守大量的法律法规，否则会产生许多法律问题。如果企业所有者不具备上述的知识和经验，那他就需要雇用其他人来进行信用管理。

法律限制

许多州和联邦的法律会影响信用活动。正如我们在以后章节中将会学到的，大多数法律对信用条款的披露、制定信用决策时的歧视性待遇、信用合同条款以及不公平的收账政策等都做出了一系列规定。例如，有些州的法律对分期付款合同规定了最长的还款期限和最高利率。企业所有者必须根据这些法律的变更对信用管理做出相应调整，使之符合现存法律条款的规定。

提供商品和服务的种类

信用管理的一个最基本的原则就是信用交易商品的价值永远不应低于所欠货款的价值，也就是说，如果拥有一件物品的收益已经消失或者大大减少了，那么顾客是不会为它付款的。例如，允许顾客赊购杂货会产生额外的风险，因为杂货一旦被消费了，顾客的付款意愿也许就会消失。借款人更有可能为住房抵押贷款或汽车贷款进行定期的支付，因为他们所购买的物品能持续使他们受益。在提供信用购买选择之前，企业必须确认他们所提供的商品或服务是有价值的，并且该价值在信用付款期限内始终存在。

可用的外部信用供给者

正如我们在上面所看到的，由于竞争的原因以及为了满足顾客的愿望，企业需要提供信用计划。但是，有时候一个企业并不能获得外部供给者提供的信用计划，那么该企业就只好自己提供信用计划了。

建立内部信用管理部门所需考虑的影响因素

- 对销售额和利润的影响
- 运营成本
- 可用的资金数额
- 合格的信用管理人员
- 法律限制
- 提供商品和服务的种类
- 可用的外部信用供给者

信用管理职能

一旦做出建立内部信用管理部门的决策，就必须将注意力集中在信用经理的职责、任务和信用管理的目标上。**信用经理**（credit manager）是企业组织中的内部成员，他负责评估顾客的信用购买申请，并有权将企业资产用于信用交易。尽管**信用经理**这一术语在企业信用环境中使用较多，但这一定义同样适用于许多其他称谓，如贷款业务员、商业经理、财务经理等。例如，金融机构中的贷款业务员评估客户的贷款申请并决定是否发放贷款；零售信用经理基于已提供的信息决定一位顾客是否能使用信用进行购买。他们之间的共同点就是都要评估风险程度，并决定在债权人和申请者之间能否建立起信用关系。

信用经理必须在许多不同的，有时甚至是相互矛盾的要求之间找到一个平衡点。想使用信用购买的潜在顾客既有可能带来收益，也有可能带来损失。如果该消费者及时付款，并将赊欠账户处理得很好，那么信用活动就为扩大销售提供了机会。但是，如果该消费者没有及时付款并处理好赊欠账户，那么提供信用购买选择的决策就会给企业带来额外的成本。

信用经理的目标

信用经理在对一位顾客的支付意愿和支付能力进行评估后，就有权将企业的资产用于信用交易。在整个信用调查和做出信用决策的过程中，信用经理必须将注意力集中在许多不同的目标上。

增加销售收入

信用经理在企业增加销售额的整体策略中占有非常重要的地位。每个企业都销售某种商品或提供某种服务，如果批准了更多的信用申请，企业的销售就会增加。如果没有一个稳定的愿意并能够购买企业产品的顾客流，这个企业就不能持续经营。所以，信用经理会尽可能多地批准信用购买申请。

监督并控制应收款项的数额

在大多数金融机构中，贷款或其他信用安排就是他们提供的产品。在这种情况下，信用经理可以通过提供更多的贷款，发行更多的信用卡，或者为合格的顾客开立更多的赊销账户来扩大应收款项的数额。然而在大多数的商业信用中，只要顾客在允许的时间范围内支付了货款，他们就无须支付利息。在这种情况下，信用经理的一个重要任务就是要尽可能低地持有应收账款的余额。随着企业的发展，其应收账款数额会自动增长，必须对应收款项的增长进行监督和控制。如果过多的顾客拖欠或拒绝付款，企业就会发生严重的现金短缺。

坏账损失（bad debt expense）是企业会计账簿中的一个会计科目，它用于记录企业不可收回的款项。当收回到期款项的可能性消失了，或者收回款项所需花费的成本超过所欠的货款时，就发生了坏账损失。坏账损失是很难被弥补的，因为这项损失既包含了所售商品的价值，又包括了应收利息和已支付的财务费用。企业的信用经理必须持续地监督收账行为的效率，以便及时发现不良趋势并改善结果。

控制运营成本和费用

信用管理过程中需要有人力投入、购买设备的资本支出和支付有助于信用操作的外部服务费用。企业还必须支付信用管理人员的工资费用、信用调查费用和收账费用，并购买必需的物品和计算机等。信用经理必须决定一项特定支出的收益是否超出了成本。

减少收账费用和坏账损失

在贷出款项或提供信用后，信用经理必须等待一段时间才能收回款项。有效的收账行为包括谨慎地监督应收账款，以及在没有按期付款时尽快做出反应。有研究清楚地表明，对一笔到期未付的款项采取补救措施拖延地越久，完全收回款项的可能性就越小。收账费用包括在收账上所花费的时间、法律费用、邮费以及对外部机构（如收账公司）所支付的费用。

制定信用政策和收账政策

大多数现代企业的信用部门都有明确的信用政策和收账政策。**信用政**

策（credit policy）是给雇员的一种书面指导准则，用于规定那些能够取得信用购买权的顾客所应具备的资格和条件。**收账政策**（collections policy）规定了收账程序、所使用的收账方法以及实施具体收账行为的时间限度。

培训和监督其他员工

任何管理人员的工作都包含一些如计划、组织、指挥和控制等的基本管理职能。在信用管理部门，信用经理为完成其基本目标，必须制定出相应的发展战略、政策和一些执行程序。所有员工都必须被安置在能发挥出他们个人能力的合适的岗位上，并且在必要时，要对他们进行必要的培训。必须执行一些业绩评估以及其他控制程序，以确保员工发挥出他们最大的潜能。

与其他部门合作

信用经理还必须对公司内其他部门的职员进行关于信用职能以及如何做出信用决策等内容的培训。例如，在商业信用中，信用经理与客户的接触可能是有限的，而公司的销售人员为了尽可能多的获得订单，却经常拜访公司的客户。这些销售人员必须了解一些信用活动的程序，以便他们能协助信用经理收集信息。他们还必须能够向客户解释公司所提供的信用计划以及客户开立一个信用账户所应具备的基本条件。信用部门和销售部门必须紧密地合作，因为信用计划是完成销售所需的。同样，信用经理还必须与那些监督公司现金流量的职员配合，因为通过回收应收账款，信用经理能帮助改善企业的现金流动状况。

与顾客保持良好的关系

向顾客提供信用的活动通常能获得他们的好感，而收账行为则往往会令顾客不满。与顾客交往的所有员工都必须具备良好的人际交往能力。在大多数场合下，要求顾客付款需要很高的谈判技巧。员工必须保持友好的态度，同时还必须以坚定的商业方式与客户交往。制定合理的收账政策并始终如一地处理问题，将会有助于员工与顾客的交往。

信用经理的目标

- 增加销售收入
- 监督和控制应收款项
- 控制运营成本和费用
- 减少收账费用
- 制定信用政策和收账政策
- 培训和监督员工
- 与其他部门合作
- 与客户保持良好的关系

信用管理程序

图 2—1 勾画出了信用提供过程所包含的各个不同步骤。**信用管理程序**（credit management process）是由一系列步骤组成的，这些步骤包括提供信用购买选择、分析申请者的信用风险以及收回应收款项。信用管理程序是通用的，对消费者信用和商业信用都适用。在每一阶段，信用经理都必须制定出相应的操作规则以保证以一种前后一致的、有效的方式来处理每个信用账户。

> **信用管理程序**
> 信用计划的促销
> ↓
> 申请的初步甄别
> ↓
> 信用调查
> ↓
> 信用决策
> ↓
> 账户控制
> ↓
> 收账

图 2—1 信用程序

促销（promotion）是为扩大销售量或增加使用信用购买选择权的顾客数量而做出的各种努力。如果企业能够提供信用购买选择，就会有更多的人来购买产品，所以企业会采用信用计划来促销产品。一旦企业提供了信用计划，就需要通过促销来吸引适当的顾客。信用经理必须监督这些活动，以保证通过促销活动吸引来合格的顾客。直接向顾客邮寄商品目录和订购单、特价销售、销售人员直接上门推销以及通过媒体进行广告宣传，都可以用来鼓励顾客开立信用账户。对于公司原有的信誉良好的顾客，则可鼓励他们更多地使用信用账户。通常，越多使用了信用计划，公司的平均信用成本就会越低。并且，如果公司征收融资费用，那么顾客的增加（也即销售额的增加）就会扩大信用经营的收益。

促销活动同样要求申请信用的程序要相对简单。信用申请表格应该简短，但必须能收集到足够的信息以进行充分的信用调查。如果具有稳定的顾客申请流量，信用经理就能扩大信用销售额。

申请的初步甄别

初步甄别（initial screening）指的是信用工作人员所做出的迅速的、符合成本-效益原则的检查，用来判断信用申请者是否满足开立信用账户的一些基本要求。促销活动将会产生一些开立新的信用账户的申请。大多数信用管理部门会首先使用不同的内部甄别方式，来确定是否应该执行更细致的、费用更高的信用调查。

现在，许多消费者信用的供给者使用信用评分系统以对新的信用申请进行甄别。**信用评分系统**（credit scoring system）是一个统计表或计算机程序，用于对信用申请表、财务报表或信用报告机构的报告中所反映的有关申请者的各个不同方面进行评分。通常，评分标准制定者要对各种信用特征，如收入水平、在同一地点居住的时间以及工作年限等，赋予一个权重。在商业信用中，对信用申请者的评分通常是基于一些通过对申请者的资产、负债以及收入所计算出来的财务比率的。如果得分足够高，就可实施更完整的调查。一些零售信用卡的发行人，使用计算机评分系统来决定对哪些消费者发行信用卡，同时确定他们的信用额度。

在商业信用中，对申请信用购买的企业的初步甄别，通常包括对其财务报表的分析这一内容。**财务报表分析**（financial statement analysis）包括：通过使用企业财务报表数据对各种财务比率进行计算，以及其他一些计算。计算的结果用于评估申请信用的企业的资产流动性、盈利性以及其他财务状况。

信用调查

信用调查（credit investigation）是为了核对顾客信用申请表上各种信息的真实性，以及判断顾客是如何处理其过去的债务，而采取的一系列步骤。信用调查包括收集必要信息以做出正确决策而采取的许多行动。通常，信用经理要核实申请者的收入和财务状况。信用经理的工作难点在于，既要收集到足够的信息，又不能在不必要的调查上花费过多的时间和金钱。同时，信用经理还应制定出专门的政策以指导信用调查活动。要求核实申请者至少已工作两年，就是这类政策的一个例子。

在这一信用管理阶段中，信用经理通常会与商业化信用报告机构联系。**商业化信用报告机构**（commercial reporting agencies）收集、保存并出售有关消费者和企业信用历史的资料。这些机构保存了大量的全国性数据，包括人口信息、就业历史、信用偿付记录、公共记录信息以及其他与消费者信用历史有关的信息。邓百氏（Dun & Bradstreet，美国的一家著名信用报告公司——译者注），以及其他一些企业信用报告公司，都从事着收集有关各个企业信用状况的信息的工作。这些机构收取的费用各不相同，这取决于他们被要求提供的报告的类型、提供报告的机构以及他们向使用者传送资料所使用的方式。

信用调查程序还包括一个**直接调查**（direct inquiry）阶段，这一阶段是用于联系那些能提供有关申请者的付款意愿和能力信息的雇员、信用供给者和其他个人。直接调查通常要征得申请者的同意，并且通常是和申请者一起进行的。信用经理必须意识到，为信用管理人员进行直接调查所支付的工资，会增加信用调查的费用。

信用决策

信用决策（credit decision）是信用经理所做出的接受或拒绝一位信用购买申请者的决定。作为交易中介，信用的使用要受到一定限制，因为收回款项要花费一定的时间，并且有一定的风险。在完成信用调查后，信用经理必须判断消费者的偿付承诺是否有效。

信用决策可能还包括设定一个信用额度。**信用额度**（credit line）是一种事前确定的分配给消费者的消费限额，在该限额内，消费者可以自由地进行信用购买。除非新的购买将使消费者的负债超过这一限额，否则，信用经理将不再查看消费者的档案，信用额度就像一种红色警戒，用来衡量消费者的信用购买量是否过高。然而，如果消费者将信用账户处理得很好，信用经理就可以根据需要适当的提高该消费者的信用额度。同时，在事先确定的信用购买限额内，信用助理人员有权批准购买。

信用经理必须不断地在增加信用消费者与控制费用和损失之间进行权衡。做出正确的决策既需要一定的能力又需要有一定的技巧。所需能力一般是指分析申请者财务状况的能力。而所需的技巧是由经验获得的，包括提问适当的问题，以便正确预测消费者的付款能力等。

账户控制

控制功能（control function）用于监督账户余额，以确保每一位消费者的负债总额都是合适的。某些消费者的负债总额可能过高，而有些信誉好的消费者却有可能没有充分利用信用。控制活动包括"查看"账户以证实消费者按规定定期付款，并保证消费者与信用供给者之间的关系是有益的。作为信用活动的一部分，信用经理要不断地更新消费者的信用资料，以决定是应该提高其信用额度，还是应该降低其信用额度。需要发展一些方法来帮助信用工作人员识别没有按期付款的账户，还要建立一些授权程序，以防止信用扩张超过额度。此外，一些用于从信誉良好的顾客那里争取到更多订单的方法也是非常有用的。

收账

收账活动（collection activities）包括为使信用消费者及时付款而做出的各种努力。收账活动是信用管理中最重要的组成部分。一个规范、灵活的收账程序将会改善企业的现金流量，使企业保持同客户的良好关系，并能增加销售额。这些活动包括与到期未付款顾客的谈判、制定合理的付款安排以及在消费者违约时作出的补救措施。依据所发生收账问题的严重程度，涉及的收账工具包括发票、信函、电话以及法律文书等。研究表明，一笔款项被拖延的时间越长，回收的难度也就越大。

信用管理职业

对信用经理的需求

随着信用的使用在我们整个经济生活中的扩张，训练有素、合格的信用经理的重要性也在不断增加。许多信用经理喜欢接受信用风险分析和信用决策所产生的挑战。他们对企业的成功经营起着非常重要的作用，因为信用活动是扩大销售额和提高消费者服务质量所不可或缺的重要组成部分。每天，信用经理们都面临着各种不同的任务和回报。信用经理同样也乐于帮助消费者和商业客户通过合理地利用信用，来改善他们的经济状况。随着企业所有者认识到进行信用管理要求具备的专门技能及素质，对信用管理专业人员的需求也越来越高了。

大多数信用经理最初是在一些其他领域，如会计、财务或一般的企业管理中得到训练的。但是，一旦他们从事信用管理工作，他们就会对信用活动和相关的专业技能产生兴趣，这些专业技能能帮助他们在信用管理职位上得到提升。尽管在美国，有一些教育机构提供专门的信贷管理课程，但是，对信用经理的训练仍有相当大的部分是在单个企业中进行的，并且信用经理必须经常设计他们自己的训练活动。当然，一些职业组织也承担了一部分培训的责任，这些组织提供了研习班、相应的课程以及其他一些后续教育。

信用经理的职业组织

几乎所有的职业团体都会通过建立一个职业组织来组织他们的成员。这些职业组织为他们的成员提供许多服务，如提供教育、组织游说活动、创办刊物、交流信息以及改善公共关系等。表 2—1 列出了一些与信用管理相关的职业组织。

表 2—1　　　　　　　　　　　　　　信用经理的职业组织

- 国家信用管理协会（National Association of Credit Management）
- 美国银行家协会（American Bankers Association）
- 美洲收账者协会（American Collectors Association）
- 国家信用合作社联盟（Credit Union National Association）
- 注册信用管理者学会（Society of Certified Credit Executives）
- 国际信用协会（International Credit Association）
- 美国金融服务协会（American Financial Services Association）
- 消费者银行家协会（Consumer Bankers Association）

提供教育

大多数职业工作者的工作所涉及的法律、技术以及工作方法都在不断地发生着变化。职业组织通常会发起一系列的研习班、专题讨论会以及其他培训活动，以使其成员能跟上变化。例如，一个信用管理组织可能召开一些研习班，以讲授在破产法方面的最新变化，或者解释新的财务报表分析方法。而专题讨论会可能用于培训信用工作人员，让他们了解如何在信用管理中使用计算机。许多其他的一些教育形式则可能有助于提高所有的，不论是有经验的还是没有经验的信用经理的工作技能和知识。

组织游说活动

一个职业组织的成员通常在法律变更方面都会有共同的目标、利益和要求。例如，所有的银行家可能都会同意现有的破产法过于宽松，不应该再修改它使之为破产申请者提供更多的保护。大多数职业组织都会从事一些游说活动以影响立法的方向。这些职业组织可能会雇佣职业的游说者，并通过这些游说者和立法委员讨论一些重要的法案、为立法委员会提供证据以实现他（或她）所代表的组织的要求和愿望。

创办刊物

大多数职业组织都会出版一些新闻通讯、杂志或者书籍以帮助他们的成员获取信息。这些刊物所报道的时事通常都会提出一些对他们的成员很重要的问题和技术。这些刊物还可能会包含一些广告，能够帮助成员了解新的产品或新的服务供给者。当然，这些刊物还会刊登一些论文，解释完成工作的新方法，或者为改善信用管理效果提出一些建议。

信息交流

一些职业组织会安排正式渠道以便其成员能相互交流信息。例如，全国信用管理协会，作为一个企业信用经理的职业组织，多年来一直保留着一个信用交流部门，以便信用经理们能够就一些共同客户交流信息。另一些职业组织即使没有正式的交流机制，也会召开定期会议，创造同样的机会使信用经理们能就一些共同话题交流意见。

改善公共关系

有些时候，职业组织会发起一些活动，以改善其职业的形象。这些活动如果能使公众对信贷经理所从事的工作以及他们的重要性有更多的理解，就会间接地提高信用经理的工作能力。改善公共关系的活动同样会吸引一些合格的人才进入该领域，提高从业人员的素质。

信用经理所需具备的重要素质

信用经理做好他们的工作，需要具备各种技能和专门知识。在这里，我们将概括一些要成为好的信用经理所需具备的重要素质、技能以及理解力。

关注细节

由于信用管理活动的核心就是风险分析和信用决策，所以，信用经理需要注意细节。他们不能忽视任何可能严重影响信用决策结果的重要因素。必须仔细填制申请表以及其他的表格；合同必须经过签名；合法权利必须得到记录并且财务报告必须精确。要完成以上这些工作任务，就必须仔细关注每一项任务的每个细节。

决策能力

显然，信用经理要做出许多决策。一个好的信用经理要能够基于可获得的信息做出正确的决定。在许多时候，往往需要更多信息，但这些信息不是不可获得，就是获得它们的成本太高。信用经理的一个最大的挑战，就是要能够基于手头的资料迅速做出决策。当然，如果缺乏的资料太多，是不可能作出正确决策的。但是，也不能将时间和金钱浪费在一些额外的、不必要的细节上。不幸的是，对许多刚开始从事这项工作的信用经理而言，几乎没有任何决策是显而易见或很容易做出的。

坚持不懈

一个好的信用经理必须要有恒心。有时，在做出决策之前，必须完成一些重要的调查步骤。收账行为也同样需要有耐心和毅力，以寻找未按期付款的顾客、找出不付款的真实原因，并制定出可行的付款安排。规范的、前后一致的后续行为，是成功收回款项的关键。

良好的人际关系处理能力

许多信用管理活动需要具备良好的人际关系处理能力。例如，一位贷款业务员应该能够体会到，贷款申请者在申请贷款时是多么紧张，并对他们给予充分的理解。而一位收账人员在与未按期付款的顾客交涉时，必须坚毅而又有耐心。同样，几乎在所有的信用管理活动中，都需要信用工作人员具备良好的人际交往能力。

信用经理所需具备的重要素质
- 关注细节
- 决策能力
- 坚持不懈
- 良好的人际关系处理能力

本书的组织结构

本书分为两个主要部分，其中一部分讲述的是消费者信用，另一部分讲述的则是商业信用。在每一个部分，各章将会首先描述一下我们在第一章所讨论的各种信用类型。例如，在消费者信用部分，各章将首先描述零售信用、现金信用以及不动产抵押信用间的不同点以及它们的主要特征。在商业信用部分，最初的几章将描述商品信用和获取经营所需的财务资本这两种主要形式。

在对各种信用类型进行描述之后，本书将会叙述消费者信用和商业信用的风险分析和信用决策过程中所涉及的各个步骤。本章所描述的信用管理过程将为以后各章提供一个基本的框架。一个独立的章节将用于讨论在消费者信用和商业信用中所使用的收账过程、常用收账工具以及收账技巧等。

重要术语

坏账损失	bad debt expense	信用管理程序	credit management process
收账活动	collection activities	信用政策	credit policy
收账政策	collections policy	信用评分系统	credit scoring system
直接调查	direct inquiry	商业化信用报告机构	commercial reporting agencies
控制功能	control function	保理公司	factor
信用决策	credit decision	财务报表分析	financial statement analysis
信用调查	credit investigation	间接贷款人	indirect lender
信用额度	credit line	初步甄别	initial screening
信用经理	credit manager	促销	promotion

讨论题

1. 说明企业为消费者提供信用购买选择权的 4 种原因。

2. 列举并描述一些在企业没有建立自己的信用管理部门的情况下，消费者仍能使用信用购买的外部信用计划供给者的例子。

3. 描述使用外部信用计划所带来的负面影响。

4. 列举并描述影响企业建立并运营一个内部信用管理部门的 6 种因素。

5. 解释信用经理所要达到的 7 项重要目标。

6. 辨别并描述信用管理过程的 6 个步骤。

7. 说明职业组织为帮助其成员都开展了哪些典型的活动。

8. 说出当前在不同领域存在的帮助信用经理的 7 个职业组织。

9. 描述从事信用管理所需具备的四项重要素质。

第 1 篇阅读参考

Callahan, Terry. "The Changing Role of the Credit Professional?" *Business Credit*, September 1996, p. 14.

Cleaver, Joanne and France Martin. "Pass or Fail for Credit Education." *Credit Card Management*, September 1996, p. 110.

Davies, Glyn. "Credit: 6,000 Years Old and Still Evolving Vigorously." *Business Credit*, June 1996, p. 16.

DeLapa, Gina. "Financial Literacy is Everyone's Job." *Credit World*, July/August 1996, p. 32.

Glade, Carole. "Credit Education—A Challenge in Creativity." *Credit*

World，November/December 1995，p. 9.

Kaufman，Richard. "Credit Management：The Value-Added Function." *Business Credit*，November/December 1996," p. 40.

Ladwig，Kit. "The Scramber for Credit Managers." *Collections and Credit Risk*，July 1996，p. 23.

Naff，Kevin C. "Customer Service and the Credit Department." *Business Credit*，May 1995，p. 25.

Schauseil，Robin. "The NACM National Education Department：Serving Your Needs." *Business Credit*，May 1996，p. 51.

Schuchard，Jane；Cynthia Needles Fletcher；and Linda Kirk Fox. "Improving Consumer Credit Literacy—A Public-Private Responsibility." *Credit World*，November/December 1996，p. 21.

Susswein，Ruth. "College Students and Credit Cards：A Privilege Earned?" *Credit World*，May/June 1995，p. 21.

"The Federal Reserve System." *Business Credit*，July/August 1995，p. 21.

Thorpe，Paula. "The Credit Manager：Adapting to Change." *Business Credit*，September 1996，p. 12.

Whelan，Kevin J. "Credit and Collections：A Paradigm Shift?" *Credit World*，July/August 1996，p. 20.

Wolner，Dan A. "Death of the Bean Counter." *Business Credit*，May 1995，p17.（Role of Credit Manager）

相关网址

http：//www. pueblo. gsa. gov/money. htn.

该网址包含了一系列与个人金融、信用法律和货币相关的免费或价格低廉的政府出版物。

http：//www. dfi. state. in. us

在该网址，金融公司在印第安纳的各个分部以及消费者信用公司的印第安纳分公司提供了许多与信用使用和消费者保护法相关的专题信息。

职业组织的网址：

http：//www. aba. com

美国银行家协会

http：//www. collector. com

美洲收账者协会

http：//www. scsn. bet/user/cpi

国际信用协会

http：//www. cuna. org

国家信用合作社联盟

http：//www. ica-credit. org

国际信用协会

http：//www. ibaa. org

美国独立银行家协会

http：//www. nacm. org

国家信用管理协会

联邦储备银行网址：

gopher：//town. hall. org

联邦储备委员会数据库部

http：//www. bog. frb. fed. us

美国联邦储备系统理事会

http：//www. frbchi. org

联邦储备银行芝加哥分行

http：//www. stls. frb. org

联邦储备银行圣·路易斯分行

http：//woodrow. mpls. frb. fed. us

联邦储备银行明尼阿波利斯分行

数据库网址：

http：//www. census. gov

人口调查局

http：//stats. bls. gov

劳工统计局

http：//www. fedworld. gov

政府机构一览表

案例分析

根据本书第 1 章所提到的比尔和贝蒂·斯蒂文斯的案例，列出该案例中所涉及的不同信用管理职务，以及这些职务所要完成的一些任务（下表中已举出一个例子）。

信用管理职务	任务
银行中的贷款业务员：自动贷款	

第2篇
理解消费者信用

第3章 零售信用和服务信用

学习目标

在学完本章后，你应该能够做到：

- 区分"零售信用"和"现金信用"；
- 解释提供零售信用和服务信用的益处和潜在问题；
- 解释 30 天零售赊销账户的特点和利弊；
- 解释零售分期付款信用的特点和利弊；
- 讨论零售分期付款信用的原理；
- 解释循环信用的重要特征和操作特点；
- 讨论循环信用方案中融资费用计算的变动；
- 说明如何计算分期付款交易中的年百分率估计值和预付款返还值；
- 解释服务信用和职业服务信用的日益重要性。

零售信用——一般用途和利弊

正如第 1 章中所讲的那样，**零售信用**是消费者用来直接向销售商购买最终产品和服务的一种信用形式。与现金信用不同，它的目的是为了促进产品或服务的销售。而**现金信用**提供现金或更一般的购买力给使用者，用途更加广泛。零售信用常常是在购买者不愿意支付现金时，销售商或服务提供者给予的另一种可选择的支付手段。当然，一些消费者可能没有现金，而希望用未来的收入来支付，也就是说，他们希望"现在买，以后付"。

提供零售信用和服务信用的益处

不管销售商或服务提供者采用什么样的具体信用制度，他们都会因提供这种信用购买选择而获益。最重要的一个益处是可以增加销售额，因为信用购买选择可以吸引一类新的消费者——手头没有现金的顾客。与使用现金的购买者相比，使用零售信用的顾客通常花费更多，而且通常都会购买质量更高的产品。质量更高的产品意味着退货更少，因而顾客满意程度会提高。提供零售信用可以帮助销售商与对手竞争，还会吸引那些为了便利而愿意使用信用购买的顾客。一些零售商还相信，提供信用计划会增强顾客的忠诚度。

提供零售信用和服务信用的益处
- 增加销售额
- 卖出质量更好的产品
- 增强竞争力
- 吸引寻求便利的顾客
- 加强与顾客的关系

零售信用计划带来的潜在问题

零售商在提供信用计划时，会遇到很多问题和挑战。促销信用方案、调查信用申请、管理账户、回收逾期未付款都会增加操作成本。提供信用计划还需要额外的设备、场地和工作人员。收账问题可能会发生，因为一些顾客未能如期付款，这时也许需要法律强制手段促使其付款。如果顾客付款期限未到，存货便已售罄，商家就不得不另外借款来支付货款。商家和顾客在信用活动中产生的纠纷，还会影响其与顾客的关系和商家的社会形象。

零售信用提供者面临的一个尤其严峻的挑战，是信用卡被盗用的问题。大多数欺诈行为都涉及信用账户被他人盗用的问题。因此，店员和其他的客户服务代表要接受防范欺诈行为的培训，这一点至关重要。应该用检查签名和履行信用提供者要求的其他手续来确认身份。

30 天零售赊销账户

尽管现在 30 天零售赊销账户正日渐减少，但这种账户曾风行一时。**30 天零售赊销账户**（retail 30-day charge account）给顾客提供了这样一种付款方式：把一系列购买金额计入零售商提供的账户，在预先指定期限（一般为 1 个月）的期末，由商家发出账单向顾客收取货款。这种账户为顾客带来了便利，因为顾客可以在 1 个月内记账购买，只需在月末支付一张总账单。人们有时把这种信用方案看作是在商家那里保存一张"账单"。这些账户一般由那些顾客会在1个月中消费多次的商家提供,包括杂货店、服装店和加油站等。尽管这种账户在许多社区中还能见到,但它已被循环信用和通用信用卡大量替代。

30天零售赊销账户的重要特征

零售赊销账户的期限一般为30天。但是在实践中,账单可以延长至更长的时间,这取决于总的经济状况、季节因素以及商家和顾客的类型。

- 购物记账,每月结算一次。零售赊销账户一般用来购买那种价格不高的非耐用品,购买后,商品所有权让渡给购买者,零售商通常无权收回;
- 零售商要求在月末账单送达时全额收回货款;
- 支付时一般不收取利息或手续费,除非货款支付延期的时间过长;
- 通常没有正式合同。只要及时付款,就能继续使用赊销账户。

30天零售赊销账户的利弊

零售赊销会产生多种现金销售没有的成本形式。尽管零售商全力以赴权衡可能发生的风险,坏账损失仍然会发生。如果所有者在这种事上耗费过多时间,那么他花在采购、销售以及其他管理事务上的时间必然会减少。另一个因素是由退货引起的额外成本,而退货本身被顾客视为自己的权利。这样一来,提供信用购买选择的零售商就如履薄冰。增加一个新顾客可能会增加销售量进而增加利润,但也可能增加无法收回的账款。人情的压力、对经济形势认识的不足、信用信息的难以获得、其他事务的压力以及充足信用记录的缺乏,都会使零售商,尤其是小零售家在提供信用时,在某种程度上不够谨慎。

多年来,延期付款问题一直困扰着销售商,而且带来了一个新的问题——是否要对未能在期末付款的顾客收取费用。无疑,大多数商家都想这么做,但又迫于竞争的压力无法实施。并且,就算是某家商店声明,如果不能在指定期限(一般为接到账单后60天)内付款就要加收费用,也不能保障这条规定可以毫无例外地实施。许多商家甄别延期付款的账户名单,小心翼翼地不敢用延期费用和催收函去冒犯那些"信誉良好但支付缓慢"的顾客们。如果某个商家决定对延期支付的顾客收取利息费用,那么他必须要考虑该费用的数额,并注意遵守州和联邦政府的法规。

对一些小商家来说,赊销仍然是他们信用销售方式中重要的一种。但零售赊销信用的重要性,已在日益扩大的消费者信用中迅速下降。据估计,目前零售赊销信用在全部消费者信用中只占2%~3%。

分期付款信用

与其他类型的消费者信用相比,分期付款信用引起了更多的争议。分期付款信用是这样一种方案或制度:它允许购买者以定期定额的支付形式在未来分期支付货款。例如，顾客购买一辆新车，规定签订信用协议，规定在未来 3～5 年内按月分期付款。大多数美国家庭，在家庭预算中都经常使用分期付款信用来购买较昂贵的商品，因此，正确合理地使用这种信用形式，对他们、对相关的商业和金融机构以及整个社会来讲，都是很重要的。

分期付款信用的重要特征

分期付款信用具有以下重要特征：

● 需要定期支付款项（通常是按月支付）；

● 支付款项的总额一般是固定的，包括本金、利息和贷款服务的其他附加费用（如信用保险费用等）；

● 用分期付款信用购买每一件商品，都要签订一份单独的合同或有条件的销售协议。**有条件的销售协议**（conditional sales agreement）中会标明用信用购买商品的付款日期和付款金额，并且规定直到所有欠款支付完毕，商品所有权才属于购买者；

● 分期付款信用常被认为是一种封闭性信用，因为最后一期付款之后，信用程序也随之结束。

分期付款信用的日益增加

表 3—1 中分类列出了不同消费者分期付款信用在不同年度的未偿还金额，反映出了对其使用的日益频繁。我们应将分期付款信用的迅速增长归于什么原因呢？首先，越来越多的商品适合分期付款购买；其次，消费者对这种信用形式的态度转好；第三，随着时间的推移，销售商对这种强大的销售工具的态度也发生了转变。

表 3—1　　　　1980—1995 年未偿还的消费者分期付款信用余额　　　单位：10 亿美元

信用类型	1980 年	1985 年	1990 年	1995 年
未偿还的分期付款信用	298.2	517.7	743.9	1 024.8
汽车信用	112	210.2	283.1	353.3
循环信用	55.1	121.8	223.5	395.2
其他种类信用	131.1	185.7	228.3	276.2

资料来源：Board of Governors of the Federal Reserve System，*Federal Reserve Bulletin*，monthly；and *Annual Statistical Digest*.

消费者态度的转变

在实行分期付款信用的早期，一些零售商采用的促销手段大大损害了顾客的良好期望。夸大的承诺、商家和顾客之间存在的误解、强制收回逾期账款的威胁，都给这种销售方式带来了不良声誉。直到分期付款购买方式变得普遍，不良声誉才得以消除。幸运的是，早期的弊端是暂时的，商业界已经意识到了顾客的良好期望对其成功具有举足轻重的作用。

零售商态度的转变

如消费者反感分期付款购买方式一样，在早期，许多零售商对分期付款销售方式也有同样的偏见。零售商之所以回避这种销售方式，是因为当时的商业发展水平低，并且他们尚未意识到它是一种强大的商业工具。随着消费者态度的转变，零售商的态度也发生了改变。由销售金融公司的出现引起的商业向高水平的发展，很快使零售商确信了分期付款销售的可能性。

分期付款信用的原理

以下讨论的分期付款信用原理，对于零售商和消费者双方来说都适用。这些原理将有助于保证参与各方之间的良好信用关系。

商品类型

最适宜在分期付款方式基础上销售的商品，是耐用品和贵重商品。**耐用品**（durable goods）是具有较长自然寿命和使用寿命的商品。一般来说，就是具有高的单位价值并能在较长时期内被消费的商品。正因如此，消费者能从对它们的消费中获得长达若干月以至若干年的享受。当仍在使用和享受该消费品时，消费者会感到更有责任偿还货款。从收回货款的角度来讲，短时间内即被消费完毕的商品将使厂商处于更为困难的境地。

首期付款

首期付款（down payment）是购买者用现金支付的全部购买价格的一部分，价款的剩余部分将按分期付款合同规定来支付。首期付款的金额应该足以使消费者产生一种所有者的感觉。这种感觉将在消费者的思想中产生拥有财产的自豪感，并为零售商提供一个安全界限。如果消费者没有这种所有者的感觉，他们将怀着失望和恶意面对他们的债务。一旦商品最终因消费者无力支付货款而被收回，或被出售以支付购买合同的未结余额，安全界限就显得极为重要了。大多数新产品被使用之后，价值将立即损失。

首期付款的金额因信用购买的商品类型而异。许多年来，小汽车的首期付款金额，习惯上为其原始购买价格的 1/5～1/3。具有良好信用状况的消费者，通常可以支付较低的首期付款额。此外，首期付款、制造商折扣、特殊利率，还是重要的营销工具。例如，与首期付款一样，折扣可以用来作为一种在现存竞争激烈的市场中增加汽车销售量的手段。

分期付款条款和付款明细表

分期付款条款（installment terms）指在分期付款信用合同中规定的定期付款的金额、频率和日期。在制定分期付款条款时，零售商和购买者都需要清楚以下的几个重要考虑因素：

● 每次的付款金额应该是消费者能够承受的，并且是与其收入及其他未偿还的债务相关联的。

● 信用购买的商品价值应始终不低于合同的未结余额。因为如果商品价值低于欠款金额，买卖双方都将不能通过销售该商品来支付合同的未结余额。信用合同的期限应该与购买的商品的使用寿命明显相关。

● 付款应该简便，这可能涉及到欠款的支付日期与消费者发薪日以及其他还款责任的配合问题。

● 还款期不应过长。从上面的说明中可以看出，过长的还款期可能导致商品丧失过多价值、利息，而且其他费用也会增加，还会产生更多的收账问题。如果欠款支付期拖得过长，购买者可能失去对所购商品的兴趣。一些州的法律也与信用用购买金额的不同，对分期付款信用或分期付款购买合同的有效期作出了限制。

融资费用

融资费用是向使用信用购买商品、服务或贷款的消费者收取的额外成本或费用。分期付款购买合同中的融资费用应该足以支付信用管理部门的运营成本。融资费用还要弥补通货膨胀成本，因为当通货膨胀发生时，在一段延后的信用期内支付的美元可能会贬值。融资费用也应该能够给零售商的投资带来合理的利润，因为它们延长了消费者支付商品和服务价款的期限。但是，现在的众多法律限制了原本能够从绝大多数信用交易中获得融资费用数额。

为了避免误解，零售商应该向他们的分期付款消费者详细说明各项融资费用（融资费用也可称为**服务费用，置存费用**或者**利息费用**）。《消费者信用保护法》（Consumer Credit Protection Act）［《诚实贷款法》（Truth in Leading）］1969 年 7 月 1 日生效，该法案的主要目的是确保信用条件的有效披露（主要是融资费用和真实的年均百分率），以便消费者能够更容易地比较付款条件从而更合理地使用信用。

消费者很少理解利息费用和信用的实际成本。信用的成本对消费者和零售商都很重要，但原因却不相同。消费者应该了解信用的成本以判断分期购买是否是明智的。零售商则必须判断融资费用能否弥补成本并带来利润。专栏 3—1《信用管理建议》提供了一种可以用来概算分期付款信用计划中年均百分率（ARP）的方法。

专栏 3—1   **信用管理建议**

计算 ARP 的近似值

比尔·斯蒂文斯以 415 美元的价格购买一台电视。他签了一份分期付款信用合同。合同要求首付 25 美元，然后连续支付 10 个月，每月支付 42.50 美元。

贷款金额(P)＝415－25＝390（美元）

利息费用(F)＝（42.50×10）－390＝35（美元）

合同规定还款次数(N)＝10

全年还款次数(M)＝12

ARP 的近似值＝$2MF/P(N+1)$＝（2×12×35）/（390×11）＝19.58％ ［原书中此式为：APR＝$2MF/P(N+1)$×（2×12×35）/（390×11）＝19.58％有误——编者注。］

注：就《诚实贷款法》的要求而言，本计算并不十分精确。

商品收回

在分期付款信用计划中，包含着一项对销售商的附加保护措施。即如果消费者未按合同规定支付欠款，销售商可以收回商品。**商品收回**（repossession）是指如果规定的还款数额未被支付，卖方有重新拥有合同中已售出商品的权利。但这是大多数销售商最不愿意采取的做法。由于大量严格的法律规定，商品收回变得很复杂，通常很难在不发生损失的情况下顺利完成。

41

提前还款折扣

消费者可以随时预付全部分期付款合同的未结余额，而无需缴纳违约金。每期还款额包括利息和本金，利息费用视合同有效期的长短而定。因为最初的分期付款合同假定采用全合同期制，所以如果提前付款的话，实际未付货款的金额将与合同规定的未付货款总额不同。**提前还款折扣**（rebate for prepayment）是指提前偿还欠款时，消费者得到的分期付款信用合同包含的全部预算利息的一部分——返还款。尽管没有发生货币交易，最终的实际还款金额将少于合同规定的未付货款总额。

78公式（rule of 78s）是一种用来在提前支付分期付款合同规定的货款时，计算预计利息费用折扣金额的方法。这项工作涉及计算每次提前还款中计为利息费用的款项所占的合理份额。提前还款额减去其中的利息费用，剩余部分就可以抵减未偿还本金了。在信用消费者希望提前还款而需要计算剩余的本金余额时，这个分配过程是非常必要。专栏3—2"信用管理建议"举例说明了应如何进行实际的运算。

专栏 3—2　　　　　　　**信用管理建议**

计算利息费用折扣：78公式

比尔·斯蒂文斯两次分期付款后便还清了其全部购货款。10次还款期中有8次未使用（每月偿还42.50美元）。合同规定的全部利息费用为35美元。他有权利获得预算利息费用的一部分——返还款，该返还款通过78公式计算。用来计算利息费用返还款和实际应付欠款的公式如下：

未付货款期期数合计/全部付款期期数合计×利息费用＝返还款

合同规定的未付货款—返还款＝实际未付货款

$(1+2+3+4+5+6+7+8)/(1+2+3+4+5+6+7+8+9+10)×35$

$=36/55×35=22.91$（美元）

$(8×42.50)-22.91=317.09$（美元）＝实际未付欠款

注：连续数字求和的快捷方法：$n(n+1)/2$，n代表数字个数

现在，许多分期付款合同用**单利法**（simple interent method）确定每次付款的利息。单利法指在最近应偿还的本金和从上次付款日期至今间隔天数的基础上收取利息。因为利息不是提前算得的，所以不需要计算折扣的方法。

有时，借款者为贷款者提供分期付款一览表。**分期付款一览表**（amortization table）是一张用来显示合同规定的每期付款的应付利息、应付本金和未结余额的表格。这些一览表通常假定每月付款一次，两次付款之间的间隔天数不作另行调整。许多金融机构利用计算机系统的优势，在此表的基础上更精确地收取利息。典型的分期付款一览表如表 3—2 所示。

表 3—2   分期付款一览表

					借方名称		
					任意银行		
编号	起始日期	年利率（%）	合同规定还款余额（美元）	实际余额（美元）	合同规定支付款（美元）	利息部分（美元）	本金部分（美元）	附加部分（美元）
1	01/1998	10.00	6 000.00	6 000.00	(527.50)	(50.00)	(477.50)	
2	02/1998	10.00	5 522.50	5 522.50	(527.50)	(46.02)	(481.47)	
3	03/1998	10.00	5 014.03	5 014.03	(527.50)	(42.01)	(485.49)	
4	04/1998	10.00	4 555.54	4 555.54	(527.50)	(37.96)	(489.53)	
5	05/1998	10.00	4 066.01	4 066.01	(527.50)	(33.88)	(493.61)	
6	06/1998	10.00	3 572.40	3 572.40	(527.50)	(29.27)	(497.73)	
7	07/1998	10.00	3 074.67	3 074.67	(527.50)	(25.62)	(501.87)	
8	08/1998	10.00	2 572.80	2 572.80	(527.50)	(21.44)	(506.06)	
9	09/1998	10.00	2 066.75	2 066.75	(527.50)	(17.22)	(510.27)	
10	10/1998	10.00	1 556.47	1 556.47	(527.50)	(12.97)	(514.52)	
11	11/1998	10.00	1 041.95	1 041.95	(527.50)	(8.68)	(518.81)	
12	12/1998	10.00	523.14	523.14	(527.50)	(4.36)	(523.14)	

加速条款

一些分期付款合同含有加速条款。**加速条款**（acceleration clause）是分期付款信用合同中可能包含的一项条款，它规定如果买方有任何一期欠款未按时支付，则全部未付款余额视同到期，必须立即或按合同持有者的要求偿还。这项条款旨在为卖方提供一种可选方案，如果买方逾期支付他/她的欠款，则接受提前还款的利息。在"加速"的基础上，信用合同显然转变为采用单利法计息的合同。未付欠款余额按照最后两次付款的间隔时间长短来计算利息。

信用调查

在分期付款信用交易中，信用调查具有独一无二的重要性。分期付款信用账户通常意味着较高的平均销售额和相对长的收款期。例如，在小汽车销售中，分期付款销售量很大。这些因素意味着该种信用形式包含特殊的风险。有鉴于此，信用调查应足够详细以降低内在风险。尽管商品收回权可以为债权人提供相当的保护，但分期付款销售的利润最终要靠应收账款的收回来保证。如果商品收回频繁发生，分期付款销售的成本会变得高昂甚至造成惨重损失。债权人应根据信用调查反映的风险程度，而不是其他偶然因素作出决策。

43

> **分期付款信用原理**
> ● 商品类型
> ● 首期付款
> ● 分期付款条款
> ● 融资费用
> ● 商品收回
> ● 提前付款折扣
> ● 加速条款
> ● 信用调查

分期付款信用的利弊

对希望增加销售量的零售商而言，分期付款信用已成为一种有益的、高效的工具。对消费者而言，它也能带来更多的享受和满足。与许多其他事物一样，分期付款信用的真正危险不在于它的使用，而在于它的滥用。使用分期付款信用的消费者很容易承担过多债务，甚至一些人的分期付款债务已超过了他们的支付能力。这种情况正在破坏信用业的发展。这表明在使用分期付款信用时，需要对消费者进行教育。

零售商必须意识到，就风险而言，消费者的信用程度是较拥有留置权更为关键的因素。零售商必须合理地使用信用。一些消费者轻率或鲁莽，还有一些人则不够诚实。通过坚持有效的信用管理原理，零售商可以开展很多工作来避开无还款能力或意愿的消费者。

循环信用

循环信用方案是最受欢迎的信用方案之一。**循环信用方案**（revolving credit plan）允许信用购买者：（1）每月支付由于前期购买而产生的全部欠款；（2）支付欠款的最低限额，将余下的未付欠款分散至未来一段时期内支付。循环信用有时也被称为**可选择日期信用方案**，它是分期付款信用和 30 天赊销账户的混合体。如果全部欠款按月支付并且没有利息，该账户就类似于 30 天赊销账户，如果消费者选择在未来时期分期内偿还欠款，该账户就类似于分期付款信用。

1956 年 5 月，底特律的 J·L·赫德森百货商店推出了"可选择日期的 30 天赊销账户"。在该方案中，消费者可以在 30 天内偿还全部欠款而无需支付利息费用。或者，也可以在月付款不少于 10 美元的前提下，每月仅支付欠款余额的 1/4（前提是余额为 50 美元或更少）。如果消费者选择将其支付期扩展至 30 天以上，商店会加收利息费用。

循环信用的重要特征

现今典型可选择日期的循环信用方案的最主要特征可总结如下：（表 3—3 是一个循环信用协议的样本）

表 3—3　　　　　　　　　　　循环信用协议

- 消费者可申请循环信用账户，然后被给予一个信用额度，该额度规定了消费者在任意指定时点上，被允许持有的未清偿欠款的最高数额。
- 无需首期付款；发给消费者一张信用卡，作为进行购买时的识别和授权证明。
- 只要消费者的信用额低于信用限额，消费者就可持续用信用卡代替现金进行赊购。
- 顾客每月会收到一张账单，载明了应付欠款的最低数额和全部未偿欠款余额。如果消费者每月都偿清全部余额，则无需支付利息。但是推迟至下月偿还的任何欠款都要支付利息费用。
- 利息费用如何收取通常由各州法律明文规定。一些联邦法律将循环信用称为"开放性信用"，对某些提供者和使用者之间的关系和活动做出了规定。
- 今天已经很普遍的可选择日期循环信用方案，提供给消费者一种选择，即自取得账单之日起 25～30 天内付款，且无需支付任何利息费用。该方案还会提供一张逾期支付的欠款数额的明细表。对每月未结余额范围（例如 10.01 美元～200 美元）而言，每月应支付的具体款项为 10 美元或 11 美元。在表 3—4 提供的例子中，当账户未结金额超过 500 美元时，月支付款为账户未结余额的 1/28（包括利息费用）。应付的欠款金额依欠款余额而定，并且月支付金额随着未偿还欠款余额的减少而减少。还款明细表则因零售商而异。

表 3—4　　　　　　　　　　　　**可选择日期循环信用方案**　　　　　　　　　　单位：美元

月最低付款额明细表（schedule of minimum monthly payments）。要求的最低月付款额依据最高的当前账户余额而定		
最高的现时余额达到	最低的月付款额将是	
0.01～ 10.00	平衡	通常你可以支付比要求的月最低付款额更高的金额。只有消费额欠款余额增长到更高的水平上，最低付款额才会改变。直到增长后的余额全部偿清，最低付款额才会降低
10.01～200.00	10.00	
200.01～240.00	11.00	
240.01～280.00	12.00	
280.01～320.00	13.00	
320.01～360.00	14.00	
360.01～400.00	15.00	
400.01～440.00	16.00	
440.01～470.00	17.00	
470.01～500.00	18.00	
超过 500.00 美元：最高账户余额的 1/28 滚动至下一个较高的账户余额		

计算利息费用的不同方法

不同的商店运用不同的方法计算循环信用的利息费用，包括：期初余额法、日平均余额法、调整余额法。

期初余额法（previous balance method）是三种方法中最古老的一种。在该方法中，利息费用在上月余额的基础上算得，在欠款未被全部偿清时，不扣除当月已付欠款。

在**日平均余额法**（average daily balance method）中，消费者还款时支付的利息费用因处于记账期间的不同时点而异。作为应收账款电算化的副产品，这种方法近期获得了相当大的发展。日平均余额指记账月期间每天实际欠款的总和除以记账期间的天数。它包括本记账月期间已发生的所有费用，但不不含未付的利息费用和保险费用。所有的偿付款和其他还款要从前日的未付款余额中扣除。

调整余额法（adjusted balance method）在扣除所有偿付款后的上月期末余额基础上计算利息费用。尽管它对消费者最有利，但几乎没有商店使用这种方法。

《信用管理建议》（专栏3—3）比较了这三种方法。如例中所示：在使用循环信用卡贷款的基础上，购买和付款的模式完全相同，用三种方法计算出的利息费用却有相当大的差别。甚至当年均百分率也完全相同时，利息费用的金额还要视债权人如何处理偿付款而定。

因为在循环信用卡贷款的基础上，消费者可以通过在特定期限内还款来避开利息费用，所以迅捷地取得账单和贷款就显得很重要。消费者也应该注意合同中规定的还款日期。大多数情况下，债权人在收到偿付款当天，必须贷记偿付款。为了避免延期付款产生的利息费用，消费者应按照债权人关于诸如在何地、如何、何时还款的指导行事。

专栏3—3　　　　　　　　　　**信用管理建议**

使用三种不同方法来计算利息费用

比尔·斯蒂文斯的公司使用的是循环信用账户，年均百分率为18%（月利率是1.5%）。月初余额为400美元，15日比尔支付了300美元，除此之外没有别的支付和费用发生。下面的计算显示出使用三种方法得出的利息费用。

	调整余额法	期初余额法	日平均余额法
月利率	1.5%	1.5%	1.5%
期初余额	400 美元	400 美元	400 美元
支出	300 美元	300 美元	300 美元（15 日）
利息费用	1.5 美元 (1.5%×100 美元)	6 美元 (1.5%×400 美元)	3.75 美元 (1.5%×250 美元)

注：日平均余额＝每日余额总和/记账期间天数＝[(400 美元×15)＋(100 美元×15)]/30

其他重要特征

除非消费者提出申请，否则循环信用债权人发给消费者信用卡是不合法的（在第4章中讨论的信用卡同此）。但是，在没有申请的情况下，信用卡发行者可以发给消费者新卡以替代到期的旧卡，也可以邮寄信用卡申请书给消费者或通过电话请求消费者提出申请。

信用卡丢失或被盗后发生的未授权费用给消费者带来的风险被限制在每张卡 50 美元以内，即使信用卡挂失以前已经被用掉了数百美元也是如此。消费者告知信用卡发行者信用卡丢失或被盗后，就无需支付任何未授权费用了。

如果消费者用信用卡购买了被损坏的或劣质的商品和不满意的服务，只要他们花费精力和商家磋商，就可以不为其付款。

循环信用的利弊

循环信用方案并不必然带来高额利润。但是，它带来的许多对零售商的优势对消费者却是劣势。

对于消费者

使用循环信用方案的消费者比使用 30 天零售赊销账户方案的消费者花费更多，原因是他们有更长的还款期。在零售商规定的信用限额内他们可以随时随意购买，而商家不会像对待普通分期付款购买的消费者那样，每次购买前都去复核他们的贷款情况。另外，消费者可以选择是在无利息费用的情况下偿还全部应付账款，还是在加收利息费用的情况下分期偿还应付账款。

对消费者而言，尽管循环信用方案有不少好处，但它也有一定的弊端。因为购买很便利，所以一些消费者发现他们会对商家持续负债。实际上，一些消费者已经把循环信用视同所得税或其他工资抵减项目了。

另外一个因素是利息费用。最常用的利息费用计算方法，是每月未结余额的 1.5%，它形成了大约 18% 的实际年利率。许多人认为对信用购买的支付而言，这是一个很高的利率。

一些消费者并不清楚他们支付的利息费用和所签订合同中的某些条款。例如：商家通常声明对循环信用合同项下的商品保留所有权直至货款全部偿清。适用于商品和服务的还款过程如下：首先，支付未付利息费用。其次，如果商品是在不同的日期购买的，则先买的要先付款；如果商品是在同一日期购买的，则价格最低的要先付款。不同的合同对所有权作出的规定也不同。

对于零售商

零售商引入循环信用最主要的目的就是扩大销售以增加利润。另外，还可以从利息费用中获得额外收入。

通过提供循环信用方案，商家可以增强其竞争力，吸引新的消费者，鼓励现有的消费者更多地购买其商品或服务。许多商家采用循环信用方案来减少坏账损失。使用循环信用方案，消费者不仅能够更多地购买，而且通过这种小规模的、按月定期付款的方式，可以更容易地偿清应付账款。

由于消费者可能延期付款，循环信用方案需要更多的资金投入。逃债者的出现给一些商家带来了更多的损失。随着循环信贷的引入，顾客的类型可能会发生变化，因此需要更仔细、成本更高的信用调查。但是需要不同类型的调查和实际完成是两回事。循环信用还涉及额外记账、送交账单和其他的相关工作，相应增加了商家的运营费用。

目前循环信用的地位

在20世纪70年代和80年代初期，连锁零售业和石油公司推出了他们自己的循环信用方案。但是随着时间的发展，更多的零售商开始采用被普遍接受的通用信用卡。如：维萨卡、万事达卡等。

表3—5反映了1980年和1990年信用卡的持有者人数、主要信用卡的数量和信用卡债务量等情况以及对2000年的预测。

表3—5   信用卡——1980年、1990年、2000年（预计）的持有者人数，信用卡数量和信用卡债务规模

信用卡种类	持有者人数（百万）			信用卡数量（百万）			信用卡债务规模（10亿美元）		
	1980年	1990年	2000年（预计）	1980年	1990年	2000年（预计）	1980年	1990年	2000年（预计）
合计	86	113	141	526	1026	1344	80.2	236.4	660.9
银行	63	79	106	111	217	469	25.0	154.1	486.0
石油公司	69	85	82	110	123	105	2.2	3.3	4.1
电话	NA	97	132	NA	141	203	NA	1.7	3.0
零售商店	83	96	121	277	469	476	47.3	51.0	98.9
旅游娱乐	11	23	26	10	28	32	2.7	13.8	35.3
其他	13	11	10	19	48	60	3.0	12.5	33.7

NA：资料无法获得，信用卡持有者可能持有一种以上的信用卡。

包括航空、汽车租赁、Discover、旅馆、汽车旅馆信用卡和其他各种各样的信用卡。

资料来源：HSN Consultants, Inc., Santa Monica, CA, *The Milson Report* (Santa Monica, CA), bimonthly. Copyright used by permission.

大石油公司的方案

由于存在信用风险，大石油公司在向个人提供信用销售的初始阶段，要求是很严格的。当时，消费者只能在服务站购买日常需要的有限产品（如：煤气、汽油、轮胎、修理工具等）。公司将顾客一段时期内（通常为30天）的购买情况整理成一张账单，与没有利息费用的长期30天赊销账户一样，即使延期支付也不必支付利息费用。但是，随着大石油公司采用循环信用方案，形势发生了变化。利率由消费者所在州的法律决定，而不再由信用卡发行公司所在州或交易行为发生地的法律决定。

服务站也承认银行信用卡，尽管在银行信用卡之外，一些大石油公司的服务站也实施自己的信用方案。他们相信这样的做法能增强顾客忠诚度。实际上，有几家大石油公司最近决定，只接受自己公司的信用卡，而不再接受任何其他的信用方案。

信用卡发行量居首位的六大石油公司是壳牌（Shell）、雪佛龙（Chevron）、美孚（Mobil）、阿莫科（Amoco），埃克森（Exxon）和德士古

（Texaco）。这些信用卡只有小部分每年会收取通常约 20 美元的费用。除了提供可用于石油公司服务站购买的循环信用外，阿莫科和壳牌也提供可用于餐馆和旅馆消费的信用卡。

其他类型的零售赊销信用

零售赊销有许多类型。选择何种赊购类型仅受限于零售商创造新型信用方案的能力。信用方案可以推动市场销售，它的增加有助于使购买者确信赊销是一种不同寻常的好的交易方式。

90 天内还款视同现金购买

这种信用类型的内容通常包括：同消费者签订一份长期的带有附加协议的分期付款销售合同，附加协议规定，如果消费者在自购买之日起 90 天内偿清全部货款，则无需支付利息费用。这种信用方案一方面有助于促进销售，另一方面也能使本打算以后一次全部偿清货款的消费者改变主意，他可能会做出决定：一旦合同生效，便开始长期的分期付款。

分割付款

这种信用形式把商品的现金价格分割为按月、按季或按其他方式付款的价格结构。例如，一件售价 120 美元的商品可能需要分三次付款：30 天内付 40 美元，接下来的 30 天内付 40 美元，在剩下的 30 天内付最后的 40 美元。一些广告经常宣传用现金支付的价格被简单地分为几次付款后，便不会有利息费用。但是，"零利率销售方案"有时也会遇到挑战，因为一些批评者坚持认为利息费用已隐含在商品的原始价格中。

服务信用

尽管服务信用是整个消费者信用中的一个重要部分，但实际上，在有关消费者信用的著作中，它却一直被忽略了。服务信用是消费者个人对职业者和服务机构的欠款部分。在过去 10 年中，非分期付款服务信用的数额增长了大约 3～4 倍。

职业者信用

所有的职业者都接受消费者信用。内科医生、牙医、会计师、律师以及其他的职业者通过提供建议或工作程序来收取费用。他们通常给顾客一定期限来付款。

服务信用是同内科医生、牙医和其他保健服务提供者打交道时采用的一种常用方法。个体医生或诊所通常接受患者的信用消费，他们中大多数预期能够收回绝大部分医疗费用。即使他们知道使用信用的患者可能永远不会支付医疗费，还是要把患者的医疗费用计入账簿中的应收账款。

在内科医疗业和牙齿保健业中，使用最普遍的信用形式是 30 天赊销账户。有时在紧急情况下，先治疗，后付费。全额付款显然最受欢迎，但是一些医生对长期的治疗和服务也允许患者分期付款。如果费用很高，患者可能无法在 30 天内偿清医疗费用。

在医院、内科和外科医疗保险制度大规模发展的基础上，通过将经济负担（或其较大部分）转移给保险公司，已使数百万人满足了建立在现金基础上的保健需要。很多诊所和医生的主要工作之一就是和保险公司打交道，以代表病人取得医疗保险和医疗补助方案是美国政府发起的，旨在帮助老人和没有足够财产和收入支付医疗费者偿付医疗费欠款的健康保险方案。

在法律业也存在信用计划。客户首先得到服务，再在以后付费。在一些客户从法律活动的结果中获得益处（如收到伤害赔偿金）的情况下，律师费可能是诉讼收益的一部分，这样就相对容易收回。当然，法律活动有时也会失败，但客户仍然需要支付律师费。

服务和修理机构信用

服务机构信用基本上类似零售信用。在许多情况下，很难将两者区分开，因为成千上万的零售商提供可以用信用购买的修理和其他服务。例如，汽车销售商除了出售新、旧汽车外，还提供修理服务。

注意这里所说的**服务**指的并不是商家用来吸引和留住顾客的各种手段（如免费送货、提供信用计划、提供停车位等），而是指服务机构满足顾客的某些需要，或为顾客利益而完成的某些操作或任务。"服务"一词也适用于没有所谓的经营场所，但带有便携工具并具有修理能力的人。如管道工、木匠、园艺师、锅炉修理工等。这些提供服务的人可能开着车去服务，他们有固定的顾客，通常是先提供服务后收取费用。另一类服务信用的例子，是向消费者提供使用服务，比如提供用电等。

服务信用存在的问题和面临的挑战

服务信用存在着一些问题。很多情况下，没有有形商品介入信用交易中。服务提供之后，消费者个人的物质状况通常不会发生变化。例如，购买一件新衣服或新工具比较起来，汽车修理带给消费者的满足感是不同的。同时，由于没有有形商品，在发生不能付款的情况时，便没有东西可以索要和收回，服务是不能撤回的。另外，许多健康医疗服务是在紧急情况下提供的，相对于减轻病人的痛苦和挽救患者的生命来说，付款变成了次要考虑的因素。

服务提供者处理信用业务的条件可能很差，许多服务提供者不可能雇用专业信用经理。通常他们在信用调查、制定决策或回收欠款方面只受过很少的培训，或者根本没有培训过。因此，许多服务机构已开始接受通用信用卡或其他方法来将信用活动转交给他人。

近些年来，服务机构的数量增加迅速，其中很大一部分都通过信用进行交易。服务费用继续占美国消费者预算的很大一部分，并且该趋势在未来若干年内将继续。

重要术语

加速条款　acceleration clause

调整余额法　adjusted balance method

分期付款一览表　amortization table

日平均余额法　average daily balance method

30 天零售赊销账户　retail 30-day charge account

有条件的销售协议　conditional sales agreement

循环信用方案　revolving credit plan

78 公式　rule of 78s

单利法　simple interent method

期初余额法　previous balance method

提前还款折扣　rebate for prepayment

商品收回　repossession

首期付款　down payment

耐用品　durable goods

分期付款条款　installment terms

讨论题

1. 零售信用和现金信用有什么区别？

2. 列举并描述零售商提供零售和服务信用的 5 种重要益处。

3. 列举并描述由零售信用计划引发的 5 种潜在成本或问题。

4. 描述 30 天零售赊销账户的重要特征。

5. 描述分期付款信用的重要特征。

6. 消费者和零售商态度的转变对分期付款购买的增加起到了怎样的促进作用？

7. 讨论分期付款信用的 8 个原理。顾客和零售商应该从每个原理中学到什么？

8. 描述循环信用或可选择日期信用方案的重要特征。

9. 比较计算循环信用方案中利息费用的三种方法。

10. 对于商店和顾客，可选择日期信用方案的优势是什么，劣势是什么？

11. 描述两种不同的零售信用方案：分割付款和 90 天内还款视同现金购买方案。它们和 30 天零售赊销账户、分期付款信用、循环信用方案有什么区别？

12. 一家电器商店出售给林恩（Lynn）先生一台价格为 495 美元的音响，要求首期付款 50 美元，分期付款期是 24 个月。商店加收了 83 美元的利息费用，则欠款总额为 528 美元（每月支付 22 美元）。里恩先生支付利息的年均百分率近似值是多少？在你所在的州，这个百分率合法吗？

13. 如何解释 30 天零售赊销账户不断变化的重要性？

14. 什么是服务信用？为什么要认识并全面了解它？

15. 讨论服务信用面临的问题和挑战。

案例分析

办公设备公司构思分期付款销售

比尔·斯蒂文斯正考虑其办公设备公司为顾客提供分期付款购买选择的问题。尽管一家当地的消费者金融公司已经提出愿意运作该信用方案，比尔还在考虑是否应该提供自己的信用计划。这里有一些重要的问题：

1. 在一家办公设备公司中，什么样的商品适合使用分期付款购买方案？为什么？

2. 如果比尔要开展他自己的信用计划，他需要采取什么样的行动？

3. 这家商店可能的优势是什么？可能的问题是什么？

第4章 为零售信用和服务信用业务融资

学习目标

在学完本章后，你应该能够做到：

- 描述零售商在不提供内部信用购买选择时所采用的为零售信用和服务信用业务融资的替代形式；
- 描述通用信用卡项目和向公众提供信用卡的不同发行者；
- 讨论旅游和娱乐赊账卡；
- 描述与借记卡和电子资金转移系统有关的服务及其使用情况；
- 解释适用于商业银行获得分期付款项目的方法；
- 详细解释零售商为了开展分期付款业务而采取的融资方案的不同形式；
- 描述销售金融公司的发展史，并说明这种类型的公司是如何运作的。

内容提要

本章研究在零售商不愿为其顾客发展、维护或管理内部信用计划时所采取的替代形式——为零售信用和服务信用业务融资。第3章研究了销售商向寻找现金购买替代形式的顾客提供的不同形式的信用方案。为了引入和扩展一项信用方案，商家需要额外的资金。这些资金可能来源于商家自己的再投资收入，也可能来源于商业银行或其他类型的金融机构提供的贷款，两种方法都可使零售商店在顾客付款前应付自己的账户支出。尽管贷款也可以仅仅建立在商家的无担保信用基础上，但商家通常不得不提供一定的资产作为担保。

近些年来，大多数零售商和服务公司已经部分或全部出售了他们的分期付款信用项目，开始使用诸如维萨卡、万事达卡、Discover 卡和 Optima 卡的信用卡方案，以及诸如美国运通、迪纳尔俱乐部和 Carte Blanche 的赊账卡方案。1988 年的《信用公平和赊账卡公开法案》载明了信用卡方案和赊账卡方案的不同之处。在该法案中，《赊账卡》（charge card）被定义为"无须支付利息费用，可随时贷款的卡，plate 或其他单一的信用工具"。而信用卡是要产生利息费用的，两者的区别将在第 6 章加以详细解释说明。

本章认为，在零售商不能提供自己的信用方案时，信用卡方案是可供消费者使用的方案。金融服务业的许多公司已经发展了独特的产品或方法，来为消费者规模不等的购买提供便利。这些融资方法主要可以分为两种：信用卡项目和间接融资，后者包括对买卖双方签订的分期付款合同的购买。

信用卡方案

美国消费者对于信用卡的使用增长迅速信用卡的种类也快速增加着。方便消费者购买的不同种类的信用卡越来越多。信用卡的使用者可以享受不必携带巨额现金的便利，他们也很乐意定期收到分项账单，因为这些说明有助于保留记录。在某些情况下，顾客也可以选择在未来一段时期内支付货款，这有助于更大规模、更高金额的购买。**信用卡**这一术语可用来描述一系列范围广泛的不同信用卡方案，但是，对较为重要的几种类型的初步探讨还是必要的。

信用卡分类

Ⅰ. 商业信用卡

Ⅱ. 通用信用卡

   A. 银行信用卡

   B. 非银行信用卡

   C. 公司商标名称信用卡

Ⅲ. 旅游和娱乐信用卡

Ⅳ. 借记卡

商业信用卡

商业信用卡（store card）是零售商拥有并使用的，以方便其商品销售为目的的信用卡方案。这些限制用途的零售信用卡已在第 3 章中进行了讨论。商业信用卡通常由全国性连锁机构发行，只适用于发行者指定的附属公司。

如西尔斯（Sears），信用卡只有在西尔斯商店使用。这类方案的例子有西尔斯，J. C. Penney，Montgomery Ward 和许多其他提供自己信用卡的全国性的连锁百货商店。石油信用卡也是一样，由诸如阿莫科和壳牌等大石油公司提供。这些信用卡是标准的可选择期限的开放性账户。这类账户允许顾客在一个月内全部偿清欠款，或在加收利息费用的情况下延期支付欠款。

通用信用卡

通用信用卡（general-purpose cards）是可以从同意使用此类信用卡替代现金交易的商家那里购买多种商品和服务的信用卡。这类信用卡最初由银行发行，现在则由越来越多的希望加强与顾客的联系、增加销售量和总收入的公司发行。

通用信用卡面向个人消费者发行，消费者需通过填写一张简短的申请表来提出申请。客户每年需要向发行者交纳一定的费用，但是竞争压力的存在使这项费用不断降低，尤其是对于那些需每年保持最低余额的信用卡。这类信用卡使持有者可以在会员公司（包括零售商店、服务提供商、医疗机构、教育机构和税收征收代理等）进行购买活动。通常，信用卡持有者会被给予一定的**信用额度**（credit line），即发行者在一定时期可接受的最大信用额度。发行者将持卡者在一个月内的所有购买活动记账，持卡者可以在一个特定的优惠期内（通常为记账日后 25 天～30 天）偿还全部货款而无需支付任何利息费用。如果持卡者愿意，他们也可以选择支付最低数额的货款，这样一来，该账户就建立在循环信用基础上，其产生的利息费用因州而异（注意：利率由信用卡发行银行所在州决定，而与消费者居住地和交易发生地无关）。

信用卡起着双重作用。首先，它提供给商家一种消费者已得到一定的信用额度的证明；其次，它是记录销售情况的既方便又准确的方法。商家把销售单呈交给信用卡发行者，并立即在自己的账户中得到扣除手续费后的付款。手续费通常由通过信用卡购买的商品价值、平均销售单规模和商家的类型决定，手续费比率的范围通常为 1%～5%（但是对于诸如航空公司这样销售规模巨大的商家来说，手续费比率还会更少）。

银行信用卡

由于"二战"后对消费者信用的需求增长迅速，银行信用卡方案获得了巨大发展。20 世纪 50 年代早期，银行信用卡方案有了零星的发展，1951—1952 年间发展迅速，但随之而来的是 1955 年的急剧下降。利润辜负了银行家们的期待，高的管理起点和运营成本加之以低规模，使许多银行放弃了他们的方案。

万事达卡（Master Card） 1967 年 7 月，加利福尼亚银行信用卡协会首次发行了万事达赊账卡。也是在 1967 年，纽约州的 11 家银行联合发起了另一种银行信用卡，被称为"联行卡"（Interbank Card），它是为了促进全国范围内银行在信用卡领域的合作所做的安排。1968 年 1 月，万事达借记卡的所有权转归联行卡协会所有。1981 年初，万事达赊账卡的名称被取代，改称国际万事达卡。

维萨卡（Visa）美国银行于 1958 年引入这个信用卡方案，并于 1966 年通过美国服务公司银行开始发行维萨卡。这导致了 1970 年 7 月国立美国银行卡公司（National Bank Americard Inc.，NBI）的成立。NBI 是作为一个独立的非股份制公司成立的，该公司旨在在全美国范围内管理、促进和发展美洲银行卡系统。1977 年 1 月，美洲银行卡的名称改为维萨卡。

　　万事达卡和维萨卡以及与它们有密切联系的银行已控制通用信用卡市场多年。但是，从 20 世纪 80 年代起，其他的零售商、制造商和服务提供商也开始发行通用信用卡来和银行信用卡竞争。表 4—1 列出了一张银行信用卡申请表。

表 4—1　　　　　　　　　　　**银行信用卡申请表**

Application For MasterCard/Visa

I would prefer MasterCard ☐　or Visa ☐　or Both ☐　　　☐ NEW ACCOUNT ☐ REISSUE REQUEST ☐ REQUEST LIMIT INCREAS
Yes, I'm interested in your Auto Pay service ☐　　　ACCOUNT NUMBER ☐☐☐☐☐☐☐☐☐☐☐

IMPORTANT
Read these Directions before completing this Application and Check Appropriate Box

☐ If you are applying for an individual account in your own name and are relying on your own income or assets and not the income or assets of another person as the basis for repayment of the credit requested, complete only Sections A and C.
☐ If you are applying for a joint account or an account that you and another person will use, complete all Sections providing information in B about the joint applicant or user
☐ If you are applying for an individual account, but are relying on income from alimony, child support, or separate maintenance or on the income or assets of another person as the basis for repayment of the credit requested, complete all Sections to the extent possible, providing information in B about the person on whose alimony, support, or maintenance payments or income or assets you are relying

SECTION A — APPLICANT

| FIRST NAME | MIDDLE NAME | LAST NAME | SOCIAL SECURITY NUMBER | BIRTHDATE MO/DAY/YR |

STREET ADDRESS　APT. NO　CITY　STATE　ZIP　HOW LONG?　HOME PHONE NO

☐ OWN ☐ RENT ☐ BUYING ☐ LIVE W/RELATIVES　PREVIOUS STREET ADDRESS　CITY　STATE　ZIP　HOW LONG?　NO. DEPENDENTS AGES

EMPLOYED BY　HOW LONG?　ADDRESS　MONTHLY SALARY $

BUSINESS PHONE ( )　POSITION　PREVIOUS EMPLOYER　ADDRESS　CITY　STATE　HOW LONG?

NAME OF NEAREST RELATIVE NOT LIVING WITH YOU　STREET ADDRESS　CITY　STATE　PHONE NO ( )　RELATION

BANK WITH　BRANCH　☐ CHECKING ACCOUNT NO　☐ SAVINGS ACCOUNT NO　☐ LOAN　☐ CREDIT CARD

Alimony, child support, or separate maintenance income need not be revealed if you do not wish to have it considered as a basis for repaying this obligation.

OTHER INCOME $　SOURCE(S) OF OTHER INCOME　ALIMONY, CHILD SUPPORT, SEPARATE MAINTENANCE RECEIVED UNDER ☐ COURT ORDER ☐ WRITTEN AGREEMENT ☐ ORAL UNDERSTANDING

SECTION B — JOINT APPLICANT

| FIRST NAME | MIDDLE NAME | LAST NAME | SOCIAL SECURITY NUMBER | BIRTHDATE MO/DAY/YR | HOME PHONE NO ( ) |

STREET ADDRESS　APT. NO　CITY　STATE　ZIP　HOW LONG?　NO. DEPENDENTS AGES

☐ OWN ☐ RENT ☐ BUYING ☐ LIVE W/RELATIVES　PREVIOUS STREET ADDRESS　CITY　STATE　ZIP　HOW LONG?　RELATION TO APPLICANT IF ANY

EMPLOYED BY　HOW LONG?　ADDRESS　MONTHLY SALARY $

BUSINESS PHONE ( )　POSITION　PREVIOUS EMPLOYER　ADDRESS　HOW LONG?

NAME OF NEAREST RELATIVE NOT LIVING WITH YOU　STREET ADDRESS　CITY　STATE　PHONE NO ( )　RELATION

BANK WITH　BRANCH　☐ CHECKING ACCOUNT NO　☐ SAVINGS ACCOUNT NO　☐ LOAN　☐ CREDIT CARD

Alimony, child support, or separate maintenance income need not be revealed if you do not wish to have it considered as a basis for repaying this obligation

OTHER INCOME $　SOURCE(S) OF OTHER INCOME　ALIMONY, CHILD SUPPORT, SEPARATE MAINTENANCE RECEIVED UNDER ☐ COURT ORDER ☐ WRITTEN AGREEMENT ☐ ORAL UNDERSTANDING

SECTION C — OBLIGATIONS AND REFERENCES

PLEASE LIST BELOW ALL DEBTS, INCLUDING ANY ALIMONY OR CHILD SUPPORT YOU WISH THE BANK TO CONSIDER AS A CREDIT REFERENCE. USE SEPARATE SHEET IF NECESSARY. YOU MAY ALSO LIST ANY ACCOUNTS (PAID OUT OR OPEN) WHICH YOU WISH

NAME OF COMPANY OR BANK	ACCOUNT NUMBER	PRESENT BALANCE	MONTHLY PAYMENT	ACCOUNT IN NAME OF
RENT OR MORTGAGE PAYABLE TO				☐ APPLICANT ☐ JOINT APPLICANT
AUTOMOBILE FINANCED BY　YEAR　MAKE				☐ APPLICANT ☐ JOINT APPLICANT ☐ OTHER
YEAR　MAKE				☐ APPLICANT ☐ JOINT APPLICANT ☐ OTHER
				☐ APPLICANT ☐ JOINT APPLICANT ☐ OTHER
				☐ APPLICANT ☐ JOINT APPLICANT ☐ OTHER
				☐ APPLICANT ☐ JOINT APPLICANT ☐ OTHER

Are you a co-maker, endorser or guarantor on any loan or contract?　Yes ☐　No ☐　If yes
For whom? _____　To whom? _____
Are there any unsatisfied judgements against you?　Yes ☐　No ☐　If yes to whom owed? _____
Have you been declared bankrupt in the last 10 years?　Yes ☐　No ☐　If Yes where? _____ Year _____
FOR ARMED FORCES PERSONNEL ONLY-HOME OF RECORD Service Member is　☐ Applicant　☐ Joint Applicant

| Address of Home of Record | City, State, Zip | Expiration of Category | Rank |

CREDIT LIMIT REQUESTED: _____

The applicant and joint applicant, if any, hereby request a MasterCard/Visa, affirm that everything stated in this application is true and correct, understanding that the Bank will retain this application whether or not it is approved, authorize the Bank to check the above credit and employment history and to answer questions about the credit experience with the account, and agree to be obligated by the terms and conditions of the MasterCard/Visa Agreement and Disclosure required by Federal Law as amended from time to time delivered to them. Should a MasterCard/Visa be issued and without limiting the generality of said agreement they specifically agree, jointly and severally to pay for credit extended through the use of the card and all costs incurred in collecting that indebtedness, including a reasonable attorney's fee

_____ Applicant's Signature　Date　_____ Other Signature (where Applicable)　Date

Member FDIC　Please fold and tape securely; postage is paid. Or, bring into your local First Florida Bank branch.　**FIRST FLORIDA BANK**

非银行信用卡

1986 年，西尔斯公司开始发行 Discover 卡——一种被设计用来与维萨卡和万事达卡竞争的通用信用卡。Discover 卡和西尔斯公司发行的商业信用卡——西尔斯卡并存。Discover 卡提供了包括无需交纳年费、在购买基础上返还现金在内的一些吸引人的激励手段来鼓励公众使用这种信用卡。表 4—2 列出了 Discover 卡现有的一些金融服务。

表 4—2   **Discover 卡现有的金融服务**

> **无年费**——与大多数其他主要的信用卡不同，Discover 卡无需支付会员费用，Discover 卡的会员可以得到相当大的信用额度，并享受专门为其提供的便利和服务而无需支付任何费用。
>
> **现金返还**——伴随着每一次使用 Discover 卡进行的购买活动，你每年可以得到建立在年消费水平基础上的现金返还，其最高额度是全部购买额的 1%。因此，使用 Discover 信用卡购买的越多，你得到的现金返还也就越多。
>
> **随时支取现金**——Discover 会员通过填写 Discover 信用卡支票就可以在 700 多个西尔斯商店和全国范围内的会员自动柜员机处立即得到现金支取。
>
> **节省旅游开支**——Discover 会员可以加入 Discover 信用卡旅游服务机构以便节省在国内旅游花费的时间和金钱。这些机构提供的好处包括保证提供最低价格的机票和适用于各类旅游的 5% 的现金返还。
>
> **现金折扣**——Discover 会员会收到 Value Finders 折扣券，在会员购买注有公司商标的产品或服务时，它可以带来折扣。
>
> **会员保护服务**——Discover 会员可以获得财产保护服务，保护的范围包括会员所有的贵重物品和注册的信用卡；以 Allstate 制定的集体费率来提供人寿保险；在无任何费用的情况下，Discover 会员可以自动得到 100 000 美元的旅游意外死亡保险。
>
> **专门设计的金融服务**——Discover 会员还可以享受独一无二的个人金融服务，包括西尔斯消费金融公司及其附属机构提供的高利率的 Discover 储蓄账户和方便的 Discover 信用卡自动融资功能。
>
> **信用安全条款**——在你最需要的时候，它会提供最有价值的信用保险。信用保险的全部内容就是金融保护。你应该得到何种保险？寿险？伤残险？失业保险？信用安全条款对以上三种都提供信用保护，保证 Allstate 会在你没钱支付时替你付款。
>
> **全国适用**——Discover 信用卡适用于从东海岸到西海岸的主要商店、餐馆、旅馆、航空公司、汽车租赁公司和服务站点。
>
> **今天仍然适用**——Discover 信用卡与其他信用卡的设计绝不雷同，它是由西尔斯金融公司网的成员之一格林伍德信托公司（Greenwood Trust Company）发行的一种个人融资工具。今天仍然适用！无年费！

资料来源：Sears，Roebuck and Co.

20 世纪 80 年代，西尔斯经过努力转变为一个一体化的金融服务公司。该公司将为消费者提供一揽子完整的金融产品和服务。现有的附属公司和一些新兼并的公司共同提供了可用于供给一揽子金融产品和服务的工具：Dean Witter 提供中介服务；Allstate 提供保险产品；Coldwell Banker 提供不动产经营特许权，此外，还有 Discover 信用卡和传统的西尔斯零售商店。观察家注意到，通过西尔斯单一的公司网，消费者就可以实现购买房屋、装修房屋、购买保险、开立佣金账户、获得信用卡、购买衣物等各种目标。1995 年，西尔斯公司通过抽资脱离子公司和公开出售股票的方式重建了公司网络。

1987 年，美国运通公司开始发行 Optima 信用卡——一种循环的通用信用卡。在此之前，运通公司只是发行了要求每月全部偿清的旅游和娱乐信用卡（将在下一节中讨论）。Optima 卡并不隶属于维萨卡或万事达卡，它是作为这些传统银行信用卡的竞争性替代物而发行的。

公司商标名称信用卡

渴望进入信用卡领域的零售商和服务提供商还有一个相对较新的途径来发行他们的通用信用卡。这种信用卡采用维萨卡和万事达卡的版本形式，但明显地标示出发行公司的名称，如 GM 信用卡和 AT&T 环球信用卡的字样。表 4—3 列出了 AT&T 环球信用卡的合同条款。

表 4—3　　　　　　　　　　AT&T 环球信用卡条款

AT&T Universal Card Credit Terms

I understand that Universal Bank or its affiliate may obtain a consumer report about me now and from time to time in the future and, if I ask, that Universal Bank or its affiliate will tell me if it has obtained a consumer report and the name and address of the agency that supplied the report. I understand that I must be 18 years of age or older to get an AT&T Universal Card. By using the card, authorizing its use, or not cancelling my account within 30 days after I receive the card, I agree to the terms of the AT&T Universal Card Agreement which will be sent with the card. This offer is non transferable and is not applicable to a corporate account.

Annual Percentage Rate	18.9%*
Variable Rate Information	The annual percentage rate (APR) may vary. It will be based on the prime rate published in *The Wall Street Journal* plus 8.9%
Minimum Finance Charge	$.50 whenever a finance charge is imposed
Grace Period for Purchases	If you pay your new balance in full within 25 days of your statement closing date each month, you will avoid finance charges on purchases
Balance Calculation Method for Purchases	Average daily balance (including new purchases)
Annual Membership Fee	None
Cash Advance Transaction Fees	At ATMs, 2% of the cash advance or $1, whichever is greater. At branches, 2% of the cash advance or $5, whichever is greater.
Late Payment Fee	$10 if you do not make a payment within 20 days of the payment due date
Fee for Exceeding Your Credit Limit	$10 in each billing cycle in which you exceed your credit limit

Notice to Ohio Residents: The Ohio laws against discrimination require that all creditors make credit equally available to all creditworthy customers, and that credit reporting agencies maintain separate credit histories on each individual upon request. The Ohio Civil Rights Commission administers compliance with this law.

Notice to California Residents: If you are a married applicant you may apply for credit in your own name.

Notice to Illinois Residents: You may contact the Illinois Commissioner of Banks and Trust Companies for comparative information on interest rates, charges, fees and grace periods at State of Illinois CIP, P.O. Box 10181, Springfield, Illinois 62791, 1 800 884 5452.

Married Wisconsin Residents Only: No provision of any marital property agreement, unilateral statement, or court order applying to marital property will adversely affect a creditor's interests unless, prior to the time credit is granted, the creditor is furnished a copy of the agreement, statement or court order, or has actual knowledge of the provision. In addition, I must send you the name and address of my spouse within 15 days to AT&T Universal Card, P.O. Box 45T5, Jacksonville, FL 32232 5175 so that you can provide my spouse with a disclosure required under Wisconsin law.

The AT&T Universal Card is issued by Universal Bank or its affiliate.

*This corresponds to the calculated variable rate using the prime rate in effect as of the printing date, 10%.

SOURCE: American Telephone and Telegraph Co.

当国会通过《1987 年银行公平竞争法案》（CEBA）时，由于该法案力图控制非银行公司所有的银行越来越大的影响，银行家们视其为一种在银行业恢复竞争平衡的措施。但是，该法案却允许成立一种新型银行——**信用卡银行**（credit card bank）。这是一种业务范围有限的专业银行，仅能提供信用卡贷款。对信用卡业务感兴趣的公司，现在正在收购或发起设立信用卡银行，并发行作为维萨卡和万事达卡系统一部分的信用卡。

大公司进入信用卡市场有多种原因。为扩大销售，信用卡经常提供与其使用量相关的折扣，该使用量是指用信用卡购买公司产品和服务花费的金额。例如，AT&T 免费通用信用卡可以为打长途电话者提供 10％的折扣。GM 信用卡也可以为持卡者提供折扣，返还持卡者通用汽车和其他产品年购买价值的 5％。此类信用卡的发行者也希望能够借此行为从利息费用中获得收入，并加强同顾客的联系。其他最近的加入者包括通用电器、GTE、Tandy 和 Dayton Hudson。

特殊信用卡方案

为了扩大持卡者基数并获得额外收入，通用信用卡也被推销给特定的组织，下面是两个关于会员信用卡和有担保信用卡的例子。

会员信用卡（affinity card）是向由某种联系构成的特定群体中的成员发行的通用信用卡。许多银行在信用卡表面不注明自己的名称，大多数人选择会员信用卡是因为成员身份和会员信用卡的整体吸引力，而不是因为发行会员信用卡的是某家银行。

个体结成的群体之间有很大区别。会员信用卡领域最重要的创始组织之一是信用合作社，他们经常利用会员组织开拓市场。由于信用合作社的成员会感到是金融服务机构中的一分子，从而促进了信用卡项目的发展。

1985 年，AFL-CIO 发行了劳工会员卡，该信用卡在提高工人的组织声誉的同时，还为会员提供优惠的利率。今天，它已成为会员信用卡市场上的龙头之一。

其他成功的会员信用卡组织包括：公共服务雇员组织、服装纺织工人组织、钢铁工人组织、邮件管理员和邮递员组织、电力工人组织、旅馆和餐饮业雇员组织、高尔夫和网球运动员组织以及教会组织。

信誉信用卡　近些年来，万事达卡和维萨卡的金卡及信誉信用卡方案的销售业绩不断增长。**信誉信用卡**（prestige card）是将一系列银行产品（如较高的信用卡限额、个人支票兑现服务、旅游意外保险、紧急事件现金支付、免费旅游支票和汽车租赁折扣等）包含在单个信用产品中的信用卡。

过去，每家银行的信用卡方案，都设计体现自己特征的信誉信用卡，从而阻碍了信誉信用卡在全国市场的销售推广。一旦某种信誉信用卡成功发行，维萨卡和万事达卡就会通过为发行者的直接邮件提供资助、印刷宣传品、在电视台和广播做现场宣传等方式来促进其增长。

信誉信用卡对银行来说是有利可图的，因为许多顾客要支付超过那些所谓标准信用卡平均费用 50％ 的费用；顾客在每次购买活动中要比普通的持卡者支付得更多；顾客使用大大高于标准水平的信用余额，因此要支付更多的延期付款费用。

担保信用卡方案　传统的银行信用卡账户构建的基础是，通过塑料卡的使用来获取一系列无担保信用卡信用。但是，近年来，担保信用卡方案有了相当大的发展。**担保信用卡**（secured credit card）是用一定形式的抵押品来提供担保的信用卡，在持卡者欺诈行为发生时，该抵押品将转归信用卡发行者所有。典型的抵押品是在信用卡发行银行开立的存款账户或存款证明。担保信用卡的信用额度通常与申请人提供的存款账户金额相等，利率通常高于无担保信用卡，并需要支付申请费和年费。担保信用卡适用于那些需要提高信用等级，否则是无资格获得无担保信用卡的高风险客户。

不幸的是，在强大的远程交易者和其他人向顾客提供这些信用卡方案时，各种各样的阴谋与骗局也随之发生。信用卡的担保支持无效、过高的操作费用和昂贵的"900"使用费已破坏了担保信用卡的声誉。但是，一些声誉良好的发行者仍然存在，他们发现此类信用卡相当有利可图。担保信用卡发行者必须在存款账户上载明他们的抵押品利息，还必须小心谨慎地遵守联邦和州的法律。

通用信用卡的益处

通用信用卡的受欢迎程度以及其使用一直不断增长。无论顾客还是商家，都从这一已融入付款机制的普遍购买工具中获得了利益。

对于顾客　随着越来越多的商家参与通用信用卡方案，顾客在使用信用卡时能够选择更大范围内的商家组合。接受通用信用卡服务机构的数量不断增长，一些教育机构也开始允许使用信用卡来支付学费，政府也允许用信用卡支付税款。由于通用信用卡具有现金支取功能，顾客能够迅速而

60

方便地获得现金信用。越来越多的商家开始安装无人看管的 24 小时终端
（自动柜员机）以方便现金支取。

对于会员商家　通用信用卡能够增加销售利润、提高资金流动性、又
不必受信用机构对细节要求的限制，这些优势将会不断使会员商家受益。
信用已成为我们国家的一种生活方式，许多仅仅使用现金购买政策的商家
日益发现，信用是生存的必需。通用信用卡方案为那些期望转换现金或信
用购买政策的商家提供了工具。

对于信用卡发行者　通用信用卡方案有助于发行信用卡的银行和公司
同会员商家开展新业务，向持卡者交叉销售其他产品和服务，还有助于发
行者塑造不断进取的形象。信用卡发行者认为，信用卡为现有顾客提供了
新的服务，还提供了渗透到新顾客和新市场的手段，增加了获得额外收入
的机会。出现较晚的非银行信用卡和公司商标名称信用卡发行者，对提高
其声誉和增加销售量尤其关注。

旅游和娱乐信用卡

正如名称所显示的，旅游和娱乐信用卡主要用于与旅游和娱乐相关的购
买活动，这种信用卡尤其为那些工商界人士所欢迎。1988 年制定的《信用
公平和赊账卡公开法案》（The Fair Credit and Charge Card Disclosure Act）将
赊账卡定义为"无需支付利息费用，可随时获得贷款的卡、金属卡片或其他
单一的信用工具。"**旅游和娱乐信用卡**（travel and entertainment card）是赊
账卡的一种，它允许持卡者在会员机构购买商品或服务，然后，持卡者每月
会收到一张分项列示的账单，所列费用要在该月全部偿清。出于税收需要，
每月的账单会提供给顾客一个有关娱乐和旅游支出的分项列示的记录和合法
的商务支出证明。为了补偿顾客的费用，同意接受信用卡的商家要按规定比
例返还手续费，而持卡者要向发行机构支付年费。

美国运通公司和迪纳尔俱乐部是旅游和娱乐赊账卡领域的龙头企业。
随着大公司开始出于补偿商务开支的需要把这种信用卡提供给销售代表和
其他员工，工商界成为了旅游和娱乐赊账卡的主要市场。公司根据信用卡
发行者提供的文件来支付每月的账单和享受服务。赊账卡发行者目前在公
司客户市场上面临激烈的竞争，他们正在筹划复杂的报告，以显示按地
区、雇员和部门分项列示的开支，这些资料可以帮助公司客户控制成本。
当然，信用卡发行者也会强调使用他们的信用卡会带来何等的身份，并以
此来吸引个体信用卡使用者。在这类信用卡领域，迪纳尔俱乐部（参看表
4—4 列示的迪纳尔俱乐部申请表）的资格最老，他的成立可追溯到 1950
年，美国运通公司则在 1958 年进入这一领域。

主要的赊账卡公司在提供服务的商家数量、顾客支付的年费、延期支
付方案（如果有的话）、准许的现金支取功能、申请人的最低收入等方面
都存在差别。

美国运通公司 1958 年发行了绿卡，1966 年发行了金卡，1984 年发行
了劫卡。每一种卡都有不同的年费和不同的金融服务内容。表 4—5 对这
美国运通公司三种赊账卡做了比较。

表 4—4 迪纳尔俱乐部卡申请表

Apply Today for the Diners Club Card

Place your silver
sticker here.

Don't pass up this opportunity to apply for Diners Club
Card membership. Apply for the Card that gives you Club
Rewards^{sm}, $350,000 Automatic Air Travel Accident Insurance,
and thousands of dollars in future purchasing privileges.

Diners Club Membership Form

Fill in this Form completely and mail in enclosed envelope.

Please print your full name as you wish it to appear on the Card. (25 spaces maximum)	Employer Name / Your Position
Please print your business title or company name if you wish it to appear on the Card.	Employer Address / Street
ADDITIONAL CARD: Please issue an additional Diners Club Card, $30 each annually, with separate monthly itemized listing for the above family or household member. Married Applicants may each apply for separate accounts. Please indicate whether or not you wish Additional Cardmember to also have access to the Club Cash^{sm} Account. ☐ YES ☐ NO	City / State / Zip
	Business Telephone (include area code). Self-employed: Yes ☐ No ☐
Social Security Number / Birth Date / Number of dependents (include yourself)	Annual Wages or Salary (must be provided).
Highest Level of Education Completed: ☐ Graduate School ☐ College ☐ High School	If your annual salary is less than $25,000—indicate source and amount of other income, and individual (Banker, Broker, Employer, etc.) we may contact for confirmation. Please understand that your total annual income from all sources must be at least $25,000 to be considered for Cardmembership.
Home Address / Street	Disclosure of income from alimony, child support or separate maintenance required only if you wish it to be considered for purposes of this application.
City / State / Zip	Other income $ / Source
( ) Home Telephone (include area code) / Years at current address: own ☐ rent ☐ other ☐	Name of individual for additional income verification. / Phone ( )
Previous Home Address (if less than 1 year at present address)	
City / State / Zip	Address / City / State / Zip
Indicate your banking relationships:	Please provide all requested information so your Membership Form may be promptly processed. Send no money now. Upon our approval, we will bill you for the non-refundable $55 annual MEMBERSHIP FEE (subject to change).
☐ Checking ☐ Money Market ☐ Savings ☐ NOW ☐ Other	I have read both sides of this application and agree to its terms.
Bank Name	X
☐ Checking ☐ Money Market ☐ Savings ☐ NOW ☐ Other	Signature of Primary Applicant / Date
Bank Name	
Check which charge cards you have:	
American Express ☐ Visa ☐ MasterCard ☐ Oil Company Cards ☐ Sears ☐ Ward's ☐ J.C. Penney ☐ Other Store Cards ☐	X
	Signature of Additional Applicant, if any / Date

SEE REVERSE SIDE FOR IMPORTANT INFORMATION

表 4—5 美国运通公司三种赊账卡的比较

绿 卡	金卡 （包括绿卡所有 的服务内容）	白金卡 （包括绿卡和金卡所有 的服务内容）
发行时间：1958 年	发行时间：1966 年	发行时间：1984 年
年费：55 美元	年费：75 美元	年费：300 美元
无预设消费限额	2 000 美元的信用额度	旅游紧急事故资助
附有账单的签名收据	90 家私人美国俱乐部的非居	个性化旅游服务
24 小时消费者服务	民会员身份	10 000 美元的最低信用额度

续前表

绿　卡	金卡 （包括绿卡所有 的服务内容）	白金卡 （包括绿卡和金卡所有 的服务内容）
美国运通旅游服务网络 紧急信用卡替代方案 买方担保保护方案 购买保护方案 全球服务热线 汽车租赁损失和破坏保险 100 000 美元的旅游意外事故保险 财产保险方案 运通现金 1 000 美元的应急基金 有担保的保留权益	外交官个性化旅游服务	26 家遍布全球的俱乐部的非居民 会员身份 优先接待 世界范围内购买当地商品和服务 的个人资助

借记卡

借记卡（debit card）不是信用卡或赊账卡，它是一种用来提取现金的卡片，可提取存储在其他地方的现金，来支付购买商品和服务的款项。借记卡有时也被称为**支票卡**（check card），原因是借记卡可以用来取得支票账户。借记卡通常看起来类似普通信用卡，很容易被商家接受。但是，订单一到达银行，用于购买支付的资金就会立即从借记卡持有者的账户中被扣除。

借记卡也可以作为电子资金转移系统（EFT）的一部分来使用，该系统包括自动柜员机（ATM）和销售点终端机（POS）。**电子资金转移系统**（electronic funds transfer system）利用电话线路和电子信息来转移资金。借记卡持有者可以使用自动柜员机来进入他（或她）的银行账户，提取和存储资金以及转移资金，还有可能偿还贷款。销售点终端机通常会出现在诸如百货商店这样的零售商店。通过利用销售点终端机，可以将资金从持卡者的银行账户转移到商家的银行账户，这样，使用借记卡的顾客就立即付清了商家的货款。在交易进行之前，通过电子阅读来确定借记卡的账户编号，并要求使用者输入个人身份识别码（PIN）。个人身份识别码是一种安全措施，持卡人需要在实际转移资金前输入此号码。使用借记卡的支付过程十分简单，因为资金即时转移（不再有坏账损失），对商家很有利。由于信用卡持有者在每月末偿还该月全部欠款余额，所以，对商家来说更安全的借记卡今后将会变得更加普遍。

借记卡的变异形式是智能卡，**智能卡**（smart card）是一种用电子系统存储价值，以备购物时付款的借记卡。在目前使用这些系统的地方，大学生和大公司的雇员在特定区域进行智能"登录"，然后使用这些智能卡购买自助食堂的食品、图书或待售的机械产品。价值被电子系统存储在嵌入智能卡的磁条或计算机芯片中。同样，由于智能卡能够带来便利，尤其是在重复购买低价物品时，智能卡引起了人们很大的兴趣。

信用卡欺诈

信用卡和赊账卡欺诈问题是一个日益严重的问题。任何发行或接受信用卡的商业组织都是信用卡欺诈的潜在目标。信用卡欺诈的类型有以下几种。

申请欺诈

诈骗犯使用伪造的或偷来的身份证申请并获得信用卡，接着用此信用卡支付货款并在一段时期内按时偿付账单以得到信用额度，但最后持卡者消失了。最好的防范申请欺诈的措施是仔细调查每一份新申请，以核对身份与其他情况是否属实。

信用卡丢失或被盗

旅馆工作人员和其他人可能偷盗信用卡，而后信用卡可能被继续使用或出售给其他不法个人，并且得到该卡的人会尽可能快地使用原始持卡者的账户来购买商品或服务。因为信用卡丢失后会很快被挂失，所以对盗卡者来说，最称心的方法就是从邮件中盗取信用卡而使其永远不被发现。信用卡发行者的对策是通过从家庭电话呼叫一个特殊号码来激活新卡，以此来保证信用卡到达了预期的目的地。

伪造信用卡

有时，信用卡由可以冲压塑料卡并添加程序磁条的精密设备制造而成。信用卡发行者正在为信用卡增加难以复制的可识别特征，比如使用持卡者的照片以防信用卡被伪造。相信有一天，一种使用持卡者指纹来防止信用卡被仿制的方法将成为现实。

恶意透支

这个不常用的术语被用来描述在申请破产前购买大量商品或服务的行为。持卡者清楚无担保的负债将会因为破产行为而被免除，所以他们会趁破产前的机会大量购买。幸运的是，最近对破产法的修订已注意到了这种欺诈行为，并制定了阻止此类行为的条款。

电话交易欺诈

没有戒心的持卡者也许在自由假期快到来的时候，被要求通过电话提供他们的账号。而其真实意图是要持卡者用其账户来为商家从来没有提供过的商品或服务支付巨额款项。很明显，对个人来说，最好的防范措施是永远不把信用卡账号告诉给你打电话的任何人，除非你主动和一个信誉良好的商家沟通。

对每位当事人来说，最好的保护措施是仔细检查印鉴证明，并警惕欺诈行为的发生。现代认可程序要求售货员在每笔交易中检查大多数信用卡的磁条，并通过使用计算机的调制解调器得到接受信用卡的许可。信用卡将一直被售货员扣留，直至印鉴被证明准确无误。

为分期付款业务融资

诸如汽车、大型家电和昂贵的家具这样的大件商品，一般不适合于用信用卡或赊账卡购买。顾客通常选择分期付款购买，这种方式允许在未来几个月（有时是几年）内定期定额偿还货款。

由于许多购买者是先挑选商品，然后决定支付方式，这促使越来越多的零售商开始自发地参与订立分期付款合同。为了订立分期付款合同，零售商需要考虑顾客的信用状况，签订担保协议，并完成其他必要的检查。零售商还要负责向顾客传达合同条款的内容，解答顾客的疑问。如果零售商不自己执行合同，他们可以寻找金融机构或其他代理组织来购买其合同。

自己执行合同的零售商需要更多的资金来弥补其流动资金的减少。如果通过提供分期付款服务，零售商的销售量增加了，他们还会需要更多的资金购入存货。想要加速自有资金周转和转移信用风险责任的零售商可以将其合同出售给销售金融公司、商业银行或者其他类型的消费者金融机构。这样做，零售商可以将信用功能转移给分期付款信用的专业工作者，使自己能集中精力从事商业活动。

今天的零售商只承担他们参与订立的合同中的债务的很小一部分，商业银行和金融公司则承担分期付款合同的绝大部分责任。

通过商业银行融资

没有银行信用，尤其是银行分期付款信用，就没有今天的高水平生活。

许多银行家认为，《联邦购房管理条例》（FHA）是影响银行进入分期付款信用领域的主要因素。20世纪30年代早期制定颁布的《联邦购房管理条例》提供了一揽子保险方案，在这些方案下，商业银行可以发放财产改进直接贷款，并从签约者及提供商品和服务的商家那里得到合同。在这一领域令人满意的经验使银行获得了在其他领域开拓银行信用的动力。

基本上，商业银行有两种不同的方法来获得分期付款业务——直接方法和间接方法，有时也可以综合运用这两种方法。

直接方法

直接贷款通常只涉及两方当事人：银行和借款者。使用这种方式时，银行直接和借款者取得联系，并向信誉良好的借款者做出贷款承诺。这样，银行就可以控制其信用政策、贷款比率和规模。

与间接分期付款信用相比，直接贷款有许多优势：

1. 银行可以连贯地运用其信用政策；
2. 银行在经营活动中有较大的灵活性；
3. 仅涉及两方当事人；
4. 银行能够较好地判断和评估借款者的财务状况和个人道德品质；
5. 银行可以影响贷款规模；
6. 直接分期付款贷款扩大了银行在信用领域的运营基础。

直接贷款的主要缺点是由较慢的发展速度而导致的较小的规模。另外，银行的信用领域有可能太小，从而不能产生大规模的上门直接分期付款信用。由于缺乏和商家的联系，银行还可能在回收贷款时遇到较多的困难。

间接方法

使用这种方法涉及三方当事人：商家、借款者和银行。商家提交信用申请并准备必要的合同和其他文件，然后将合同提交给银行以获得折扣。如果得到批准，商家将从银行那里得到借款者需要的贷款。大多数情况下，由银行向借款者发出用来收取货款的账单。银行在考虑与商家签订协议时，要认识到下列直接方法和间接方法的主要区别：

1. 银行不会和分期付款购买者直接接触，因此没有机会对他们作出评估。

2. 许多分期付款购买者对待债务的态度与直接借款者不同。当借款者从银行那里通过直接贷款业务得到贷款时，他们会意识到他们必须承担偿还贷款的责任。但是当分期付款购买者购买商家的产品时，他们有时可以觉得通过退还商品来免除还款责任，或者他们会如果觉得商品不令人满意，拒绝偿还分期付款贷款也是合理的。

3. 在任何信用交易中，只要银行见不到债务人本人，欺诈、伪造和不正当代理就都有可能发生。

所有有经验的商业银行分期付款信用部门的经理都清楚，间接贷款的风险要比直接贷款的风险大得多。在提供间接分期付款信用时，商家必须十分谨慎小心，而且通常银行并不如设想的那么了解预期的借款者。但是，间接分期付款信用可以迅速产生很大的贷款规模，因此，它为银行提供了付出很少努力便可产生大规模贷款的机会。

为了制定间接分期付款信用销售政策，分期付款信用部门首先要考察零售报告的质量。大多数情况下，报告的质量取决于编写报告的商家，因此，商家的道德品质和财务状况就显得相当重要，必须对其进行仔细核查。大多数银行花费相当多的时间核查商家的"历史记录"，这包括有关他们财务和经营活动历史的诸多细节。在决定是否为商家的申请提供资金时，银行通常要从以下各方面调查商家的背景：

1. 现在和过去财务经营情况说明；

2. 与银行的存款关系；

3. 商业征信所；

4. 同分销商和制造商的关系；

5. 信用报告机构；

6. 同其他金融机构的业务记录；

7. 在 Better Business Bureau 当地机构中的地位。

一旦银行和商家建立了这种合同关系，银行就必须考虑一系列其他的策略，包括以下内容：

1. 对商家向银行提出的信用申请做出快速决策的能力；

2. 具有丰富经验，能够充分了解商家的销售和信用情况的银行职员的培养；

3. 高效而经济可行的收账措施；

4. 有竞争力的利率和其他合同条款的采用；

5. 商家的充足存货融资方案条款；

6. 能够体现每一商家账户状况的充足银行记录的维护；

7. 向商家推广其他银行服务的能力。

融资方案的多样化是可以实现的。融资方案的选择要依赖于当时的竞争状况和银行的信用政策。一些商业银行为商家提供几种方案供其选择，其他的商业银行则仅提供一种可行的方案并在该方案下处理所有的购买合同。商业银行对分期付款合同的购买方式主要分为三种：充分追索权方案、无追索权方案和回购方案。这三种方案的任何一种都会因消费者的违约行为而使条款受到触动。

充分追索权方案 在充分追索权方案中，商家将他们签订的分期付款销售合同出售或签字转让给银行。在出售或转让合同时，商家提供无条件担保：一旦购买者行为出现偏差，他们将承担合同的全部责任。发生违约的情况时，商家必须从银行那里购回合同并偿清账户余额，商家还要负责修复和重新出售产品。商家之所以喜欢充分追索权方案，是因为这种方案有较低的银行折扣率。尤其是在消费者信誉良好的情况下，这种方案是十分有利的。

无追索权方案 在这种方案中，如果顾客不履行合同，商家不承担任何责任。商家只保证合同、销售条件、权利等的真实性。商业银行对合同的购买仅仅建立在分期付款购买者的信用等级基础上。一旦发生商品返还的情况，商业银行将承担回收、修复以及重新出售产品的全部责任。

回购方案 在这种方案中，如果消费者不履行合同，在银行将商品收回后，商家必须购回商品的所有权，并偿清未支付的差额。商品必须在最早的应还款却未进行偿付的日期后指定天数内，送达商家的营业地点。通常，银行有 90 天的时间来找到商品并将它返还给商家。

银行分期付款信用部门的经理和其他参与决策者，应该基于合同自身的价值对其做出判断。银行应坚持在任何时候都采用灵活的信用政策，并评估商家的财务状况、实行的方案、所购买合同的质量、可利用的准备金和借款者的财产状况。一些零售商要求优先采用非通知方案。在这种方案中，零售商的顾客不知道他们的分期付款购买合同已被商业银行打折购买。通常银行只对财务偿付能力强，且具有良好信誉的零售商提供这种方案，并且一般情况下要对商家的追索权进行背书。

交易商准备金

交易商准备金（dealer reserve）即商家储存在银行中的账款，作为希望出售分期付款合同的商家与希望购买合同的金融机构之间所达成协议中的一部分。考虑到交易商在有交易中所起的作用，也为了抵消商家承担的责任，银行经常从融资费用中提取出一部分资金作为准备金。在有交易商参与的方案中，银行向顾客收取的融资费用比率必须高于银行返还给交易商的比率。两者之间的差额经常地保存在准备金账户中，为银行提供一些对交易商发生意外债务时的保护。银行因商品收回和预付了分期付款合同价款而造成的损失，可以用准备金帮助弥补。资金通常在准备金账户中不断积累，直到账户余额达到交易商同银行之间合同的全部未清偿余额的一定比例。银行会不时地将超额部分支付给交易商。

交易商准备金账户是一种政策决策，交易商的类型不同，准备金账户也不同。拥有相同准备金账户的交易商，通常具有相同的交易商等级。尽管一些州对交易商准备金进行监管，但银行依然拥有一定的灵活性。他们经常把为特定交易商制定的未清偿贷款比例建立在对交易商信誉状况判断的基础上。

存货融资

存货融资（inventory financing）是一种信用形式，它由贷款人提供给零售商，目的是使其有足够的存货供应进行展示和销售。它也作为最低价方案和批发最低价方案为人们所熟知。

大多数商业银行并不把存货融资看作是一项单独的信用活动，而是把它视为与交易商的分期付款销售融资业务关系的必要组成部分。银行从存货融资方案由获得的收益微薄的另一面，是银行可以从与同商家之间的分期付款合同中获得了高收益。最低价方案之所以成为提供给零售商的一种金融服务方案，银行主要有两点考虑：（1）考虑到采用此方案有助于使交易商同意将大部分分期付款合同以折扣方式给予银行；（2）可以进行其他业务的交叉销售。

存货融资最初是为汽车交易商开发的，现在它已在更广阔的领域得到了应用。汽车交易商要在汽车送到他们的商店时支付现金。制造者向交易商开出汇票，要求交易商在收到汽车时即支付货款。如果交易商使用自己的资金来支付汽车货款，那么许多交易商的流动资金将不得不全部用于存货了，而这将严重限制他们购买汽车的数量。因此，商业银行开发了最低价方案，该方案通过代替交易商向制造商付款，来使交易商从制造商那里获得商品。为了得到这笔资金，交易商就会为这些汽车向银行交纳担保利息。这样，商业银行拥有汽车的所有权，但交易商却保留汽车的占有权。交易商将汽车作为库存或将它们作为展示品或样品。交易商出售汽车时，则必须立即或在规定的期限内偿还银行贷款。商业银行当然也愿意为购买者提供汽车贷款。

交易商的可靠性对于最低价方案的推广是至关重要的。尽管也有例外，但通常，具有管理才能又富于经验的交易商能够降低风险。

通过销售金融公司融资

销售金融公司（sales finance company）是一种特殊类型的金融机构，其主营业务是从零售商那里购入分期付款合同，并向这些零售商提供批发融资。这种金融机构要求的利率低于商业银行和提供相同服务的其他贷款人所要求的利率。不能把销售金融公司同诸如小额贷款公司、消费者金融公司和个人贷款公司等的现金贷款机构混淆，现金贷款机构是直接向消费者提供现金贷款并在特殊的州法规监督下运作的。但是，一些消费者金融公司也设有下属的销售金融公司并使用现存的分支机构和人员来开展上述业务。其他一些制造业公司设立的子公司会起到同样的作用：帮助交易商获得存货及协助消费者进行分期付款购买。例如，主要的汽车制造商都设立了此类金融子公司（如通用承兑公司、福特信用公司等）。

销售金融公司起源于 20 世纪初期。1900 年 3 月 31 日，《周六之夜邮报》（*Saturday Evening Past*）首次刊登了"无马的马车"的广告，但直到 1909 年，机动车（包括小汽车和卡车）的产量才超过 100 000 辆。首家销售金融公司通过购买未结账户及应收票据来为制造者和批发商提供流动资金。直到社会对汽车的认可程度不断提高，今天为我们所熟知的销售金融公司才得以形成。

当顾客使用分期付款信用购买小汽车或其他的昂贵的耐用品时，通常必须填写申请材料。这类申请包括以下详细信息：工作、收入及其他有关信息。但是，这些申请表的内容因零售商而异。购买者在填写了申请表之后，通常由销售商或交易商进行证明并签字。然后，开始准备常用的分期付款销售合同。

如果零售商不想最终执行合同，他可以在同销售金融公司达成预先安排协议的基础上，将合同提供给销售金融公司。销售金融公司通常会进行信用调查（尽管交易商也定期进行信用调查），以确定文件是否全都合理规范。如果一切都没有问题，就进行购买。然后开立顾客账户，并通知顾客销售金融公司已购买合同，顾客以后直接向销售金融公司付款。

与商业银行类似，销售金融公司对分期付款合同的购买主要有三种类型：充分追索权方案、无追索权方案和回购方案。在发生顾客不履行合同的情况时，这些方案的条款便会生效，生效的方式与在通过商业银行融资中一节所描述的相同。

在充分追索权方案中，交易商准备金为交易商提供弥补一定程度损失的保护。由销售金融公司从融资费用中提取的这部分资金，在一定条件下，将会返还交易商。交易商准备金可用来弥补商品收回费用和由汽车交易问题带来的其他费用。建立在销售金融公司会计账目基础上的交易商准备金账户，其总额通常约为新车贷款的 1.5%，旧车贷款的 2%～3%。因此，在商品收回中，零售商就有了两个补偿来源：汽车再出售和累计交易商准备金。

在购买分期付款合同时，销售金融公司的购买方法、合同形式及程序与商业银行的类似。两者的利率在大多数社区中都很接近。

除了从零售商，尤其是汽车交易商那里购买分期付款合同以外，销售金融公司还向耐用品交易商提供批发融资，这种类型的融资方案和商业银行提供的类似。

这些年来，销售金融公司不断演变和扩张，现已在至少 4 个方面实现了多元化：

1. 除了汽车外，他们现在还经营购买房屋、轮船、飞机和家用器械的分期付款合同。

2. 他们正在发展其他类型的贷款，例如小额贷款和商业贷款。

3. 他们正在进入与金融业有关或无关的新领域，例如销售金融公司兼并一家银行。

4. 一些独立的销售金融公司正在建立保险子公司。

分期付款合同购买中的竞争

近些年，分期付款合同购买者之间的竞争日趋激烈。这种竞争给银行及其他一些以购买分期付款合同为经营内容的金融机构带来了相当大的压力，迫使他们购买更多的合同，降低利率差给予交易商优惠，以及改善服务。

通常交易商将主要和一家金融机构合作并首先将全部合同送往这家机构。但是，其他金融机构将盯住被主要合同购买者放弃的任何合同，并考虑他们能否接受这项业务。实际上，他们可能进行一些试验性的交易，来展示其灵活性和服务质量并力求占据主要位置。这样的行为将为所有的金融机构带来过度的压力——使他们接受不安全的交易，而不安全的交易又将导致贷款流失并最终给自身带来损失。

其他的竞争压力将促使银行降低利率并降低收费，同时增加交易商准备金。因为很小的利率差异就会使交易商改变分期付款融资的对象。

合同购买者还面临提高服务质量和决策速度的压力。新兴的计算机网络将交易商和金融机构以电子系统的方式联系起来。交易商通过在线顾客申请表中输入内容，在银行的计算机屏幕中就会显示信息。同时，银行还会通过电子系统获得信用机构的档案，然后计算机计算出交易商的信用分数。做出决策通常只需几分钟（有时甚至不需要信用贷款管理人员的参与，计算机即可自动作出决策）。如果做出的是肯定的决策，已自动生成的分期付款合同和其他的文件就会被打印出来，然后送回交易商的办公室。

重要术语

会员信用卡　affinity card

支票卡　check card

信用额度　credit line

信用卡银行　credit card bank

交易商准备金　dealer reserve

借记卡　debit card

电子资金转移系统　electronic funds transfer system

旅游和娱乐信用卡　travel and entertainment card

通用信用卡　general-purpose cards

存货融资　inventory financing

信誉信用卡　prestige card

销售金融公司　sales finance company

担保信用卡　secured credit card

智能卡　smart card

商业信用卡　store card

讨论题

1. 列举并描述消费者使用信用卡的四种理由。

2. 什么是商业信用卡？它和通用信用卡有何区别？

3. 描述通用信用卡方案中有关购买、支付和利息费用的主要规定。旅游和娱乐信用卡的又如何？

4. 消费者、发行者、零售商使用信用卡的优势各是什么？

5. 银行信用卡、非银行信用卡和公司商标名称信用卡的主要区别是什么？

6. 解释特殊信用卡（会员信用卡、信誉信用卡和担保信用卡）的特征？

7. 什么是自动柜员机？销售点终端机？借记卡和智能卡？

8. 解释零售商为其分期付款账户融资的不同途径。

9. 在选择分期付款账户融资方法时，零售商应考虑哪些因素？

10. 对比现行的两种商业银行获得分期付款信用业务的方法：直接方法和间接方法。并分别加以说明。

11. 明确购买合同时的充分追索权方案、无追索权方案、回购方案之间的区别。其中何种方案对消费者最有利？何种方案对零售商最有利？何种方案对商业银行和销售金融公司最有利？

12. 设立交易商准备金的主要目的是什么？

13. 什么是存货融资？为什么它在汽车业中尤其重要？

14. 销售金融公司存在的主要原因是什么？

15. 什么是给价持有人原理？该原理对消费者有何影响？

16. 分期付款合同购买者之间竞争的日趋激烈对该行业有何影响？

17. 讨论信用卡欺诈不断增加的严重性。

18. 解释信用卡方案和赊账卡方案之间的区别，并各举一例。

第5章 消费者信用的类型——现金贷款

学习目标

在学完本章后，你应该能够做到：

- 解释为什么消费者需要现金贷款；
- 描述商业银行现金贷款方案的特征；
- 说明商业银行及其顾客不断发展变化的特点；
- 描述信用合作社的产生、发展和成长过程；
- 解释消费者金融公司是如何运作的；
- 比较消费者贷款机构的相关成本。

内容提要

当消费者到金融机构或其他的贷款者那里寻求用于多种用途的资金时，现金贷款便应运而生了。消费者最终要偿还现金贷款，并且要支付额外的款项——利息费用。他们要与贷款者签订合同，合同中载明了付款、利率和其他与偿还贷款有关的条款。消费者用未来的收入或财产来偿还贷款，并且认为，因为现金可以立即使用，所以在未来支付额外的款项是合情合理的。本章将描述现金贷款，即以现金形式提供的信用。消费者信用的其他两种类型是零售信用和服务信用。前者为商品购买便利，后者允许消费者延期支付服务费用。

金融机构体系已能为大多数消费者提供不同类型的现金贷款。商业银行、消费者金融公司、信用合作社、工业银行、存款和贷款机构以及许多其他机构（包括慈善机构和非法贷款者），都向消费者提供现金贷款。

消费者对于现金贷款的使用

消费者进行贷款有不同的目的，他们可能想使现有的债务合并成一笔更大规模的贷款，需要支付紧急服务的费用，或者想用现金购买商品和服务。而现金贷款正好可以达到多种目的，比如用来支付医疗费和牙齿保健费、进行房屋修理和翻新、支付税款和教育费用，还可以用来购买家具、家用电器和汽车。

具有不同需要和欲望的个体消费者，在满足其需要的能力方面有很大差别。一些借款者只需要小规模的贷款，其他人则需要更大规模的贷款；一些借款者能在 60 天～90 天内偿还贷款，其他人则需要更长的期限；一些借款者谨慎地比较利息和其他费用，其他人则认为立即获得现金比所花费的成本更重要；一些借款者需要合作者的担保，其他人则可以仅仅凭借个人签名获得贷款。此外，借款者处理资金的能力也有很大差别。现金贷款目的的差异和贷款申请人之间的差别，导致了现金贷款提供者和现有贷款类型的多样性。一些贷款者专门提供特殊类型的贷款，其他贷款者则致力于为特殊类型的申请人（如高风险的借款者）提供贷款。

为什么在有其他类型的零售信用可供使用时，消费者却选择用现金贷款来购买商品和服务呢？这是因为有时候，从金融机构获得现金贷款的成本是最低的。例如，利用通过交易商获得的间接贷款来购买小汽车，就可能产生较高的利息费用；因为要支付费用给促成交易的交易商。许多消费者计算其他类型的零售信用（比如信用卡）的成本，并将此成本和直接个人贷款的成本比较，然后选择可行的成本最低的信用形式。

零售信用方案也并不总是可行的。商家可能只接受现金，而希望购买者从其他的渠道筹集资金。希望从另一个人那里购买旧车的个体消费者便是很好的例子，如果这个购买者没有足够的储蓄，他（或她）就需要使用现金贷款。还有其他的例子，没有信用项目的小公司和由于停业而正在出售存货的公司都不会接受信用方案，信用方案也不能用来交纳必须要支付的所得税。

一些消费者愿意选择单一的银行或信用机构来进行与信用相关的活动。这可能要归因于消费者的忠诚度、习惯或是他们只愿意与了解他们的机构进行交易。一些贷款申请人希望将众多的零售信用账户和其他的贷款合并成单一的债务合并贷款。债务合并贷款降低了月现金流出量，还可以用来清理当前的债务。

为什么用现金贷款替代零售信用？
- 债务合并
- 较低的利息费用
- 零售信用方案不适用
- 偏好和习惯

消费者现金贷款机构

商业银行、信用合作社、消费者金融公司和工业银行，是为消费者提供现金贷款的主要机构。这些机构成立的原因，或者是为了向特定的消费者群体提供服务，或者是为了满足现有的信用机构不能满足的消费者的特殊需要。贷款机构提供的贷款类型各异且种类繁多，大多数美国消费者都有现金贷款的充足来源。现金贷款机构的多样性有力地显示了美国经济提供产品和服务以满足不同消费者需要的能力。

现金贷款机构可以被看作"现金销售商"，这个概念清楚地表明了他们作为信用商人的身份。现金贷款机构对现金的供给及其成本与零售商对商品的供给及其成本类似。换句话说，金融机构的库存是现金，这些现金要用存款账户来购买或以比贷款利息费用低的成本借入。如同经营其他产品的零售商努力追求良好的声誉、进行推广宣传活动并向满意的顾客再次出售商品一样，现金贷款机构也建立了自己的顾客群，这个顾客群寻求现金贷款并在再次产生现金需求时再次贷款。商品的价格代表着购买者购买商品和服务的成本，而现金贷款机构的利率和服务费则代表着借款者的成本。而且，如同利润动机给大多数经济活动带来动力一样，它也为信用业吸引着资金、商业公司和从业人员。相应地，现金销售商面临着许多与其他类型的商业机构同样的问题，他们必须推广贷款业务，必须集中精力做好消费者服务，还必须对他们的业务进行高效的管理。他们的成功与经营其他商品和服务的商家的成功依赖于同样的经营之道。

商业银行

商业银行在为消费者提供现金贷款的实践方面进程迟缓。1930年以前，商业银行在不动产贷款领域很活跃，但却只向少数个体顾客提供消费者贷款，这些贷款都是面向高收入消费者的一次偿清贷款。

20世纪20年代末期，银行开始向消费者提供现金贷款。直到此时，他们才充分相信消费者信用是一股成熟的经济力量。更为重要的是，他们能够看到作为先驱者的销售金融公司和消费者贷款机构的获利经验。将在本章后面予以讨论的消费者金融公司，从1879年起便开始成功提供消费者现金贷款。1928年，花旗银行纽约分行开设了第一家消费者贷款机构。在此之前，惟一"优良"的贷款是商业贷款，由于商业贷款的目的在于获利，因此它具有自动清偿的性质。随着消费者信用早期不良声誉的逐渐消失，消费者现金贷款开始变得和商业贷款一样，被普遍接受了。

近些年来，由商业银行提供的现金贷款已发生了相当大的变化，并已发展出了多种贷款方案。今天的现金贷款方案尽管类型各异且设计独特，但主要可分为三种形式：（1）分期付款贷款；（2）开放性循环贷款；（3）一次偿清贷款。

分期付款贷款

如前面章节所讲的,**分期付款贷款**(installment loan)是由借款者在未来的一段时期内,连续定期定额偿还资金的贷款安排。在还款期结束时,贷款已被确认全部偿清后,通常将合同返还给借款者。因为该业务有明确的终止点,所以这种类型的信用又被称为**封闭性信用**。

传统的分期付款贷款 商业银行经常提供用于购买诸如汽车、流动房屋、娱乐设施等耐用消费品的现金贷款。如果这笔资金被用来购买有形的耐用消费品,银行通常会将该商品作为抵押品并希望享有商品的担保权益。银行也会要求借款者参加保险来防范损失。有时,并没有有形的商品可用作担保,商业银行就必须判断申请人的签字(保证还款的承诺)是否足够可靠。为假期、婚礼费用、医疗和教育提供的贷款就是不存在担保品的。

住宅权益贷款(home equity loan)是一种分期付款贷款,由不动产产权或净值(等于从市价中扣除未偿还的首次抵押贷款后的余额)作担保。它通常是二次抵押贷款,只有一个不动产产权,但用来为两次贷款提供了担保。通常商业银行提供的贷款金额,为房屋评估价值的75%~80%减去未偿还的首次抵押贷款后的余额。例如:

房屋评估价值	100 000 美元
比率	×75%
比率价值	75 000 美元
减去首次抵押负债	－40 000 美元
最大贷款额	35 000 美元

商业银行会编制还款方案,顾客在指定期限内定期偿还分期付款贷款。自从1986年通过了《税收改革法案》之后,该种类型贷款的受欢迎程度有了明显提高。该法案免除了非抵押贷款利息的税前扣除,因此消费者开始使用抵押贷款来替代原来用于获取资金的消费者贷款。此外,与许多类型的消费者信用(尤其是信用卡和赊账卡)的利率相比,住宅权益贷款的利率更为优惠。现在,许多借款者正在使用住宅权益贷款来购买汽车、合并负债,否则就使用其他在税法规定范围内继续享受利息扣除的贷款。

助学贷款(student loan)是用于支付学费和其他与教育事项有关费用的贷款。近年来,各种联邦助学贷款项目不断发展,目的是促进高质量教育的开展。联邦政府对这些贷款项目的支持是因为希望为未来的人力资本投资,以及通过增加有支付能力的消费者数量来帮助教育机构。一些助学贷款项目包含政府津贴,这些津贴被用来支付直到学生毕业为止的贷款利息。一旦还款期开始,提供贷款的银行将直接从政府那里得到利息,也将因提供了贷款而收到还款。联邦政府下属的代理组织——助学贷款营销协会(被称做Sallie Mae),也开始用出售政府债券筹集的资金来购买这些贷款。

开放性循环贷款

这种贷款包含一个预先批准的信用额度，这个信用额度规定了此银行客户可以利用的最大信用数额。在此额度内，允许客户通过填写支票或使用信用卡的方式来借用所需的资金。每月还款数额通常由公式来确定，利率则通常是与诸如银行最优惠贷款利率这样的指数相联系的浮动利率。只要顾客按照协议定期偿还贷款，信用关系就会继续，特定的贷款终止点就不存在。下面将讨论开放性循环贷款的三种基本类型：

基于银行信用卡方案的现金支取 银行信用卡常见的附加功能是现金支取。**现金支取**（cash advance）是用银行信用卡得到的贷款，它允许借款人在现有的信用额度内提取现金，同时必须遵守信用卡发行时相关条款的规定。有时，银行利用这一特征，通过银行信用卡业务，来合并处理他们所有的小额个人贷款。例如，如果一个客户向银行申请300美元的贷款，银行职员经常会建议他（或她）申请银行信用卡，并使用其现金支取功能来获得同样规模的贷款。个体消费者通过这种方法可获得的贷款总额，取决于银行的政策和客户的信誉度。从现金支取之日起，银行通常要加收利息费用。也就是说，在现金支取功能中，没有给予消费者的"免费"期，而在零售信用和服务信用业务中，消费者通常能够得到"免费"期。此外，一些银行安装了24小时服务终端，这使得客户能够通过使用终端机和背面带有磁条的银行信用卡，来获得现金支取。

透支方案（overdraft plan）为借款人提供预先批准的贷款准备金，通常将其存入支票账户，在借款人需要时，可方便地提取。透支方案，从根本上说是一种分期付款信用，但却独立于银行信用卡发展。透支方案在形式和名称上都具出多样性。

一些透支方案给客户两种利用准备金的方法以供选择：客户不考虑他们的支票账户余额，只是填写不超过协议规定最高限额的任意金额的支票，或者，在他们使用准备金之前，通知银行从贷款准备金账户向其支票账户转移资金。如果支票账户的余额为零，银行也可以自动转移资金以防止产生资金不充足（不能兑现）的支票。在一些方案中，银行提供的贷款恰好是透支的金额，在另外一些方案中，银行为其账户提供比透支金额多出50美元或100美元的贷款。然后，个人在循环信用的基础上偿还贷款，有时通过向支票账户进行普通存款，有时通过更正式、更独立的贷款偿还形式来进行清偿。

在评估这些方案时，查看客户和银行双方的积累潜在利益显得尤为重要。客户只需进行一次对信用申请。如果申请获得通过，信用交易通过签字的方式得以进行，那么只要客户愿意，就可在信用额度内连续循环贷款业务。此外，客户使用这些方案既容易，也很方便，他们不会像在使用银行信用卡方案时那样受限于"特定的"商家。此类信用安排通常被视为需良好信誉维持的贷款形式，因此，只有达到一定信用标准的客户才能使用。这项服务之所以能够吸引众多的客户，是因为它是满足了顾客重复出现的需要——进行用于小规模购买的短期融资，以及假日需要的一种方法，还因为它可以用作意外事件准备金。

当然，这种方案也有一些缺点。那就是，顾客不仅可能因容易花费高于支票账户当前余额的现金而在较长时期内处于负债境地，而且还必须为这项特权支付利息费用。

住宅权益信用额度（home equity line of credit）与前面讨论过的封闭性住宅权益贷款类似。它是一种开放性信用方案，其贷款准备金是基于借款者所拥有的不动产产权的。它与封闭性住宅权益贷款的主要区别是：虽然住宅权益信用额度使用现有的不动产净值来确定借款者可利用的信用额度，但是，由于没有预先确定的还款一览表和时间框架，所以它属于开放性信用形式。每月的还款数额由公式确定，采用浮动的而不是固定的利率，这一方案将无限延续直到银行或借款者将其终止。这种类型的信用额度的另一个诱人之处是，由于它具有抵押负债的形式，从而在纳税时可以享受利息扣除。一些财务顾问提醒消费者谨慎使用这种开放性住宅权益信用额度。这类信用额度当然很有吸引力，但是，不动产所有者有可能最终把他（或她）经过艰苦努力才获得的唯一重要的财产——住宅"花费"掉了。

一次偿清贷款

一次偿清贷款（single-payment loan）通常是短期贷款，资金在一年之内先被贷出，到期一次性偿还。一次偿清贷款的期限通常是30天、60天或90天，再长的是6个月、9个月甚至是一年。这些贷款可能建立在有担保或无担保的基础上，这要取决于与贷款金额相关的信用风险的综合状况。如果要求担保，则贷款的担保品通常是政府债券和寿险合同的现金价值、储蓄账户、汽车以及其他在发生客户违约行为时容易兑现的个人财产。

典型的银行消费者贷款

Ⅰ. 分期付款贷款

　a. 传统的分期付款贷款

　b. 住宅权益贷款

　c. 助学贷款

Ⅱ. 开放性循环贷款

　a. 基于银行信用卡方案的现金支取

　b. 透支方案

　c. 住宅权益信用额度

Ⅲ. 一次偿清贷款

利率

利息费用的报价和征收有许多不同的方法。报出的利率是否准确、合理，取决于征收利息的方法和时间。过去，一次偿清贷款有时被简单地看作折扣贷款。**折扣贷款**（discount loan）是一种贷款安排，在发放贷款时，就已扣除了整个贷款期的利息。如果在得到贷款时，利息即被扣除，那么借款者将只能使用扣减了利息的本金，因此，实际利率高于在贷款到期日还本付息方式下的实际利率。金融机构也可能要求分割利息并按月、按季或在贷款期末偿还利息。

两种常用的计算分期付款贷款利息的方法是单利法和比例附加法。在计算分期付款贷款利息方面，单利法要比比例附加法更适用。**单利法**（simple interest method）利用日利率在"天"的基础上计算利息，每日利息通常是年利息费用的1/365，已发生的利息费用要从每次偿还款中先扣除。每次偿还款中的利息额会经常发生变化，它取决于两次还款日之间间隔的天数。如果客户支付100美元作为合同规定的偿还款，则扣除的利息费用将取决于未偿清的贷款余额、自上次还款日到现在的间隔天数和日利率。如果客户提前偿还贷款，或者一次偿清贷款，则这种计算利息的方法就是最有利的。如果借款者逾期不还款或延期还款，则利息费用将增加。

在计算利息的**比例附加法**（add-on method）中，利息费用在贷款前计算，并将其加计到贷款金额上一并要求偿还。例如：以10%的利率计算的1 000美元贷款的利息是100美元，这样每月的还款额就是1 100美元除以12，即91.67美元。在分期偿还贷款时，客户不仅要偿还贷款本金，还要偿还利息。比例附加法的实际年利率几乎是名义年利率的2倍，这是因为客户平均使用的资金量大约只为贷款总额的1/2。

商业银行及其客户不断变化的特点

从客户的角度考虑，今天的商业银行与二三十年前相比，有了很大的差别。过去，商业银行的建立主要是为了满足工商业组织融资的需要，他同工商业组织交易的资金数额通常相当大，风险因素能够被相当准确地评估出来。商业银行为满足工商业需要提供的金融服务至今仍是它们的主要功能；为满足现代工商业需要而做的变化和调整，促进了商业银行的发展，提高了它们对于经济的重要性。商业银行一直是保守的金融机构，绝大多数的消费者也这么认为。管理保守的特点、消费者分期付款贷款的早期不良声誉、对发放消费者贷款合法性的限制，以及一味集中精力于满足工商业需求等因素，都使得商业银行在发放消费者贷款方面进展迟缓。

现在，大多数商业银行开始克服那些消极态度，提供各种各样的消费者信用。通过采取新的政策，即承认为消费者提供贷款是合理的，并开始积极寻找消费者信用的客户，商业银行正逐渐成为消费者贷款的主要供给者。

为了扩大现有的客户群，银行不得不同其他强大的消费者贷款机构展开竞争。它们通过推销来实现扩大客户群的目标，具体方式有：调整营业时间以方便客户；提供友好、方便、资金充裕、有吸引力的季度贷款；使用高效的宣传媒体和技术等。在"全方位服务"业务观念的指导下，一些银行采用了所谓的个人银行方案。在这种方案中，银行为每一位客户配备一名银行职员，由该职员负责客户与银行之间的全部业务关系。个人银行方案的目标是消除不方便的因素、防止欺诈、避免客户印鉴证明的丢失等。此外，银行还为客户提供一系列的金融服务，包括：支票账户、在支票账户基础上的透支权、旅行支票、银行保险箱、信托服务、分期付款贷款和公证人服务等。存款项目则包括存款账户、具有不同到期日的存折和

IRA 存款账户。社区银行则不断提供一系列范围广并且许多竞争者都不能模仿的服务，以增强自己的竞争力。

银行面临的储蓄存款业务竞争压力也在不断增加。货币市场和其他共同基金已经吸引了数十亿原来储存在金融机构的美元。**共同基金**（mutual fund）是一种投资公司，这类公司汇集众多投资者的资金用于购买特定种类的证券，从这些投资中获得收入并按照投资的比例大小分配给投资者。**货币市场共同基金**（money market mutual fund）将资金投放于短期无担保的货币市场，例如购买公司债券、国库券和商业票据。联邦存款保险公司不为货币市场共同基金的存款提供保险，其存款利率每天都在浮动，通常允许一些签发支票的特权存在。商业银行受法律限制不能自由提高利率，而货币市场共同基金却能够支付比银行更多的利息，它因此在 20 世纪 80 年代早期从银行账户中吸引了大量资金。近些年来，保险公司、经纪人公司和其他一些公司也加入到共同基金的领域，因为他们希望借此销售投资产品，进而吸引银行存款。现在，银行也已开始出售共同基金和保险年金以努力提高收入，至少是分享上述产品销售产生的佣金。

联邦存款保险公司的保护

最有利于商业银行发展的措施之一是联邦存款保险公司的存款保护。1933 年，联邦存款保险公司成立，并制定了《存款保护法案》（Federal Depcsit Insurance Corporation，FDIC），用来防止 19 世纪 30 年代经济大萧条所造成的银行系统失效的类似情况再次发生。在 1980 年的《存款机构放松管制和货币控制法》（Depository Institutions Deregulation and Monetary Control Act）实施以前，该法案实际上一直未做变动。1980 年，法案涵盖了多种信用活动，其中最重要的条款之一便是增加了所有联邦存款保险的保险额度（从 40 000 美元增加到 100 000 美元）。

银行控股公司

和商业银行的未来运营息息相关的便是银行控股公司的发展，经济部门和政府部门都对其产生了越来越大的兴趣。**银行控股公司**（bank holding company）是在一个或多个商业银行中控股的公司。从历史上看，银行控股公司是用来消除对银行活动的众多管制，并向公众提供更多服务的。银行控股公司能够为其附属银行提供多种服务，例如审计、投资咨询、数据处理支持、存货批量购买、复杂设备、技术专长分享等。随着电子资金转移系统变得越来越流行，消费者在当地银行存储资金的需要已不复存在。金融服务的规模不断集中，毫无疑问，银行控股公司将继续扩张。

自动柜员机

20 世纪 70 年代早期，自动柜员机开始受到欢迎。**自动柜员机**（automated teller machine）是一种电子终端，它使消费者无需出纳的帮助，而只需使用远程终端设施，就可以进行各种银行交易，如存款、提取现金、查询账户余额及转账。某些州规定了共享条款，该条款要求拥有自动柜员机的机构与该州的其他金融机构共享 Off-premises 机并合理收取费用。但是，自动柜员机却辜负了人们的期望，许多客户（甚至是积极的 ATM 使用者）依旧更倾向于选择人工出纳员。

> **银行如何扩展消费者信用**
> ● 根据客户需要设计服务
> ● 提供范围宽广的系列服务
> ● 出售共同基金和保险年金
> ● 联邦存款保险公司的保护
> ● 设立银行控股公司
> ● 使用自动柜员机和电子资金转移系统

网络银行

当今一个方兴未艾的现象，是人们对互联网各种用途的使用迅速增长。**互联网**（Internet），有时被称为"信息高速公路"，是一个通过电话线连接起来的、巨大的、世界范围的计算机网络。任何拥有计算机和调制解调器的人都能"登录"互联网并获得无限的信息和与他人沟通的机会。

网上商业交易和家庭银行的产生便是使用互联网的结果。尽管安全仍是一个重要因素，但观察家预测，包括贷款在内的许多银行交易将会通过互联网进行。一旦金融交易变得更加自动化，银行和许多其他的金融机构很有可能扩展他们的服务并提供更多的咨询型服务。

信用合作社

信用合作社（credit union）是一种团体，该团体的成员将各自的资金集中起来，并以相对较低的利率相互提供贷款。换句话说，他是一种合作型的金融机构。信用合作社是由那些有特定联系的个体组成的，例如受雇于同一雇主的雇员、共济会或工会的成员、同一社区的居民等。一些信用合作社为多个团体提供服务，但每个团体都有自己的内部联系。

信用合作社已发生了巨大的变化。许多信用合作社制定了社区章程，并实际上采取了商业银行提供的各种服务形式，建立了独特的全方位服务设施。社区章程通常在成员之间划分社区范围，这样在某一特定地区生活或工作的任何个人都可以加入信用合作社。这项措施扩大了合作社的潜在成员规模并增强了竞争力。

信用合作社的产生

1849 年，信用合作社最先出现于德国。一个小城市的市长提出倡议：居民可以集中储蓄现金，并以较低的利率相互提供贷款。这个观念迅速传播，到 1888 年，已有超过 425 家信用合作社成立。1900 年，阿方斯·迪斯加丁斯（Alphonse Desjardins）在魁北克省莱维斯市成立了北美第一家信用合作社。

1909 年，信用合作社被引入美国，这要归功于一位著名的波士顿商人——爱德华·A·法林（Edward A. Filene）的努力。1921 年，法林聘用罗伊·F·伯根格林管理国家信用合作社扩展局（Credit Union National Extension Bureau），并监控蓬勃发展的信用合作社运动。1934 年，国家信用合作社联盟成立，以满足已成立的数以千计的信用合作社的需要。

美国信用合作社运动的结构和组织

超过 90％的美国信用合作社隶属于州和国家信用合作社服务组织这一庞大系统。系统附属的信用合作社成员通过民主选举的代表管理其服务组织。同在一个社区或特定地理区域范围内的信用合作社可以加入或设定一个分会。这些分会赞助教育项目并实施联合促销和公共关系项目。

联盟是在同一州或地理区域的信用合作社自愿结成的组织。联盟由会员信用合作社管理，提供管理建议、记录保存、法律咨询、规章条款支持、培训项目、公共关系、保险咨询和其他的基本服务。

国家信用合作社联盟是美国全国性的信用合作社联盟。它为国家信用合作社运动提供法律、公共关系、调研、教育和发展等方面的支持。通过加入联盟，一家信用合作社就成为国家信用合作社联盟的附属机构，并享受由其提供的服务，这包括数据处理和投资、贷款以及清算管理项目，还包括营销帮助、印刷和资料供给。

国家信用合作社联盟共同保险协会——信用合作社的保险公司，为信用合作社及其成员提供保险方案，这些方案完全适合信用合作社的发展目标和方向。作为合作型公司，在支付费用和提留准备金之后，所有余下的收入都将以股息的形式返还给持股者。

信用合作社共同保险协会——一家股票保险公司，为信用合作社运动提供财产保险、人身保险和责任保险。这家公司的所有权归信用合作社成员、信用合作社、分会、联盟和国家信用合作社联盟共同保险协会所有。除了为信用合作社及其组织提供非寿险外，信用合作社共同保险协会还为合作社成员提供房东和房客保险方案及人身、健康和汽车保险。

信用合作社的特点

各州的法律和 1934 年《联邦信用合作社法案》及其随后的修正案，对信用合作社做了如下规定：信用合作社应至少由 300 人组成，其成员可以是雇员、教会成员、同一社区的居民、工会成员或者其他类似组织的成员。

信用合作社遵守通常也适用于其他合作型组织的基本原则。吸收存款和发放贷款是它们的主要功能，这些功能只能为成员所使用，收益也只能为其成员所享有。信用合作社从按股份投资所形成的成员储蓄中获得资金。除股份资金外，信用合作社资金还包括准备金和未分配收益。通常，5 美元为一股，低于 5 美元的零头存款可购买一股股份。信用合作社的资金用于向持股成员提供贷款。在选举管理合作社的董事长和董事会成员时，不论在合作社的股份数额如何，每一成员都拥有投票权，且仅有一次投票权。在支付费用和提取法定准备金之后，多余的收益可以作为成员股份。

尽管监管信用合作社运营的各州法律有很大差异，但是联邦法律中更普遍的要求和通用条款，还是反映了信用合作社的特征。联邦和州法律都在允许信用合作社继续向成员以较低的利率提供现金信用来源的同时，强化了针对不安全管理的成员保护条款。政府机构会经常检查信用合作社的账户记录，保证债券要求则给予了会员进一步的保护。财务主管和管理资金的每一位财务人员必须加入合作社。国家信用合作社管理机构负责监督管理依据联邦法律运营的信用合作社；在大多数州，州银行委员会依据州法律对信用合作社进行监管。与银行与储蓄和贷款协会提供的联邦存款保险公司方案类似，1970 年秋季实施的《联邦股权保险法案》要求联邦级的信用合作社并允许州级的信用合作社为其成员的存款提供股权保险。众多的股权和存款保险方案也为州级的信用合作社的存款者提供保险。

关于信用合作社，最有争议的一项规定是：他们长期享受公司所得税豁免，而商业银行和其他金融机构则必须交纳公司所得税。税收豁免的资格与信用合作社的历史有关。在历史上，为了维护成员的利益，信用合作社的经营一直是非营利的。商业银行和其他需要纳税的金融机构已开始游说国会取消信用合作社的税收豁免资格，因为信用合作社，尤其是那些根据地理区域来吸收成员的信用合作社，已无资格享有税收豁免权。许多社区的信用合作社已开始扩展他们的业务，为客户提供与商业银行相似的服务。

信用合作社贷款的特点

信用合作社成员持有一股或一股以上信用合作社的可分红股份，持有者有资格享受信用合作社的贷款服务。由成员选举的合作社委员会经常在必要时开会，决定通过或拒绝某项贷款申请，也可以授权全体贷款业务员批准有特殊限制的贷款。分期付款贷款发放后，通常按照协会制定的一览表等额分期偿还，可能要求在 6 个月、12 个月甚至更长时期内多次偿还较小的金额，这取决于贷款金额和借款者的要求。借款者可以在还款期内的任何时间偿还全部未偿清贷款余额而不受处罚，并且可以节省利息费用。大多数信用合作社主要通过国家信用合作社联盟共同保险协会来提供贷款保险保护。信用合作社通常用自己的收入支付保险费，而不再向借款者收取额外费用。如果在贷款全部偿清以前，被保险的借款者死亡或伤残，则由保险协会来支付未偿清的贷款。

个体消费者从信用合作社贷款，与他们从其他渠道贷款的原因相同：用于购买汽车、修理房屋、合并负债、交纳税款、支付医疗费用、进行假日和教育消费，以及充分利用各种投资机会。

信用合作社的发展和不断增长的重要性

自 1921 年以来，美国和加拿大的信用合作社发展迅速。除了 1943 年到 1945 年世界大战期间外，信用合作社在成员和资产方面，每年都有所增长。同时，其服务也在逐渐增加。

信用合作社之所以能够不断发展并取得今天这样的成绩，很大程度上要归因于低成本运营导致的较低的利率。信用合作社有时享有由发起人提供的免费办公地点的使用特权。由于其合作性质，信用合作社还可以享有一些税收的豁免权。因为选举产生的工作人员自愿无偿地为信用合作社服务，所以合作社经常可以得到他们（财务主管除外）的免费管理服务。数量不断增长的较大的信用合作社坚持有计划地长期运营，它们由提供有偿劳动的雇员组成。合作社成员认为，信用合作社的存款功能颇具优势，因为持股者得到的股息有时要高于商业银行、储蓄和贷款协会类似存款的利息。表 5—1 列示了信用合作社提供的有代表性的服

81

消费者与商业信用管理

务和产品。股权汇票———一种独特的金融工具（见表5—2），已受到信用合作社成员的广泛欢迎。它的一些特征如下：

表 5—1　　　　　　　　　　　有代表性的信用合作社服务和产品列表

会员服务

存款	结算
存折存款	利息结算
大额定期存单	定期结算
个人退休金账户	简单结算
个人退休金银行存折账户	无最低限额结算
货币市场账户	以 50 美元为单位的便利结算
圣诞俱乐部账户	免费结算
丧葬信托账户	透支保护
儿童账户	预先授权支付
	Kwik 现金信用额度
不同种类的服务	**俱乐部账户**
工资扣除项目	以 50 美元为单位的便利俱乐部账户
万事达卡	
银行保险箱	
TYME	
FST&T——电话银行	**贷款**
汇票	小汽车和卡车贷款
本票	船只和 RV 贷款
旅行支票	助学贷款
直接存款（政府支票）	负债合并
公证人	个人贷款
夜间存款	住宅装修贷款
有线服务	住宅权益贷款
美国储蓄债券	住宅支票信用额度
集体意外保险——	首次住宅贷款和二次住宅贷款
成员数为 18 人～69 人的集体可减免	寿险和伤残险信用
1000 美元保费	循环信用（开放性）
缴缩胶卷复本	电话贷款申请
支票安全保存	新、旧汽车价值信息
硬币计数器	Kwik 现金信用
电话转账	
旅行储蓄项目	
MasterPhone	

资料来源：First Security Credit Union.

表 5—2 　　　　　　　　　　　　股权汇票样本

ROBERT W. LARKIN

```
        ROBERT W. LARKIN                                    156
        123 MAIN STREET
(CU)    ANYWHERE, U.S.A. 12345
                                         _____ 19___   99-999/999
PAY TO
THE ORDER OF_____  $
                                                         _____
                                                            DOLLARS

TO: ABC FRIENDLY FEDERAL CREDIT UNION
     YOUR CITY, STATE 12345

PAYABLE THROUGH YOUR CLEARING BANK        SAMPLE    VOID

PURPOSE _____

⑈:9999⑈⑈9999⑈: 734567890128⑈ 0156
```

83

1. 股权汇票可以由信用合作社通过成员的股权汇票账户来付款；

2. 股权汇票可以由银行或一些其他清算机构来付款。它具有与由非银行机构（如保险公司）设立的汇票相同类型的付款系统。最近，一些大的信用合作社已开始对他们自己的股权汇票进行清算；

3. 股权汇票的付款要求通过电子系统从付款银行传输到信用合作社，汇票本身不转移；

4. 合作社成员可以得到按汇票编码顺序列示的股权汇票列表；

5. 合作社成员拥有每张股权汇票的副本以备记账之需；

6. 如果签发汇票的成员要求，信用合作社可以为其提供原始汇票副本的微缩胶卷，但不再返还副本；

7. 信用合作社主要依据较低的月余额来发放每月的股权汇票账户股息，但是，也有一些信用合作社主要依据平均日余额来支付利息。75％开立股权汇票的信用合作社不向股权汇票账户收取日常费用。

尽管信用合作社拥有显而易见的优势，但是大多数具有合作性质的企业还是有一些局限。有时，这类机构难以招募到发言人和雇员，原因是他们在这里花费的时间和付出的努力得不到报酬。信用合作社发展过程中的另一个局限，是成立信用合作社所必需的有内部联系的人数，在许多专业、贸易和文员领域，都很难建立起符合一定规模要求的信用合作社。但是，1982 年国家信用合作社管理机构修正了法律政策，开始允许已有的联邦信用合作社吸收小规模的雇员和协会群体作为其成员，这显著地扩展了信用合作社的服务范围，使原来因规模小而无法成立信用合作社的群体享受到了这种服务。

数目不断增加的信用合作社提供多种多样的消费者信用和存款方案。他们也加入了新的电子支付系统，在信用合作社所在地为顾客提供自动取款设施和票据支付方案的便利。

消费者金融公司

消费者金融公司（consumer finance company）（经常被称为**小额贷款公司、个人金融公司**和**许可贷款人**）是在各州制定的法律规范下，贷款给消费者的公司。这些机构在贷款、客户、运营方式及赖以进行商业活动的法律等方面，有着与众不同的特点。

贷款的主要类型

消费者金融公司几乎是小额分期付款贷款的惟一提供者，它们平均每笔贷款的金额要比商业银行的小得多。通过非主营的销售金融业务，它们也经常从希望为顾客提供分期付款购买选择的当地零售商那里购买分期付款合同。相对少的贷款余额（加上风险较高的客户）是消费者金融公司一直收取较高贷款利息的一个原因。在贷款金额小时，需要收取更高比例的利息来支付运营成本和其他费用。

消费者金融公司的客户

与商业银行的客户相比，消费者金融公司的客户通常来自不同的职业。大多数金融公司的贷款对象是工人，如手工业工人、制铅工人和其他类似的工人。他们借款和其他职业的人借款有着相同的原因，例如合并未付款账单，为偿还现有债务再融资，支付医疗费、牙医和医院账单，以及应付其他的紧急情况等。

总之，消费者金融公司的客户具有较高的风险，从历史上来看，小额贷款的客户都是工薪阶层和其他收入来源有限者，消费者金融公司便是成功地吸引了这样的客户群体并为之提供服务。通常，与商业银行的客户相比消费者金融公司客户的收入和职业，具有更大的不稳定性。其贷款担保品（如家用品）的价值通常较低且更难准确评估。在发现消费者金融公司这一贷款途径之前，这类客户多数曾多次被商业银行、信用合作社以及其他贷款机构拒之门外。

服务和运营方式

消费者金融公司提供的服务通常不同于商业银行。消费者金融公司所在的地点通常会为方便消费者而设定，并且会在同一城市中设立众多的小分支机构。它们不接受存款、不提供银行保险箱以及其他许多原来由金融机构提供的服务。因此，它们的办公机构比较小，有时仅由几名雇员组成，办公机构经常位于商业区和其他方便的地区。它们接受贷款申请，调查申请者，接受通过邮件或现场偿还的贷款，处理拖欠债务和其他必需处理的事务。

在《统一小额贷款法》（Uniform Small Loan Law）指导下运营的消费者金融机构，可以是独资企业、合伙制企业或公司制企业。起初，公司制的消费者金融机构很少，但随着《统一小额贷款法》在大多数州的实施，公司制的消费者金融机构已成为消费者金融机构主要的企业组织形式。一般来说，大公司在全国范围内运营，他们在几百座城市拥有各种规模的经过许可的办公机构；较小的公司通常在某一地区范围内运营；而最小的公司只有一个或少数几个办公机构在当地运营。

相关法律

消费者金融公司之所以能够迅速发展，并在信用业取得今天的地位，一个直接原因就是《统一小额贷款法》（Uniform Small Loan Law）在大多数州的实施。在这一法律付诸实施之前，消费者金融公司以利息费用不真实和不正当的收账活动著称。在 1907 年和 1908 年，Russell Sage 基金会——一家慈善机构——资助了一项有关已有小额贷款条件和需求方面的研究。这项研究显示了工资收入者和其他拥有很少财富的消费者对小额贷款和合法的贷款代理组织有大量需求，各个州有必要对消费者金融公司进行监管。1916 年，基金会和一些贷款提供者起草了一项被称为《统一小额贷款法》的标准小额贷款法案。其后，基金会和国家消费者金融协会不时地对该法案的草案进行修改。

最初的《统一小额贷款法》趋向于使受监管的贷款提供者数量减少，因为一些贷款提供者发现，如果按照法定利率运营，他们将无利可图。但是不久以后，以前不愿从事这类业务的贷款提供者又被吸引回小额贷款领域，并且成立了大量新公司来发放受监管的小额贷款。小额贷款业希望各州加强监管，并以此来吸引有信用的借款者和满足小额贷款需要的充足资金。该行业对《统一小额贷款法》的支持证明，它反对的是在缺乏有效法律的州侵害工资收入者利益和征收高额利息的非法贷款者。目前，国家消费者金融协会正在积极推动制定高效的相关法律。

高效的小额贷款法律条款

一项高效的小额贷款法律必须能够提供足以吸引资金流向消费者金融公司的利率，同时又要能防止借款者的利益被不正当的活动侵害。绝大多数州已实施了可以满足上述要求的法律。许多州还修改了《统一小额贷款法》标准，以适应当地条件和形成特殊的利率。

现金贷款的年利率通常从最小额贷款的 36% 到金额较大，并有全额担保贷款的 18% 不等。Russell Sage 基金会起初推荐的最大贷款额度是 300 美元，但对更大规模贷款的需求日益强烈，目前一些州规定的贷款上限已达到25 000美元。

贷款提供者必须经过许可，连锁公司的每家办公机构都必须得到经营活动所在州的许可。每家办公机构都必须接受年度检查和特殊检查，并购买债券，通常必须接受信用状况和财务状况检查。

根据《诚信贷款法》的条款（见第 7 章），贷款提供者必须披露贷款金额、融资费用、年利率、提前还款程序和还款总额、延迟或提前还款费用、折扣计算程序以及担保品利息是否与信用限期相关等信息。除计账费用外，贷款提供者不得再收取其他费用。经许可的贷款提供者必须接受客户在贷款到期日之前偿还的款项，并且利息只能从借款者开始使用贷款之日起计收。违反法律条款者要受到民事和刑事处罚。

除上述标准《统一小额贷款法》（以及《诚信贷款法》）的主要条款之外，还有许多其他重要的特殊要求。已在各州实施的小额贷款法律体系，尽管与上述条款有所不同，但却具有和它们相同的基本目标。例如：一些州禁止贷款机构从事任何其他的业务活动；一些州允许通过保险来使风险程度最小化；其他州则规定了利息计算的不同方法。

消费者不断变化的态度

在 20 世纪的前 50 年中，随着小额贷款机构被普遍接受，消费者的态度发生了广泛地变化，并开始接受各种类型的消费者信用。大多数消费者仅仅是在其负债大于收入和储蓄的情况下，才产生对小额贷款的临时需要。不管有没有《统一小额贷款法》，这种需要将始终存在。

假定一个客户以 3% 的月利率从消费者金融公司借款 100 美元，并在

86

12 个月内分期等额偿还，那么他将支付的利息费用总额是 20.60 美元（或者说实际利率为 36%）。除非小额贷款的成本被清楚地理解，否则其数额对观者来说是很高的。消费者金融公司的资金成本要高于商业银行的资金成本。《统一小额贷款法》为小额贷款业吸引了资金和信誉良好的公司的加入，除此之外，消费者也可选择高利贷和非法贷款者。从社会需要的角度来看，公正而方便的小额贷款比非法贷款者的贷款和收账方法对消费者更有益处。而且，对许多家庭来说，小额贷款公司是惟一可用的现金信用渠道，而一般的商业银行客户则很容易从多种渠道获得资金。相应地，如果一个州希望工薪阶层和收入较低的借款者能够利用小额贷款，那么他必须认可这种可用来支付业务运营产生的大量费用的较高利息费用。如果他希望公司正常运作，则必须提供高效的监管。

贷款提供者数量和借款者数量的不断增长，从某种程度上反映了美国消费者对小额贷款业务的广泛接受。今天，消费者金融公司已有了从单一办公机构的公司到在全国拥有数百家办公机构的巨大连锁公司的各种类型。但是，今天的消费者金融公司也面临着来自行业内部和商业银行及信用合作社的不断增长的竞争压力。

工业银行和贷款机构

工业银行（industrial bank）是在一些州，依据工业贷款法组建的银行公司，其主营业务是发放消费者分期付款贷款。工业银行遵守非统一的州法律。在一些州它们与商业银行类似；在其他州，他们的服务为法规所限，经营类似小额贷款公司或商业银行的消费者贷款部门。

在一些州，这类公司在其广告、合同和普通文件中可以使用"银行"一词。这些州的法律授权工业银行接受存款和发放贷款，并且，工业银行可以成为联邦存款保险公司的会员。还有一些州则不批准设立工业银行，但却允许工业贷款公司的运营。在这些州，上述公司通常被称为工业贷款公司或工业信用公司，"银行"这一术语被禁止使用。其余的州则没有关于工业银行的特殊规定。如果工业银行想在这些州进行业务活动，那么它们必须遵守根据商业银行法制定的章程，或者，他们可以在获得许可证并遵守所在州的《统一小额贷款法》的基础上，以消费者金融公司的形式运营。

除了在一些授权工业银行接受存款的州外，工业银行都会使用股票来规避高利贷限制法。工业银行之所以采用这种方法，是因为最初制定的州银行法律中并不包括分期付款贷款的利息。工业银行的贷款者必须认购价值相当于存款数额的无利息股票，该股票通过存款获得。当存款数额和股票价值相等时，只需将股票移交给工业银行，即可偿清贷款。现在，工业银行采用哪种方式运作取决于特定州的法律限制。一些工业银行接受借款者和非借款者的存款并发放消费者贷款和商业贷款，其他的则使用股票来避免被起诉征收高额利息。在一些州，工业贷款公司既不接受存款，也不使用股票，而是以类似于其他消费者贷款机构的方式向消费者或企业贷款。20 世纪早期，Arthur J. Morris 创立了众多工业银行和工业贷款公司。后来，他的公司演变成了最大的工业银行集团——Morris Plan 银行（公司）。

储蓄和贷款协会

储蓄和贷款协会（savings and loan association）是最初为接受储蓄存款并提供抵押贷款而设立的储蓄性金融机构。历史上的储蓄和贷款协会（S&LS）不提供商业贷款和消费者贷款，而是主要从事抵押贷款业务。为了鼓励住宅权益贷款和抵押贷款，曾经被用来控制存款利率的 Q 条例允许储蓄和贷款协会支付稍微高一些的存款利率。当储蓄和贷款协会主要提供抵押贷款时，他并没有给商业银行领域带来明显的竞争压力。

19 世纪 80 年代，国会授予包括储蓄和贷款协会在内的所有储蓄性金融机构发放消费者贷款、商业贷款以及设立交易账户的权利，从此，储蓄和贷款协会便成为商业银行的有力竞争者。1980 年，国会通过了《存款机构放松管制和货币控制法》（Depository Institutions Deregulation and Monetary Control Act，DIDMCA）（见第 7 章），用来帮助储蓄性金融机构保持其存款基础和提高盈利能力。1980 年法案允许储蓄性金融机构提供最高限额为其资产 20% 的消费者贷款，法案还允许其发行信用卡、接受来自个人和非营利机构的可转让提款单账户，以及提供最高限额为资产 20% 的商业不动产贷款。

1982 年，随着《Garn-St Germain 存款机构法》的实施，对储蓄性金融机构的贷款限制进一步减少了。该法案提高了储蓄性金融机构发放的消费者贷款和企业不动产贷款占资产的比例，并允许其将资产的 5% 用于商业贷款（存款银行的比例为 7.5%），1984 年 1 月 1 日，该比例增至 10%。

对储蓄性金融机构控制的减弱，给存款和贷款业带来了巨大的问题，也成为 20 世纪 80 年代存款和贷款业危机以及由此引发的联邦政府行动的原因之一。许多以前的储蓄和贷款协会已将其名称改为"存款银行"，目的是重新获得失去的声誉并吸引其他业务，还有一些则被商业银行收购。尽管现在它们能提供范围宽广的、多样化的贷款，但对他们来说，最普遍的贷款形式仍是抵押贷款。储蓄和贷款协会在二次抵押贷款和住宅权益贷款领域的活动正日渐活跃。

其他类型的贷款提供者

我们从来没有估算过由亲朋好友、慈善机构、教会组织和互助救济会等提供的贷款规模。但可以相信，其数额一定不小。一些人很容易从亲朋好友那里获得现金，因此，他们较少受到正式信用方案的约束，而且在大多数情况下，这种获得资金的方式具有严格的保密性。利息费用和资金偿还则几乎完全取决于借款者和贷款者之间的关系和相互信任程度。

慈善机构、教会组织、教育机构、基金会和互助救济会在特殊情况下，也会向个人提供贷款。这些机构向有资格的个人提供临时性融资帮助。一些贷款采用完全赠予的形式，而其他的则需要在未来某一时间全部偿还。各类机构之间也存在着差异。

典当行是向个人提供现金贷款的另一来源。**典当行**（pawnbroker）是一种特殊形式的贷款人，他们同意以特定的利率贷款给典当人，但典当人必须将个人资产留作担保，利率可能高达360%（或者更高），但是对个人信用状况不作任何要求。保险公司仍然是现金贷款的来源之一，个人经常可以凭借其寿险合同取得贷款，贷款利率大约为4%～8%。一些投资机构的贷款额可高达其持有的蓝筹股市场价值的50%。

一些非法贷款提供者无视所在州的法律，收取高达700%的贷款利率。实际上，非法贷款提供者对收取不合理利息费用的热衷程度，胜过于他们对回收本金的关心。借款者最终将负债累累并被迫接受贷款者的收账方法。非法贷款提供往往以工资转移、失业甚至暴力威胁来强制回收贷款。他们的债务人通常资产有限，虽然可以通过支付利息费用来减少面临的威胁，但是很少有足够的资产来偿还全部本金和不合理的利息费用。

消费者现金贷款渠道
- 商业银行
- 信用合作社
- 消费者金融公司
- 工业银行和贷款机构
- 储蓄和贷款协会
- 其他机构（教会、典当行等）

消费者贷款机构的相对成本

为了充分理解不同消费者贷款机构的利率，我们必须检查他们的运营成本。客户贷款利率，或者称为"贷款价格"，通常与业务活动的成本和贷款提供者承担的风险程度相关。消费者贷款活动的运营成本可能很高，也可能很低，它主要取决于机构功能发挥作用的广度和深度。另外，资金的相对成本对利率也有重要影响。下面将讨论影响现金贷款业务运营成本的因素，这些主要因素仅适用于合法贷款提供者。

风险类型

消费者金融公司提供给工薪阶层的贷款一般规模较小。当贷款规模较小时，寻找客户和为客户提供服务的成本就较高。因为通常消费者金融公司的贷款对象是资产有限的借款者，所以它们面临着较大的风险，进而影响了公司吸引资金的能力、坏账比率以及调查成本；相对而言，商业银行和信用合作社为收入更为稳定的客户群提供贷款，因而它们面临的风险较小。一些职业较其他职业具有更高的收入稳定性，从所从事职业的情况来看，银行吸引的客户在信用风险方面更容易被贷款提供者接受。可见，仅是风险因素便显著提高了消费者金融公司的信用成本。

调查成本

商业银行和信用合作社的调查成本通常低于消费者金融公司的调查成

本。后者面对的风险类型，意味着必须通过调查剔除那些不诚实的和不能或不愿偿还贷款的消费者，必须证实借款者的身份、稳定性和信誉，还必须明确借款者的收入、支出和未偿清的债务。另一方面，商业银行和信用合作社经常对曾经申请过贷款的申请人进行评估。它们接受存款，在很多情况下，都会有内部人员了解贷款申请人的情况。它们都能意识到影响调查范围和深度的明显的风险。相对来说，由于面临更高的客户风险，消费者金融公司要进行范围更广、成本更高的客户调查。

资金成本

商业银行、信用合作社和一些工业银行的资金成本要低于消费者金融公司。前者接受存款，并且存款规模是自有资金量的几倍。它们之所以能够成功地吸引资金，是因为其贷款业务的风险较低。而消费者金融公司不能接受存款，它们必须从商业银行或其他金融机构借入资金或使用自有资金来贷款，因此，不论资金来源如何，它们必须支付更高的资金成本。同样，消费者金融公司需要较高的净利润吸引投资者。

坏账损失

较高的坏账损失反映了消费者金融公司面临的较高的风险水平。导致高坏账损失比率的另一个因素，是较低的平均贷款规模。尽管消费者金融公司有管理良好的资金回收系统，但回收即将变为坏账损失的名义资金的成本是相当高的。而且，大量拒绝工薪阶层和其他财产较少者的合法信用需求，可能对其社会认可度和小额贷款业已经建立起来的声誉构成威胁。商业银行和信用合作社采取法律行动以收回较大规模贷款的威胁通常会得到妥善解决，因为客户会尽量避免出现这种尴尬局面。在制定利率时，坏账损失的相对数额和发生频率必须被考虑在内。

贷款回收成本

分期付款贷款的回收成本要比一次偿清贷款的回收成本高得多。商业银行的一次偿清贷款规模很大，而消费者金融公司则主要提供分期付款贷款。此外，其他分期付款贷款提供机构承担的费用也要低于消费者金融公司。为了防止贷款机构不被约束的贷款活动和保护借款者被滥收费，各个州的《统一小额贷款法》都要求消费者贷款机构执行成本高昂的业务程序。消费者金融公司必须对每一项分期付款贷款做出详细说明、进行大量的单独计算并提供给借款者载有详细资料的单据。消费者金融公司还有一些需要特殊处理的账户。另外，较小的贷款规模也会带来较高的回收成本。拖延付款的情况必须通过经常提醒、邮寄信函给个人，甚至与债务人亲自联系来改善。

收入来源

商业银行有许多收入来源。其收入可能来源于贷款和信托部门的经营、银行信用卡的发行、联邦证券和市政证券的购买和销售、银行保险箱、旅行支票的销售、银行控股公司的经营等。而消费者金融公司的收入则几乎完全来源于消费者贷款的利息。

提供的服务

由于公司的性质，也为了方便客户，消费者金融公司都会建立许多办公机构。这些办公机构通常不设在另一机构内部，这与商业银行和信用合作社的消费者信用部门不同。消费者金融公司提供的服务经常要耗费更多的时间并占用更多的人力资源。许多消费者金融公司为建立客户贷款分期偿还计划已付出了巨大的成本。为需要这项服务的每一个借款者服务时，都会产生不同的问题。

许多（如果不是绝大多数）商业银行已经扩展了它们的客户服务项目。现在它们为其客户提供贷款方面的建议或咨询并发放分期偿还贷款，其规模已与其他类型的现金贷款机构的贷款规模不相上下。商业银行引入了许多新的分期付款贷款方案，这表明他们已意识到建立消费者导向的必要性。

影响利息费用的因素
- 风险类型
- 调查成本
- 资金成本
- 坏账损失
- 贷款回收成本
- 收入来源
- 提供的服务

金融机构的趋同和联合

当今金融业中一个重要的趋势，是收购与兼并不断增长。许多现有的银行业务需要技术支持，因此，提供服务的成本巨大。自动资金转移和许多其他的服务存在着重要的规模经济效益。也就是说，企业规模变大，将带来降低成本的机会。例如，小银行发现，与更大的、经授权可以在全国范围内经营的金融机构相比，要提供同样广度和深度的服务，其难度正变得越来越大。

金融机构也变得越来越相似。随着社区特许执照的获得和服务项目的扩展，从表面上和从实际运营上来看，信用合作社已经越来越像商业银行。由于 20 世纪 80 年代的储蓄和贷款协会危机而声誉受损的储蓄和存款协会已改名为银行，有时还将特许执照改为银行执照。商业银行正在出售共同基金、保险产品并为客户提供其他的非传统的投资选择。随着进一步放松管制，银行也许将开始包销新股、运作自己的共同基金并提供更多的金融服务。国家经纪人公司正在通过"800"电话系统提供抵押贷款，百货商店正在发行通用信用卡。在州小额贷款法案的指导下，商业银行也正在提供小额贷款以占领风险更高、利率也更高的信用市场。只要金融服务业存在着积极的竞争，消费者就将继续从更为多样化的信用产品和服务中获益。

重要术语

比例附加法　add-on method

自动柜员机　auto-mated teller machine

银行控股公司　bank holding company

货币市场共同基金　money market mutual fund

现金支取　cash advance

消费者金融公司　consumer finance company

信用合作社　credit union

折扣贷款　discount loan

住宅权益信用额度　home equity line of credit

住宅权益贷款　home equity loan

工业银行　industrial bank

分期付款贷款　installment loan

互联网　Internet

共同基金　mutual fund

透支方案　overdraft plan

典当行　pawnbroker

储蓄和贷款协会

单利法　simple interest method

一次偿清贷款　single-payment loan

助学贷款　student loan

讨论题

1. 现金贷款和零售信用有什么区别？和服务信用有什么区别？

2. 列举并描述消费者寻求现金贷款的 10 种理由。

3. 为什么一些消费者在可以使用其他类型的零售信用购买商品和服务时，却选择使用现金贷款消费？

4. "商业银行是经营货币的商人"的含意是什么？

5. 列举并描述商业银行提供的分期付款贷款的 3 种类型。

6. 描述商业银行提供的开放性循环贷款的 3 种类型。

7. 解释一次偿清贷款的特征。

8. 考察你所在州的法律，找出消费者现金贷款的利率。

9. 在收取分期偿还的现金贷款利息时，单利法和比例附加法有什么区别？

10. 透支方案对个体消费者和银行的潜在优势各是什么？

11. 解释银行信用卡方案的现金支取功能。

12. 说明美国信用合作社的历史和发展。

13. 如何理解信用合作社的成长和不断增长的重要性？

14. 解释为什么股权汇票是一种独特的金融工具。

15. 为切实发挥作用，小额贷款法应制定哪些条款？

16. 如何解释消费者对消费者金融公司不断变化的态度？

17. 住宅权益贷款和住宅权益信用额度有什么区别？它们的优势和劣势各是什么？

18. 银行控股公司意味着什么？

案例分析

比尔和贝蒂·斯蒂文斯的财务报表

公司在申请贷款或信用项目时，通常要将财务报表连同申请一起上交。绝大多数消费者不会主动向贷款者提供财务报表，尽管许多贷款业务员希望通过从贷款申请中获得的信息来建立财务报表。使用以下信息完成提供的财务报表表格。

姓名：比尔和贝蒂·斯蒂文斯

日期：19××年12月31日

单位：美元

现金和流动资产：

银行支票账户	3 000
信用合作社存款账户	5 000

投资：

银行存款证明	6 000
比尔的个人退休金账户	12 000
贝蒂的401K退休金存款账户	4 000
个人股票	2 000
商业利息——办公用品供应公司	10 000

个人使用资产：

家庭用品	30 000
汽车	20 000
住宅	95 000

短期负债：

通用信用卡——维萨卡	2 300
百货商店信用卡	500
用品分期付款贷款	1 000
医疗账单	200

长期负债：

汽车贷款	12 000
住宅抵押贷款	75 000
住宅装修贷款（二次抵押贷款）	6 000

年收入：

比尔——办公用品供应公司薪水	35 000
贝蒂——主街牙医诊所收入	28 000
利息和红利	300

支出：

食品和杂货	5 200
生活用品	2 600

住宅维护	1 000
交通费用	3 000
保险——寿险、健康险、汽车险	2 000
保险——住宅所有者保险	400
礼品和捐款	3 000
娱乐	4 000
衣服	2 000
个人所得税	12 600
财产税	2 300
社会保险费	4 800
住宅贷款偿还款——12×750 美元	9 000
汽车贷款偿还款——12×525 美元	6 300
住宅权益贷款偿还款——12×125 美元	1 500
其他偿还款——信用卡等	400
储蓄和投资	3 200

个人资产负债表

姓名＿＿＿＿＿＿＿＿＿＿＿＿＿＿＿＿＿＿＿＿＿＿＿＿＿＿

日期＿＿＿＿＿＿＿＿＿＿＿＿＿＿＿＿＿＿＿＿＿＿＿＿＿＿

资产

现金和流动资产：
- 现金和支票 ＿＿＿＿＿＿＿
- 存款账户 ＿＿＿＿＿＿＿
- 其他 ＿＿＿＿＿＿＿

流动资产合计＿＿＿＿＿＿＿

投资资产：
- 银行存款证明＿＿＿＿＿＿＿
- 个人股票 ＿＿＿＿＿＿＿
- IRA 账户 ＿＿＿＿＿＿＿
- 401K 存款 ＿＿＿＿＿＿＿
- 商业利息
- 其他 ＿＿＿＿＿＿＿

投资资产合计＿＿＿＿＿＿＿

个人使用资产：
- 住宅 ＿＿＿＿＿＿＿
- 汽车 ＿＿＿＿＿＿＿
- 家庭用品 ＿＿＿＿＿＿＿

使用资产合计＿＿＿＿＿＿＿

资产合计 ＿＿＿＿＿＿＿

负债和资产净值

短期负债：
- 信用卡账户 ＿＿＿＿＿＿＿
- 分期付款信用＿＿＿＿＿＿＿
- 其他 ＿＿＿＿＿＿＿

短期负债合计＿＿＿＿＿＿＿

长期负债：
- 汽车贷款余额＿＿＿＿＿＿＿
- 住宅抵押贷款＿＿＿＿＿＿＿
- 住宅权益贷款＿＿＿＿＿＿＿

长期负债合计＿＿＿＿＿＿＿

负债合计＿＿＿＿＿＿＿

资产净值
- 资产合计
- 减去负债合计

＿＿＿＿＿＿＿

负债合计＋资产净值＿＿＿＿＿＿＿

损 益 表

姓名＿＿＿＿＿＿＿＿＿＿＿＿＿＿＿＿＿＿＿＿＿＿＿＿

起止时间＿＿＿＿＿＿＿＿＿＿＿＿＿＿＿＿＿＿＿＿

收入：

  工资 ＿＿＿＿＿＿＿＿＿＿＿＿＿＿＿

  工资 ＿＿＿＿＿＿＿＿＿＿＿＿＿＿＿

  利息和红利 ＿＿＿＿＿＿＿＿＿＿＿＿＿＿＿

  其他收入 ＿＿＿＿＿＿＿＿＿＿＿＿＿＿＿

支出：

  食品和杂货 ＿＿＿＿＿＿＿＿＿＿＿＿＿＿＿

  交通 ＿＿＿＿＿＿＿＿＿＿＿＿＿＿＿

  衣服 ＿＿＿＿＿＿＿＿＿＿＿＿＿＿＿

  娱乐 ＿＿＿＿＿＿＿＿＿＿＿＿＿＿＿

  礼品和捐款 ＿＿＿＿＿＿＿＿＿＿＿＿＿＿＿

  保险——寿险等 ＿＿＿＿＿＿＿＿＿＿＿＿＿＿＿

  保险——住宅所有者保险 ＿＿＿＿＿＿＿＿＿＿＿＿＿＿＿

  生活用品 ＿＿＿＿＿＿＿＿＿＿＿＿＿＿＿

  住宅维护 ＿＿＿＿＿＿＿＿＿＿＿＿＿＿＿

  个人所得税 ＿＿＿＿＿＿＿＿＿＿＿＿＿＿＿

  社会保险费 ＿＿＿＿＿＿＿＿＿＿＿＿＿＿＿

  财产税 ＿＿＿＿＿＿＿＿＿＿＿＿＿＿＿

  住房贷款偿还款 ＿＿＿＿＿＿＿＿＿＿＿＿＿＿＿

  汽车贷款偿还款 ＿＿＿＿＿＿＿＿＿＿＿＿＿＿＿

  住宅权益贷款偿还款 ＿＿＿＿＿＿＿＿＿＿＿＿＿＿＿

  信用卡偿还款 ＿＿＿＿＿＿＿＿＿＿＿＿＿＿＿

  储蓄和投资 ＿＿＿＿＿＿＿＿＿＿＿＿＿＿＿

净收入 ＿＿＿＿＿＿＿＿＿＿＿＿＿＿＿

第6章 不动产信用

学习目标

在学完本章后，你应该能够做到：

- 说明一个家庭如何融资；
- 明确固定利率抵押贷款和可调整利率抵押贷款之间的差异；
- 讨论用来鼓励住宅所有权贷款、联邦购房管理局贷款、退伍军人管理局贷款和私人抵押贷款的特殊方案；
- 讨论二次抵押贷款市场和二级贷款提供者的行为；
- 对比可以为消费者提供住宅融资的储蓄和贷款协会、商业银行以及其他融资渠道；
- 描述抵押贷款的基点系统和抵押协议中的重要条款；
- 解释两种抵押贷款标准：购房费用比率和债务偿还比率；
- 描述住宅权益贷款和住宅权益信用额度。

内容提要

美国住宅所有权的高比率，是许多社会的、历史的、人口的以及经济的力量共同作用的结果。住宅所有权是我们这个社会的显著特征之一，全国住宅的大约 65％ 为所有者自住。拥有自己的住宅，是绝大多数家庭最重要的融资目标之一。

美国消费者在购买住宅时，通常经历以下 3 个步骤：

1. 选定理想住宅并进行购买协商。这一步包括合同的准备和签订，合同内容包括销售条款和销售价格。

2. 向储蓄和贷款协会、商业银行、抵押公司或保险公司申请贷款，或者向亲朋好友借款。在这一步骤中，消费者要完成申请，金融机构则要评估住宅价值、检查买房者的信用状况，并决定批准或拒绝贷款。

3. 在不动产代理商和代表买、卖双方的律师帮助下，完成交易。这一步完成之后，乔迁新居的"快乐日子"就为期不远了。

对美国消费者来说，购买住宅可能是一生中最大的一笔货币交易。本章将主要关注购买住宅这一重要过程的第 2 步。

住宅融资

打算购买住宅的消费者将找到贷款提供者并申请抵押贷款。如果贷款申请获得批准，借款者将在抵押票据上签字并同意在未来一段时期内，向借款者偿还全部贷款本金和利息。**抵押**（mortgage）是指以不动产作为履行债务的担保。**首次抵押**（first mortgage）赋予贷款提供者在借款者拒绝偿还贷款或无力清偿时对不动产价值的第一要求权。**丧失赎回权**（foreclosure）是一种法定程序，如果借款人不能还款，贷款人将利用其对财产的担保权益，强制变卖财产用来抵债。

帮助借款者的特殊方案

传统的固定利率抵押贷款通常要求首付购买价格的20％。之所以要求首期付款，是因为在借款人丧失赎回权时，它可以为贷款人提供一个安全边际。对许多家庭来说，支付20％的首期付款是很难做到的，因此，联邦政府鼓励各种代理机构提供**违约保险**（default insurance）。如果借款者不能偿还贷款，则由保险公司代表借款者作清偿抵押贷款。违约保险降低了贷款提供者的风险，从而使他们乐意接受更低的首期付款（可能只有购买价格的5％或10％）。

联邦购房管理局方案

1934 年，《国家购房法案》设立了联邦购房管理局，其主要目的在于增加住宅建设，减少失业人数，以及运作不同的贷款保险方案。

联邦购房管理局既不提供贷款，也不设计或建造住房。在退伍军人贷款方案中，贷款申请者必须和贷款机构签订协议。然后，贷款机构可能询问借款者是否需要联邦购房管理局保险或坚持要求借款人申请该保险。联邦政府通过联邦购房管理局调查申请者情况，并确定风险是否适度，以保证贷款机构不会因出现借款者不能满足抵押贷款条件和合同条款的情况，而遭受本金损失。借款者只需支付数量不断下降的贷款余额的 0.5％作为保险费来保护贷款者的利益，就可得到以下 3 项益处：联邦购房管理局调查员的详细评估；更低的首期付款（通常是购买价格的 3％～5％）以及与不受保护的贷款者提供的抵押贷款相比更低的贷款利率。

退伍军人贷款（退伍军人管理局贷款担保）

1944 年国会通过的原始《军人重调法案》，为有资格的退伍军人带来了更多的益处。对退伍军人来说，退伍军人管理局的贷款担保方案尤其重要。在法案修正案的监管下，退伍军人管理局被授权为贷款机构向退伍军人提供的住宅贷款、农场贷款以及商业贷款提供担保。在特定地区，退伍军人管理局可以直接提供用于购买、建造住宅或农场、改建或装修住宅的贷款。近些年来，农场贷款和商业贷款的条款和要求已不能激励私人贷款提供者继续大量提供这类贷款。

尽管引起了巨大的混乱和误解，联邦政府还是在法案的指导下停止了直接提供贷款。政府只是在退伍军人与正规的金融机构签订贷款协议之后，为贷款提供担保。然后，退伍军人管理局评估涉及的财产，如果对风险程度感到满意，就为贷款者提供担保，使其在发生购买者违约的情况时，免受本金损失，而违约的退伍军人亦不负担任何费用。

私人抵押保险

为保障常规的住宅抵押贷款的偿还，由抵押品持有者支付一次性保险费，称为**私人抵押保险**（private mortgage insurance，PMI）。这种私人商业贷款方案的作用等同于联邦购房管理局贷款方案和退伍军人管理局贷款方案。

私人抵押保险公司为一定比例的消费者贷款提供担保，以降低贷款提供者的风险。如果消费者未偿还贷款，贷款提供者决定清理该笔贷款，那么保险公司就会偿还担保的这部分贷款。由贷款提供者决定他们是否需要并希望借款者取得私人抵押保险。如果他们需要，私人抵押保险就成为贷款的一项要求。

为不能支付 20% 首期付款的借款者提供的特殊方案	有无费用？
● 联邦购房管理局保险	有
● 退伍军人贷款	无
● 私人抵押保险	有

二次抵押贷款市场和二级贷款提供者

为鼓励住宅购买和抵押贷款，联邦政府已帮助建立了**二次抵押贷款市场**（secondary mortgage market）。在该市场上，抵押贷款合同由联邦代理机构购买，随后出售给投资者。在与贷款提供者和借款者进行合同协商并最终将合同确定下来之后，联邦代理机构就会使用发行债券获得的资金来购买抵押贷款。为了立即收到相当于抵押贷款面值的资金，贷款机构会出售抵押贷款。这使得贷款机构能够提供另一笔贷款，从新客户那里收取另一笔贷款手续费用，并可以再在二次抵押贷款市场上将新贷款出售。

包括联邦住宅贷款抵押公司、联邦国民抵押协会和政府国民抵押协会在内的联邦信用代理机构统,称为**二级贷款提供者**(second-layer lender)。他们从事购入和售出贷款的二次市场活动,以借款的形式向一级贷款提供者提供信用,但不直接与个体消费者签订合同。

联邦住宅贷款抵押公司

1970年,联邦住宅贷款抵押公司(有时被称为"Freddie Mac")成立。该公司旨在通过建立活跃的二次抵押贷款市场,来促使资金流向房地产市场。根据规定,它只同诸如储蓄和贷款协会、储蓄银行以及商业银行这样的由政府监管的贷款机构交易。交易对象包括了所有常规抵押贷款、部分常规贷款、联邦购房管理局贷款和退伍军人贷款。

联邦国民抵押协会

该协会在金融界以"Fannie Mae"闻名。1938年,协会被特批为政府公司,1954年,又被特批为联邦代理机构,1968年,它成为政府发起的股份制公司。Fannie Mae经常被描述为"具有公共目标的私人公司",它主要为住宅贷款提供二次市场。Fannie Mae通过购买贷款、提供服务和出售贷款来完成它的功能。1970年以后,Fannie Mae的贷款范围包括联邦购房管理局保险贷款、退伍军人管理局担保贷款和常规贷款。但是,其贷款购买规模要远远超过贷款销售规模,以至一些观察家把他视为具有稳定贷款组合的贷款机构,而不把他看作有力的二次市场公司。

政府国民抵押协会

该协会经常被称为"Ginnie Mae",他隶属于住房和城市发展部。除了像Fannie Mae那样发挥特殊的帮助、管理和清算功能外,Ginnie Mae还有一个重要的附加功能——发行由政府保险或保证的抵押贷款支持的证券。这种抵押贷款支持的证券由政府通过定期支付本金和利息来全额担保。

抵押贷款和不动产信用的来源

在美国经济中,房地产市场是借款规模最大的市场之一。实际上,在过去的25年中,对住宅抵押信用的需求比对任何其他单一类型的资金或信用的需求增长得都为迅速。存款机构已经成为并将继续成为住宅信用的主要来源。但是,随着近些年来所谓的二级贷款提供者(诸如联邦国民抵押协会和联邦住宅抵押公司这样的机构)在二次市场上购买抵押贷款,它们也已成为住宅信用的重要来源。

未偿清的1~4个家庭成员的住宅抵押贷款,是抵押贷款中比重最大的部分,截至1995年底,其总额已达36 400亿美元。表6—1显示了1970年、1980年、1990年和1995年的按财产类型和持有者类型划分的未偿清的抵押负债余额。

表6—1　　　　　　1970—1995 年未偿清的抵押负债余额（根据财产类型划分）

（单位：10 亿美元，日期：12 月 31 日，包括波多黎各和关岛）

财产类型和持有者类型	1970 年	1980 年	1990 年	1995 年
抵押负债总额	474	1 463	3 804	4 724
非农场住宅抵押负债	358	1 110	2 966	3 929
1~4 个家庭成员的住宅抵押负债	297	969	2 676	3 640
存款机构负债	167	487	600	488
联合抵押或信托负债	3	125	1 046	1754
商业银行负债	42	160	456	665
个人负债及其他负债	36	117	408	498
联邦及有关代理机构负债	22	61	153	226
人寿保险公司负债	27	18	13	8
超过 4 个家庭成员的住宅抵押负债	60	141	290	289
商业负债	86	255	759	710
农场负债	30	97	79	84

资料来源：Board of Governors of the Federal Reserve System，*Federal Reserve Bulletin*，monthly.

在购买或建造住宅时，寻求帮助的家庭通常有几个可以利用的贷款渠道。有资格的住宅购买者或建造者能够从储蓄和贷款协会、商业银行、存款银行、抵押贷款银行家和经纪人、人寿保险公司、信用合作社、联邦代理机构、个人投资者和其他建房者那里获得抵押贷款。在确定最有利的贷款渠道时，申请人应考虑一系列因素，如需要的贷款规模、贷款到期日、利率、贷款偿还方式以及其他因素。

在提供给住宅所有者和购买者的贷款总额中，储蓄和贷款协会提供的贷款比例要高于其他机构，其规模已超过商业银行、存款银行和人寿保险公司提供的贷款总和。

储蓄和贷款协会

这种类型的机构最重要的目的就是提供用于购买或建造住宅的抵押贷款。这类机构也被称为"储蓄协会"、"房地产和贷款协会"、"合作银行"（新英格兰州）和"永久居民协会"（路易斯安那州），它们是为大多数美国住宅所有者提供融资帮助的主要渠道。作为住宅融资机构，它们把注意力主要集中于建立了独立家庭的居民，并在这一领域提供贷款。

储蓄和贷款协会的一些传统特征如下：

1. 它通常是地方所有、私人管理的住宅融资机构；

2. 它接受个人存款并使用这些资金为住宅购买者提供长期分期付款贷款；

3. 它为住房的建造、购买、维修或再融资提供贷款；

4. 它是州和联邦授权经营的。

在成立至今的大部分时间里，储蓄和贷款协会都取得了巨大的成功。它于 1930 年首次出现，并逐渐从小规模的、共同所有的机构发展成为美国住宅购买者抵押贷款的主要供给者。从 1980 年开始，国会授予包括储蓄和贷款协会在内的所有存款机构提供消费者贷款和商业贷款，以及在提供其他消费者信用产品的同时设立支票账户的权利。由于各种原因，在适应新环境的过程中，许多储蓄和贷款协会历尽艰辛，数以百计的储蓄和贷款协会因此而破产。1989 年，为了应付出现的危机，通过了《金融机构改革、复兴与实施法案》（Financial Institutions Reform, Recovery, and Enforcement Act, FIRREA）。在采取诸多措施的同时，法案还建立了清理信托公司。由于有联邦存款担保，这个公司要对破产的储蓄和贷款协会进行清算。这些经营失败的机构有的被清算，有的被兼并，损失高达几十亿美元。许多储蓄和贷款协会已被商业银行收购，其他的则改变了名称，比如用"**银行**"代替"**储蓄和贷款**"。

商业银行

过去，商业银行并未对不动产贷款表现出很大的兴趣，它们只把很小的一部分资产用于抵押贷款。正如商业银行的名称所显示的，这类金融机构主要从商业贷款和消费者贷款中获得收益，而把提供住宅抵押贷款的任务留给了其他金融机构。但是，由于银行法规和政策的变更，商业银行正在不断扩大其住宅抵押贷款的规模。

银行法规的变更使商业银行得以比以前更方便、更自由地提供住宅抵押贷款。为了获得不动产抵押贷款，它们主要作了以下两方面努力：第一，一些商业银行设立了积极的、组织良好的部门机构，其主要作用就是积极参与不动产贷款方面的竞争，在缺少专门的不动产贷款机构的地区，这些银行就成为住宅抵押贷款和农场抵押贷款的主要来源；第二，通过从其他抵押贷款机构或交易商那里购买抵押贷款合同来获得抵押贷款。

另外，最初被用来为诸如商业银行这样的永久性贷款提供者获取汽车贷款的交易商服务公司，希望扩展他们的业务空间，不再仅仅拘泥于本地范围。但是，近些年来，它们已致力于为商业银行、储蓄和贷款协会获取一定规模的流动住宅贷款。交易商服务公司通常在无追索权的基础上，从零售商那里获得贷款。几乎所有的交易商服务公司与银行签订的协议中都包含信用保险政策，在消费者违约时，用来保护贷款提供者的利益。服务公司通常每年收取贷款合同原始价值的 1.5% 作为佣金。此外，大部分服务公司还发挥其他的功能，包括超过还款期 30 天的贷款回收、抵押品收回（如果必要的话）、收回抵押品的销售和每月偿还款的回收。

存款银行

这类储蓄性金融机构是联邦授权经营的，其主要职能是吸收消费者的存款和发放住宅抵押贷款。从历史上看，这些机构采取共同所有（存款者所有）的形式，并且仅在 16 个州获得批准，它们主要集中在新英格兰州。

抵押贷款银行家和经纪人

抵押贷款银行家（mortgage banker）是发放抵押贷款的公司和个人，它们将抵押贷款出售给其他投资者，提供按月付款服务，还可作为代理代交税金和保险金。

　　抵押贷款经纪人的基本职能是为住宅购买者从各种贷款渠道中寻找最有利的贷款。他们的职能还包括修正信用机构报告、合并个人贷款和负债，总的来说，就是帮助住宅购买者获得抵押贷款。一些抵押贷款经纪人积极地为那些被商业银行和其他传统的抵押信用机构拒绝的借款者提供服务。他们的收入来自贷款提供者，这些贷款提供者在发放贷款时要付给抵押经纪人一笔额外费用（通常为抵押贷款额的 1%）。

人寿保险公司

　　人寿保险公司是抵押贷款的另一来源。这类公司将不动产抵押贷款视为一种投资形式，并不时地调整其投资组合，以反映不断变化的经济形势。起初，人寿保险公司很愿意发放农场贷款。但是，近些年来，他们减少了住宅抵押贷款的发放。向保险公司申请贷款的消费者，可以直接与作为一家或多家保险公司贷款代理的当地分支机构或当地不动产经纪人交易。

信用合作社

　　这类合作型金融机构是由拥有某种内部联系的成员（比如同一公司的雇员、工会成员和教会成员）组成的（参看第 5 章对信用合作社活动的详细描述）。除其他金融服务外，一些信用合作社也提供住宅抵押贷款。

联邦支持的代理机构

　　正如前面所讨论的，在特定的条件和资金约束下，退伍军人管理局在其管理者指定的住宅信用短缺地区，向信誉良好的退伍军人发放直接贷款。这样的地区通常包括远离大城市及大城市周边地区的农村、小城市和城镇，也就是那些没有私人机构发放退伍军人贷款的地区。

　　这里所指的联邦支持的代理机构并不包括所谓的二级贷款提供者，他们是在贷款机构和个人住宅购买者之间签订抵押贷款合同后进入此领域的。

其他来源

　　个人投资者构成了数量相当大，但有时规模呈下降趋势的住宅抵押贷款来源。资深观察家指出，这类贷款提供者通常选择期限较短的贷款，并将其金额限制在住宅价值的 2/3 以下。同样，如果购房者在首次抵押贷款基础上仍不能筹足首期付款，那么房地产交易商有时也会接受二次抵押贷款作为住宅建造价格的部分支付款。

　　最后，从 1961 年 1 月 1 日《不动产投资信托法案》生效时开始运作的不动产投资信托，也是可以利用的贷款来源。**不动产投资信托**（real estate investment trust）的运作类似于封闭型共同基金，它们向投资者出售股票，然后购买抵押贷款或不动产贷款的投资组合。尽管他们在活动中有了一些分工和专业化，但其职能仍与储蓄和贷款协会一样——发放不动产贷款并服务于国内不动产市场。

> **不动产信用的来源**
> ● 储蓄和贷款协会
> ● 商业银行
> ● 存款银行
> ● 抵押贷款银行家和经纪人
> ● 人寿保险公司
> ● 信用合作社
> ● 退伍军人管理局
> ● 其他来源
>   • 住宅建造者
>   • 不动产投资信托

住宅抵押贷款的基本知识

抵押贷款的类型

固定利率抵押贷款

固定利率抵押贷款（fixed-rate mortgage）是一种用不动产作担保的贷款，在还款期间，用事先确定的固定利率计算贷款利息。例如，借款者得到一笔固定利率 7.0%、还款期为 30 年金额为 100 000 美元的贷款，那么他每月将固定偿还 665.30 美元，其中一部分用来支付贷款利息，余下用来抵减未偿还的本金。在抵押贷款期的前几个月，几乎所有的偿还款都用来支付利息。固定利率抵押贷款的优势是：由于偿还款是事先确定的并且不会改变，所以它容易理解并且方便借款者制定未来计划。其劣势是：利率高于其他类型的抵押贷款利率，如果在借款者获得固定利率抵押贷款后，市场利率水平下降，那么固定利率就可能成为问题。在 20 世纪 90 年代早期，利率降至 20 年来的最低水平，许多借款者都申请新的固定利率贷款用于购买或用于替代已有的抵押贷款。

可调整利率抵押贷款

可调整利率抵押贷款（adjustable rate mortgage，ARM）是另一种不动产贷款形式，在还款期内，利率将做周期性调整。由于合同中包含一系列有关利率波动幅度和调整时间的条款，所以可调整利率抵押贷款通常更难以理解，例如贷款业务人员可能告诉未来的借款者：

"可调整利率抵押贷款的初始利率是 7%，基准利率是 8%（在目前为 6% 的半年期国库券利率基础上每年进行调整），保证金率是 2%，每年的月支付上限是 1%，存续期利率上限是 5%。"

贷款业务人员提到的主要特征，勾画了可调整利率抵押贷款的典型特征。

1. **初始利率**（initial interest rate） 初始利率指贷款的原始利率，它可以作为营销策略来吸引借款者。初始利率通常很低，但仅在抵押贷款利率首次调整之前适用。借款者之所以经常对更低的利率感兴趣，是因为较低的首次支付款能使他们获得更大规模的贷款和更昂贵的住宅。

2. **基准利率**（base interest rate） 有时也被称为"合同利率"，用来计算出各种利率的上限，一般是申请贷款时，指数与保证金率之和。

3. **指数**（index） 它是不受贷款提供者影响的外界指数，在每次调整抵押贷款的利率时，它被用于决定利率的变化。指数经常是政府证券利率或公布的包括储蓄和贷款协会在内的一类贷款机构的资金成本指数。

4. **保证金率**（margin rate） 每个调整点上的利率等价于指数和保证金率之和。例如，上例中每个调整点上的新利率等于国库券利率加上2％的保证金率。

5. **调整期间**（adjustment period） 它反映了抵押贷款利率调整的频率。调整期间可能为6个月，甚至1年，或者不同调整期间的组合。例如在前3年利率不作调整，以后的时期内每年对利率进行调整。

6. **月支付上限**（monthly payment cap） 它是月支付款的年增长界限。例如，抵押贷款合同可能规定，在任何指定年度，支付款的增长不能超过1％。在基准利率增长迅速时，月支付上限可能因限制了支付额的充分增长而使其不足以支付每月到期的利息费用。有时，它还会导致"负分期偿还"的情况。**负分期偿还**（negative amortization）是指因支付款不足以支付到期利息而使实际未偿还的抵押贷款余额增加。

7. **存续期利率上限**（lifetime interest rate cap） 它是可调整利率抵押贷款合同中的一项条款，规定了抵押贷款存续期内利率上涨的最大幅度，从而界定了最高利率。例如，5％的存续期利率上限和8％的基准利率，意味着贷款利率永远不能超过13％。有时，会存在一个适用于每一调整期间的利率上限，例如，利率调整不能超过1％。如果存在一个适用于每一调整期间的利率上限，那么通常就不会有上面提及的月支付上限。

可调整利率抵押贷款对于那些希望出售住宅，并在短期内搬家的借款者，尤其具有吸引力。他们可以从较低的初始利率中受益，又不必担心长期中贷款利率可能增长至高于固定利率抵押贷款利率的水平。当然，也存在着利率下降的可能性，相信这一点的借款者将选择可调整利率抵押贷款以在未来利用其较低的利率。

分期偿还

分期偿还（amortization）是用分期付款的方式，系统地、连续地偿还未偿清的本金余额，直到债务完全偿清为止。所有诸如联邦购房管理局这样的政府抵押贷款机构，都坚持采用抵押贷款的分期偿还形式。直接抵减抵押贷款，要求固定月支付款，支付款不仅要支付利息（还可能包括税金和保险费），而且还直接抵减抵押负债的本金。表6—2提供了一张分期偿还一览表。

表 6—2		贷款分期偿还一览表		单位：美元

贷款金额：5 000 美元
还款期限：12 个月
贷款利率：9.00%

偿还次数	还款金额	利息金额	本金金额	未偿清余额
5 000				
1	437.26	37.50	399.76	4 600
2	437.26	34.50	402.76	4 197
3	437.26	31.48	405.78	3 792
4	437.26	28.44	408.82	3 383
5	437.26	25.37	411.89	2 971
6	437.26	22.28	414.97	2 556
7	437.26	19.17	418.09	2 138
8	437.26	16.03	421.22	1 717
9	437.26	12.88	424.38	1 292
10	437.26	9.69	427.56	865
11	437.26	6.49	430.77	434
12	437.26	3.26	434.00	0

利用表 6—3 的数据，很容易计算出贷款购房者购买房屋的实际支出。例 A 和例 B（同样的住宅价格、相同的首期付款、相同的利率，但还款期比例 A 更长）的成本差为：188 380美元－115 210 美元＝73 170 美元

表 6—3		偿还款一览表				单位：美元
	分期偿还 1 000 美元贷款的月偿还款（包括利息）					
	8.5%	9.5%	10.5%	11.5%	12.5%	15%
还款期 15 年	9.85	10.45	11.06	11.69	12.33	14.00
还款期 20 年	8.86	9.33	9.99	10.67	11.37	13.17
还款期 25 年	8.06	8.74	9.45	10.17	10.91	12.81
还款期 30 年	7.69	8.41	9.15	9.91	10.68	12.65

例 A：住宅价格为60 000美元，首期付款为10 000美元的，还款期为15 年，年利率为 11.5%

月偿还款	11.69 美元	每 1 000美元
	×50	
	584.50 美元	抵押贷款金额为50 000 美元
15 年或 180 个月的还款期	×180	
	105 210 美元	全部偿还款
首期付款	＋10 000 美元	
	115 210 美元	住宅总成本*

*不包括税金和保险费

例 B：住宅价格为 60 000 美元，首期付款为 10 000 美元、还款期为 30 年，年利率为 11.5％

月偿还款	9.91 美元	每 1 000 美元
	× 50	
	495.50 美元	抵押贷款金额为 50 000
还款期为 30 年或	360	美元
360 个月		
	178 380 美元	全部偿还款
首期付款	＋10 000 美元	
	188 380 美元	住宅总成本*

* 不包括税金和保险费

抵押贷款的"基点"系统

多年来，抵押贷款提供者经常征收"基点"。尽管这种行为通常被误解和被忽视，但它对于理解抵押贷款的运作是至关重要的。**基点**（point）等于抵押品面值的 1％，它是在获得抵押贷款时，必须支付的额外费用。基点可以被作为一次性的预付利息费来收取，这样，合同利率就会低于其他情况下的利率。而且，抵押贷款机构收取的贷款处理费或贷款发放金也要通过基点来反映，并通过它来收取。如果获得20 000美元贷款的住宅所有者要支付 4 个基点，那么贷款提供者将扣减 800 美元的贷款，住宅购买者将仅获得19 200美元的贷款。但是，住宅购买者将不得不偿还全部 20 000美元。这当然意味着真实的年利率将高于规定的利率。

销售商也可能要支付基点，但是，这些基点不影响利率，它们只是单纯地减少了住宅销售商获得的购房款金额。为了使贷款利率更具吸引力，一些贷款提供者将基点作为预付利息收取。一些住宅销售商也将贷款发行费（或处理费）计入基点。在这种情况下，一些基点包含在融资金额中，其他的基点则代表着付现成本，需要购房者在贷款到期时支付。

在作出最终决定之前，住宅购买者要就抵押贷款条款和支付的基点征求专家建议，具体见专栏 6—1。

专栏 6—1	**信用管理建议**

可调整利率抵押贷款

对借款者来说，可调整利率抵押贷款具有一些明显的优势。通常，其初始利率要低于固定利率抵押贷款的利率。因为付款比较少，所以借款者会争取较大规模的贷款。而且，如果利率保持低水平，在贷款存续期所支付的全部利息就会较少。

但是，也存在着利率提高的可能性，这将导致未来更高的月偿还款。以下是借款者要注意的一些重要问题：

● 如果利率提高，我的收入能增加到足以弥补更高的抵押贷款偿还款的程度吗？

● 在不远的将来，我是否会承担其他的债务？如汽车贷款或学费贷款。

● 我计划用多长时间拥有这所住宅？（如果你计划很快出售住宅，利率提高可能不会产生麻烦；如果你计划用很长时间购买住宅，利率提高就会使偿还款增加。）

● 即使利率一般不提高，我的偿还款会增加吗？

资料来源：节选自"Consumer Handbook on Adjustable Rate Mortgages," prepared by the Federal Reserve Board, Office of Thrift Supervision, undated.

漂浮条款

抵押贷款合同中的**漂浮付款条款**（balloon payment clause）要求在规定的时期结束时，偿清固定利率的长期贷款。例如，贷款可能最初要求在15年或30年的期限内分期偿还，但漂浮条款却要求贷款提前3年偿清贷款。贷款合同可能包含，也可能不包含漂浮期再融资条款。如果不包含的话，寻求新的再融资的责任就由购房者来承担。

承担条款

承担条款（assumption clause）意味着住宅新的预期购买者能够使原购房者获得的抵押贷款对住宅销售商持续有效。换句话说，就是新的购房者接替付款并使抵押贷款继续存在。但是，如果住宅购买价格要高出现有的未偿清贷款余额很多，那么就可能要求新的购房者用大量现金支付。有时，住宅销售商会同意接受二次抵押贷款和逾期个人偿还款。承担条款通常规定贷款提供者必须接受新的购房者，当然，在允许新购房者继续承担抵押贷款以前，贷款提供者要对其进行全面的信用调查。

预付条款

如果抵押贷款被提前偿清，**预付条款**（prepayment clause）就会要求抵押品持有者支付特定的费用或罚金。

抵押贷款标准

在任何抵押贷款机构，贷款提供者都有责任确定借款者是否有良好的信誉和足够的资金实力来偿还抵押贷款。随着近些年来，在二次市场上出售的抵押贷款数量不断增加，已形成了颇为具体的贷款标准（收入比率）。

月购房费用—收入比率

该比率要求明确与购房相关的全部费用。这些费用通常包括：

1. 包括本金和利息在内的抵押贷款偿还款；
2. 危险保险费或住宅所有者保险费；
3. 不动产税；
4. 二次贷款偿还款；
5. 抵押品保险费；

6. 与购房相关的其他特殊成本，如公寓维护费。

然后，用这些月购房费用的总和除以购房者总的月收入，来确定用于购房的收入比率或比重。二次市场指导方针通常载明，以稳定月收入计算，该比率不应该超过25%～28%。因此，一个月收入为3 000美元的家庭，每月用于购房的费用不能超过840美元（3 000美元的28%）。这个计算方法通常被用来估算一个家庭能够负担的新住宅购买费用金额。

月债务偿还款—收入比率

要计算此比率，首先应计算抵押贷款申请者的全部月债务偿还款金额，它通常包括：

1. 月购房费用（参看上文）；
2. 所有分期偿还债务的偿还款；
3. 赡养费或儿童抚养费支付款；
4. 循环信用账户支付款；
5. 二次住宅贷款偿还款。

用偿还款的总和除以购房者的月收入来确定债务偿还比率。以稳定月收入计算，该比率通常不应超过33%～36%。为了符合贷款指导方针的规定，上面提到的月收入3 000美元的家庭的全部月债务偿还款不能超过1 080美元（3 000美元的36%）。

有时，也会允许借款者有超过规定的1%或2%，但是例外情况需要特殊的文件规定。通常，债务偿还比率是最重要的，但是在特定情况下，超过规定的债务偿还比率也是允许的。

结账成本

对于住宅购买者和抵押贷款借款者来说，理解结账成本的类型和规模，并用足够的现金结算是很重要的。结账成本也称为**结算成本**（settlement costs），它是与转移不动产所有权相关的，在购买者、销售商、不动产代理商、金融机构以及其他为权益转让提供服务的经济主体之间进行结算时产生的费用。1974年的《不动产结算程序法案》（Real Estate Settlement Procedures Act）要求贷款提供者提前告知借款者结算成本或其合理的预测值。一些比较重要的成本包括：

1. 销售佣金/经纪人佣金 它是指通常由销售商支付的全部销售佣金费用。费用值通常是住宅销售价格的一定比例。

2. 贷款发放费用 它是由借款者支付的、经常以基点的形式出现的一次性费用，用于弥补贷款提供者处理申请的费用。

3. 贷款折扣基点 它是用来调整抵押贷款的利率，使其与当前市场利率相等的一次性费用。它代表着预付利息，并将用来补偿接受低于正常利率的合同利率的贷款提供者。

4. 评估费用 它是支付给评估交易财产价值的职业评估人的费用。

评估人调查住宅和周围环境，对比相应住宅的销售价格。在发生必须收回抵押品的情况时，对于对财产真实价值感兴趣的贷款提供者来说，评估将是最有用的。

5. 信用报告费　贷款提供者会定购一份信用报告机构定期更新的报告以核对借款者的信用历史和其他与信用相关的事实。这些与贷款申请联系在一起的信息，有助于贷款提供者做出最后决策。

6. 抵押保险费　贷款提供者可能要求借款者支付首期保险费，或在结算日一次付清全部贷款期的保险费。

7. 意外保险费　因为贷款提供者需要确定意外保险真正起到了保护财产使其免受损失的作用，所以他们可能要求首期保险费在结算日之前支付。

8. 不动产税　贷款提供者可能要求借款者每月向准备金账户或第三者代管账户存入款项以支付地方财产税。

9. 所有权调研费　这类费用包括为确定销售商是否拥有明晰的财产所有权，而审核以前的所有权记录带来的费用。

10. 所有权保险费　这是因所有权政策而产生的一次偿清的保险费。这项所有权政策将保护贷款提供者（有时也保护借款者），使其免受因所有权方面的缺陷而遭受损失。

11. 勘察费　它是勘察员确定住宅及财产确切位置的成本。

12. 调查费　可能还需要其他方面的调查，如调查与害虫、水井、病菌传染系统、环境危害有关的问题，而这些都会产生费用。

住宅权益贷款

1986 年的《税收改革法案》（Tax Reform Act）显著提高了以住宅为抵押进行贷款的借款者的利息费用。该法案逐步终止了其他形式的消费者信用利息的税务扣除。但按照具体规定，在交纳联邦所得税时，可以继续扣除不动产抵押贷款的利息。该法案通过后，许多消费者开始用通过住宅权益贷款和住宅权益信用额度获得的资金偿还汽车贷款、补足信用卡余额和支付其他消费者服务费用。

住宅权益贷款是一种二次抵押贷款，贷款提供者同意清算时在一级抵押贷款提供者之后获得还款。对抵押品进行评估的费用将计入结算成本。住宅权益信用额度是开放性循环债务，它允许住宅所有者充分利用预先批准的信贷额度。信用的最高限额由抵押财产价值的一定比例决定。例如，抵押财产市场价值的 75％～80％减去未偿清的首次抵押贷款余额。

由于存在着对利息扣除数量的限制，所以应鼓励绝大多数的借款者征求税收专家的建议，以确定合适的扣除数量。

抵押贷款歧视

正如第7章所指出的那样，《信用机会平等法案》禁止种族、肤色、宗教信仰、国籍、性别、夫妻地位和年龄等方面的信用歧视（假定某人有能力得到信用合同）。也不能因为个人收入的全部或部分来源于公共补助项目，或者因为信誉良好的个人可以行使任何《消费者信用保护法案》赋予的权利而采取信用歧视政策。这些条款适用于与住宅抵押贷款有关的任何决策活动。

同时，由于特定的划红线注销行为，一些抵押贷款提供者也成为批评的目标。所谓**划红线注销**（redlining），就是将社区内信用风险不能令人满意的区域划定出来，不向该区域的借款者发放贷款。

重要术语

可调整利率抵押贷款　adjustable rate mortgage，ARM

保证金率　margin rate　　　　　　　　调整期间　adjustment period

月支付上限　monthly payment cap　　　分期偿还　amortization

抵押　mortgage　　　　　　　　　　　承担条款　assumption clause

抵押贷款银行家　mortgage banker　　　漂浮付款条款　balloon payment clause

负分期偿还　negative amortization　　　基准利率　base interest rate

基点　point　　　　　　　　　　　　违约保险　default insurance

预付条款　prepayment clause　　　　　首次抵押　first mortgage

私人抵押保险　private mortgage insurance，PMI

固定利率抵押贷款　fired-rate mortgage

不动产投资信托　real estate investment trust

丧失赎回权　foreclosure　　　　　　　划红线注销　redlining

指数　index　　　　　　　　　　　　二级贷款提供者　second-layer lender

初始利率　initial interest rate

二次抵押贷款市场　secondary mortgage market

存续期利率上限　lifetime interest rate cap　结算成本　settlement costs

讨论题

1. 为什么住宅抵押贷款可以被认为是一种消费者信用？为什么它也可以被认为是商业或投资信用？

2. 你为什么想购买住宅？你何时租房？

3. 首次抵押贷款和二次抵押贷款有什么区别？

4. 区别联邦购房管理局保险贷款、退伍军人贷款和传统的固定利率抵押贷款。

5. 二次抵押贷款市场和二级贷款提供者意味着什么？

6. 储蓄和贷款协会的一些传统特征是什么？

7. 美国家庭可利用的购房融资来源有哪些？

8. 比较储蓄和贷款协会、人寿保险公司、商业银行和存款银行对住宅融资的不同要求。

9. 固定利率抵押贷款和可调整利率抵押贷款的根本区别是什么？

10. 借款者必须了解的可调整利率抵押贷款的重要特征和条款是什么？

11. 对于住宅购买者和贷款机构，可调整利率抵押贷款的优势和劣势各是什么？

12. 住宅抵押贷款中的"基点"系统意味着什么？

13. 什么是私人抵押保险？

14. 解释用来确定客户是否有资格获得抵押贷款的月购房费用比率和债务偿还比率？请提供数字作为例子。

15. 讨论住宅权益贷款和住宅权益信用额度的特点和运作方式。

16. 区别固定利率抵押贷款和可调整利率抵押贷款。

17. 漂浮式抵押贷款的优势和劣势是什么？

18. 解释指数最重要的基本特征。

19. 你愿意使用住宅权益贷款吗？为什么愿意或为什么不愿意？

案例分析

本周末，斯蒂文斯夫妇参观了房展会并看中了一套待售的住宅。他们同房地产代理商进行协商，最终确信，只要可以得到贷款，他们就能迅速出售现有住宅并购买新住宅。以下是一些细节（单位：美元）：

现有住宅出售价格	80 000
减：房地产佣金	−4 800
首次抵押贷款余额	−45 000
二次抵押贷款余额	−9 000
等于首期付款的金额	21 200
新住宅的成本	120 000
减：20%的首期付款	24 000
（21 200＋储蓄存款）	
等于新的抵押贷款金额	96 000
其他信息：	
年房地产税＝3 700.00	
危险保险费＝500.00	

利用上述信息以及有关斯蒂文斯一家和发放贷款的金融机构的信息，回答下列问题：

1. 如果斯蒂文斯夫妇从当地金融机构那里获得了一笔年利率为10.5％，偿还期为 25 年的抵押贷款，那么新抵押贷款的月还款额是多少？（参见表 6—3）

2. 如果斯蒂文斯夫妇迁入新居，那么他们的月购房费用—收入比率是多少？他们的月债务偿还款—收入比率是多少？

3. 你认为抵押贷款方案可行吗？和抵押贷款业务员讨论你的看法。

第7章 消费者信用的监管

学习目标

在学完本章后，你应该能够做到：

● 描述消费者信用监管的发展历史；

● 了解以下法律的条款：

《诚实借贷法》

《信用卡发行法》

《公平信用报告法》

《公平信用结账法》

《平等信用机会法》

《公平债务催收作业法》

《电子资金转账法》

《存款机构放松管制和货币控制法》

《甘恩—圣哲曼储蓄机构法》

《银行平等竞争法》

《公平信用和赊账卡公开法》

《房屋信贷消费者保护法》

《金融机构改革、恢复与强化法》

《房屋抵押公开法》

《社区再投资法》

● 描述有关各州消费者信用监管的内容。

内容提要

　　对于想立即购买商品和服务，但却没有足够现金的消费者来说，信用是一个获取资金的简便方法。几乎所有的信用都会产生成本，或以利息形式出现，或以运营费用的形式出现。消费者必须权衡其可能从希望购买的商品中获得的效用，和为购买商品在未来所必须付出的成本。由于不是所有的消费者都能对信用使用做出良好的判断，而且信用提供者有可能利用借款者，所以州和联邦都已通过法律，来保护信用使用者免受不公正信用操作的侵害。其他社会和经济目标的实现，也能够通过信用法规得以促进。本章描述了美国联邦及各州信用监管的发展历史。

联邦对消费者信用的监管

信用监管的目标

保持美国经济的稳定

　　联邦政府已通过一些法律，来保证稳定的货币供给，并防止发生大规模银行倒闭的情况时可能出现的经济波动。例如，联邦存款保险公司提供的储蓄账户保护，可以部分地防止银行经营中出现许多存款人同时提取银行存款的情况。其他的法律则通过保护存款人，使其免受金融机构不合理行为或欺骗行为的侵害，来保护那些吸收并持有居民存款的金融机构的安全和完整性。例如，这些法律可以调节允许的银行贷款的种类和向借款者发放的贷款数量。《信用控制法》力图通过控制向借款者发放贷款的数量和类型，来解决与通货膨胀有关的问题。联邦储备体系的法定存款准备金及其他货币政策工具（已在第 1 章中讨论过）也是政府为保持经济稳定而在信用领域作出的努力。

保护消费者

　　一些法律被制定用来保护消费者，使其能正确理解信用活动并免受信用提供者不公正行为的侵害。法律禁止贷款发放中不公正的歧视行为，要求贷款提供者提供普通消费者可以理解的合同条款，限制贷款回收者使用过激的、不公正的收账方法。州法律经常会控制利率和信用合同条款，以使借款者受到公平对待。许多法律要求金融机构披露足够的信息，以便消费者能够更准确地理解融资费用、信用局信息以及他们的信用账户余额下降的原因。

促进社会目标的实现

　　已通过一些信用监管方面的法律，来实现立法者以及其他人认为十分重要的不同社会目标。例如，一些经济部门被认为具有特殊的重要性，因此，法律保障这些部门能够获得贷款。这类法律包括影响购房贷款、小企业贷款、农业贷款和小型组织贷款等的法律，它们采用税收信用，违约担保、提供补贴等形式，旨在让所支持的社会或经济部门获得更多贷款。例如，联邦鼓励向学生提供大学教育贷款的专门项目。政府和立法者相信，社会和经济将从更多的大学毕业生中获益，因此他们设立了特殊的贷款项目来鼓励教育投资。

信用监管的目标
- 保持经济稳定
- 保护消费者
- 促进社会目标的实现

联邦政府对消费者信用的监管始于第二次世界大战期间。在 20 世纪60 年代、70 年代和 80 年代，通过了许多新的联邦信用法规。随着消费者信用使用范围的不断扩大，其复杂性也日益增加，因此，这个时期通过的每一法律都旨在解决消费者信用领域出现的问题并降低其混乱程度。这些法律制定了金融机构在经营金融业务时公平对待每个消费者的标准。

金融服务部门可能是美国受监管最严格的部门。许多人抱怨监管的压力为贷款提供者带来了过多的困难和额外的成本，还有一些人则相信诸多的监管行为已影响了美国金融机构在国际金融市场上的竞争能力。当然，另一方面的观点认为，正是信用监管实现了经济稳定、保护消费者和社会进步的理想目标。

监管机构——联邦和州

通过业已形成的监管网络，监管者已能对金融机构和其他的信用提供者进行大范围的监管。随着更多新的信用法律的制定，监管网络已变得越来越大。目前，共有 5 个主要的信用监管机构。

货币管理局

1863 年的《国家货币法》建立了货币管理局，他是美国最古老的信用监管机构。尽管其建立的原始目标是保证安全且统一的货币供给，但现在，这些责任大部分已转移给联邦储备体系。今天，货币管理局主要负责制定国民银行宪章、批准银行兼并和分支机构的设立以及监管国民银行。在国民银行宪章指导下运营的国民银行虽然仅占银行总数的 30%，但是，由于这些银行的规模大于一般银行，他们吸收了大部分的银行存款。货币管理局有权更换国民银行管理人员、吊销执照和征收罚金。

联邦储备体系

联邦储备体系是 1913 年设立的，旨在促进货币稳定和保证金融系统健康发展的独立机构。正如第 1 章中所讨论的，联邦储备体系通过运用公开市场业务、再贴现率和法定存款准备金来保持价格稳定，促进经济发展。通常，联邦储备体系也负责制定具体规则以贯彻执行国会通过的不同类型的信用法律。

115

联邦存款保险公司

联邦存款保险公司（FDIC）于 1933 年成立，他是联邦政府下属的独立机构。联邦存款保险公司提供存款保险，该保险通常对100 000美元以内的个人存款进行保护，使存款者免受因存款机构破产而造成的损失。这种保护一般适用于联邦存款保险公司或类似保险公司批准的银行、储蓄和贷款协会以及信用合作社等机构的存款。金融机构通常以全部存款为基数上支付保险费。联邦存款保险公司主要监管的是非联邦储备体系成员且遵守州宪章的银行。由于这些银行掌握着被保险的存款，联邦存款保险公司和其他保险机构就获得了监管他们的相应权利。联邦存款保险公司也通过银行合并和资产清算来处理破产的金融机构。

其他的联邦监管机构

其他的联邦监管机构主要对除商业银行以外的其他信用提供机构进行监管。例如，存款机构监督局主要监管储蓄和贷款协会；国家信用合作社管理局主要监管联邦一级的信用合作社；司法部主要关注包括金融服务公司在内的商业兼并机构，因为他们可能违反《反托拉斯法》并因此限制贸易的发展；联邦贸易委员会通常关注消费者保护措施和各种信用提供机构广告宣传活动的真实性。

州监管机构

以上讨论的许多信用监管机构或组织主要监管的是银行和一般金融机构，其他的信用提供机构（如消费者金融公司、州一级的信用合作社和零售信用提供者）则主要由州信用监管机构进行监管。其他的与信用有关的公司（如收账代理）也由州信用监管者（如州银行监管专员）进行监管。

主要的信用监管机构

- 货币管理局
- 联邦储备体系
- 联邦存款保险公司
- 其他的联邦监管机构
  - 存款机构监督局
  - 国家信用合作社管理局
  - 司法部
  - 联邦贸易委员会

早期的消费者信用法规

第二次世界大战期间的 W 管制条例是最早的消费者信用监管法规。该管制条例规定了分期付款销售中首期付款的数量和还款期限的长度，并禁止 30 天赊销账户的偿还时间连续超过规定期限。但是，此管制条例产生的实际效果无法确定。第二次世界大战期间，耐用消费品很难购买到，而消费者收入又异乎寻常的高。因此，有 W 管制条例以外的因素造成了相应商品销售量的下降。

在战后和朝鲜战争期间，信用监管的影响很小。因为可能只有低收入阶层和债务负担沉重的消费者才推迟耐用品的购买，而大部分消费者的收入相当高，他们的储蓄足以满足日常购买的需要。而且，"二战"以后，商品短缺持续了好几年，直到美国卷入朝鲜战争，人们才充分认识到过去信用监管的微弱影响。朝鲜战争期间，信用监管有所减弱，仅规定了分期付款销售合同中首期付款的数额和还款期限的长度。这期间受信用监管的商品也十分有限，大部分商品都不受控制。

《信用控制法》

《信用控制法》是 20 世纪 60 年代和 70 年代出现的众多联邦信用法律之一。该法于 1969 年 12 月 24 日签署生效，它允许总统"在任何时候自主授权联邦储备委员会，对各种类型的信用进行完全、充分地控制——甚至包括对利率进行调整和营业执照的发放与收回"。为了使各项条款得以实施，该法授权联邦储备委员会可以在经相应法院批准后，下达禁止或限制违法信用机构或有违法嫌疑的信用机构继续从事信用业务的永久或临时命令，并对故意违反法律的信用机构进行民事罚款或进一步采取刑事处罚。

卡特总统曾在 1980 年将《信用控制法》作为一个政府项目的一部分，该项目旨在控制通货膨胀，限制由银行、零售商、金融公司和其他机构提供的某些类型的消费者信用的增长。信用控制持续了几个月，其后《信用控制法》便终止使用。

《诚实借贷法》——《消费者信用保护法》第 1 条

1960 年，联邦政府采用"消费者信用标签法案"的形式对消费者信用行为进行监管，此行动虽付出巨大，却收效甚微（S. 2755）。这项法案要求信用机构在每次提供消费者信用时，都要附加全部融资费用和"简单"年利率的说明。按照联邦政府的说法，"披露信用业务中的融资费用将有助于保持经济稳定"。20 世纪 60 年代初期，联邦政府还引入了其他一些法案。最终在 1967 年 1 月，国会通过并签署了《诚实借贷法》，该法于 1969 年 7 月 1 日起生效。

在最初通过时，《诚实借贷法》是《消费者信用保护法》的第 1 条。第 2 条主要处理要价过高的信用业务；第 3 条是关于工资扣发的条款；第 4 条则是建立国家消费者金融委员会的有关规定。**要价过高的信用交易**（extortionate credit transaction）是指在信用交易中，要价过高或条件过于苛刻。**工资扣发**（wage garnishment）是一种法定程序，将雇主控制的、应发给雇佣者的工资用于偿还债务。对于大多数消费者与商业之间的信用交易来说，遵守法律也就意味着接受联邦贸易委员会的监管，该委员会有实施 Z 管制条例的部分责任。作为《诚实借贷法》补充的 Z 管制条例由联邦储备委员会制定，其主要作用在于指导商业管理者如何遵守《诚实借贷法》。

《诚实借贷法》的主要目的在于保证有效的**信用条款披露**，以使消费者能够容易地比较他们可使用的不同信用条款，避免信用的盲目使用。《诚实借贷法》仅对信息披露做出了规定，它没有规定最高利率。但是，它规定的却是最重要的信用条款——必须向顾客披露融资费用金额和年均百分率。在以后对该法的修正中又增加了其他条款，如特定消费者信用中的解约权。**解约权**（right of rescission）是赋予签约人的权利，允许其在规定时期内，撤销、废除或取消合同规定的责任。

适用的信用类型

《诚实借贷法》适用于能够为个人或家庭提供现金、财产或服务的贷款。在向消费者发放上述贷款时，要收取融资费用，要有书面合同载明要求消费者分 4 次或更多次偿还贷款。此法不适用于向工业、商业企业或农业发放的贷款。此法也不适用于数额超过25 000美元的贷款，除非该贷款以房屋或不动产作为担保。

披露说明

《诚实借贷法》规定在信用交易完成之前，必须向借款者提供披露说明。该披露说明将提供总融资费用和年均百分率的数据。**总融资费用**（total finance charge）是利息、手续费和贷款客户的其他应付费用之和，它是必要的贷款条件。尽管融资费用可能因贷款类型不同而有一些差异，但它们都包括利息、基点、贷款手续费、信用报告费、文件准备费以及其他的费用。**年均百分率**（annual percentage rate）是一种标准化的计算方法，将利率和其他费用比率加计，表明了均摊在整个贷款期的贷款总成本。掌握了此信息，借款者就能更好地比较不同机构或公司的贷款成本。

解约权

如果消费者的信用交易中包含已用的或将要使用的不动产（如顾客的主要住宅）抵押权益，那么顾客在信用交易完成之日或信息披露表发出之日后的第 3 个工作日午夜之前，都有权取消该交易。如果借款者决定行使解约权，那么他必须提前 3 天通知贷款提供者。大多数贷款提供者直到解约期过后，才发放贷款。

其他条款

在还款次数超过 4 次但却没有说明融资费用的扩展信用方案中，必须注明融资成本已包含在商品或服务的价格中。等级行动负债的上限是500 000美元和债权人资产净值的 1％ 两者中较小的。原告代表自己或对被告拥有同样债权的他人向被告提起诉讼，便称为**等级行动诉讼**（class action suit）。只要通过信用卡的非法使用获得了价值超过1 000美元的现金、商品或服务，就构成犯罪，要受到司法部的处罚。

罚金

如果债权人不能按照《诚实借贷法》的要求披露信息，或提供虚假信息，债务人就可以对其提起诉讼并要求其支付损害（遭受的货币损失）赔偿金。此外，债务人还可以要求债权人支付 2 倍于融资费用的赔偿金。如果债务人胜诉，债权人还要支付诉讼费和律师费。

《诚实借贷法》使消费者能够很容易地理解贷款者提供的信用合同条款，但有时，消费者却仍然很难估算不同信用合同的贷款成本差异。假定某消费者欲购买价值7 500美元的汽车，要求首期付款1 500美元，那么他必须借款6 000美元。对比表 7—1 的 3 种信用方案。如何比较这些方案，答案取决于购买者的实际需要：

1. A 信用方案的贷款成本最低。

2. 如果购买者选择较低的月还款额，那么他（或她）的还款期间就比较长。但是，购买者必须支付更多的融资费用，与 A 信用方案相比，B 信用方案的融资费用增加了 488 美元。

3. 如果采用 C 方案的 4 年期贷款，15％的年均百分率将使 C 方案与 B 方案相比，又增加了 145 美元的融资费用。

购买者在做出信用选择之前，应参看所有的信用条款。

表 7—1　　　　　　　　　　　　　　　**3 种可能的信用方案**

	年均百分率（％）	贷款期限（年）	月偿还款（美元）	总融资费用（美元）	偿还款总额（美元）
方案 A	14	3	205.07	1 382.52	7 382.52
方案 B	14	4	163.96	1 870.08	7 870.08
方案 C	15	4	166.98	2 015.04	8 015.04

《信用卡发行法》——《消费者信用保护法》第 5 条

1970 年 10 月，《信用卡发行法》开始生效。该法规定：除非顾客要求或申请，否则，信用机构不得擅自发行信用卡。但是该要求不适用于以前批准的信用卡的更新或替换。包括银行、石油公司和娱乐公司在内的所有信用卡发行者，都必须遵守《信用卡发行法》。

除制止发行者未经要求便邮寄信用卡的行为之外，《信用卡发行法》还减轻了消费者因信用卡丢失或被盗而必须承担的责任。在消费者通知信用卡发行者信用卡丢失或被盗后，他（或她）就不必支付任何未授权费用了。无论在报告信用卡丢失之前信用卡余额已减少多少，此时，消费者只需为每张卡支付最高 50 美元的未授权费用。信用卡发行者不能从消费者那里收取任何损失赔偿金。即使是 50 美元的未授权费用，也只有在满足以下 4 个条件时，才能收取：

1. 信用卡是应消费者要求发行的，以前获批准信用卡的更新或替换品，或者在信用卡丢失或被盗之前，消费者至少使用过一次。

2. 信用卡表面附有一些消费者信息。如设立了签名栏来显示消费者是信用卡的合法使用者。

3. 消费者被通知负有 50 美元的潜在债务。

4. 消费者被告知须提交信用卡丢失或被盗的口头或书面说明。同时，消费者必须已得到通知方式，如电话号码、通讯地址或两者俱全。

《公平信用报告法》——《消费者信用保护法》第 6 条

作为《消费者信用保护法》的修正案该法于 1971 年 4 月颁布生效。

该法的条款对所有的消费者信用提供者和所有的地方零售信用机构都产生了影响。对信用提供者的主要要求之一就是，当信用申请在信用报告的基础上被拒绝时，信用提供机构要依法通知消费者，并进一步提供报告编写机构的名称和地址。如果信用申请因从其他地方获得的信息而被拒绝，信用提供机构必须提醒消费者，他们有权要求获得导致信用拒绝的信息的书面材料。

该法对在消费者信用报告中使用历史信息的信用报告机构增加了新的限制条款；指出了在哪些情况下信用报告机构必须向消费者披露已存档的信息；描述了在消费者对信息真实性产生怀疑时的处理程序；为调查性消费者信用报告设定了特定限制条款；明确了信用报告机构在日常经营中所应承担的责任。

《公平信用报告法》的许多条款已被联邦贸易委员会修正和干预（该委员会已承担起实施该法的责任），在第 10 章——消费者信用报告机构中，将包含此法律的更多细节。

《公平信用结账法》

《公平信用结账法》于 1975 年 10 月生效，它是对《诚实借贷法》的修正。该法是用来保护消费者，使其免受信用卡发行者和其他"开放性"信用债权人不正确或不公正信用记账活动的影响。如果使用信用卡或收取融资费用，那么循环信用账户、流动账户、可选择账户、30 天零售赊销账户、90 天零售赊销账户以及其他同类型的信用账户就都属于开放性账户的范畴。该法还提供了迅速解决有关记账的争议的程序。

该法的主要条款如下：

1. 如果顾客认为账单有误或希望得到有关账单的更多信息，他（或她）应该在账单寄出之日起 60 天内通知债权人。通知信应该包括顾客的姓名和账户编号、有关账单错误的说明、确信账单有错误的原因以及可能的错误金额。

2. 在等待答复期间，顾客无须偿还有疑问的欠款，也无须支付任何最低限额的费用。但是，他仍有责任支付账单中无争议的部分。

3. 债权人必须在 30 天内对消费者做出答复，除非在此之前，账单已得到改正。在 2 张账单的间隔期（无论如何不能超过 90 天），债权人必须修改账单或告知顾客其确信账单正确无误的原因。

4. 如果债权人确有错误，顾客则无须为有疑问的欠款支付任何融资费用，债权人必须修改账单——或者改正全部款项，或者改正部分未偿还欠款并说明仍需偿还的部分。如果账单正确无误，债权人应立即通知顾客应偿还的欠款数额，此时，债权人可能要求债务人支付账单争议处理期间发生的累计融资费用和最低限额的偿还款。

5. 如果顾客仍不满意，必须在规定的账单偿清日之前通知债权人。

6. 一旦顾客书面通知债权人账单可能存在问题，债权人就不能再向其他债权人或信用报告机构提供顾客的信息，也不能以降低顾客信用等级相威胁。在顾客得到答复之前，债权人不能对有争议的欠款采取任何收账行为，或者因争议的存在而限制顾客信用。

7. 如果顾客正作出努力来退还商品或同销售商一起解决出现的问题，那么他或（她）可以暂停支付用信用卡购买有缺陷的商品和服务形成的未偿还欠款。如果使用信用卡的商店并不是信用卡的发行者，那么顾客在行使此项权利时有 2 个限制条件：商品原购买价值必须超过 50 美元；销售活动必须发生在顾客所在州或客户现时住址方圆 100 英里以内。

在顾客开立账户时，债权人必须向其提供公平信用记账权利的完整说明，此外，每年还要至少提供 2 次说明（或者是每张账单的存根）。

不遵守账单错误改正条款的债权人，即使账单准确无误，也将自动丧失回收总价值在 50 美元以下的有争议的应收欠款和融资费用的权利。顾客也可对债权人提起诉讼并要求其赔偿 2 倍于融资费用的损害赔偿金，但是其数额不能低于 100 美元或高于 1 000 美元。如果债务人胜诉，债权人还要支付诉讼费和律师费。此外，还允许等级行动诉讼。

有几个联邦机构负责对这项法律的实施进行管理。例如，银行须遵守的条款由相应的银行监管机构负责实施。联邦贸易委员会对所有不受其他联邦机构监管的债权人（如百货商店和其他零售商、消费者金融公司以及所有的非银行信用卡发行者）进行监管。

《平等信用机会法》——《消费者信用保护法》第 7 条

《平等信用机会法》于 1975 年 10 月生效，成为《消费者信用保护法》的第 7 条。与此同时，联邦储备委员会实施了 B 管制条例。该法和 B 管制条例适用于贷款规模和目的多种多样的所有消费者信用机构。《妇女商业所有权法》扩展了《平等信用机会法》的通知和记账条款，它适用于一些商业贷款申请。《平等信用机会法》为信用申请者提供了平等的信用机会。

《平等信用机会法》并不是要求贷款提供者发放不良贷款或制定不良信用方案。贷款提供者应收集充分的数据信息，进行信用调查和分析，再决定申请者是否有贷款资格。但是决定必须建立在顾客信誉及其他重要信息的基础上，而不能考虑性别、夫妻地位、种族、宗教、年龄以及下面将提及的其他因素。

B 管制条例的主要条款如下：

1. 贷款提供者不能对贷款申请者有任何种族、肤色、宗教、国籍、性别、夫妻地位、年龄等方面的歧视（尽管顾客必须达到法定年龄才能签订贷款合同）。

2. 贷款提供者不能歧视收入来源于政府补助项目的贷款申请者以及行使过《消费者信用保护法》赋予的权利的贷款申请者。

3. 贷款提供者不能基于上述因素而声明拒绝向贷款申请者提供贷款。

4. 贷款提供者不能在考虑上述因素的基础上，拒绝信誉良好的借款者申请独立账户的要求。

5. 除非在共有财产权州，或必须遵守规定了融资费用或贷款上限的州法律，否则，在借款者申请无担保独立账户时，贷款提供者无权询问其夫妻地位状况。在**共有财产权州**（community property state），不论婚前财产所有权归谁，婚后其配偶共同享有财产。

6. 贷款提供者无权询问借款者配偶的信息，除非允许借款者配偶使用其账户；或者，根据合同规定，借款者配偶有还款责任；或者，贷款申请者要依靠其配偶的收入来偿还贷款；或者，贷款申请者居住在共有财产权州或借款者用于偿还贷款的财产位于共同财产权州；或者，贷款申请者依靠赡养费、子女抚养费或者单独生活费来偿还贷款。

7. 在信用评分系统中，既不能包含性别因素，也不能包含夫妻地位因素。信用评分系统必须统计精确。但即使在精确的信用评分系统中，贷款提供者也不能因年龄因素而降低老年贷款申请者的信用评分。

8. 贷款提供者无权询问借款者的子女抚养意愿或能力，或节育情况。贷款提供者不能根据申请者的年龄推断其或其配偶是否因抚养子女的原因而丧失了工作并使收入减少。

9. 除特殊情况外，借款者独立申请信用并能证明无不良信用历史时，贷款提供者不能要求获得或使用借款者配偶或前配偶的不良信用历史信息。

10. 贷款提供者应当重视借款者的兼职收入并检查贷款申请者工作的连续性。

11. 贷款提供者可以询问贷款申请者并确定支付赡养费、子女抚养费或生活费是否对其收入有影响。

12. 贷款提供者可以询问借款者在多大程度上要依靠赡养费、子女抚养费或生活费来偿还贷款。同时必须告知借款者如果其不依靠上述收入来获得信用，则不必披露上述信息。

13. 在作出拒绝信用申请的决定后，贷款提供者必须在 30 天内通知贷款申请者，同时必须告知申请者申请被拒决的原因或赋予其求释权。

14. 贷款提供者必须告知现有的借款者，他（或她）有权以两个人的名义报告信用历史情况。

15. 除特殊情况外，贷款提供者必须以书面通知的形式告知贷款申请者：《联邦平等信用机会法》禁止贷款提供者对贷款申请者有任何性别或夫妻地位方面的歧视。联邦代理组织负责对银行、商店等贷款机构进行监管，以确保其遵守法律。

16. 除特殊情况外，如果没有申请者不愿或不能偿还贷款的证据，贷款提供者不能仅仅因为申请者夫妻地位的变化而终止信用。

如果申请者认为他（或她）有足够的证据证明，贷款提供者对其实施了法律明文禁止的歧视行为，那么他（或她）有权提起诉讼，要求贷款提供者支付不高于 10 000 美元的实际损害赔偿金和惩罚性赔偿金（如果违法行为被证明是故意的），如果申请者胜诉，贷款提供者还要支付诉讼费和律师费。此外，还允许等级行动诉讼。

总之，《平等信用机会法》要求贷款提供者在实际信用资格的基础上考察所有的贷款申请者，而不能因为特定的个人特征拒绝贷款申请者。

Q 管制条例

联邦储备 Q 管制条例规定了作为联邦储备体系成员的商业银行的存款

121

利率上限。由联邦存款保险公司为受保的非联储成员银行规定的存款利率上限与成员银行的相同。1933 年和 1935 年的《银行法》是这些管制条例的基础。直到 1966 年，才有了针对储蓄和贷款协会以及存款银行存款利率和股息率的全国性管制条例。也是在这一年，联邦存款保险公司开始对受保的共同存款银行的存款利率实施管制，联邦住宅贷款银行委员会开始对所属的成员储蓄和贷款协会的存款利率实施管制。

随着 1980 年《存款机构放松管制和货币控制法》的实施，Q 管制条例对利率的控制于 1986 年 3 月 31 日结束。

专栏 7—1   **信用管理建议**

对贷款业务员的几点建议

- 接受每个人的贷款申请，让申请者明确说明其贷款目的，并指导其完成申请。
- 不要臆测贷款决策。如果你的朋友向你询问贷款事宜，最好建议他（或她）到你所在的金融机构填写贷款申请。
- 坚持贷款申请表中的基本条款，例如，使用已婚或未婚条款，但是不要询问申请者有关离婚或夫妻地位方面的细节。
- 在大多数州，不能要求贷款申请者的配偶在合同上签字。如果申请者申请无担保的个人贷款，并且已通过贷款提供者的信誉度测试，那么就不能询问其配偶的情况或夫妻收入状况。
- 经常提供不利信用状况的说明。在信用申请被拒绝、贷款发放条件和以前相比发生变化、信用特权被终止或者提高信用额度的要求被拒绝时，该说明显得尤为重要。联邦储备委员会印制了标准的说明表。

《公平债务催收作业法》——《消费者信用保护法》第 8 条

《公平债务催收作业法》于 1978 年 3 月 20 日生效，它也对第三方收账人（替他人收账的人或机构）的收账行为作出了规定。此法仅适用于向个人收账的收账人，不适用于向商业机构收账的代理机构。

该法的主要条款如下：

1. 收账人须在方便的时间和地点与债务人电话联系，不得在晚上 9 点和上午 8 点之间打扰债务人。

2. 如果债务人雇用了律师，那么收账人只能与其律师交涉。

3. 如果收账人清楚或可推断债务人的雇主禁止在工作时间收账，那么他就不能向正在工作的债务人收账。

4. 如果债务人书面通知收账人，他拒绝偿还债务，那么收账人必须停止与债务人的交涉，除了向其解释将执行的附加条款。

5. 收账人有义务以书面形式向债务人提供如下信息：欠款金额；债权人名称；除非债务人在 30 天内通知收账人，否则便是认定债务金额准确无误的说明；一旦债务发生争议，债务人可以得到债务证明或法院判决书副本的承诺。

《电子资金转账法》

电子资金转移是指在交易各方之间通过电子方式，而不是通过支票或现金来转移资金。例如，雇主使用联网计算机系统在发薪日指示银行将工资资金从其账户划转至雇员账户。电子资金转账虽然替代了一些现金支付，但它主要是支票的替代形式。

国会于 1978 年 10 月通过了《电子资金转账法》，它是对《金融机构管制和利率控制法》的修正。它提供了包括惩罚条款在内的必要信息披露、收据和通知发送以及周期性说明等消费者保护措施，规定未经授权转移资金或电子资金转账卡丢失或被盗时，消费者仅承担有限责任。该法禁止金融机构及其他信用机构强制消费者建立电子资金转移账户，尤其禁止贷款提供者强制借款者通过电子资金转移系统来偿还贷款，或雇主强制雇员使用电子资金转移系统直接存入支票存款。它还授权联邦储备委员会的规则制定机构实施其要求和禁令。

《电子资金转账法》适用于向消费者提供电子资金转移服务的各种类型的金融机构，如：银行、储蓄和贷款协会、信用合作社、存款银行、金融公司以及安装了电子转账终端机或其他类似设施的公司。

如果金融机构违反了《电子资金转账法》，有关债务人可以提起诉讼，要求债权人支付实际损害赔偿金（如果债权人不能改正错误或贷记账户，则须支付 3 倍的赔偿金）和惩罚性赔偿金，但总金额不能低于 100 美元或高于 1 000 美元。如果在发出正确指令后，金融机构不能进行电子资金转移或停止预先授权的转移支付，那么有关债务人可以提起诉讼，并要求债权人赔偿损失。如果债务人胜诉，债权人须支付诉讼费和律师费。此外，还允许等级行动诉讼。

《存款机构放松管制和货币控制法》

1980 年 3 月 31 日，总统签署了《存款机构放松管制和货币控制法》。这是信用管理机构多年努力的结果，该法改变了一些美国金融机构遵守了近半个世纪的法规。

该法涵盖了多种多样的信用行为，其中最重要的包括：

1. 将联邦存款保险的上限从 40 000 美元提高到 100 000 美元。

2. 允许提供从储蓄存款账户到支票账户的银行自动转账服务、远程存款和贷款服务系统和信用合作社股权汇票。

3. 联邦政府加强了对各州发放住宅（包括流动住宅）抵押贷款利率上限的关注程度。

4. 允许建立全国适用的可转让提款单账户，并要求为其建立充足的法定准备金。

5. 将信用合作社的消费者贷款利率从 12% 提高至 15%。

6. 授权联邦银行和州银行对金额超过 25 000 美元的商业贷款和农业贷款收取利息（其最高利率可高于联邦储备银行贴现率与附加费率之和 5 个百分点）。

7. 于 1986 年 3 月 31 日撤销 Q 管制条例。

《甘恩—圣哲曼储蓄机构法》

这项复杂而详细的法律于 1982 年 10 月 15 日生效，主要用于处理不同地区的金融改革。它是放松对金融机构管制的重要一步。该法颁布后，许多观察家认为它将起到拯救储蓄和贷款协会以及存款银行的作用。同时，这项法律也增加了其他储蓄机构的开展信用业务的机会，并给予管理者处理导致银行和存款机构发展停滞的信用危机时更大的灵活性。

《甘恩—圣哲曼储蓄机构法》的条款旨在：扩大存款机构的资金来源，促使利率上限改变；永久性地扩展资金和其他权利的使用；临时赋予监管者紧急处理出现的存款机构危机的权利。

《债务回收法》

1982 年 10 月，总统签署了 1982 年《债务回收法》，该法允许政府代理机构向信用报告机构汇报违法债务人的信息，并同第三方收账机构签订合同，以尽量弥补约 330 亿美元的信用犯罪损失。

从 1983 年 11 月开始，管理和预算局要求政府代理机构通过向信用报告机构汇报不良债务的形式来执行《债务回收法》，政府代理机构也必须购买有关未来借款者的信用报告。

《银行平等竞争法》

1987 年的联邦监管机构条例授予商业银行证券包销的权利。**证券包销**（underwriting securities）是指投资银行购买公司新发行的证券，并期望在将来将证券售出以获取利润的活动。由美联储制定的条例于 1987 年 4 月首次生效，它授予银行包销商业票据、市政税收债券和抵押证券的权利。这些包销活动通过银行的非银行附属机构来进行。1987 年 7 月，联邦储备委员会又批准了商业银行包销以应收消费者贷款为基础的证券。但是，从 1987 年 3 月开始，国会暂停授予所有的商业银行及附属机构经营新的非银行业务的权利，暂停期为 1 年。

包含在《银行平等竞争法》中的国会暂停令禁止批准从事新的证券、房地产或保险业务。国会暂停令终止时，并未形成任何相应的法律条款，因此出台了新的国会禁令以进一步限制商业银行的权利。但是，相应的法规仍有待建立。

《公平信用和赊账卡公开法》

1988 年的《公平信用和赊账卡公开法》（CEBA）描述了信用卡方案和赊账卡方案之间的差异。在这项 1988 年 12 月 4 日签署的法律中，**赊账卡**被描述为"不需支付融资费用，可随时获得贷款的卡、金属卡或其他任何单一工具。"另一方面，**信用卡**须支付融资费用。

该法规定信用卡和赊账卡的信息披露可以采取申请表、宣传册、邮件答复、公开宣传和电话答复等形式。它们仅在消费者提出信用申请时适用。表7—2是该法的披露条款指南。

表7—2 披露条款指南

信用卡发行者必须披露：	赊账卡发行者必须披露：
年均百分率及其制定依据	除年均百分率外所有左边的条款
余额计算方法	所有收据上载明必须支付的费用
支付宽限期	
年度费用、交易费用和账户维护费用	
最低融资费用	
现金预支费用*	
滞纳金*	
信用超额费用*	

* 不适用于电话答复

新账户的电话答复可能比较繁琐。表7—2显示的披露信息（除现金预支费用、滞纳金和信用超额费用）都是电话答复所要求的内容。披露信息必须在提出信用卡申请30天内寄出，且不得迟于信用卡发行日。《公平信用和贷记卡公平法》的效力要大于大多数已生效的州信用申请披露法。

《房屋信贷消费者保护法》

正如以前章节中所指出的，住宅权益贷款是一种以消费者的住宅为抵押来获得贷款的循环信用形式。《房屋信贷消费者保护法》于1988年12月开始实施。这项联邦储备委员会采用的法律及其补充法规要求，贷款机构在贷款申请处理的初始阶段就要向顾客披露信息。

《金融机构改革、恢复与强化法》

《金融机构改革、恢复与强化法》使存款和贷款行业发生了巨大的变化。该法旨在处理20世纪80年代末出现的众多储蓄和贷款协会破产的情况。正如以前所讨论的，对金融服务行业管制的放松，使得众多储蓄和贷款协会投资于新的、投机性的企业。但众多投向房地产企业以及其他行业的投资并未取得预期的收益，许多储蓄和贷款协会因此而破产。因为几乎所有的储蓄和贷款协会的存款都受保于联邦储蓄和贷款保险公司，所以联邦政府不得不采取措施控制破产的这类金融机构。《金融机构改革、恢复与强化法》是一项复杂的法案，它旨在通过强化美国存款机构和存款保险公司，来重建存款业与贷款业。1989年8月9日通过的《金融机构改革、复兴与强化法》的重要条款如下：

1. 用隶属于美国财政部的储蓄管理局替代运作方式与联邦储备委员会类似的联邦住宅贷款银行委员会，储蓄管理局制定储蓄和贷款协会的联邦宪章和监管条例，并对所有的储蓄和贷款协会进行监管。

2. 建立信托清理公司来管理破产的储蓄和贷款协会的资产和负债。信托清理公司通过资产清算、兼并以及其他方式，来解决破产的储蓄和贷款协会所面临的问题。信托清理公司由联邦存款保险公司管理，其资金来源于出售长期债券的收入和政府拨款。

3. 储蓄机构保险基金替代了联邦储蓄和贷款保险公司，后者曾为几乎所有的储蓄和贷款协会的存款提供保险。储蓄机构保险基金受联邦存款保险公司控制。

1975 年《房屋抵押公平法》

此法在联邦储备 C 管制条例下实施。它要求存款机构公开有关本社区房屋抵押贷款的信息。此法适用于银行、存款机构、信用合作社以及其他资产超过 1 千万美元并位于标准大都市统计区的抵押贷款机构。他们必须提供有关抵押贷款的详实数据，并使信息便于被监管者和一般顾客使用。须提供的信息通常包括申请日期、申请目的（房屋购买、房屋装修或再融资）、采取的行动、财产位置以及申请者的种族、性别和收入等情况。此法的目的是避免不合情理的信用歧视和划红线注销行为（拒绝向社区内信用状况不令人满意的地区发放贷款）。

1977 年《社区再投资法》

此法通过联邦储备 BB 管制条例来实施。它要求金融机构采取措施确定并满足所在社区的信用需要，尤其是低收入和中等收入顾客的需要。这项法律十分独特，因为它要求联邦管理机构对信用机构发放社区贷款（尤其是对低收入和中等收入顾客贷款）的记录进行评估。1977 年《社区再投资法》希望金融机构能够（1）确定贷款发放的目标社区；（2）确定信用需求量；（3）采取措施满足顾客的信用需求。金融机构应该采取扩展方案以区分当地政府贷款需求、商业贷款需求和机构贷款需求。出于遵守法律的需要，金融机构通常必须能够说明其努力程度以及在确定社区信用需求时对低收入和中等收入顾客的重视程度。

各州对消费者信用的管理

《统一消费者信用法》

《统一消费者信用法》（UCCC）由依据《统一州法》召开的国民会议起草。在 1974 年 8 月举行的年度会议上，通过了该法并决定在全国范围内实施。目前有 10 个州〔科罗拉多州、爱达荷州、印第安纳州、艾奥瓦（衣阿华）州、堪萨斯州、缅因州、俄克拉荷马州、南卡罗来州、犹他州、怀俄明州〕和关岛已实施了该法。该法的主要目的是：

1. 使监管消费者信用和高利贷的法律简单化、明晰化和现代化。

2. 制定利率上限以保证消费者信用的供给充分。

3. 使消费者进一步理解信用合同的条款；鼓励消费者信用提供者之间的竞争，以使消费者能够以合理的成本获得信用。

4. 保护消费者，使其免受一些消费者信用提供者非法行为的影响，充分保证遵守法律、行事严谨的贷款提供者的利益。

5. 允许并鼓励公平且成本合理的消费者信用的发展。

6. 使消费者信用业务遵守联邦《诚实借贷法》中的信息披露条款。

7. 统一各州用于监管的法律（包含管理条例）。

《统一消费者信用法》主要从 6 个方面对消费者的销售、租赁和贷款活动实施保护，它们是利率上限、融资费用披露、对交易双方之间多项协议的限制、对不同业务活动的限制（如逾期贷款、漂浮式付款）、管理住宅销售的法规以及对贷款提供者不良债务处理方法的限制。

《统一商法典》

《统一商法典》是用来处理商业交易中发生的所有常见情况的法律体系。它由国家统一州法协商委员会和美国立法机构制定。该法已在各州通过并影响了所有的商业交易。

1962 年通过的有不同官方版本的《统一商法典》适用于所有的州（除路易斯安那州外）、哥伦比亚特区以及维尔京群岛。该法由 10 章构成：总则；销售法；商业票据法；银行存款和回收法；信用证法；成批转移法；仓单法；提单法以及其他所有权凭证法；投资证券法；担保交易法；赊销法；合同权利法；动产票据法和有效日与撤销日法。

专栏 7—2　　　　　　　　　　**信用管理建议**

如何确定你所在社区的信用需求

指定项目协调人

为了保证董事会信息畅通，你需要一个社区项目协调人。该协调人必须对社区活动有浓厚的兴趣。

确定信息来源

有关社区信用需求的信息来源应多样化。

确认目标

列出你所在社区内能帮助你得到信息的个人和机构名单。

与信息来源联系

调查所有你确认的目标个人和机构，以确定他们在社区内的工作以及其贷款目的和对你所在金融机构的态度。

建立有效的对话机制

不要仅仅满足于向社区居民介绍目前可以提供的服务，还应该介绍这些服务措施的未来发展规划。

借款者可能需要更多地了解你的金融机构。如果他们并未意识到你们的贷款意愿，他们就不会向你申请贷款。如果他们认为贷款条款不公平，他们就会向社区的其他金融机构申请贷款。通过与社区借款者进行良好的沟通，他们的许多错误看法可以得到纠正和改变。

资料来源：Pamphlet prepared and distributed by the Federal Reserved System，undated.

重要术语

年均百分率　annual percentage rate	要价过高的信用交易　extortionate credit transaction
解约权　right of rescission	等级行动诉讼　class action suit
总融资费用　total finance charge	共有财产权州　community property state
证券包销　underwriting securities	工资扣发　wage garnishment

讨论题

1. 根据信用管理的三个目标（保持经济稳定、保护消费者、实现社会目标）来划分本章所讨论的法律。

2. 你认为《诚实信贷法》中最重要的条款是什么？为什么？

3. 《信用卡发行法》的主要宗旨是什么？

4. 《公平信用报告法》的主要条款是什么？

5. 你认为《公平信用结账法》要达到的目标是什么？为什么？

6. 《平等信用机会法》对借款者有什么影响？

7. 《房屋抵押公开法》和《社区再投资法》的主要宗旨是什么？

8. 《公平债务催收作业法》和《债务回收法》要实现的主要目标是什么？

9. 解释《电子资金转账法》的主要条款。

10. 《存款机构放松管制和货币控制法》和《甘恩—圣哲曼储蓄机构法》对美国金融系统有何影响？

11. 《银行平等竞争法》要实现的目标是什么？

12. 解释《公平信用和贷记卡公开法》的主要条款。

13. 调查你所在社区内的 3 家金融机构，看一看《房屋信贷消费者保护法》对其经营活动有何影响？

14. 《金融机构改革、恢复与强化法》对你所在社区内的储蓄和贷款协会的日常经营活动有何影响？

15. 讨论现金价格—现时价格意味着什么。

16. 在你所在的州，《统一消费者信用法》的地位如何？有没有具有近似条款的州法律？

17. 《统一商法典》是什么？

第 2 篇阅读参考

Government Publications on Credit Laws and Credit Rights

Address：Consumer Information

P. O. Box 100

Pueblo，CO 81002

"Buying and Borrowing：Cash in On the Facts"（425R）

"Choosing A Credit Card"（587R）

"Fair Credit Reporting Act"（426R）

"Fair Debt Collection"（427R）

Address：Publication Services

            Division of Support Services

            Board of Governors

            Federal Reserve System

            Washington，DC 20551

"Consumer Handbook to Credit Protection Laws"

   "What Truth in Lending Means to You"

"How to File a Consumer Credit Complaint"

"The Equal Credit Opportunity Act and Age"

"The Equal Credit Opportunity Act and Women"

"The Equal Credit Opportunity Act and Doctors，Lawyers，and Small Retailers"

"The Equal Credit Opportunity Act and Credit Rights in Housing"

"Fair Credit Billing"

"Truth in Leasing"

"If You Use a Credit Card"

"Alice in Debitland：Consumer Protections and the Electronic Fund Transfer Act"

第 2 篇阅读参考

Adler，Jane. "The FCRA's Sudden Makeover." *Credit Card Management*，December 1996，p. 74.

Allen，Catherine A. "Smart Cards：Impact on Financial Services Strategies for Payment and Virtual Banking." *Credit World*，March/April 1996，p. 24.

Brugger，John C. "Neither snow... Nor Rain... Nor Credit Card Theft." *Credit Word*，November/December 1995，p. 14.

Evonoff，Douglas D. and Lewis M. Segal. "CRA and Fair Lending Regulations：Resulting Trends in Mortgage Lending." *Economic Perspectives*，Federal Reserve Bank of Chicago，November/December 1996，p. 19.

Frank，John N. "How Rewarding Are Rewards Cards?" *Credit Card Management*，June 1996，p. 24.

Good，Barbara A. "The Credit Union Industry—An Overview." *Eco-

nomic Commentary，Federal Reserve Bank of Cleveland，May 15，
1996.

Kaplan，Jeffrey M. "Corporate Ethics/Compliance Programs: The New
State of the Art." *Credit World*，March/April 1995，p. 9.

Linnen，Beth M. "Dressing Up the Store Card." *Credit Card Manage-
ment*，March 1996，p. 40. (Credit card enhancements)

Lowe，Janet and David E. Whiteside. "No Longer on the Fringe." *Col-
lections and Credit Risk*，July 1996，p. 53 (Pawnbrokers，etc.)

Middleton，Martha. "Fighting Fraudulent Applications." *Collections* &
Credit，April 1996，p. 53.

Middleton，Martha. "Reforming the Reforms." *Collections and Credit
Risk*，January 1996，p. 23.

Morris，Trisha. "Multicultural Home Buyers Create New Business Op-
portunities." *Credit World*，July/August 1996，p. 17.

Punch，Linda. "An Encore for an Old Fraud Problem?" *Credit Card
Management*，July 1996，p. 38.

Rutledge，Gary，"Taming the Fraud Monster." *Credit World*，Septem-
ber/October 1996，p. 10.

Sherry，Linda. "Debit Cards Can Be Convenient—If You Know the Rules."
Credit World，March/April 1996，p. 30.

Skouby，Larry D. "Fair Lending & Discrimination." *Credit World*，
March/April 1995，p. 24.

"Smart Cards 101." *Credit Card Management*，April 1996，p. 22.

"The Big Score For Mortgage Scoring." *Collections and Credit Risk*，
January 1996，p. 9.

第3篇
消费者信用管理及分析

第8章 消费者信用的管理及促销

学习目标

在学完本章后，你应该能够做到：

● 解释为什么要达到信用部门的目标，就需要进行有效的信用管理；

● 探讨对零售信用、现金信用、服务信用部门的信用功能进行管理时，管理方式的异同之处；

● 说明如何使用信用政策、条例及程序；

● 讨论信用部门不同组织方式的优缺点；

● 描述在信用管理活动中发展控制措施的重要性；

● 列举对于消费者信用经理而言重要的职业组织，并加以描述；

● 讨论需要追加信用客户的原因以及客户的来源；

● 描述信用管理运营中的营销组合，包括产品、价格、渠道及促销。

内容提要

随后4章的内容涉及消费者信用的管理和分析。在第1部分中，从通行的促销、调查及扩展信用（消费者信用及商业信用）的步骤方面，对各种不同的信用种类做了概述。第2章讨论了信用管理程序，包括信用的促销、申请的甄别、调查及评估风险、账户控制以及收账。信用管理程序如图8—1所示。

134

信用管理程序
信用计划的促销
申请的初步甄别
信用调查
信用决策
账户控制
收账

图 8—1

本章开始对消费者信用的管理过程作详尽的考察。我们将对消费者信用经理的目标和活动作出更为仔细的考察。我们将考虑消费者信用管理的几个独特方面，并讨论信用经理为达到上文所提到的目标，是如何建立指导方针以及规划业务程序的。

本章还将探讨信用管理过程的第一步：信用方案的促销。零售信用方案占有独特的地位，因为它通常是全部零售推销方案的一部分，能够促进公司提供的商品和服务的销售。通过提供"轻松信用项目"，公司可以向那些缺少现金、不能立即购买的消费者售出更多的电器、汽车和其他产品。然而，一旦实施了信用计划，信用方案本身也就成为可销售的商品了，因为庞大的信用客户基数经常可以使公司的运营效率更高，销售量更大，从而收入也更多。当然，贷款机构也必须大力推销他们的信用方案，因为向外贷款是他们的主要业务。

对有效的信用管理的需要

我们所说的管理活动，基本上是指通过他人的努力工作达到目标和完成任务。第 2 章概述了消费者信用及商业信用经理的工作目标。信用经理，即使独自在小公司中工作，也需要想办法来达到表 8—1 中列示的那些目标。如果工作人员不止一人，信用经理就一定要拟订信用管理条例，

表 8—1

信用经理的目标
● 增加销售收入
● 培训和监督员工
● 控制运营成本和费用
● 监督和控制应收款项
● 减少收账费用及坏账损失
● 与其他部门合作
● 与客户保持良好的关系

以确保工作的连续性和有效性。然而，即使是独资企业的所有者，为了保持良好的业绩状况，也需要关注与信用相关的业务。

对有效的信用管理政策及程序的需要，在以下3种消费者信用中差别很小：零售信用、现金信用和服务信用。有时，由于执行政策及进行管理需要与众多的信用工作者交流，信用政策和其他管理活动在较大的信用部门及金融机构中实施，成效更为显著。在较小的公司中，信用政策也许并未被诉诸于书面形式，但一定渗透在成功的管理运作之中。小型企业亏损的一个主要原因就在于，经营者不能收回应收账款，而且在商品和服务的销售中不能很好处理与信用相关的事务。很明显，在不局限于以现金为偿付手段的大多数贸易行业中，信用管理是很重要的。

零售信用管理

零售信用中的信用管理通常是努力销售商品和服务的活动的一部分。零售商可以在广告中强调"提供轻松信用计划"，从而赢得消费者的惠顾并增加销售额。在信用领域，常常要强调速度，无论是做决策，批准购买，还是仅仅采用信用程序中的几个步骤达成商品交易，都要迅速地完成。事实上，如果从已经销售的产品中获得了足够的利润，那么批准使用信用方案带来的额外风险，就变得可以接受了。用系统的方法收集信息、进行调查以及控制应收账款仍然是十分重要的，良好的信用管理活动也是必要的。

现金信用管理

现金贷款也需要有效的信用管理。金融机构通常很庞大，并且拥有明确的、构建良好的信用政策和贷款程序。小型分支机构，如消费者金融公司，也许仅仅雇佣了几个信用工作人员，但他的信用政策常常由控制贷款过程的大公司制定。消费者的种类及所发放的贷款种类，经常决定了要使用什么样的信用管理政策及规则。例如，承受的风险高于正常情况的贷款提供者，会对借款者进行更加详尽的调查，并且对逾期付款反应更为迅速。

服务信用管理

服务信用管理与其他信用管理本质的不同之处在于，信用项目及信用客户常常是不可预期的。在零售信用管理中，各种信用方案起初被用于提高销售额，然而，一旦方案实施后，扩大的客户基数将会降低成本，从融资费用中得来的额外收入也可能会增加利润。然而，在服务信用中，基于约定俗成的习惯，信用提供者必须给客户留出额外的偿付时间。如果牙医或内科医生在病人每次看病后都收费的话，很快他的诊所就会门可罗雀了。特别是在医疗行业，第三付款方（例如保险公司）的存在使服务信用的使用更加普遍。竞争将继续促使服务提供者重视他们的信用方案，因为，他们发现信用方案本身可以增加交易量。管道工、汽车修理店、律师、会计和其他众多的为消费者提供服务的人，都需要仔细考虑他们的信用管理活动，并且要采用有效的指导方针。

信用管理活动

制定政策、规则和程序

信用经理要制定各种政策及方针，以达到信用部门的目标。这些政策将被信用经理及其他人用于制定决策以及决定采取何种行动。政策确保了信用活动的连续性，而且能促进最有效、盈利最多的业务的开展。然而，政策只是一种指导方针，特殊的个别情况可以采用其他行动。政策允许信用经理将例行的工作委托给他人，除非发生了非常情况，否则信用工作人员一般都能按要求完成工作。某些政策、规则和程序是由信用法律规定的，信用部门必须小心地加以遵守，以免触犯法律。

信用政策

信用政策是一种书面形式的政策陈述，由信用部门使用，其中规定所提供的信用种类，并说明可承受风险的基本特征。信用政策说明了所提供信用计划或贷款的种类。它还界定了信用部门可接受的信用目的，并概括了所寻求的客户的种类。信用政策应定义合理的信用条款，还对什么是令人满意的、合适的抵押品做了描述。信用政策还会从许多方面概括出信用部门的任务和基本目标。请参看第 17 章有关商业信用政策的更详细的描述。

调查政策

调查政策（investigation policy）是一种书面形式的指导方针，它有助于信用调查人员收集足够的信息，从而做出合理的决策。调查政策对信用品质做出了界定——这一点是很重要的，并建立了最低的信用标准。例如，信用政策可能会要求，借款者可考的居住历史至少要有 2 年。信用政策还规定，信用部门要获得关于所有客户的信用报告，并且通过联系雇主的方式来核实客户的收入状况。当然，实际所需的细节，将视各个信用部门所提供的信用种类和数量而定。

收账政策

收账政策也是一种指导方针，它帮助信用工作人员决定使用何种收账工具，以及如何收回公司的贷款。在以后的章节中，我们将会学到，要做到有效的收账，需要使用各种不同的工具、技术和策略来说服客户按协议付款。收账政策通常贯穿于各种不同的收账阶段，涉及各种收账工具，并会指明账款停留在各阶段的时间。例如，如果偿付逾期 10 天，可以用电话进行催付。然而，如果偿付逾期 120 天，根据收账政策，可以采用法律手段收回贷款。收账政策还对什么是可用的、合适的方法做了概括，并指明收账部门应当怎样完成收账工作。

规则

规则（rules）规定了什么是被禁止的活动以及什么是合法的行为。在信用部门，制定规则时要确保规则与州和联邦的各种法规不相冲突。例如，规则应规定，禁止收账人员在非工作时间打电话给客户，因为法律规定不允许在这个时间打扰客户。规则还应规定，每一个申请信用账户的客户的要求都不应被驳回，因为信用部门要遵守《平等信用机会法》。一般来说，在规则中写明的规定是不容相左和相悖的。

程序

程序（procedures）是执行任务时一步一步的指示，它使工作流程能够连贯地进行。例如，设计程序在客户还款时贷记账户。其他的程序包括把一个新客户加入到计算机系统的数据库中或为客户建立一个新文件。这些指示确保了以最少的失误完成复杂的工作，并保证了特定的方针能得以遵守。

> **主要的信用管理活动**
> - 制定政策
>   - 信用政策
>   - 调查政策
>   - 收账政策
> - 明确行为规则
> - 构建信用程序

组织信用部门

组织信用部门时，要求信用经理决定在部门中由谁来承担什么样的责任。**组织**（organizing）是一项管理职能，它包括把各项业务归类，并将它们分派给每个雇员。显然，一个很小的信用部门并不需要大规模的组织，因为只有很少的几个人处理所有的业务。然而，在较大的信用部门中，为了利用雇员的才能以及确保实现部门的目标，组织则是必不可少的。

职能组织

基于职能来组织一个部门，意味着不同的工作人员或不同的工作小组将被赋予特定的职能来为客户服务。例如，信用部门中会有一个专门同逾期付款的客户打交道的收账部门，信用调查部门则负责对所有的贷款申请进行信用调查。这种职能组织的方法优点是，被指派完成某项职能的工作人员在这方面的业务将更加专业化，例如，能使工作人员成为收账方面的专家。这种按职能组织的方法也使得公司可以充分利用工作人员在某一领域或某一业务中的最优技能。

客户组织

以客户为基础来组织一个部门，是将选取的客户分配给不同的信用工作人员。举例来说，可以使用字母排序的方法，将所有姓氏以A～F字母开头的客户分配给一个特定的雇员。该雇员会受理申请，进行信用调查，作出信用决策并负责从客户那里收取偿付款。这种组织方法在培训和发展雇员方面尤其有效，因为他们受到了交叉培养。他们将作为通才而不是某一方面的专家来工作，并且学会做更多的事。然而，他们也更加难以替代，而且他们可能不会以最佳的效率完成每一项工作。

大多数公司将各种组织方法组合起来使用。一些部门也许是以地域为基础组织起来的，例如，不同的分支机构遍布在一个社区中。而在一个分支机构里，也许又会采取以某一产品为基础的组织形式，例如，以消费者信用和商业信用来划分。消费者信用部门可以按上面所讲的，以职能为基础或客户为基础来进行组织。信用部门经理必须权衡每种方法的优缺点，然后决定对手手边的所有工作来说，哪一种方法更好。

建立控制措施

任何业务的一个重要部分，是要对通向目标的过程进行监控。**控制**（controlling）是一种管理行为，它包括设立测量进度的标准、监控工作状况以及在查出工作偏离标准后，想办法将其转入正轨。一定要赞扬单个雇员的努力，也许还需要培训员工以提高其技能。使用新方法或新技术可以提高特殊领域中员工的工作业绩。要经常收集有关收账的结果、提出和接受的申请的数量以及运作信用部门的支出的统计数字。基本上来说，信用部门需要知道，工作是否正在向通往前面所讲的目标的方向上进行。部分控制措施将在以后的章节中加以论述。

为消费者信用经理服务的专业组织

信用管理是一项充满挑战的复杂工作。正如在第 2 章中所论述的那样，各种职业协会和组织为信用经理提供了特定的专业或职业方面的帮助。许多职业的组织被建立起来，提供培训、服务和其他活动，从而帮助信用经理提高工作业绩。这些组织共同作用，促进了每个相关专业的发展，帮助组织成员更出色地工作。下面将对与消费者信用有关的重要职业组织展开论述。

国际信用协会（http://www.ica-credit.org）

1912 年，零售信用经理们意识到，有必要在他们之间建立一个紧密的合作组织，并将消费者信用资料提供给该组织。其结果是，"国家零售信用人协会"成立了。1927 年，零售信用提供者间的这种商业协会更名为"国家零售信用协会"。该协会的业务不断扩展，最终涵盖了信用行业的所有方面。如今，该协会被称为"国际信用协会"（International Credit Association，ICA），总部坐落于密苏里州的圣路易斯市。通过其地方和地区性组织协会，ICA 不断地为与信用相关的公司职员提供着培训和服务。国际信用协会的会员组织由遍布世界各地的约 9 000 个信用经理组成，广泛地代表了信用行业。20 世纪 90 年代，ICA 确定了 3 项主要任务和战略方向：消费者教育、行业培训及认证和立法。

消费者培训

"挑战 2000"项目由教育基金会管理执行，该基金会是一个非营利性的培训机构，于 1985 年由 ICA 设立。"挑战 2000"是一个综合性的项目，它将高素质的信用培训提供给中学生及成人目标群。该项目率先采取了一系列步骤来培训中学教师，提供信用人力资源，并编写实用的培训资料。

行业培训及认证

ICA 为他的成员提供了众多的培训机会：地方协会的会议及讲习会、地方性会议、国际会议以及关于重要事务的行业论坛。ICA 也曾将培训材料加以出版，用以提高各个信用领域中信用工作者的技能。

ICA 提供的认证项目，由信用经理人认证协会（SCCE）管理。ICA 的这个分部，为信用专业人士在其职业生涯中的不同阶段，提供 4 种不同的认证，其中第三级认证需要申请者通过一项综合的认证考试。

立法

ICA 监控着已提交表决且有可能对信用行业有所影响的立法。ICA 游说国会，确保信用经理的呼声能够被听到，并且由此而确立的法律能反映信用行业和消费者的需要。

国际信用专业人士联盟（http：//www. scsn. net/users/cpi）

国际信用专业人士联盟基本上是一个俱乐部式的机构，有 250 多个地方性组织。这些组织致力于信用知识培训和业界的相互联系。联盟的主要目标，是在信用行业中的从业人员间建立更紧密的联系。已有 9 000 多名成员加入了该组织，他们分别在信用行业内担任不同职务。

零售商协会

零售信用人员的一个专业组织是国家零售商协会的信用管理部。该协会的会员包括百货商店、专卖店、纺织品商店和服装店。自 1934 年零售商协会建立以来，协会的信用管理部一直为会员商店的信用经理提供着专门的研究性服务。通过会议、调查及出版发行等途径，信用管理部不断地工作，以使其成员跟得上零售信用领域的最新发展和技术变化。

美国银行家协会（http：//www. aba. com）

美国银行家协会（ABA）成立于 1875 年，他是一个全国性的组织，其成员银行的资产已占到全国银行资产的 90%。该协会提供许多培训项目，用以满足众多对不同类型教育的需要，为银行领域中职业发展奠定基础。作为协会培训计划的一部分，ABA 的消费信用部就分期付款贷款政策及程序的重要方面，准备了多种手册。许多银行也发现他们需要进一步的辅助。结果，ABA 就举办了全国性的消费者信用会议，在会上，银行家们相互交流了消费者信用方案和程序有关的想法和信息。

美国银行家协会还积极地建立、发展和促进由美国银行协会（AIB）提供的、8 小时以外的银行培训项目。美国银行协会于 1902 年举办了首次培训课程，这也是同类机构面向庞大的成人群体提供的第一次正式课程。

每年，都有数以百计的新培训项目提供给银行家，这些项目涵盖了许多领域，并冠以各种主题，其中一些项目被称为**银行学校**。美国银行家协会保存着现有银行学校的一览表，这些银行学校种类繁多。一些州的银行协会创办的银行学校，主要是为当地的银行家服务，而其他协会则致力于会议、课题研讨和其他短期项目。

金融培训协会（http://www.theinstitute.com）

该组织是一个非营利性的培训组织，与存贷款行业协同一致。金融培训协会（IFE）提供许多形式的培训课程，及提供相关信息。培训课程以函授、公司内授课或专题式授课的形式开展。IFE根据特殊课程的需要，将信用职业分为8种类型，并分别为其提供培训项目，这8种职业包括：出纳、高级出纳、财务顾问、金融服务总监、部门经理、银行运作专家、贷款助理和贷款专家。

国家信用合作社联盟（http://www.cuna.org）

国家信用合作社联盟（CUNA）是美国信用合作社的全国性职业组织，它为全国信用合作社运动提供了立法、公关、研究、教育及发展等方面的支持。加入联盟，信用合作社使附属于CUNA。CUNA还提供了广泛的教育机会，包括培训学校及会议、教育材料和函授课程。

美洲收账者协会（http://www.collector.com）

美洲收账者协会（ACA）成立于1939年，是一个世界性的职业收账服务组织。它是世界上最大的提供收账服务的机构。该协会的国际志愿者会员遍布美国、加拿大及其他100多个国家的11 000多个地区。

ACA的会员向客户表示，他们的收账机构将提供高水准的服务。ACA的会员向贷款提供者提供服务，为其联系持有逾期账款的客户，并就如何清偿债务的问题提供建议。ACA由几个部门组成，包括公共事务部、公共关系部、教育部、通讯部、会员部、资源管理部、保险部以及销售部。ACA为他的会员提供有折扣的远程项目，他还有专门的部门从事医疗费用回收及支票收款。ACA还拥有另一个协会——国际记账服务协会，其会员是为客户提供经常账户记账服务的公司。

ACA每个月都出版《收账员》（*Collector*）杂志，以使会员能跟得上收账领域中的新发展。ACA的教育项目由分散的学校组成。每个学校的课程，都以一天的研讨会的形式进行，从而使学生既可以增长知识，又不必占用太多时间。一些学校还有半天研讨会加单元会议的教育方式。这些学校可以分为3种类型：收账员型学校、销售型学校及管理型学校。协会的教育部还提供一些奖励性的、根据自身情况进行调节的培训项目，用在收账部门中。

信用部门协会（http://www.acb-credit.com）

信用部门协会（ACB）是零售信用部门的全国性协会，为其会员提供广泛的服务，如部门内报告值勤表、标准报告表、商务出版物、全国范围的公共关系、教育服务、信用部门研究、提供有关特殊信息的报告以及年会等。

其他协会

1971 年 5 月，消费金融公司、销售金融公司和工业银行，通过他们各自的贸易协会，共同成立了全美金融服务协会。该协会为其会员公司的全体人员建立了一个学校，此学校依附于马克特大学（Marquette University），名为消费者信用学院。另一个金融协会是消费者银行家协会。与全美金融服务协会一样，消费者银行家协会也已经成立了自己的消费者银行学校，用以提高其成员公司的信用管理水平。

信用研究中心（http：//www. purdue. edu/UNS. . . Research _ Center. html）

信用研究中心（CRC）于 1974 年在普度大学（Purdue University）成立。中心开办的目的，是对影响消费者信用行业各方面的信息进行收集、分析、汇总和公布。该中心研究的 4 个主要方向是：

1. 调查与未来的"消费者主义"有关的事项。

2. 识别对行业的各部分而言，普遍的战略性问题。

3. 提供实事求是的、无偏见的研究数据和分析，以使信用提供者、立法者和法庭能够做出有根据的决策。

4. 广泛地交流与重要的信用问题有关的研究发现。

信用项目营销方案

营销对任何行业来说，都是一项重要的活动。对商品和服务从生产者手中到最终消费者手中的运动进行促进的过程，就称为**营销**（market）。正如我们将在后面学到的一样，营销有 4 个基本的组成部分：产品、价格、渠道和促销。信用项目与其他任何产品或服务都一样，一旦建立信用计划，商家便希望能增加用户者和客户的数量。

应当寻找信用消费者吗？

对信用提供者而言，一个基本的问题是，拥有更多的信用消费者是否理想。拥有更多信用消费者是否利大于弊呢？信用运营一般会导致成本增加，出现潜在的公共关系问题以及现金流动问题。贷款提供者当然必须不断努力以吸引新的借款者，因为拓展信用业务是他们的基本目标。然而，零售商和服务公司可以决定是否"推出"信用项目。图 8—2 是一家杂货店在报纸上刊登的进行信用促销的广告。但其实，信用消费者通常是"好的"消费者，他们给能吸引他们的公司带来不少收益。

·万事达卡　·维萨卡　·Discover 卡　·Tyme 卡

不必要填写支票,也不必使用现金,你可以为购买的食品付款了

在十月七日(星期四)、十月八日(星期五)、十月九日(星期六)用你的万事达卡在收银台结账,可以免交食品账单金额的 5%,此项服务不限次数!

在欢乐食品店,"我们拥有的,就是你所喜欢的!"所以,看一下我们其他特色吧!

图 8—2　报纸上刊登的信用促销广告

资料来源：Green Bay *Press Gazette*，October 6，1993.

增加销售收入

信用消费者一般都比使用现金的消费者花费更多。如果人们刚好在付款日前发生现金短缺,他们将毫无疑问地在那些已为他们提供信用服务的商店中购物。提供信用项目还将打开一个完全的市场,该市场由那些如果手头没有现金,就预支收入的人构成。当然,只有在仔细挑选消费者和控制成本的前提下,总利润才会增加。

出售质量更高的商品

信用消费者还倾向于购买质量更高的商品,因为他们的花销不受持有现金数量的限制。总的来说,信用消费者更加不注重价格,愿意花更多的钱。消费者购买质量更高的商品会增加商家的利润,并减少因商品质量差而被退货以及打折扣的情况,从而在总体上提高消费者的满意程度。

提高消费者的忠诚度

消费者倾向于建立对单个商店及贷款提供者的忠诚。他们更愿意回那些认识他们的商店中购物。如果消费者有资格获得信用,而且已得到首肯开立信用账户,这些只会提高这种忠诚度。信用消费者更愿意再度光临那些已实行了信用方案的商业机构,并在这些商店进行大量购买。

稳定现金流

实施信用项目有利于消除现金流量的上下波动。如果消费者用销售商自己提供的信用项目,从销售商那里购买商品,那么,支付行为可以延迟至实际购买行为发生后的几个月。销售量的季节性波动,例如圣诞节的大批销售，将由于消费者在以后的月份中付款而得以平衡。如果信用使用者处于收入减少期，他们会使用信用卡或其他信用形式来稳定支出。

减少运营成本

一旦建立了信用项目，信用消费者数量的增加通常会降低运营成本。例如，一个高效的、用计算机管理的信用授权系统，能接待数以千计的顾客，当发生的交易量更多时，每笔交易的成本就会降低。企业的管理费用、信用工作人员的工资以及收账成本的增长，经常比消费者的增加慢。所以，消费者数量的增加会降低总成本。

为什么要寻找信用消费者？
- 增加销售收入
- 出售质量更高的商品
- 提高消费者的忠诚度
- 稳定现金流
- 减少运营成本

额外信用销售额的来源

一旦商家决定要增加信用销售额及信用消费者，他就必须想办法对信用进行营销，促使信用使用量增加。这些新增的销售额可能来自新的消费者、消极的信用消费者和积极使用信用的用户。

新的消费者

如果有更多的消费者申请并接受信用使用权，信用销售额就会增加。不论商业公司是否发放现金贷款、用分期付款合同的形式出售商品或发行信用卡，新增的消费者都会带来更大的信用销售额。新消费者的来源包括以前未使用过信用而是使用现金的消费者、住在社区中的潜在消费者以及新住户。因为信用计划的广泛应用，想要增加新的消费者意味着要使他们相信你的信用方案比那些他们正在使用的方案更优越。例如，你需要向一个已拥有 3 张其他信用卡的消费者说明，你的信用方案更好、更值得享有。某些消费者可能是新的信用用户，必须想办法去识别社区中的新住户、刚结婚的夫妻及那些寻求首次尝试使用信用的人。最近，通用信用卡的发行者已经开始向高校学生提供信用卡。虽然学生在许多情况下是收入最少人群，但发卡人设立了最低的信用额度，希望冒一些额外的风险，来换得一个机会，与学生建立终生的客户关系。

消极的信用消费者

许多公司在过去批准了消费者的信用账户及贷款，但消费者现在已不再使用。公司也许已经开立了信用卡账户，但信用消费者几个月都未曾用这个账户购买任何商品或服务。在这种情况下，信用卡发行者已经在审批程序中花费了金钱和精力，所以期望消费者能够增加对信用卡的使用。这些消费者也许已经被其他公司提供的信用卡所吸引，于是已从你的信用项目中退出。当然，此时的难题是，如何重新赢得消费者的信任和忠诚。

积极的信用消费者

目前正在使用你的信用方案的消费者，如果他们认为该信用方案能使他们的利益达到最大，就会增加对其的使用。贷款的消费者也许会通过增加在你公司的贷款，来保证能付清账单以及其他账款。通用信用卡或银行卡也可能被许多消费者大量地使用。如果消费者的钱包中有几张不同的银行卡，也许可以说服他们只使用其中的一张，而不用其他卡。当然，一定要采取控制措施，以防止信用消费者使用的信用额超出合理的限额。但其实，对于许多积极的消费者而言，可以放心地让他们使用更多的未偿贷款。

营销组合

产品（product）、价格（price）、渠道（place）及促销（promotion）的营销组合，可以帮助公司分析如何提高信用销售额或增加信用项目。在考虑销售商品和服务时所面临的复杂因素组合时，4P是这些因素的简化框架。

产品

信用产品这个概念，比通常人们所认为的更为复杂。例如，在大多数情况下，银行家不仅提供现金贷款。贷款也许是一项住宅权益贷款，对借款者来说，会产生额外的税收扣减。也许贷出的款项能免于繁琐的手续，费用更少、速度更快。甚至附加的友好服务以及公司关心顾客利益的信念也会改变公司提供的产品的质量。每家公司都必须仔细分析，他们应当寻求哪种类型的特殊消费者群。同样的产品也许可以以不同的方式，通过强调不同的特征，销售给某一细分市场。每个产品是特征、服务及优点的综合体。一旦公司了解到某一特殊消费者群需要什么产品时，他就可以着手进行系列产品的促销了。

价格

许多信用方案和产品的价格都非常一致。假定风险既定，消费者可以从许多地方得到贷款和信用账户，而且费用金额是相同的。当然，不同产品的费用还是有所差别的。某张信用卡也许比其他信用卡的利率更低些，一个从大批量出售家具的零售商那里购买家具的消费者也许被告知信用是无利息的，虽然信用成本已加在了商品价格上。然而，对住宅抵押贷款而言，贷款提供者之间的差别不大。在这种情况下，就需要重视其他的营销因素了。

渠道

这一点主要是考虑分销商品和服务的渠道。一家公司可以在社区中建立几家分公司，以使消费者更容易找到他们的商店。信用卡发行者要使信用申请表在许多地方都随手可得，在这些地方的申请表要能够很容易地被看到，而且可能将会被取走。电话申请使申请过程简化，而且更有效率，也使公司提供的信用产品更有吸引力。营销过程的一部分，就是要考虑改进分销商品和提供服务的方式。

促销

促销是一种要素组合，用来说服消费者购买或使用你的某一项信用计划。在那些产品、渠道、价格都相差甚微的行业中，促销活动尤其重要。你必须想办法将消费者吸引到你的营业点来。

一般来说，需要用广告将你的商品和服务告知消费者。有大量广告媒体可供利用，包括印刷品、直接邮递、广告牌、广播和电视广告以及其他形式。广告将有关产品的信息传递给新产品的潜在消费者，并提供了许多有用的教育功能。广告的基本目标，是要告诉消费者应当做什么或买什么。图8—3是一则通用信用卡的邮件广告。

只有 GE 酬金卡为你提供有保证的存款*和更多的服务

每个人都愿意存款。这正是你要用 GE 酬金万事达卡所要做的事。我们保证！当你拿到 GE 酬金万事达卡时，你会立即得到相当于 250 美元的息票，而且每 3 个月，你还会再得到一张 250 美元的息票。这是数以千计的 GE 酬金连锁零售店为你提供的价值 1 000 美元的存款机会

酬金源源不断……2%的价款返还

除了 1 000 美元的存款息票外，你还可以在使用卡购物时，以 GE 酬金

信用支票的形式，获得 2%的价款返还。用酬金支票，可以在 GE 酬金连锁店购买商品。所以，你用 GE 酬金卡买的商品越多，赚地越多！

不收年费用

与其他信用卡不同，要收 20 美元~40 美元的年费，GE 酬金万事达卡不用付年费

万事达卡的购买力

全球约有一千万家店接受 GE 酬金万事达卡，用卡购物、用餐、旅行以及娱乐都可以省钱。无论在 ATM 机还是在遍

布全球的 20 万个金融机构提取现金时，你都将享受到 24 小时的便利服务

对以你名义存入的款项加以保证

你可以相信 GE 将配送合格的产品并提供完美的服务。现在，你可以确信，用 GE 酬金卡提供的独一无二的方案，可以省钱!要申请 GE 酬金万事达卡，你只需要在申请表上签字，并交回密封的申请。然后，你就可以购物了，我们保证，存款多就可以得到更多酬金

有问题吗?打电话吧,1-800-GE 酬金 我们给生活带来美好

* 如果你成为持卡用户的前 12 个月中，发现用酬金支票和息票并不省钱，给我们打电话，我们会关闭你的账户，并无条件地送给你 10 美元。酬金支票和息票有一定的条件和限制。详情请看息票和项目指南(在你收到信用卡后不久，就会收到)。

图 8—3

资料来源：Reprinted with permission from Monogram Bank，Cincinnati，OH.

在当今的商业环境中，直销是很重要的。虽然一些公司雇用了职业销售代表，但是，所有的雇员都必须在工作中建立销售导向型的工作方式。他们必须通过推荐其他产品，或是使符合条件的消费者更多地使用他们的

产品，来时刻准备着增加消费者的购买量。一位客户向银行出纳提及，他正准备去旅行，出纳接着便向其售出了旅行支票。一位消费者打电话给贷款业务员，要求将付款时间延长几天，因为他的汽车坏了，贷款业务员立即邀请这位消费者申请另一项贷款，用来购买一辆汽车。有时，这种做法被称为"**交叉销售**（Cross-selling）"，它是指寻找机会，将公司提供的其他服务出售给消费者。这样的销售机会是很多的，身处其中的人必须能意识到这是个销售机会。

激励可以用来增加额外的销售和信用。销售商可以登广告说明，如果信用消费者使用他们的信用账户或信用卡，就可以得到额外的价格折扣。只有信用消费者在商店正常的非营业期间被邀请购物，商店才能提供特殊的"走后门式销售"。在一定的时间内，如果信用用户至少购买了一件商品，一些公司就会给他一些小商品作礼物。目前，大件商品的制造商发行的各种通用信用卡，都提供折扣项目。对汽车、飞机票和电器打的折扣，通常只占对通用信用卡收取费用的一小部分。

建立良好的公共关系，是另一种有效的促销手段。许多信用机构鼓励其雇员加入到社区的各种组织中去。还有许多信用机构将时间和金钱投入到公益事业和有价值的社区事务之中。特定公司或信用提供者的形象，是整个营销工作的一个重要部分。

营销组合
- 产品
- 价格
- 渠道
- 促销
  - 广告
  - 直销
  - 激励
  - 公共关系

重要术语

营销	marketing	控制	controlling
组织	organizing	程序	procedures
交叉销售	cross-selling	规则	rules
调查政策	investigation policy		

讨论题

1. 什么是信用管理，信用经理想要达到的目标是什么？

2. 零售信用、现金信用和服务信用组织中的信用管理活动，其重要性有什么不同？

3. 列举信用经理制定的 3 种主要的信用政策并加以描述。

4. 什么是规则和程序？对用在信用部门中的规则和程序各举一个例子。

5. 试述组织信用管理部门的不同方法。每种方法的利弊各是什么？

6. 建立控制措施包括什么？举例说明。

7. 列举为消费者信用经理服务的几个职业组织并加以阐述。在多数情况下，这些组织想要达到什么目标？

8. 信用消费者能为公司或企业带来什么样的好处？

9. 讨论在一个典型的公司中，增加信用销售额的各种来源。

10. 营销组合中的 4P 指什么？

11. 描述信用产品的定义。讨论对未来的消费者而言，可能比较重要的产品特征。

12. 在确定"渠道"以及分销产品或提供服务的方式时，要考虑的因素是什么？

13. 促销的 4 个方面是什么？描述用在信用领域的不同促销方法。

案例分析

交叉销售银行的产品和服务

今天，贝蒂·斯蒂文斯到银行去，取了一些现金，以备全家周末的短途旅行使用。他们要到离家几百英里的一个社区中的大学去，因为他们的儿子罗伯特，正在考虑秋季入学。斯蒂文斯太太说，上大学很贵，但他们会在学费方面帮助他们的儿子。她在银行门口停下，要取几百美元，用于他们的旅行。

假设你是银行中接待贝蒂·斯蒂文斯的工作人员。在银行提供的产品或服务中，你认为可以推荐给斯蒂文斯太太用在旅行和罗伯特的秋季入学的几项，列出一张清单。描述一下你提到的每样产品和服务的特征和好处。

咨询一下当地的银行人员，看看他或她是否能在你的清单上加些什么。

第9章 消费者信用调查

学习目标

在学完本章后，你应该能够做到：
- 识别将要被调查的信用资质；
- 概述信用申请者提供给信用分析人员的信息；
- 概述直接询问的优缺点；
- 讨论来源于档案材料的信息；
- 解释事实和观点二者之间的不同；
- 指出在制定决策时，经济状况有什么重要性；
- 解释调查和查证二者之间有什么不同之处。

内容提要

信用调查（credit investigation）是指采取一系列的步骤，来证实信用申请中的信息是否属实，并确定消费者是怎样处理以前的债务的，从而帮助制定合理的信用决策。信用调查并非是一种用来满足好奇心的行为，它有更加立竿见影以及切合实际的目标。信用分析人员必须先问一问他们自己，为了制定一项合理的信用决策，他们需要了解些什么。对于制定合理的信用决策而言，需要在多大程度上确定信息的准确性，决定了调查的范围。

不论什么时候，信用经理都必须权衡，获得有关信用前景额外信息的收益与获得该信息的成本相比而言，孰轻孰重。他们面临着这样的问题，一方面需要有充足的信息，从而能够做出可靠的决策，另一方面又必须支付获得信息的成本。信用经理必须仔细地加以衡量，从完备性、准确性和低成本的角度出发，确定在什么时候他拥有的信息是足够的了。在每一次信用调查中，确定什么时候获得的信息才算充足，也是一个由来已久的问题。

事实或观点

信用调查人员必须牢记，参考资料、资料的提供者和信用报告机构并不能够产生信用信息，信用信息只能通过消费者的行为和活动产生。并且当能够用于预测一个信用申请者未来的行为时，这样的信息才成为信用信息。当已知信用信息将对信用决策有所影响时，信用信息就变得很重要。

有些信息是事实，有些则是观点。**事实**（fact）是已被客观地证明为真实的信息。例如，一位信用申请者以前曾在购买新的电视机时，延迟支付了 50％的付款，这件事就是事实。它可以通过检查收到货款的日期来加以证实。**观点**（opinion）是一种未经证据或客观知识证实的信念或结论。例如，除非有真实的资料证明，否则，申请者"未曾定期地做出偿付"这种说法就是一种观点。观点可能建立在事实、偏见或想像的基础之上。观点可以依据客观事实合理的得出，也可以是在对情况进行了仔细的、逻辑性的分析后得出的结果，还可以来自偏见或有限的信息。

用别人的观点代替自己的判断，这样的信用经理，等于允许那些门外汉成为他们部门的信用经理，而将他们自己变成了信用职员。使用观点还可能导致歧视，这是被当前的法律所禁止的。一些观点，不论有合理依据，还是无合理依据，确实会影响未来信用业务的质量，所以应在分析中占据一席之地。但是应当把这些观点仅仅当作是事实的一种。在分析中，对这些观点的权衡方式，应当与其他任何种类的事实都一样。

进行信用调查时，信用经理应当使用搜集事实而不是搜集观点的方式。在表述问题时，应该诱导信息提供者做出真实的回答，而不是用含糊不清的观点和判断来回答。询问信息提供者的问题，应该是那些他们有可能知道答案的问题。如果你问的问题他们不可能知道答案，那他们将只以一些观点而非事实作答，而且还有可能根本不作答。

调查什么

对消费者调查些什么这个问题，就是概括信用分析中的因素的问题。这些所谓的信用因素已经被成千上万的信用经理所引用，而且还在课本、文章和演讲中被再三讨论过。比较普遍的概括方式是讨论信用的 4 因素（4C）：品质、能力、资本和抵押品。然而，有时也会引用一些其他的因素，如抵押品和常识。这些因素帮助信用经理在脑海中迅速进行检查，来确定是否忽视了某些信息。然而，在做出多数信用决策之前，还需要调查更多的具体的信用资质。

品质

品质（character）是一种无形的个人特征的综合，它与个人的正直感和道义力量有关。能归入品质的因素与个人的习惯和品性有关，例如酗酒、赌博等。品质还可以从商业或职业行为中得以表现，例如债务偿还、未经担保的贷款要求或没有任何理由返还商品的倾向、对待债务的态度、投机的倾向，以及是否尊重他人的权利。将**信用品质**（credit character）描述为信用消费者按协议偿付款项的**意愿**最为恰当。

品质是一种内在的属性，甚至是与当事人最亲密的人也不可能度量或准确地评价它。显然，对信用经理而言，判断并对品质作出评价是很困难的。然而，当寻找到能够被证实的细节时，信用调查人员将能够比较接近地解释这种资质。"这个人付清了他（或她）的账单吗？"比"这个人的信誉怎么样？"这样的问题更好。询问开立账户的时间、目前拥有的账户余额、最近贷款的最高额度以及账款逾期未付的次数，这些具体的问题都要更好一些。通过询问这样一些具体问题——是否根据合同作出不合理的要求，比询问对待债务的态度这样一般性的问题，能更好地揭示出一个人对待债务的态度。可以对有关某个申请者偿付记录的真实证据进行大量的搜集，这些证据通常能够最好的预测出申请者的信用品质。

能力

能力（capacity）是贷款到期时，信用申请者偿付一定数量欠款的能力。对信用申请者的偿债能力进行估计，一般包括调查其收入和就业状况。信用申请者按协议偿付欠款的能力还由他（或她）的消费水平和其他负债决定。例如，一个申请者可能没有足够的收入来偿还已有的债务，这种情况可能是由于收入太低或债务水平太高所致。收入必须是持久的而且是可预测的。如果某人失业了或者收入显著地减少了，他（或她）的偿债能力就将受到威胁。

资本

资本（capital）指信用申请者的财务状况，主要由其储备资本的多少来决定。这些资本可以是有形的，如存款账户的余额，也可以是无形的。无形资本可以是由于拥有特殊的技能和知识，从而能够迅速找到另一份工作的能力。在发生财务危机时，信用申请者可以依赖于这些资产生活。例如，如果他失业了，可以通过从他的存款账户中提取现金，来继续按协议偿付欠款，或者他可以迅速地找到另一份工作。

抵押品

抵押品（collateral）是当信用消费者不能偿付欠款时，其财产所有权将被转移给贷款提供者的物品。抵押品，经常指作为贷款或债务的担保品，可以是由贷款所购买的产品或已拥有的财产。例如，已经拥有一辆昂贵汽车的借款者可以用汽车作为担保，来申请银行贷款。如果借款者不能偿还贷款，银行将拥有这辆汽车的所有权。当然，银行要能够确认这辆汽车的确由借款者所有，而且不是以前贷款时的抵押品。

环境

环境（conditions）也是一种信用分析的因素，它关注信用申请者对经济体系的适应程度以及经济事件对其支付能力和支付意愿的影响程度。例如，一个建筑工人将被要求解释，在冬季的几个月中，他/她将如何维持收入。被解雇的雇员收入减少了，如果他们埋怨社会造成了他们的不幸，他们偿还贷款的意愿就会降低。年龄、过时的工作技能、缺乏教育和其他情况，将影响贷款申请者维持收入的能力。

常识

常识（common sense）是一种简单而有效的判断方式。当款项被认为是不可收回的坏账时，通常会提到这种信用分析工具。信用分析人员会说，本应首先运用常识来避免贷出款项。相对来说比较简单的观察和计算，经常可以表明不应该发放贷款或者开立信用账户。在许多时候，判断一项信用业务合不合适应该是贷款提供者的责任。一些不能够约束自己消费习惯的借款者将持续地借款，直到再也不被允许借款时为止。信用分析人员可能不得不用他们自己的常识来代替借款者们的常识。

信用分析的因素
- 品质
- 能力
- 资产
- 抵押品
- 环境
- 常识

信用分析因素的相对重要性

在消费者信用中，信用分析人员更重视的是信用品德和偿债能力，而不是反映信用申请者资产多少的因素。大多数信用经理宁愿从愿意并能够偿付欠款的贷款申请者那里收回分期付款，而不愿意最终依靠商品收回。**商品收回**（repossession）是一种法定程序，指如果借款者没有能够按期偿付欠款、贷款提供者就获得抵押品所有权。通过商品收回和其他渠道来收回款项，可能是比较困难的，而且成本也极高，也许还会影响到贷款提供者的形象。虽然采取法律手段是可以收回款项的，但给那些有意愿和能力还款的信用申请者提供贷款，仍是最佳的选择。

大多数信用分析人员将信用分析因素中的品质看作是最重要的。如果借款者有偿还欠款的意愿，他们将会走出没有能力偿还欠款的窘境，最终能够将欠款完全偿清。然而，如果借款者缺乏信用品质，即使目前他们有充足的偿债能力，也会逃债或将偿付欠款的速度减慢。还是那句话，通常来说可以使用法律手段作为收账渠道，但在寻找顾客时，按照协议付款的意愿是最重要的信用资质。

要调查的信用资质

信用分析 4 因素为如何进行信用调查提供了一个一般性的框架。然而，如果信用经理要搜集用来做出良好信用决策的事实，他（或她）就必须使用更具体的信用资质项目来进行调查。应该用信用申请来搜集详尽的信息，用以帮助信用分析人员评估给申请者贷款或开立账户包含的风险。表 9—1 给出了信用申请表中问题的示例，由一家零售百货公司提供。这些信用资质与信用 4 因素有关，但包括更多的细节。下面讲到的信用资质在分析风险的过程中常被认为是很重要的。

表 9—1   **百货公司的信用申请表**

JBYRONS 信用申请表

如果发现信用申请中的信息有所变化，你可以拨打我们的电话 1（800）821—1111

□**个人账户**——根据你自己的信誉而建立，填写 A、B、C、E 部分。你可以指定一位授权用户，在 D 部分写出他/她的姓名，你将对他的欠款负责 □**共同账户**——根据双方的信誉建立，双方都要为偿付负责，填写 A 到 E 部分	仅供办公人员填写		
	商店	工作号码	日期
A 部分——告诉我们有关你自己的信息			
姓　　　　　名　　　　　　　中间名	社会安全号码		年龄
家庭住址	供养的人数（不包括你自己）		
城市　　　　　　　　州　　　邮政编码			
□自己所有　　□房屋和庭院　　□与父母住在一起 □租赁　　　　□活动房屋　　　□其他	家庭电话		
在该住址居住时间　　年　　月	月租金费用和抵押贷款月付金额		
以前的家庭住址（如果在当前住址的居住时间少于 3 年）	在前住所居住时间　　年　　月		
与申请者不住在一起的、关系最密切的亲戚的姓名和住址	亲戚的电话号码		

B 部分——告诉我们有关你工作的信息

公司或雇主		公司的类型	公司电话	
公司地址　　　　　　市　　州　　邮政编码			教育程度 □初中　□高中	□大学 □研究生
职位或头衔		为该雇主工作的时间	年薪	
如果是自我雇佣，请写出你公司的开户行和账号				
以前的公司/雇主（如果现在的工作时间少于 3 年）	工作时间　　年　　月		职位和头衔	
其他收入、赡养费、子女抚养费或分居赡养费形成的收入，如果你不考虑用它来还债的话，就不需要填写	每年总额		来源	

C 部分——告诉我们有关你的信用和银行关系的信息

银行参考——银行的名称和分部所在地 1.	账号	□支票　□存款 □NOW/货币市场
2.		□支票　□存款 □NOW/货币市场
信用参考——百货公司、银行卡、石油公司 1.	账号	余额 美元
2.		 美元
3.		 美元
未偿付的贷款（贷款提供者/信用合作社/融资公司的名称）		
其他信用参考	你曾有过的另一个 JBYRONS 账户	账号（如果有的话）

D 部分——关于联合申请者或授权用户的信息

姓　　　　　名		中间名	社会安全号码	年龄
公司或雇主		公司类型	电话号码	
公司地址　　　　市　　州　　邮政编码			教育程度　□大学 □初中　□高中　□研究生	
职位或头衔		为该雇主工作的时间	年薪 美元	
与申请者的关系	其他收入、赡养费、子女抚养费、分居赡养费、如果你不考虑用其还债，无须填写此项		年总额	来源

E 部分——请在下面和背面签字	
我（们）知道你将调查我（们）的信用记录，报告关于个人和共同账户所有者的信用账户情况，并授权消费者报告机构及其他机构的用户使用 如果申请者代表联合申请者签字，申请者将声明他（或她）被授权递交申请，代表联合申请者处理合同事宜	我（们）同意背面所提出的零售分期付款信用合同 申请者签字　　　日期 联合申请者签字　　　日期

资料来源：Courtesy of JByrons.

大多数公司要审阅大量的信用申请。他们可能把信用评分系统作为一种初步的甄别工具，拒绝向那些没有达到最低分数的信用申请者提供贷款。**信用评分系统**（credit scoring system）是一种基于统计方法的系统，它给信用申请和信用报告机构的报告中写明的各种特性打分。下面列示的许多信用资质都被包括在信用评分系统中。例如，申请者被雇用做同一工作长达 10 年，得的分数要比只工作 1 年要多得多。其他资质也会被考虑在内，所得的分数会被加到总分中，共同决定信用申请者的最终分数。如果没有达到一定的分数，信用申请者就会被拒绝，同时不再对其进行进一步的调查。使用此系统的每家公司，对于接受信用申请所需要的分数如何评定，都会有其自己的标准。

许多提供大额贷款的贷款提供者都已将信用评分系统纳入计算机系统，负责数据录入工作的职员将申请输入计算机系统，计算机会算出信用分数。如果分数足够高，那么无须信用分析人员的进一步干预，实际上计算机就可以批准新账户、规定信用额度、发放信用卡并建立用于保存记录的档案。

然而，信用评分系统也有一定的局限性，虽然信用评分被许多信用经理所钟爱，但它仍不是完美的信誉预测工具。在第 11 章中，这个问题将与决策制定一起被详细地加以讨论。

偿付记录

这里，需要考虑的最重要的一点并非消费者能否偿付欠款，而是他（或她）是否**愿意**偿付。某些人手里有钱偿付欠款，他们只是不想还款，或不愿让钱从他们手中溜走。这样，品德就将起极为重要的作用。

偿付记录通常被认为是信用调查中最重要的因素。它不仅表明了消费者偿还欠款的方式，从而在预测消费行为方面起到重要作用，同时还表明了消费者过去的支付习惯。信用调查应找出有关所欠款项的种类，当前所欠款项的金额、逾期款项的金额、最近贷款的最高额以及支付方式。偿付的方式应当明确地列示出来，如在 30 天～60 天内偿付、在 90 天内偿付等。快、好、慢这些形容词可能有多种含义；60 天～90 天内偿还贷款对某个公司来说也许太快了，而对另一家公司来说，可能较慢，这要取决于所欠款项的种类。

除此之外，还应当记下事件发生的日期。当信用申请者有各种记录，包括一些不良记录时，此举尤其重要。搞清楚收益和亏损是否相抵、收账是否是通过法院判决来进行的，以及商品收回发生在较远的过去，还是最近，都是很重要的。对于不良记录是在一段时间之前留下的，信用申请者当前有一个良好的记录，和相反的顺序——以前记录良好，现在有不良记录，调查人员将会得出不同的结论。

收入

由于大多数信用消费者的债务是由收入来偿还的，调查收入状况就变得很重要了。信用调查人员应当查出信用申请者的收入额以及收入的稳定性，并且应当估计出收入持续的可能性。对收入进行估计必须与申请者的资金需要相联系，这些需要是由于个人或家庭的需要以及偿还债务的需要而产生的。这样的需要包括预先的承诺，如零售分期付款购买、现金形式的分期付款贷款、住宅抵押贷款、由于同意与另一方联合贷款而产生的债务；以及给离婚妻子的赡养费等。

对于收入应当如何界定，存在各种不同的观点。例如，调查人员应当将加班费、失业救济金、股息分红以及分享利润的计划计算在内吗？

1975 年出台的《平等信用机会法》规定，债权人不能忽视兼职收入，但可以检查贷款申请者工作持续下去的可能性。此外，贷款提供者可以询问并考虑给离婚妻子的赡养费、给孩子的抚养费是否影响贷款申请者的收入。同样，贷款提供者可以询问，申请者在何种程度上依靠其离婚后对方给予的赡养费、孩子的抚养费来偿还债务。但是，必须首先告知贷款申请者，如果他们并不依靠这些收入来获得贷款，那么对这样的私人性问题可以不必作答。

债务和支出

信用调查的一个重要部分，是要了解信用申请者未偿付的债务总额、分期付款贷款的金额以及其他能够抵减收入的支出。例如，一些信用调查人员会让信用申请者提供一份近期的付款支票存根，存根上会有关于雇主扣减工资、信用合作社贷款偿还以及其他债务的信息。仔细审查支出水平是必不可少的，因为信用申请者可能不会意识到，在及时偿付欠款的问题上，他们会有什么麻烦。通过将收入与个人已有的债务以及目前的支出结构做比较，可以检验出收入是否足以还债。

工作

工作可能是最重要的收入来源，所以应当与收入一同被调查。工作信息至少应包括雇主的姓名、行业的类型和申请者的职位。信用分析人员会对有关工作的各种信息感兴趣：雇员被雇用了多长时间？如果少于 3 年～5 年，上一次工作的情况如何？他（或她）是受到重视呢，还是要被解雇呢？工作是全职的还是兼职的？雇员补贴状况如何？收入有多少，收入的稳定性如何？职位的稳定性以及行业的前景如何？

对于自我雇用的申请者，信息通常来自于纳税记录。如经允许，可以从主管记账的会计那里得到这些信息。因为贷款申请者自己为自己提供工作和收入方面的信息，对这些自我雇用的潜在信用客户，尤其应当进行大规模的调查。

住宅

对住宅的调查，首先是一个例行的证实身份的方法。此外，住宅信息还应显示在当前住所居住的时间长短以及过去 3 年～5 年中居住过的其他住宅。如果必要的话，这些情况可以作为在当地做更大规模调查的基础。对关于信用申请者的其他信用资质的某些信息，这些情况也能做出些许披露。此外，调查能够确定，信用申请者是自己拥有住宅的产权，还是租房住。如果信用申请者有房屋产权，调查人员将测算其作为抵押品的金额以及抵押分期付款额。如果房屋是租赁的，则将调查租赁额及付款方式。

婚姻状况

这一项目在近几年一直存在着较大争议。过去常将婚姻状况看作是大多数消费者在信用交易中的一个重要资质，所以信用调查人员会搜集此类信息。但现在，根据 1975 年《平等信用机会法》的规定，信用提供者不能由于申请者的性别或婚姻状况，拒绝向其提供贷款。然而，信用提供者可以询问申请者的婚姻状况，并由此来决定州法律中规定的权利和纠正方法。同样，信用提供者可以要求一对已婚夫妇在信用申请上一同签字，以符合州法律对留置权、传讯或工资转让情况的要求。此外，夫妻可以自愿地要求分别开立信用账户，在这种情况下，不能将二人的账户合并在一起结算。

根据 1974 年《住宅与社区发展法》中条款的规定，贷款提供者在发放抵押贷款的时候，要考虑到夫妻双方的共同收入。

需要注意的是，3 种允许的条款为未婚、已婚或分居。以前的诸如离异寡居（鳏居）这类条款已不作考虑。

年龄

对年轻人来说，调查应确认申请者是否达到了可签署合同的法定年龄。对大多数信用调查而言，年龄不是一项重要的信用资质。然而，如果过于年轻或年老，年龄因素还是非常重要的。《平等信用机会法》1976 年的修正案规定，为了申请者的利益，贷款提供者可以询问并考虑申请者的年龄。然而，除非信用评分系统明显是合理的，在统计运用方面也很健全，而且年老的申请人的年龄没有给其分数带来负面影响，否则贷款提供者不能将年龄用在信用评分系统中。一些研究表明，信用风险一般会随着年龄的增长而递减，特别是在年龄超过 50 岁以上。

储备资产

只有在少数几种情况下，债权人会依靠储备资产来偿付消费者信用的欠款。在大多数情况下，储备资产是额外的保障，债权人和债务人都不希望动用它。在某些情况下，特别是当消费者年龄很大时，他们依靠退休金或投资所得的收入生活。为了确认其处理债务的能力，对储备资产进行调查可能是重要的。然而，当考虑财产所有权时，分析人员必须避免将某些经过仔细分析后应当归于负面的因素归于正面因素中。房屋所有者偿还抵押贷款的负担可能很重，以至于他们当前收入的很大一部分必须用于还款，这种情况下就不能将房屋作为额外的储备资产，因为该房屋导致其所有者无力承担任何额外的债务。分析人员需要知道关于这种情况的充足细节，从而不至于忽视房屋所有者过重的连续偿付负担。

购买中的权益

购买中的权益是一项额外的信用资质，也是一个利益攸关的问题，特别是在消费者分期付款购买中。大多数大件商品的购买，要通过分期付款贷款来融资，这种贷款要签署有条件的销售协议。**有条件的销售协议**（conditional sales agreement）是一种销售合同，它说明了用贷款购买时，相关的条款和还款额，并规定产品所有权保留在销售商手中，直至全部价款偿清为止。严格地说，购买中的权益与市场价值有关。由于债权人可能通过合同条款获得此市场价值，因此其存在可能将其他方面可承受的信用风险提高到可承受的水平之上。当权益相对较大并需由支付货款的金额和频率维持时，主要的问题可能就不是"债务人愿意还款吗？"，而变成"总能找到并收回财产吗？"。如果权益相对较小，且与支付贷款的金额和频率关系不大，就要更加认真地分析个人的信用资质，而且为了达到同样的稳妥性，对个人信用资质的条件要求就要相应地更严格些。

此外，初始权益的比重可能会影响买方对待债务的态度。当通过一笔金额较大的首期付款获得了较大的初始权益或所有权时，购买者也许会更愿意按协议完成合同。如果初始权益较小，买方可能对将分期付款偿还到最后的兴趣不大。这种关系更像是一种在租赁交易中而非在购买交易中形成的关系。

抵押品

抵押品——借款者资本的一部分，在大多数零售信用和服务信用交易中并不使用，它经常用在对消费者的现金贷款中。抵押品（由个人拥有的有形资产，用来作为贷款提供机构的额外担保）是另一种需要考虑的信用资质。然而，抵押品的价值各不相同。商业银行更偏爱存款、债券、股票和保险单；其次是房地产、汽车、活动住房、船只、飞机；再次是各种未经担保的抵押品。

信用目的

贷款或开立信用账户的目的也是一种信用资质。一些信用的目的是投资，该投资可能确实能改善贷款申请者的财务状况。例如，住宅装修贷款会使房屋的价值增加。其他信用目的，例如假期贷款，则完全是一种消费性支出，在资金花费后，不会有任何价值回报。然而，更糟的是，一些对资金的需要可能源于不良的理财习惯。有助于减少家庭每月分期付款额，并延长还款时间的贷款合并，可能起因于以前的过度负债。同样，申请者申请贷款用于支付定期支出，如逾期的分期付款租金，会让调查人员调查申请者的理财者能力。

需要调查的信用资质

- 偿付记录
- 收入
- 债务和支出
- 工作
- 住宅
- 婚姻状况
- 年龄
- 储备资产
- 购买中的权益
- 抵押品
- 信用目的

经济环境的影响

虽然如今的信用分析人员能够通过一系列具体问题的答案，对个人情况有一个相当可靠的了解，但是他们仍然面临着根据当前的经济环境来解释这些信息的问题。

对经济环境的了解，是分析人员必须掌握的一般性知识的一部分。这类知识要通过随时了解当地的商业情况和社区发生的事件来获得。罢工正在对某些工厂产生影响吗？对裁员有所预期吗？气候是否太干燥或太潮湿，并因此给农民带来损失呢？一些地区的商业是否发展得很迅速，从而为该地区带来了新住户？换句话说，信用分析人员必须了解，在他们自己的行业与其他行业以及他们所处的城市与周边城市，"情况怎么样？"。

对短期经济趋势的了解可能比对长期经济状况的预测更容易。信用经理的背景、经验以及接受培训的状况，对于他们如何看待未来起了至关重要的作用。他们的政治倾向、世界观、财务状况以及达到目前状况的经历，也会影响他们的看法。

与他们对经济状况短期和长期的看法一致，信用经理必须对所获得的有关信用申请者的信息做出解释，从而做出接受或拒绝贷款的决策。

调查及证实

信用调查可以有两个目的：第一，它是一种获得手边没有的信息的方式；第二，它还是对获得的信息进行验证的一种方式。大多数的信用证实工作，开始于个人要求贷款并在信用申请中提供了一些个人信息的时候。如果有必要进行调查，优秀的信用经理会使用这个程序来证实申请者所提供的信息。虽然大多数信用申请者是诚实的，但还是会有一些申请者做出虚假的陈述，他们编造财务状况，或试图非法地获得资金。信用经理应当从几个分离并相互独立的信息来源中确定最关键、最重要的事实。信用经理必须基于信用申请者的全面资质以及其所提供信息与已知的或很容易确认的信息相一致的程度，判断出需要做多少证实工作。

调查的程度

信用调查（credit investigation）用于辅助制定合理的信用政策。现在，信用分析人员必须面对的问题是，需要调查到何种程度。因为每条通过调查确认的信息都要花费成本。出于全面性、准确性和成本的考虑，在决定什么时候才算拥有了足够的信息时，信用经理们总是很为难。

信息不充分可能导致判断中的失误。信息不充分意味着一些相关事实还不为所知，而如果这些事实已知的话，就将导致不同决策的产生。引起失误的一个更加可能的原因，是分析人员既没有对一些信息给予足够的重视，又未正确地解释信息，其中后一种情况更为糟糕。

大量的调查既花钱又费时间，同时，决策还被耽搁了。其结果可能是，既失去了消费者信誉，又增加了与销售人员之间的摩擦。对额外信息的收集要花费成本，无论信息是来自信用信息销售者，还是通过直接询问获得。除非信息是有用的，否则就不值得对它花费时间或金钱。大量真实的资料事实上可能会妨碍分析和决策。证据的范围过大可能会造成对其不正确的权衡及解释。相关的证据会被许多不相关的细节所淹没。

对从申请者那里搜集信息以及决定调查的程度来说，合适的时间是首次申请信用之时。如果申请者提供的信息非常完整，情况也合理，调查也许会仅局限于偿付记录、工作情况及住房状况上。如果从申请者那里获得的信息有限，正如有时零售信用账户的情况，调查会更深入。未经过调查，也就是说，未经过对信用申请者所提供的信息进行查证，也是有可能开立账户的。在某些情况下，"不调查"政策是可行的。事实上，债权人经常将成本浪费在证实一些显而易见的情况上。最好能够节省出调查预算，用在那些有出麻烦的可能性的地方。

在做出信用决策之前搜集所有可能的证据是不值得的。搜集信息的合理数量应该恰好是根据信用经理的判断力和经验，可以做出决策所需要的证据的数量。

信息的来源

那么，信用调查应当如何进行呢？调查应当从拥有信息或调查人员能准确、全面、快速并以最低成本得到信息的来源那里，寻找具体的信息。（注意：因为信息是信用决策的资料，信用经理必须既能够给予，又能够获得信息。明确的信用信息，其充分流动的基础是信息交换。）

准确、全面、迅速并且成本适中的信息来源包括：信用申请者自身、直接调查、归入档案的账簿、消费者信用报告公司、银行以及其他来源。

申请者提供的信息

大多数消费者信用调查是从申请者提供的信息开始的。这些信息，被看作信用调查的一部分，是一种未经证实的事实陈述。某些事实可以不经证实便被接受；其他事实可以通过进一步的调查得以证实。第一项信贷决策，是要决定是否任何事实都需要被证实。如果是这样的话，第二和第三项决定就变得很有必要了，它们分别是：哪些事实要通过调查来证实及使用什么样的资料来源。

信用申请

大多数信用部门用正式的程序来开立信用账户，这通常包括由信用申请者签名的信用申请表。在会产生融资费用的信用交易中，签名是一项重要因素（特别是在分期付款信用和循环信用中）。表9—2是在签署信用协议之前，提醒购买者须注意的事项。要搜集的信息范围不一，要视公司的政策、开立账户的种类以及贸易习惯和地区习惯而定。

正式申请的情况

正式申请（formal application）是一份综合性表格，用于搜集有关申请者信用资质的信息，并由信用分析人员对表中列示的情况做出调查。那些主张使用正式申请程序的人对此有自己的一大堆理由。

表 9—2 在签署协议之前对购买者的提醒

161

企业提供信用计划的原因

买方请注意：1. 在阅读此提醒之前或表格包含任何空格时，请不要签署信用协议；2. 对填写完成的信用协议，您有权保留一份复印件；3. 保存这份提醒，以保护您的合法权利

如果申请被批准，这份零售分期付款信用协议的复印件，以及关于质疑账单中错误的权利的信息，将与你的信用卡一起交给你

副总裁
首席财务官

✕ _____

购买者签名 日期

✕ _____

联合购买者签名 日期

要获得全面的信息，最好的办法是让信用申请者填写一张综合性申请表格。有些情况可能只有申请者自己知道。除非在开立账户时需要，否则这类情况不应当通过调查来了解。事实上，可能根本搜集不到这样的信息。从申请者那里得到线索，如果有必要证实的话，通过进一步的调查来证实这些线索，这样做更加经济。

如果信用申请表相当正式而且完整，申请者可能会以更严肃的态度来对待债务。如果开立账户看起来是小事一桩或只是例行公事的话，信用申请者可能就不会在意信用的价值，或者不把遵守信用条款的必要性放在心上。当开立账户时，债权人有非常好的机会来使消费者了解什么是合理的信用行为。首先，如果他们铭记并非每个人都能得到信用这一事实，他们就会更倾向于将使用账户看作一项特权，而不是一项普通的权利。第二，形成良好的习惯和行为方式的最佳时机是在首次交易中。根据条款规定分期偿付款项，是一种应当尽早形成的习惯。通过将开立账户变成一种正式的程序，申请者在第一步就会养成良好的信用习惯。第三，消费者更倾向于对那些仔细的、以商业模式运作的信用部门抱以尊敬之情。对信用承诺不负责任的态度会给消费者留下这样的印象，即这是该部门业务运作的典型方式。能让消费者态度严肃的最佳方式是，将潜在的信用客户与信用经理间的私人面谈与信用申请表的填写结合在一起。

非正式申请的情况

非正式申请（informal application）是一种相对较短的表格，由消费者填写，并送交贷款提供者备存。一些公司坚信信用调查中更需要非正式的形式。他们指出，如广告一样，信用是一种促销工具。广告很容易被消费者看到并阅读；因此信用也应当很容易就能够获得。一份简明扼要的信

用申请表，可以在各种不同的场所供潜在的信用客户随意拿到。这些潜在的客户只需要填好简短的表格，将它寄回到信用部门，而通常无须与信用部门的任何人直接接触。

这些公司是从这样一种观念出发的，即大多数人会偿付欠款。这样的话，他们就会推理，为什么还要花钱做询访呢？对这些商家而言，最好是储备资金，以对不履行信用协议条款者所欠的款项进行弥补。当然，这样的观点要假设信用部门确切地知道，应该在什么时候，以及怎样向不愿付款的人追债，而且这些收账努力（需要花费成本）会取得成功。

应当询问什么信息

询问的最低线是单纯的识别信息——潜在信用客户的姓名和地址。为了准确地向客户发送信息，有必要得知客户完整的名字，至少要知道中间名字的首字母。一些零售商店有上千个账户，可能会有许多卡尔·约翰逊（Carl Johnsons）、爱德华·史密斯（Edward Smiths）或玛丽·A·史密斯（Mary A. Smiths）。除了识别信息外，至少还要知道申请者工作的地点以及工作时间的长短（如果当前的工作时间少于 1 年，要注明以前的地址或工作）。常用在零售信用部门的首要规则是，应当知道过去 5 年中申请者的地址和工作。这样的信息资料能使调查人员查找足够长的一段时期内的事实或证实资料，用于消除对当前行为的疑惑。一旦有理由对信用行为的连贯性发生质疑，就应对早期的住所或工作地点展开调查。由于人口流动的普遍性，这种谨慎是不可缺少的。

销售金融公司和现金贷款提供者通常使用比零售商更详细的申请表。他们经常需要额外的资料，因为他们的信用交易数额更大，期限也更长。额外的问题可能包括申请者收入的稳定性和可靠性以及有关资产的更多信息。这些贷款提供者可能问及申请者拥有的房地产、银行账户余额和其他存款、购买的保险等问题。通过问及其他分期付款合同和当前使用并在最近偿还的其他现金贷款，贷款提供者能搜集到有关以前信用交易的资料。他们常会索要商业参考清单（最好是以"你近期与之发生信用交易的公司"这样的问题来询问）以及私人参考清单。一些贷款提供者也会询问消费者的开户行和持有账户的种类。表 9—3 是商业银行使用的详细的申请表。表 9—4 是零售公司使用的不太详细的申请表。

一些问题还可以预防贷款提供者不得不追踪**逃债**（skip）——故意销声匿迹并且未留下信件转寄地址的债务人的情况发生。如果贷款提供者对以分期付款形式购买的贷款合同或用作贷款抵押品的财产拥有留置权，那么他对债务人和财产都应有所了解。如果留置权下的财产是汽车，可能会使债务人的潜逃更加容易。因为潜逃是一种故意的行为，追踪债务人需要一些侦察工作。开立账户时提供的某些信息，可能会成为开始侦察的线索。诸如"关系最密切的亲人的姓名和地址"这类的问题便可以达到此目的。

表 9—3 　　　　　　　　　　　　**商业银行使用的详细申请表**

佛罗里达第一银行

检查适当的空格，选出你正在申请的账户。浮动限额的住宅权益信用额度与抵押贷款需要特殊的申请。

向你的私人银行业务员询问详情

☐浮动限额主管　　☐转账支票　　☐万事达金卡　　☐维萨金卡　　☐普通万事达卡　　☐标准万事达卡

☐分期付款贷款

所申请的信用金额　　　　　　美元　　　　　　　　　　目的

☐新账户　　☐再次申请　　　☐申请增加限额　　账号 ☐☐☐☐☐☐☐☐☐☐☐☐☐☐

重要信息：在填写申请表和支票空格之前阅读以下指导

　☐ 如果你以你的名义申请个人账户，并依靠你自己而不是他人的收入和资产当作信用申请的偿付基础，仅完成 A、C、D 部分

　☐ 如果你申请共同账户或你与其他人共同使用的账户，完成所有的空格。B 部分要填写有关共同申请者或用户的信息

　☐ 如果你申请个人账户，但依靠赡养费、子女抚养费或分居后赡养费所得收入或他人的收入和资产，尽可能填写完这几个部分。B 部分要填写为你提供赡养费、抚养费的人的情况

A部分申请者	名　　　　　中间名　　　　姓			社会安全号码	生日
	所住街区　　楼号　　市　　州　　邮政编码			居住时间	家庭电话
	☐自有　　☐租赁的 ☐购买中　☐与亲戚同住	以前街区的地址　　市　　州 邮政编码		居住时间	供养的人数
	雇主	雇佣时间　地址		月薪　　　（总）	
	公司电话	职位　　以前的雇主		地址　市　州	雇佣时间
	不住在一起的关系最密切的亲戚姓名	街区地址　城市　州　电话号码			与你的关系
	申请银行　　分行	支票号	贷款		
		存款账号	信用卡		
	如果你不想用赡养费、子女抚养费或分居后的赡养费来偿付欠款的话，则不必填写				
	其他收入	赡养费、子女抚养费、分居后的赡养费，由以下方式收到： ☐法庭判决　　　☐书面协议　　　☐口头协议			

	名　　　　中间名　　　　姓		社会安全号码	生日
B部分 **申请者**	所住街区　楼号　市　州　邮政编码		居住时间	家庭电话
	□自有　　□租赁的 □购买中　□与亲戚同住	以前街区的地址　市　州 邮政编码	居住时间	供养的人数
	雇主	雇佣时间　地址	月薪　　　（总）	
	公司电话　　　　职位	以前的雇主	地址　市　州　雇佣时间	
	不住在一起的关系最密切的亲戚姓名　街区地址　市　州　电话号码　与你的关系			
	申请银行　分行	支票号　　　贷款		
		存款账号　　　信用卡		
	如果你不想用赡养费、子女抚养费或分居后的赡养费来偿付债款的话，则不必填写			
	其他收入	赡养费、子女抚养费、分居后的赡养费，由以下方式收到： □法庭判决　　　□书面协议　　　□口头协议		

请在下面写出所有债务，含任何赡养费和抚养费，也可以列出所有你希望银行参考的账户（已清偿或偿付中）。如有需要，可另附纸

	公司或银行名称	账号	当前余额	月付款额	账户户主
C部分 **债务和参考**	租赁或抵押				□申请者 □共同申请者 □其他
	汽车融资	年： 制定：			□申请者 □共同申请者 □其他
		年： 制定：			□申请者 □共同申请者 □其他
					□申请者 □共同申请者 □其他

是否是共同申请者、捐赠者或某项贷款或合同的担保人？是□　否□　　如果"是"
为谁_____　给谁_____
是否存在任何对你不满意的评论？是□　否□　如果"是"，谁持有此观点_____
近10年是否曾被宣布破产？是□　否□　如果"是"，在哪里_____，在哪一年_____

申请者与共同申请者（如果有）在此申请循环信用，保证本申请中的一切情况真实准确。申请者清楚银行无论同意申请与否都将保留此表，允许银行核查以上信用及就业历史，并将回答信用史的问题，同意遵守协议条款和联邦法律要求的披露。如果信用申请被批准，共同或分别承担延伸费用及未清偿时的收账费用及适当的律师费用

（印）　　　　　　　　　　　　　　　　　　　　　　　　　　　　（印）

申请者签字　　　　　　　　　　日期　　　其他签字（可签）　　　　　　　日期

仅当不确定信用申请超过 5 000 美元时，填写 D 部分

（当你单纯依靠当前收入和信用记录来申请，而没有任何抵押品，如财产等，即认为是不确定信用申请）

	资产		负债与权益	
D部分 个人财务报表	1. 现金包括手头的和银行活期存款		18. 未担保银行应付票据，限直接借贷	美元
	2. 美国政府证券（担保）		19. 担保银行应付票据，限直接借贷	
	3. 政府机构证券		20. 银行、金融公司贴现的应讨票据	
	4. 应收账款和贷款（见下表，第1条）		21. 未担保的其他应付票据	
	5. 银行、金融公司未贴现的应收票据（见下表，第1条）		22. 担保的其他应付票据	
	6. 银行、金融公司贴现的应收票据（见下表，第1条）		23. 寿险贷款（见下表，第2条）	
	7. 人寿保险退保现金额（未扣除贷款）（见下表，第2条）		24. 应付账款	
	8. 政府及其机构担保外股票证券（见下表，第3条）		25. 应付利息	
	9. 以个人名义购买的不动产（见下表，第4条）		26. 应付税金与估计额（见下表，第4条）	
	10. 以个人名义购买的小汽车		27. 应付不动产抵押（见下表，第4条）	
	11. 其他资产（明细）		28. 佣金账款	
	12.		29. 其他负债（明细）	
	13. 总额　　　　　（美元）		30.	
	14. 见第31项　　　　（美元）		31. 负债总额	
	15. 所有者权益（见第33项）（美元）		32.	
	16.		33. 所有者权益	美元
	17. 资产总额	美元	34. 负债与所有者权益总额（第31项和第33项）	美元

第1条，应收账款、贷款和票据（欠款最大额列表）

借款者姓名与住址	欠款金额	保险公司名称	保单类型	保额	退保总额	保单贷款总额	年保费额	是否转让

第2条，人寿保险

投保人姓名	受益人姓名	保险公司名称	保单类型	保险金额	退保总额	保单贷款总款	年保费金额	是否转让

第3条，美国政府及其机构担保外股票证券

面值（债券）；股票编号（股票）	描述	注册人	费用	市场现值	上年收入	抵押给谁

第4条，不动产　本表所列所有不动产的所有权属于署名人，除了下列项目：

描述或街号	面积或英亩	装修改建	抵押或留置权	到期日及偿付额	估价	市场现价	未付税 年	未付税 金额

第5条，信用账户（列出常用账户）

姓名	地址	姓名	地址

签字人确定所有信息、已认真阅读，并且真实准确

日期＿＿＿＿＿＿＿＿＿＿＿＿＿＿＿＿＿＿　　　　签字＿＿＿＿＿＿＿＿＿＿＿＿＿＿＿＿＿＿

资料来源：Courtesy of Fist Florida Bark.

表 9—4　　　　　　　　　　　　　　　**零售公司不太详细的申请表**

JCPenney　　　即时信用	申请　　　限办公室用		
申请即时信用，请填写下面申请表。如果过去 60 天已申请 Jcpenney 账户者勿填	店号	账号	申请账户类型 □个人　□共同

信用保险注册

□是　我希望以上述金额投保信用保险来保护我的 JCPenney 账户。我清楚保险非必须。 □否　我暂不注册信用保险。	申请者（签字注册）	出生日期
	配偶姓名	出生日期

　　在本注册表中，我授权 J. C. Pennty 公司向 J. C. Penney 人寿保险公司和 J. C. Penney 意外事故保险公司投保，投保费用可从本人 JCPenney 信用账户支取，我同意支付该费用

总体信息（请打印所有信息）

账单付款者；即申请者姓名（名中间名首字母、姓）	申请者社会安全号
姓名与申请者关系　　□共同申请者　　□授权购买者（们）	

现住址—街/楼　□私有　□租赁　□与父母同住　□其他	城市、州	邮政编码
前住址（如果现住址居住未满一年）—街/楼	城市、州	邮政编码

住宅电话 （　　）	公司电话 （　　）	出生日期	共同申请者出生日期
银行账户 □支票与储蓄账户	□支票账户	□储蓄账户	□贷款
附照片证件（驾驶执照、学生证等）　号码	主要信用卡		账号
在此签字完成 JCPenney 即时信用申请 **您的签字表示您已阅读、理解并同意以上零售分期付款信用协议条款**			
申请者签字　　　　　　　日期	共同申请者签字		日期

资料来源：Courtesy of JC Penney Company，Inc.

签字和合同

让申请者在申请表上签字是一种良好的信用习惯。一些信用部门在签名上方附加一些话，使申请表成为一种正式的书面合同。附加的话可以是一份宣誓书，写明为了获得信用所提供的资料以及事实是全面的、正确的，也可以引用信用条款，从而作为债权人和债务人之间的合同。

信用专访

很明显，信用专访的性质要与信用申请表的特点以及信用部门的理念相一致。关于信用专访的最佳程序，尤其是完成申请的最佳程序，有许多不同的说法。一些信用部门喜欢通过专访获得问题的答案，并自己在信用申请表上记录信息。其他信用部门则首先让信用申请者填写表格，然后由浏览过表格的信用分析人员做简要的面谈，问一些额外的问题。在决定额外问题时，信用工作人员进行面谈的能力以及公司的设施是很重要的。

如果由信用申请者填写表格，公司所需要的熟练的信用工作人员就可以相对较少，同样的部门规模能接纳更多的消费者。熟练的信用专访人员能够获得更多的资料，也能对信用行为的对与错做出强调。如果由信用专访人员填写信用申请表，表格上应当留出空格来记录额外的信息（专访人员应当在消费者离开后记录额外的信息）。如果由消费者来填写信用申请表，专访人员应当浏览一下表格，以确定表格已填写完全，提的问题也能够比较深入。

更重要的是，要建立起对信用专访的正确态度，专访并不是描述如何填写申请表这一简单的程序。信用专访应当是信用部门促销的一部分，这是一个将潜在信用客户变成信用消费者的机会。因此，信用专访不应是一种审讯，而应当是一种商务程序，用于建立贷款提供者与借款者之间互利的信用关系。专访人员私下里应当相信，潜在的信用客户将是有价值的客户。

分析申请

信用申请是未经证实的信用信息来源。分析信用申请的目的之一是要对信息进行证实。一些信息可以通过日常的查询方式和资料来源得以证实。例如，地址可以在电话号码簿或城市指南中得以证实。在某些情况下，这类材料还可以用来确定申请者的职业。其他证实方式有联系雇主、房东或抵押品持有者以及列出的债权人。

如果申请者的居住或工作时间很短，这说明需要做更多的调查。对地区就业政策的了解有助于指导调查的范围。某些雇主可能有仔细筛选雇员的政策，在这样的公司工作的申请者可以被认为是可靠的。

有时某一职业可能暗示着需要做更加全面的调查。季节性变动较大的职业以及收入或营业额变动幅度较大的职业，与相对较稳定的职业相比，要求更全面的调查。一些信用评分系统也试图给不同的职业以不同的分数。

某些特征似乎在更高等级的职业（大量的专业人员或熟练程度很高的工人）中表现更广泛。收入的稳定性和良好使用是其中的两个特征。这两个特征是接受这些群体使用信用的重要因素。虽然在所有的职业中都有例外情况，但一个职业群体的责任感可能会对其支付习惯有相当大的影响。这种情况可能应该归因于教育，或做这些更高等级的工作所需的培训的种类和数量——有时要归因于正规教育的年限及个人的自律能力。

某些职业群体由临时工组成。这些工人总是被认为具有较高的信用风险，因为他们可能比较缺乏信用责任感。对那些经常从一个城镇搬到另一个城镇的工人，例如技术不熟练的工厂工人、铁路工人以及一般的工人来说，确实如此。直到最近，对工人来说，逃脱债务，而后在新社区使用另一个名字，一直是一件相对简单的事。现在，遍布全美的信用调查机构网络、强大的工会组织、社会保险登记以及所得税法，已经大大阻止了这种情况的发生。

在信用风险评估上，收入的稳定性与收入的多少是同样重要的，所以在信用调查中，它占有重要地位。当购买者是那些有能力支付分期付款或循环信用购买，或用开放性账户购买商品的人，信用销售是最有效的。销售技术将会吸引为数众多的、有稳定收入的人从零售商的货架上买走商品。

指出要做的调查

是否要做进一步的调查？如果要做进一步的调查，应该在多大的范围内进行？这样的决策要根据对信用申请的分析来制定。当然，在首次申请信用和已有客户要求增加信用额的情况之间，必须做出区分。信用申请和专访是原始的资料来源，决定了是否对首次申请信用的申请者采取进一步的行动。另一方面，在决定是否增加消费者的信用额时，存入档案的有关偿付记录的资料起着举足轻重的作用。

信用分析人员应当仔细考虑，调查什么，以及使用哪种信用信息的来源。必须在各种资料来源之间作出选择，每种资料来源的选取都必须根据所需信息的种类、反馈的速度、准确性和全面性以及获取信息的相关成本而定。

由直接调查得到的信息

直接调查（direct inquiry）是一个联系雇主、信用提供者及其他个人的过程，这些人可以证实申请者的情况并提供关于申请者付款意愿及能力的信息。信用调查人员或代理人员可通过电话、信件或私人谈话的方式来搜集信息。例如，信用调查人员可以给雇主打电话来证实申请者的工作情况并搜集与收入、工作年限和可靠性有关的信息。直接调查是获取信息的一种普通方式，用来证实信用申请中所列的或在专访中询问到的情况。同样，直接调查还可以用来搜集额外的事实，用来决定是否批准初次申请者的信用申请，或决定是否增加已有客户使用的信用额。

某些信息可以从消费者信用报告公司购买。**信用报告社**（credit bureau）是一种搜集、保存并出售与社区成员信誉有关的信息的公司。贷款或信用提供者常常必须与信用报告社联系，并为其提供的信息付费。信用报告社和其他信用报告机构将在第 10 章加以论述。

虽然调查可以通过直接调查或从信用信息的专业资料来源那里购买报告来完成，但是直接调查并非可以随意而为。直接调查在时间和人力上都要有所花费，在某些情况下，购买资料费用会相对低廉。但是直接调查可能更为迅速，而且允许调查人员询问具体的问题，搜集所需要的额外信息，并限定对相关信息的反应。例如，根据对信用申请的初步分析，信用分析人员可能认为只需要证实信用申请者的工作状况及工作的持续性。那么，给雇主打电话或邮寄信件可能就足够了，几分钟就可以完成调查过程。如果调查不能证实信用申请中所提供的信息，或是有了一些其他的问题，就应该继续做调查。

直接调查可能会导致重复调查，提供的信息可能不全面且不统一的。当许多人拥有同样的信息时，使用中间人常常是交换信息的最有效方式。例如，对每个要了解其他 6 个债权人经历的债权人来说，都必须发出 6 份问卷。而如果他们都将信息提交给一个中介机构，那么每个债权人就只需做 1 次询问并提交 1 份回复——总共只需 7 次调查，7 次回复。

通过信件方式调查

通过信件进行的直接调查可以应用于雇主、与信用申请者有信用交易的公司、申请者的开户行、与申请者有联系的律师以及其他相关人员。无论在何种情况下，都应当仔细地设计询问信，来请求可能会拥有资料的人提供信息，因为这些信息是与信用决策相关的。对信用决策而言，问题表述得越具体越好，表格设计得要让填表人能够轻松作答。不管在哪种情况下，都应当提供互动的交流机会，应该附上贴好邮票并写明地址的信封供填表人复函。虽然通过信件来交流更加普遍，也有一些公司使用双方回复的明信片，此时要将申请者的名字写在回复的卡片上，以避免有可能出现的法律纠纷。通常需要表明，由于要申请信用，所以需要有关的资料，有时还要说明交易的性质。因为这种资料应当是，也经常是建立在"提供与获得"的基础之上的，当调查其他人的资料时，一些公司也常常提供给别人自己的资料。卡片上常常还要写明调查是否是针对那些提供其名字作为参考的人。

问题的措辞应当能够使被调查者给出具体的、不模棱两可的回答。只要有可能，问题就应当是以事实而不是以观点或判断来作答的。无论是在调查中还是在答复中，问题都不应暗含或是引起偏见。通篇的语调都应很得体并且要体量答复者。

向雇主提出的合适问题包括：

从何时起开始工作？ _____ 或工作的时间有多久？ _____

职位或职业？ _____

申请者填写的薪金是否属实：是 _____ 否 _____

如果是申请者以前的雇主，比较合适的问题是：

曾经雇用过申请者吗？ 从 _____ 到 _____

职位或职业？ _____

离职的原因？ _____

对交易中的债权人来说，合适的问题包括：

账户的种类？ _____

账户于何时开户？ _____

最初的分期付款条款？ _____

当前的账户余额？ _____ 美元

最近信用的最高额？ _____ 美元

逾期账款的数量？ _____ 美元

偿付的经历：

　　到期偿付 _____

　　在 30 天内偿付 _____

　　30 天～60 天内偿付 _____

　　60 天～90 天内偿付 _____

　　其他 _____

（如果其经历不太令人满意，请说明未能按期还款的原因、采用的收账方式，以及是否对利润和损失收取了费用）美元 _____ 日期 _____

对银行所提的合适问题包括：

申请者是储户吗？ 是 _____ 否 _____ 支票 _____ 存款 _____

经常性余额约为多少？ _____

贵行有贷款给申请者的经历吗？ 有 _____ 没有 _____

贷款经历令人满意吗？ 是 _____ 否 _____

可以提些建议吗？ _____

最后一个问题违反了避免观点性的回答这条箴言，之所以提这个问题，是因为有些银行工作人员不愿回答具体的问题，而是愿意给出建议。

寻找其他的资料

使用具体的问题可以搜集到可用的信息，甚至在资料来源中存在偏见时也是如此，因为有声望的商业人士很少会在信用资料上作假。他们更倾向于通过不提任何缺点，或用笼统，甚至慷慨的话来作为对观点或判断式问题的回答，并以此表达他们的偏见。有时，信用分析人员会很惊奇——潜在客户将会更为惊奇——某些回答是那么直率。

虽然有一些缓和因素，这种可以预料到的偏见仍然迫使有经验的调查人员从潜在客户未曾提及的资料提供者那里搜集信息。灵活性和对市场的了解经常有助于调查人员增加资料的来源。例如，公用事业部门常常会有一些相关的记录，还可以使用公共部门公开的信息；从纳税记录上可以查出财产的所有权；通过检查公共部门的记录可以判断是否有留置权；警务部门的记录有时也能够说明情况。虽然哪种情况都不能保证能够完成这种既花钱又费时间的调查，但是根据情况的需要，调查可以在不同于以往的方面展开。

电话调查

电话调查可以代替信件调查，它常常受到贷款发放者的青睐。上文中概括的问题同样可以在电话中向掌握资料的人或公司进行询问。调查人员在与信件调查中使用的类似的表格上，将回答记录下来。标准化的问题会得到相同的回答，但经过培训的电话调查人员应该很有经验，能对可能暗含的问题进行进一步的调查。

与信件调查相比，电话调查有一个优点：可以很快得到答复。每次完成的调查的成本比信件调查的成本令人满意。然而，如果情况不允许使用电话调查，就需要使用信件调查的形式。有时公司会有政策，要求对工作状况进行证实的陈述，只能使用信件的形式。雇主即使意识到证实雇员的工作情况对他的雇员来说是一项有益的活动，也不愿意被过多电话调查扰乱了商务工作。

通过代理进行调查

一些公司，特别是现金贷款提供者和销售金融公司，会将他们自己的雇员作为信用调查人员。这些雇员或公司外的代理人，可以兼有双重身份，即外部的或个人收账人员和信用调查人员。通常公司会告诉这些外部信用调查人员客户雇主、房东、所在公司的名字，要求他们给这些人打电话，询问他们与信件调查中类似的问题。在这里，使用标准化的问题和标准形式的表格记录作答，也具有优势。

外部代理人在寻找其他的资料提供者和扩展调查的深度方面，应该更为积极。虽然信件形式的调查不容易扩展，但优秀的外部代理人会对搜集的信息进行分析，这样，他们就将调查扩展到了可以决定是否已经拥有了充足的资料来接受或拒绝申请的程度上。通过谨慎的调查，他们可以搜集到直接调查无法媲美的资料。可以对客户的邻居、当地的商家甚至是邮差或警官进行调查。

一些从事现金贷款业务的公司以家庭财产作为抵押品贷出现金，他们认为，对借款者的住宅作私下的检查，可以找到有用的信用信息。诸如有关家具的种类和质量、管家的素质、是否以住宅引以为豪，这样的资料都能表明申请者的信用资质。在类似的情形下，贷款业务员可能想要检查一辆作为抵押品的汽车，它的行驶里程和总体情况在决定其真实的市场价值方面是重要的。

通过信用群体会议进行调查

使用群体会议这种办法在商业信用交易中更加普遍，但在某些地区，提供消费者信用的债权人也利用它来交换分类账资料和其他有价值的资料。虽然这种会议经常在地区零售信用报告社的赞助下召开，但这种办法是直接调查的结果。

这种常与社交活动或晚宴一同举办的群体会议，其目的是提供一种快速、轻松的方式，来交换关于首次申请信用的客户、还贷缓慢的消费者和其他表现出不正常状况的账户的信息。通常来说，每个与会的商家在其能引入讨论的名称的数目上都受到限制。

来自归入档案的分类账中的资料

归入档案的分类账、公司已有的关于某个申请者的偿付记录，在决定接受还是拒绝已有信用消费者增加信用额申请时，是最重要的资料来源之一。申请增加信用额的申请者已经被询问和调查过，他们的信用申请也被分析并证实过。然而，还应当重新查看关于已有消费者的一些重要情况，因为这些人的财务状况可能已经发生了显著的变化。

归入档案的记录载明了公司给消费者贷款的经历。信用分析人员了解消费者的付款习惯、登记过的意见和回收贷款时需要做的任何努力。在许多情况下，这些资料就足够了。在其他情况下，信用经理要从提供资料的专业公司处寻找更多的资料，称为**购买的资料**。在下一章中会对这种资料展开论述。

重要术语

能力	capacity	抵押品	collateral
资本	capital	常识	common sense
品质	character	有条件的销售协议	conditional sales agreement
环境	conditions	事实	fact

信用报告社　credit bureau
信用品质　credit character
信用调查　credit investigation
信用评分系统　credit scoring system
直接调查　direct inquiry

正式申请　formal application
非正式申请　informal application
观点　opinion
商品收回　repossession
逃债　skip

讨论题

1. "信用信息只产生于信用询问的主体"这种说法的含义是什么？

2. 信用调查的基本目标是什么？

3. 指出事实与观点的区别。

4. 解释下面的说法："信用调查将历史资料聚集在一起，通过分析，作为对未来行为进行预测的基础。"

5. 解释信用品质与道德品质之间的不同之处。

6. 列举并描述通常需要信用调查人员估计的信用资质。

7. 除了文中所列示的信用资质，你还能提出一些其他的资质吗？

8. 对照一下你所居住地区的几家公司（零售业、服务业和金融领域的），看看他们对文中提及的信用资质各有何侧重。

9. 比较购买过程中抵押品和权益的异同。

10. 为什么在确定信用风险时，经济环境是一个重要的因素？

11. 为什么"调查到何种程度"这个问题难以回答？

12. 指出直接调查和归入档案的分类账资料有何区别。

13. 对"通过其他的调查对消费者提供的资料进行证实或扩展，其范围要靠信用分析人员的判断"这句话进行解释。

14. 应当让申请者在信用申请表上签字吗？为什么？

15. 你会怎样进行一次信用专访？为什么专访要包括你所进行的那些步骤？

16. 为什么销售金融公司和现金贷款提供者要使用更加详细的申请表格？

17. 按重要性大小的顺序排列信用因素。对贷款提供者而言，哪一项更为重要？哪一项最不重要？

第10章 消费者信用报告机构

学习目标

在学完本章后，你应该能够做到：

● 描述消费者信用报告机构的基本目标；

● 解释消费者信用报告机构与信用调查报告机构有什么不同；

● 描述由信用报告社所提供的典型产品和服务；

● 追溯地方信用报告社的历史、发展、组织形式和运作方式；

● 论述信用报告社协会（ACB）的活动；

● 描述信用报告社所搜集信息的来源和种类；

● 指出在《信用报告诚信法案》的规范下，对信用报告社的运作存在哪些法律限制；

● 解释 Experian 信息服务公司（前身是 TRW），Tran Union 公司以及 Equifax 公司的业务。

内容提要

有关个人和家庭的信用历史或支付习惯的情况，可以从许多信息来源得到。正如在第2章中所描述的，信用经理可以使用直接调查的方法来获得信息。他也可以从商业化的信用报告机构购买有关个人信用历史的资料。每种资料来源——直接调查或信用报告机构，都有其自己独有的优点，也有某些不足之处。

直接调查的方法只有在债权人不需对公司外的机构付费这一点上，才是"免费"的。如果考虑搜集和证实信息过程中所花费的时间、员工工资和其他费用，直接调查可能比付费服务更昂贵，得到的资料质量也相对较差。然而，在任何信用调查中，信息的质量都是首要的考虑因素。大多数信用调查中都包含来自专门的信用报告机构的资料中的信息。

信用信息交换中心

消费者信用报告机构，也称**信用报告社**，是搜集、保存并出售有关消费者信用历史的信息的公司。这些公司的作用是充当信息的交换中心。债权人把信息交给信用报告社，调查局将信息提供给其他因业务原因需要有关信息的债权人。例如，债权人 X 为信用报告社提供了某消费者的偿付信息。然后，债权人 Y、Z 以及其他债权人会要求查看信用报告社的档案，找出第一位债权人提供的信息。**信用报告社的报告**（credit bureau report）包括债权人提供的偿付历史信息，以及来自公共部门记录、收账机构和其他渠道的信息。信用报告机构档案中的信用信息可以使用不止一次。事实上，同一信息的多次使用，是创立这种公司的原理所在。而由直接调查的方法搜集到的信用信息，只能供进行该调查的一家公司使用。

信用报告社的类型

信用报告社或信用报告机构有 2 种基本的类型。**消费者信用报告机构**（consumer credit reporting agency）一般有自己的计算机数据库，囊括了全北美几百万信用用户的信用资料。他们数据的首要来源是应收账款资料，由贷款提供者定期提供。他们也从法庭记录中获得公共部门的公开信息。如今美国有三家主要的公司：Experian 信息服务公司（前身是TRW）、Trans Union 公司和 Equifax 公司。这 3 家相互竞争的公司运营着它们各自的业务，并为其他所有独立的信用报告社提供资料，这些信用报告社已作了安排，因此可以随时使用上述公司的数据库。

另一种报告机构，称为**信用调查报告**（investigative credit reporting）公司，他们通过私人访问以及传统的资料来源得到消费者信用的调查记录，包括关于消费者的品质、声誉、个人特点及生活方式的资料。这些报告主要是供雇主和保险公司使用的，他们出于工作或保险的原因而需要对申请者做出评估。Equifax 公司，该行业中的领头企业，能为客户提供详细的调查。一份调查报告包括调查局的标准化信息，以及由业内报告人员搜集的资料。

通过一种长期的安排，任何信用报告社都可以立即获得其他所有信用报告社的记录。例如，一个信用报告社的员工能够在全国任何地方、任何一台计算机终端上键入姓名和社会保险号码，从而获得国家数据库中的档案资料。通过信用报告社行业内部的报告安排，搬到另一地区的家庭，其信用档案仍可为新地区的贷款提供者所使用。

> **美国的 3 家主要的、使用计算机管理数据库的信用报告社**
> - Experian（前身是 TRW）
> - Trans Union 公司
> - Equifax 公司

信用报告社的产品和服务

信用报告机构提供的传统产品是**书面形式的信用报告**（written credit report），该报告描述与使用信用方案的个人有关的偿付历史、公共部门记录和其他信息。随着技术的进步，原先以书面表格形式邮寄的信用记录，现在已经能够以电子化的方式——计算机对计算机的形式递送给大多数的查询者。

有了大型的信息数据库，信用报告机构开展了贷款提供者渴望的其他服务，它们包括：

- 用于预测账户是否逾期未付以及客户是否破产指示评分系统。
- 对需要进一步调查的细微档案不符合非正常信用行为发出警告信息。例如，如果某一特定档案引发了不寻常的大量询问或费用，某些报告机构会提醒债权人注意。
- 在数据库中作假来防范非法活动。
- 根据特征来寻找那些刚刚搬家、换了名字或"逃债"的消费者，其中**逃债者**是为了避免还款而搬家的债务人。
- 提供给贷款提供者，金融机构和销售机构信用报告，其中记录了关于怎样、在哪里以及由谁在他们的市场中使用了信用的信息。
- 直接营销和邮寄名单的服务。在邮寄以前，预先根据客户的标准筛选并找出值得发送的消费者名单，可以将富裕水平和生活方式相似的人群定为目标人群。其他服务包括识别那些有新地址和特殊人口群体中的成员。

将来，信用报告社可能会成为一种能够满足贷款提供者所有要求及促销需要的一站式服务机构——提供从选定消费者到准备及分发信件，到处理回复的全面服务。

信用报告社拓展的其他业务，还包括自动信用申请程序和监测产品的得分卡。这些系统能够汇集、分析、评分并评估作出合理信用决策所需的所有申请资料，交给贷款提供者，并根据贷款提供者的标准，提供同意、拒绝或进一步调查信用申请的建议。客户可以在网点或数据处理中心将申请资料键入计算机，贷款决策在几分钟内就可以作出。

信用报告社的历史和机构

信用报告社是关于消费者支付习惯的信息最重要的资料来源之一。贷款提供者需要用这种信息来迅速而科学地扩展信用的使用。

地方信用报告社的创始和发展

地方信用报告社主要是在 20 世纪发展起来的。第一家称作信用报告社的机构，早在 1860 年就在布鲁克林成立了，但在"二战"前，信用报告社的成长和发展都很缓慢。当时，只有少数零售商以信用的方式出售商品，而且这些零售商也仅将信用业务限定在熟悉的消费者身上。由于缺乏快捷的交通工具和交流设施，人口的迁移受到了限制，社区居民的声誉和付账习惯都是众所周知的。一些信用信息的交换产生了具有不良信用风险的客户名单，但搜集并分享资料的机制还没有得到很好的发展。

信用报告社从开始的微不足道发展到如今，已具有举足轻重的地位。现在，信用报告社已成为主要的信息交换中心，其信息由用户、工作人员和其他外部资料来源提供。在服务于美国公众的商业机构中，他们是紧密合作的最佳范例之一。

信用报告社中行业组织的产生和发展

各地方之间有组织地进行消费者信用信息的交换开始 20 世纪初。1906 年，威廉·H·波恩（William H. Burr），纽约罗切斯特一家名为"信用公司"的老板，请其他几家消费者信用报告机构的经理与他会面，共商成立一个全国性的信用报告社协会的事宜。在那之前，信用报告社中没有值勤表，没有信用报告社行业内部交换报告的系统，也没有标准化的表格。这次会谈导致了唯一一个全国性信用报告社协会的成立，当时称为**全国零售信用报告机构协会**，而现在则称为**信用报告社协会**（Associated Credit Bureaus，Inc.，ACB）。信用报告社与贷款提供者之间紧密合作的需要很快变得显而易见，1912 年，国家零售信用人协会（现在称为国际信用协会）作为零售信用经理的行业组织成立了。

1906 年成立之时，6 家小型信用报告机构合并在一起，同意交换信用资料，此后，ACB 迅速地成长起来。如今，他作为消费者信用报告行业中惟一的行业组织，为其成员提供传统行业组织带来的各种好处，如游说、团体购买、全国范围内的公共关系以及通过研讨会、论坛和学会培训雇员。

ACB 还运营着一项综合性的认证项目，以使信用报告人员和消费者专访人员在控制其行为的法律方面得到完整的培训。该认证通常每 2 年更新一次，常被用来证明操作程序和雇员已经得到了仔细的监控。（参见网址 http://www.acbcredit.com）

地方信用报告社的组织和所有权

过去，大多数信用报告社是以社区合作的形式或作为非营利性的组织来为用户服务的。其余的为地方商会所拥有，运营目的是为了其成员的利益。如今，大多数信用报告社由个人或公司所拥有，其运营目的是获利。

与任何私人公司一样，信用报告社可以更换所有者。大多数信用报告社是合并而成的。上文中所提到的 3 个主要数据库的拥有者，当他们收购了以前由合同安排联合在一起的信用报告社时，被收购者就成了他们新的分支机构。由 Trans Union 公司、Experian 信息服务公司和 Equifax 公司所拥有的办公机构的数目一直稳步增长。

不管所有权归谁，信用报告社的运营原则是不变的。所有的信用报告社都依靠贷款提供者的合作，一方面是提供关于其信用消费者的资料，另一方面是购买信用报告。所有的信用报告社都询访消费者，对所有感兴趣的人解释自身的作用，试图使消费者与贷款提供者协调一致，纠正查出的错误。《公平信用报告法》（FCRA）于 1971 年生效，监管信用报告机构，提供消费者查看资料的机会，加入了纠正错误的机制。该法将方法和形式具体化了，也使得如今对待消费者的方式统一了。

信用报告机构曾经一度需要有真实的办公地点。如今，计算机使这一条件变得没有必要了。所有的贷款提供者（或者甚至是另一个信用报告社）所需要的只是一个计算机终端。

信用报告社意识到了对保护其资料真实性的安全措施的需要。每家信用报告社都根据其自身的需要，建立起了一套安全程序。依据信用报告社的经验，安全系统从复杂的自动化系统到简单的提前警示系统各不相同，它们被用于防止不经允许查看信用记录的行为。

安全程序需要不断的更新从而提供更好的保护，并在不同运营环境的允许下，在全行业尽量标准化。

安全几乎涉及到信用报告社运营中的每个方面。ACB 要求其成员具有某些基本的安全措施，并根据信用报告社的规模和位置推荐其他安全措施。特别是业务电子化的报告社，应该采用严格的措施来防范他人非法查看存储的资料。

在信用报告社所在城市周围很大范围内的居民将会发现他们的信用档案唾手可得，因为很容易从各分支调查局获得 3 家主要数据库公司从全国的贷款提供者那里获得的信息。

信用报告社的运营

信用报告社必须对其搜集的数据进行控制。为了遵守《公平信用报告法》，不管他是贷款提供者、雇主，还是报告中的当事人，信用报告社必须仔细地证实所有需要信用信息的人的身份。

信用信息的主要来源

因为信用报告社的主要业务是提供有关申请贷款的消费者的信用报告，探究这种报告的主要资料来源就变得重要了。

信用信息应从位于一个或更多商业地区的不同信息来源搜集，这些来源应当是愿意交换资料的。信用报告社应从尽可能多的贷款提供者和其他信息来源那里获得必要的资料。许多贷款提供者自动地以计算机格式的表格提供应收账款信息，或者在预先安排的时间段，将信息从贷款提供者的计算机下载到信用报告社的计算机中。一些贷款提供者提供可机读的计算机磁盘或磁带，里面存有信用消费者最近的账户信息。信用报告社的电脑在几分钟之内"读出"信息并将它们输入报告社的档案中。此外，分支报告社安排银行、融资公司、零售商等将其存在计算机中的信息发到调查局的电脑中，以丰富报告社关于信用历史的资料。当新的、当前的就业信息可供使用时，调查局也会将其加到每个人的档案中，这些信息通常来自信用申请表。其他信息则可以从公共部门的记录中搜集。

搜集到的信息的种类

信用报告社搜集与已建立数据档案的个人的分期付款历史及信誉有关的资料。这些资料将帮助信用决策者评估申请者偿付他（或她）的债务的意愿和能力。

信用档案可以在贷款提供者办公室中的计算机屏幕上显示或打印出来。3 家主要的数据库公司都已习惯使用标准的信用报告格式，他们都用这种格式来提供所有需要的资料。虽然每个数据库中的信息在理论上是相同的，但信息的显示和处理是不同的，这要依数据来源而定。例如，Trans Union 公司的报告格式看起来与 Exquifax 的报告格式就不同。信用报告社协会也设计了一种报告格式，称为"信用指南"，即表格 2000（见表 10—1）。信用报告社的报告通常包括以下信息。

分类账信息

分类账信息（ledger information）是商业活动中的货币交易记录，它反映了个人信用消费者如何使用他（或她）的信用账户。表格 2000 中的信息概括了个人偿还其信用债务的方式。消费者现在的状况是至关重要的，但信用报告的读者更加关注过去的情况，如消费者是否经常延期支付账单。每个贸易账户的时间以月来表示，栏目的标题是"对某个月的情况的检查"。

样表 2000 中有关信用历史的部分告诉读者许多事实：

1. 谁负责支付账款。对于遵守《公平信用机会法》来说，这条信息很重要，以后会详细地加以讨论。

2. 报告信息的公司的种类。贷款提供者真实的名称会出现在自动生成的信用报告社报告上。

表 10—1　　　　　　　　　　**样表 2000**

NAME AND ADDRESS OF CREDIT BUREAU MAKING REPORT

☐ SINGLE REFERENCE　☐ IN FILE REPORT　☐ TRADE REPORT
☒ FULL REPORT　☐ EMPLOY & TRADE REPORT　☐ PREVIOUS RESIDENCE REPORT
☐ OTHER _____

Credit Bureau of Anytown
1311 Main St.
Anytown, Anystate 12345

FOR

First National Bank
Anytown, Anystate 12345

Date Received	10/11/91
Date Mailed	10/12/91
In File Since	1973
Inquired As:	2

CONFIDENTIAL
crediscope® REPORT

● Member Associated Credit Bureaus, Inc.

REPORT ON:	LAST NAME	FIRST NAME	INITIAL	SOCIAL SECURITY NUMBER		SPOUSE'S NAME
	Consumer	Robert	B	123-45-6789		Betty

ADDRESS:	CITY	STATE:	ZIP CODE	SINCE:	SPOUSE'S SOCIAL SECURITY NO.
812 Elm St.	Anytown Anystate		12346	1975	987-65-4321

PRESENT EMPLOYER:	POSITION HELD:	SINCE:	DATE EMPLOY VERIFIED	EST. MONTHLY INCOME
Research Engineer Inc.	Sr. Vice Pres.	5/81	3/21/89	$ 3600

DATE OF BIRTH	NUMBER OF DEPENDENTS INCLUDING SELF:				
4/48	2	☒ OWNS OR BUYING HOME	☐ RENTS HOME	OTHER: (EXPLAIN) ☐	

FORMER ADDRESS:	CITY:	STATE:	FROM:	TO:
123 Oak St. Thattown	Anystate		1973	1975

FORMER EMPLOYER:	POSITION HELD:	FROM:	TO:	EST. MONTHLY INCOME
Sun Research	Engineer	1978	1981	$ –

SPOUSE'S EMPLOYER:	POSITION HELD:	SINCE:	DATE EMPLOY VERIFIED	EST. MONTHLY INCOME
Gift World	Owner	1984	3/21/89	$ 1800

WHOSE	KIND OF BUSINESS AND ID CODE	DATE REPORTED AND METHOD OF REPORTING	DATE OPENED	DATE OF LAST PAYMENT	HIGHEST CREDIT OR LAST CONTRACT	PRESENT STATUS BALANCE OWING	PAST DUE AMOUNT	PAST DUE NO. OF PAYMENTS	NO. MONTHS HISTORY REVIEWED	TIMES PAST DUE 30-59 DAYS ONLY	TIMES PAST DUE 60-89 DAYS ONLY	TIMES PAST DUE 90 DAYS AND OVER	TYPE & TERMS (MANNER OF PAYMENT)	REMARKS
3	D-608	Jones Department Store 9/91A	2/83	6/91	$172	$85	$34	2	12	1	1		R-$17	
1	B-319	Bank of Anytown 9/91M	8/85	8/91	2400	00	00		24				I-$100	
2	C-526	Styles of Today, Inc. 9/91A	1980	7/91	$1264	100	50	1	12	2	1		R-$50	
3	N-772	Ready-Credit 9/91A	2/81	7/91	$350	160	–	–	12	1			0	DRP
0	D-490	Everybody's Dept. Store 5/89M	1979	6/90	$700	00	0	–					R-$150	

Public Record
County Small Claims Court Case SC-1001, 5/31/91,
Plaintiff Ace Stereo Sales $825 Paid 8/91.

3. 信用报告社收到信息的日期。报告社通过电脑查看主要债权人自动生成的应收账款信息，每 30 天收到一次更新的资料。

4. 报告的方法。

5. 开立账户的日期。

6. 上次支付的日期。

7. 使用信用的最高数额或上一次与消费者签订的合同中写明的信用数额。

8. 开立的账户是赊销账户、循环账户还是分期付款账户。如果已知账户类型，协议规定的月付款额就会显示出来。

9. 解释性的评论，用于帮助读者对消费者的支付习惯有一个更清楚的了解。解释性的评论是 3 个字母的缩写形式，能对相应项目的参考进行解释。

人口信息

人口信息（demographic information）是与家庭成员的身份及居住地相关的信息。例如，信用报告社的报告将包括关于个人最近和以前的住址、社会安全号码、出生日期、供养的人数以及住宅是租赁的还是自有的。虽然配偶以他（或她）的名义也有自己的档案，但是有关配偶的信息一般也会包括在内。社会安全号码（如果可以获得的话），对信用报告社尤其有用。报告社经常为同一个人建立两份档案，原因可能是此人在申请信用时，用了两个略有不同的名字。因此需要用社会安全号码来证实，由两个不同的债权人分别报告的人是同一个人。

就业信息

就业信息（employment information）是关于雇主的姓名、职业、收入以及工作时间长短的信息。当信用报告社收到查看最近报告的要求时，就会例行公事地向雇主调查，来证实并更新就业信息。如果要被查看的报告是一份"归入档案"的报告，信用报告社会提供上一个雇主的姓名以及档案中记载的其他就业信息。如果自个人上一次申请信用以来已经过了很长一段时间，就业信息（特别是收入信息）的价值就很有限了，因为信息有可能已经过时了。

公共部门的记录

公共部门记录的信息（public record information）是由政府、法院系统和其他公共机构掌握的数据，可供任何对其感兴趣的人参考。信用报告社定期检查公共部门的记录，来搜集与信用相关的资料。不管消费者以前的记录如何，破产申请、对负债的法庭裁决或税收留置权都可能影响到消费者的支付能力。

信用报告社的调查

信用报告社也记录调查情况并将其记入报告。**信用报告社调查**（credit bureau inquiries）是反映债权人或其他人要求查看特定档案的列表。这些调查情况能提供有关个人其他信用申请的信息，这些申请可能是最近提交并被拒绝的。许多调查有时不太令人满意，这是因为报告中可能反映了信用的过度使用。在信用申请上没有说明的账户或债务，有时将会出现在信用报告社的档案上。

信用报告社提供的信息

- 分类账信息
- 人口信息
- 就业信息
- 公共部门的记录
- 信用报告社的调查

对事实而非观点的需要

信用报告社长久以来一直对事实和观点陈述加以区分。很早以前，信用报告包括贷款提供者的观点，甚至包括关于借款父母的评论。信用报告社的档案一度曾按不同的社区成员，分别保存在信封中，包括新闻简报和信用报告社想保存在档案中的其他资料。为了确保遵守《公平信用报告法》，现在信用报告社除了在其档案中存放真实资料外，拒绝存放其他资料。

《平等信用机会法》改变了准备信用报告的方法。在此法通过以前，几乎所有的档案（贷款提供者的和信用报告社的）都以丈夫的名义填写。而《平等信用机会法》要求，当贷款提供者报告信用历史时，要弄清楚借款者对列示的账户负什么责任。丈夫和妻子的个人档案要分开放置。样表2000最左边称为"谁的"的栏目给出了几项选择。使用最广泛的名称是：

1. 供个人使用的个人账户。
2. 合同债务的共同账户。
3. 授权的使用者（常为配偶）。
4. 本票的共同填写者。

信用报告社的运营范围

信用报告社的首要任务是提供信息，怎样将信息提供给贷款提供者，由以下几个部分来说明。

调查局档案的准备和保存

信用报告社的档案是信用信息的来源，从档案中可以快速而容易地获得资料，然后把资料提供给索要者。信用报告社最基本的运营工具，是来自两个主要来源的信息：当地信用提供者和全国性或地区性信用提供者的应收账款资料。

与调查对象有信用交易的当地公司，会被问及有关其与调查对象最近交易的信息。当填写信用申请时，调查对象通常要指定信用参考。贷款提供者会与信用报告社签订合同，表明他会迅速并准确地提供其分类账信息。

当程序运行良好时，基本的档案信息会自动地积累起来，并将反映信用提供者的信用历史及有关调查对象支付习惯的信息。《公平信用报告法》中规定的过时信息，应当被删除。

信用报告社的档案揭示了诸如每个债权人与顾客上次交易的具体情况、账户目前的情况以及各个不同时期账户的情况之类的信息。

除了分类账信息之外，信用报告社档案还包括关于每个信用用户的信息。例如，目前和过去的住址，以及现在和过去的就业资料。对财产、破产案和税收留置权所作民事裁决的公共部门记录，从法庭记录中得到以后，也会被加入到信用报告社的档案中。

信用报告的种类

信用报告社以书面或口头的形式，提供几种信用报告。**归入档案的信用报告**（in-file credit report）是最普遍的报告形式，指信用报告社所提供的、当前已记录在信用报告社档案中的各种信息。这些信息未经进一步地证实、更新或使用。

当贷款提供者要求用口头形式了解归入档案的报告时，他（或她）用一个预先规定的号码确认自己的公司，从而确保资料的机密性。然后，贷款提供者提供调查对象全面的个人资料，包括姓名、地址、社会安全号码、配偶的姓名、工作和以前的地址。这种来自最近信用申请的信息，会被信用报告社用于更新人口和就业信息。然后，信用报告社的工作人员就会将这份档案读给贷款提供者听。

越来越多的贷款提供者将计算机连接在信用报告社的网络上。他们在自己营业地点的计算机终端上，用申请者的姓名和社会安全号码查看信用报告社的档案。然后，归入档案的报告就会在他们的计算机上立即显示并打印出来。事实上，在如今电子化的环境中，口头报告比从计算机终端显示并打印出来的报告更昂贵。

信用报告社可以提供许多专门的报告。例如：

住宅抵押贷款信用报告（residential mortgage credit report）　这种综合性的报告比定期的消费者信用报告包含更多的信息。信用报告社的雇员经常会进行直接调查，来证实档案中的每条信息。这类信用报告的成本经常要借款者来支付，作为与住宅销售相关的一项结算成本。

商业报告（business report）　商业报告通常是应特殊要求提供的，它将包括信用报告社能够搜集到的有关小型商业公司的所有信息。虽然信用报告社尽可能小心地将消费者的信用历史信息与商业信用交易信息分离开来，商业报告还是可以由公司所有者的个人信用报告来补充的。

人事报告（personnel report）　常用来满足未来雇主的需要，该报告包括专业记录、就业历史、公共部门记录和消费者信用历史。当公共部门记录的项目成为人事报告的一部分时，《公平信用报告法》要求对这些资料进行最新的修正，以确保工作或提升的机会不被错误或过时的公共部门记录所破坏。

术语的标准化

信用行业中术语的标准化，曾经一度是一个问题。信用术语模棱两可、令人迷惑，有时还会产生误导作用。执行宽松信用政策的百货商店可能会说消费者"付款虽慢，但还令人满意"，而执行严格信用政策的银行则会将同一支付习惯描述为"令人非常不满意"。

随着行业的电子化，在贷款提供者和信用报告社之间使用标准化语言变得至关重要。出于这个原因，ACB 和全国的贷款提供者代表设计了"信用指南"，通过多方合作，现在使用的标准化术语产生了。信用指南简化了信用报告，向消费者保证所有债权人使用同样的标准来判断支付习惯。它提供了一种最彻底的方式，用以使信用报告中仅包括客观信息。

表 10—1 是信用报告样表 2000 的一份完整样表。样表 2000 反映了信用历史信息，对其解释在表 10—2 中给出。表 10—3 解释了可能出现在样表 2000 中的任何术语。3 个拥有大型数据库的信用社，每一个都有自己的报告格式，每一个都与样表 2000 显著不同。然而，该格式是对信用报告社报告中信息种类的一个很好的说明。

表 10—2   **样表 2000 中信用历史信息的解释**

    交易账户 1   这是一个允许消费者的妻子使用的共同账户。百货商店（D608）上一次是于 1991 年 9 月在计算机磁盘上记录了该账户。最高信用额是 172 美元；账户前欠款 85 美元，其中 34 美元本应两次分期偿还，当前已经过期。债权人检查了过去 12 个月的账户历史，指出除了当前已过期的两次分期付款外，该账户其他项下也有过期的情况。这是个月付款额为 17 美元的循环账户，信用报告社指定了内部代码，从而将每个公司分开。某一百货商店可能是 D608，另一家则可能是 D853。

    交易账户 2   以丈夫的名义在银行（B319）开立的个人账户。1991 年 9 月由人工报告的交易。债权人检查了月付款额为 100 美元的分期付款信用过去 24 个月的情况。该账户逾期从不曾超过 30 天，现在已全部付清。

    交易账户 3   服装公司（C526）的循环信用账户，最高限额为 1 264 美元，夫妻双方在履行合同方面都有责任。该账户目前欠款 100 美元，其中 50 美元已经过期。此外，据查在过去 12 个月中，还有其他两次逾期付款的情况，账户欠款逾期 30 到 59 天，一次曾逾期 60 天～89 天。

    交易账户 4   全国性信用卡账户，配偶是授权用户。目前有 160 美元的欠款，全部或部分遭到质疑，被债权人记做 DRP（遭到质疑——在解决期间）。根据《信用结算诚信法》，债权人要对有关逾期账款的金额以及分期付款逾期次数的信息保密。在以往的历史情况下，"1"在逾期 30～59 天栏中指的不是账户的当前状况。它指的是所检查的 12 月中的另一时间，账户处于这种情况，而在那时未被质疑。

    交易账户 5   从法律上讲，有利的信息可以无限地被报告，但是信用报告的用户更倾向于信息不要保留太久，以免歪曲了消费者目前的支付趋势。在此例的情况下，资料已存在 1 年以上，账很久未被使用。

表 10—3   **样表 2000 中使用的缩写说明**

销售期	
往来账户（30 天或 90 天）	O
循环或可选择账户（现金账户，不定期支付）	R
分期付款账户（每期付款额固定）	I

公司类型的分类			
编码	公司的种类	编码	公司的种类
A	汽车公司	J	珠宝和相机商店
B	银行	K	承建商
C	服装店	L	木材、建筑材料、五金商店
D	百货商店	M	医疗保健机构
F	融资公司	N	国家信用卡公司和航空公司
G	杂货店	O	石油公司
H	家庭用品商店	P	个人非医疗服务机构
I	保险公司	Q	邮购店
R	房地产和公共设施公司	W	批发商

续前表

编码	公司的种类	编码	公司的种类
S	体育用品店	X	广告商
T	农场和草坪设施公司	Y	托收服务公司
U	公用事业和燃料公司	Z	综合型公司
V	政府		

185

A. 第 1 栏，谁的账户，表明贷款人为遵守《平等信用机会法》怎样保持账户的一种方式。例如：0 表示未签字；1 表示个人使用的个人账户；2 表示有合同义务的共同账户；3 表示授权使用账户的配偶；4 表示共同账户；5 表示合用人；6 表示代表账户；7 表示填写人；8 表示配偶使用的个人账户；9 表示与账户无关的人。

B. 第 3 栏，报告的方法，指出交易项怎样归入档案：A——计算机磁带或 TVS，M——手工。

C. 当插入日期时，只使用月和年（例如：12-90）。

D. 评论编码（示例）：

ACC——消费者注销的账户。	RLD——商品收回。由交易商支付。
AJP——在调整中。	RLP——商品收回。适用于债务。
BKL——包括在破产案中的账户。	RPO——商品收回。
CCA——消费者建议账户。	RRE——商品收回，用货币赎回。
对需要其账户分期付款的	RVD——自愿返还。由交易商支付。
机构，消费者已保留其服务。	RVN——自愿返还。
CLA——收账安排。	RVP——自愿返还，销售收入用于债务。
DIS——伴随解决方案而产生的争议。	RVR——自愿返还，用货币赎回。
DRP——解决中的争议。	STL——被盗或丢失的卡。
JUD——如资产债表得出的判断。	MOV——搬迁，离开而未留下转寄地址。
WEP——工资收入者计划账户（《破产法》第 13 条。）	PRL——利润和亏损的核销。

E. 账号应当写在每个交易项目的后一栏。

F. 与具体交易账户相关的质疑和评论，应当打印在账号的后一栏或后两栏。

信用报告社服务的收费

不管是作为商业性质的服务机构，还是作为利益导向的公司，信用报告社都必须对自己提供的服务收费。大多数信用报告社收取月费用，或是根据会员合同，对所有会员收取"会费"。通常来说，这些费用仅仅是基本费用；信用报告社是依靠出售信用报告来取得收入的。信用报告社对提供给用户的每一份报告都要记账，并按月结算账上反映的数量和价格。每家信用报告社都有自己的定价。

信用报告社的运营与法律

《公平信用报告法》（《消费者信用保护法》修正案第 6 条）规范了信用报告行业。该法于 1971 年生效。

据该议案的作者所述，国会用以下理由来解释为何需要该法律：

1. 银行系统要依赖于公平而准确的信用报告。不准确的信用报告会直接损害银行系统的效率，不公平的信用报告方法会破坏公众的信心，而公众的信心对银行系统的持续运作是很重要的。

2. 已经建立了复杂的机制，用于调查和评估信誉、信用等级、信用能力、品质和消费者的总体声誉。

3. 消费者信用报告机构在汇集和评估消费者信用以及有关消费者其他方面的信息上，起了重要的作用。

4. 需要确保消费者报告机构履行其庄严的职责——公平、无私以及对消费者隐私权的尊重。

《公平信用报告法》规定了不利的信息可以在消费者信用档案中保留的时间长度：

1. 从最近破产事宜的裁决之日起，距报告日期在 10 年以上的。

2. 起诉和判决，从立案之日起，在报告日期 7 年之前的，或是直到政府的限制性法规规定已到期的，从两者中选取较长的一个。

3. 已付税款的留置权，从支付之日起，在报告日期 7 年之前的。

4. 用于收账或是对利润和亏损收费的账户，在报告日期 7 年之前的。

5. 其他任何不利的信息，在报告日期 7 年之前的。

《公平信用报告法》在"消费者报告"和"经调查的消费者报告"之间作了区分，因为它们的内容有根本的不同。本章内容基本只涉及前者。正如前文中所解释的，经调查的消费者报告包括有关消费者品德和声誉的信息，然而，消费者报告却是仅由真实分类账情况组成的。保险公司为了制定他们的保险政策，大多用经调查的消费者报告来评估申请者。《公平信用报告法》规定，承保是这种报告特定的、可容许的目的，所以在提出赔偿要求时，不应当使用报告。

联邦贸易委员会，对该法实施负责的机构，已宣布了对该法的解释，这对信用报告社的运营方式造成了一定影响。其中有 2 条比较有趣的规定：

1. 除非对评级资料的编码能确保消费者不能够从名字上被识别出来，否则禁止卷宗中含有对消费者个人进行的信用评级报告（称为"信用指南"）。

2. 如果促销列表的用户能够证明，表中的每个人都将接受请求，而且公司提供的信用将被扩展，那么，允许信用报告社提供促销列表（本章前半部分对此有所描述）。

如果贷款提供者根据消费者信用报告中的信息，拒绝给某一申请者提供使用信用的权利，贷款提供者必须通知申请者，并提供信用报告社的名称和地址。即使信用报告仅对决策起了一部分作用，也要按上文所述的那样做。通知一般采用书面形式。

至于报告中包括什么，贷款提供者无须告诉消费者任何信息。通过直接联系信用报告社，要求其提供更详细的信息，申请者能得到更好的服务。原因是，编辑报告的公司（信用报告社）是解释报告的更合适人选，而且对被拒绝的申请者也会更有帮助。

进一步来说，如果贷款提供者根据并非来自信用报告社中的资料拒绝提供信用时，必须以书面形式自申请被拒绝之日起 60 天内，告知消费者是什么信息导致了申请被拒绝。例如，珠宝店可能会询问五金商店的信用部，申请者多长时间付款一次。法律的目的在于，给消费者提供足够的事实，使他们能够对信息的准确性提出质疑和反驳。法律不要求贷款提供者告诉消费者被检查的资料来源的名称。

自从《公平信用报告法》成为法律以来，贷款提供者已经对信用报告机构的定义有了深刻的认识。从法律上讲，如果贷款提供者转发不是自己的分类账信息的第三方资料，那么他本身就成了一个信用报告机构。例如，假设一家珠宝店向一家五金商店询问某一消费者的支付习惯，五金商店将来自服装店的二手信息转给了珠宝店，五金商店就被认为是一家消费者报告机构，对《公平信用报告法》规定的所有记录保留以及专访程序都负有责任。

《公平信用报告法》最重要的条款之一是，消费者对于信用报告社的档案中，关于他们自己的信息有知情权。该法规定，每个消费者报告机构在证实消费者的身份后，都要应其要求披露以下信息。

1. 在要求查看时，档案中有关消费者的所有信息（除了医疗信息）的性质和实质。

2. 信息的资料来源。仅仅为了准备消费者调查报告时所需使用的并且确实没有另做他用的信息来源不需披露。如果某项行为要用本条法规解释，这种资料来源应当在法庭上，依据合理的审问程序，供原告使用。

3. 该消费者报告的任何接受者。

a. 对就业信息，提供前 2 年内要求查看报告的人的信息

b. 对其他信息，披露前 6 个月内要求查看报告的人的信息

如果在过去的 30 天中，消费者因来自信用报告社的报告，或因收到来自与信用报告社联合的收账部门的通知，而被拒绝授信的话，那么按照法律的规定，对他们的专访不能收费。信用报告业当前政策的规定，已将 30 天的时限延长至 60 天。如果消费者想知道档案中写有什么，而且信用未被拒绝的话，信用报告社通常会对专访收取费用。信用报告社对这种服务收取的费用一般不超过 8 美元。

个人可以以违反有关"谁可以使用信用记录和纠正档案中的错误"的法律，来对任何债权人或信用报告机构提起诉讼。如果证明了违法是故意的，个人可以获得惩罚性赔偿金及实际损失赔偿金。在任何成功的诉讼案件中，个人都不必承担法庭费用和律师费用。不经允许而获取信用报告的人，或将信用报告提供给非法人员的信用报告机构的雇员，可以被处以 500 美元的罚款或一年监禁，或二者并处。

在 1996 年 9 月，《公平信用报告法》经修正成为 1996 年专用法案选集的一部分。其主要条款如下：

1. 如果信息提供者知道信息是不准确的，还将其提供给信用报告社，则其将受到法律的制裁。

2. 为信用报告社提供资料的人员，需要在一个特定的时期内重新调查错误的信息。

3. 特别允许进行提前筛选。债权人也可以对当事人进行事后筛选，看看他们是否仍有资格获得信用，他们是否可以否定信用申请。

4. 州法到 2004 年 1 月将被取代。

5. 消费者和信用报告机构可以对那些为达到非法目的而获取消费者报告的个人采取法律措施。

6. 银行和他们的联盟可以不必遵守法律，而共享消费者信息，只要消费者有禁止这种共享行为的机会。

Experian 信息服务公司

Experian（http：//www.experian.com，前身为 TRW）是消费者信用和商业信用、直销以及房地产信息服务的提供者。TRW 公司在 1996 年 9 月终止了其信息销售业务。1996 年 11 月，Great Universal 商店 PLC 收购了 Experian 和英国的诺丁汉 CCN 集团共同兼并了该公司。这家新的全球信息供应商在全美的 100 多个地区，雇用了 3 500 多名员工。

Experian，全美最大的消费者信用报告社之一，经法律和公司政策的允许，给有资格使用信息的用户提供了电子化的信用报告服务。其用户包括贷款提供者、雇主和保险公司。Experian 的消费者信用信息数据库中包括了有关美国全国将近 1.9 亿名消费者信用历史的信息。

为了使用数据库，除了所需的有关消费者的身份信息外，用户还必须传送用户编码及口令。消费者的身份信息包括以下内容：全名（包括属于哪一代，如第一代或第二代）、当前和过去 5 年中的地址、社会安全号码以及出生日期。这些信息从用户的电脑终端，经过私人数据交流网，传送到 Experian 公司在得克萨斯州阿兰市（外得拉斯）的数据中心。在 2 秒～3 秒内，信用信息又从 Experian 的数据库中调出，以信用报告的形式传送到用户那里。

专栏 10—1   **信用管理建议**

索要信用报告社报告

下文列示的 3 家主要的信用报告机构将为任何人提供当前信用报告社档案的复印件。如果你最近的信用申请未被拒绝，那么收到你的报告时需要支付一点费用。如果以下的信息以书面形式提供，3 家机构都将作出回复。

姓、名、中间名首字母、家族第几代（第二代、第三代，等等）

配偶的名

社会安全号码   出生日期

目前的家庭住址及邮政编码

过去 5 年中的住址及邮政编码

电话号码：白天的和晚上的

要打印整洁，并在索要函上签字。一些信用报告机构需要对你的姓名和住址进行查证，要求附寄来自主要债权人的当前账务、公用事业账单或驾驶执照的复印件。

信用报告社的地址、电话号码及当前收费情况如下所示。在某些州收费会少些，可以打电话询问价格情况。

Experian	
2104 信箱	收费 8 美元
阿伦，得克萨斯 75013	1-800-682-7654
TransUnion	
700 信箱	收费 8 美元
N. 奥尔敏斯特，俄亥俄 44070	1-800-851-2674
Equfax	
740241 信箱	收费 8 美元
亚特兰大，GA 30374	1-800-685-111

对那些需要自己的信用报告社档案复印件（见表 10—4）的消费者来说，Experian 服务公司提供的消费者信用报告格式是便于阅读的。TRW 档案摘要选择性地反映了提供给用户的全面报告中的信息，包括编码的信息及风险分数（见表 10—5）。消费者的识别信息用于定位并显示关于消费者信用历史的全面情况。姓名、地址、社会安全号码、出生日期及雇主的姓名，都是身份信息的一部分。报告的主要部分是关于信用历史的信息，包括开立和关闭信用账户的记录以及选择性的公共部门记录信息、有限制的破产、判决和税收留置权信息。所有这些信息都至少每月报告 Experian 服务公司一次。一些贷款提供者报告资料的频率更频繁；公共部门的记录资料常在法庭记入案卷时，报到 Experian 服务公司。

Experian 信息服务公司不搜集有关种族、宗教信仰、个人生活方式、医疗历史和犯罪记录方面的信息。

当前已开立的账户可以在报告上无限期地保留，而账户关闭或偿清后，将在 10 年内予以注销。根据联邦法令的规定，负面的信用信息在档案中最多可以保留 7 年，破产情况例外，这种信息最多保留 10 年。对顾客档案的保留时间约为 2 年。

表 10—4

这是你在 TRW 的消费者身份号码。请你在打电话或邮寄信件给 TRW 时，告知我们该号码。	**ID#6030929418361222**

消费者 乔纳森·昆西
北波池街 10655 号
博班克，芝加哥 91502

怎样阅读这份报告：

与此报告一起的，有一份解释性的附件。附件上写明了你的信用权利和其他有用的信息。如果附件丢失了，或者你对此报告有疑问，请与列在最后一页的办公机构联系。

消费者信用报告（CDI）TRW—表格 1.05W   1995 年 3 月 15 日 16：42：19   第 1 页

这是你在 TRW 的消费者身份号码。请
你在打电话或邮寄信件给 TRW 时，告
知我们该号码。

ID＃6030929418361222

消费者 乔纳森·昆西
北波池街 10655 号
博班克，芝加哥 91502

你的信用历史：

　　该信息来自公共部门的记录或是来自给你提供过贷款的机构。账户上的星号表明，当未来的债权
人检查你的信用历史时，需要对该项做进一步的调查。如果你认为这些信息中有不实之处，请告知我
们。进一步调查的规定列在这份报告的最后一页。

对于你的疑问：

TRW 在你的信用历史的所有报告中，作了如下陈述。

　　"在信用申请上未经本人的允许而使用了身份证号，请在批准以我的名义申请的贷款之前，打电话
213.999.0000 或 714.555.0000 与我联系以便核查。

项目	账户名称	描 述	状态/分期付情况
1	＊CO SPR CT 三塔阿南主街 123 号三 塔阿南， 芝加哥 92765 诉讼号 7505853	该项目的原金额为 1 200 美元。 采取行动对你或法庭证明提出异 议的一方是联合公司	判决于 1988 年 10 月备案，1989 年 10 月 19 日款项全部付清。
2	＊海湾公司 派尔 BLVD 98 号 圣·弗朗西斯科，芝 加哥 94041 账号 4681123R101	该账户于 1985 年 5 月开立，有 循环支付条件。你对该账户负有 合同义务，首要的义务是分期付 款。该账户信用限额为 1 600 美 元，该账户的最高结余额是 1 285 美元。	到 1995 年 1 月，该账户都是经常账 户，分期付款按时支付。但在 1993 年 4 月时，曾逾期 60 天，1995 年 1 月 21 日账户余额变为零。TRW 所 知的最后一次分期付款是在 1994 年 9 月 13 日。分期付款历史： NNNCC1CCCCCC/CCCCCCCCC21CC
3	＊中心银行 E·润泽 DR 1456 号 德拉斯，得克萨斯 75221 账号 4590345859403	该信用卡账户开立于 1988 年 7 月，有循环支付条件。你必须循 环偿付共同账户。该账户的信 用限额是 6 000 美元。该账户的 最高欠款额是 1 624 美元。	1994 年 12 月该账户全部偿清，但在 1994 年 7 月曾有逾期 30 天的记录 TRW 所知的最后一次分期付款记录 是 1999 年 12 月 22 日。 分期付款历史： CCCC1CCCCCCC/CCCCCCCCCCCCC
4	西尔塞德银行· 主街 651 号 小橡树，AR 72657 账号　291445C8199	该自动贷款账户开立于 1994 年 4 月，有 48 个月的循环分期付款 条件。你是该账户的共同使用者 之一，要保证不拖欠账款。该账 户初始的贷款金额是 16 300 美 元。	1995 年 1 月该账户是当前账户所有 的分期付款都按时偿清了。1995 年 1 月 15 日你账户的余额是 14748 美 元。TRW 的最后一次分期付款记录 是 1995 年 1 月 15 日。抵押贷款： 1994 年福特·桃拉丝。 分期付款历史：CCCCCCCCC

账户有争议——现已解决（由用户报告）

这是你在 TRW 的消费者身份号码。请你在打电话或邮寄信件给 TRW 时，告知我们该号码。

ID＃6030929418361222

消费者　乔纳森·昆西
北波池街 10655 号
博班克，芝加哥 91502

项目	账户名称	描述	状态/分期付情况
5	＊大山银行 邮政信箱 322 登维尔 . CO 80217 账户号 3562A0197325346R5	于 1992 年 8 月贷出该项担保的贷款，有 60 个月的循环分期付款条件。你必须偿还该共同账户。该账户初始的贷款金额是 43 225 美元。	1995 年 3 月该账户曾逾期 30 天，其他时间仍有逾期 30 天的情况。1995 年 3 月 26 日的欠款额是 19 330 美元，有 956 美元逾期。规定的月付额是 956 美元。最后的分期付款记录于 1995 年 1 月 3 日。 分期付款历史： CCCCCC1C1CCC/CCCCCCCCCCCCC

你的信用历史曾被以下机构查阅过：

下面的调查被报告给询问你的信用历史信息的人。

项目	账户名称	日 期	注 意
6	卡尔汽车 奥伦街 纽沃克，NJ 09987 汽车店	1994 年 3 月 24 日	为增加账户的信用额而进行查询。因为分期付款条款不详而进行检查和收账。金额不详。
7	西尔塞德银行 主街 651 号 小橡树，AR 72657 银行	1994 年 4 月 18 日	对 48 个月的自动贷款进行查询。贷款额为 18 000 美元。

下面的查询不被报告给询问你的信用历史的人。这些内容被包括进来，这样你对查询有一个全面的了解。

项目	账户名称	日期	注意
8	海湾公司 派尔 BLVD98 号 圣弗朗西斯科 芝加哥 94041 百货商店	1995 年 2 月 10 日	为了检查账户而进行的查询。

请协助我们帮助你：

在 TRW，我们知道良好的声誉对你来说是多么重要。这对我们来说同样重要，我们的信息要准确，而且不能过时。下面这些信息是你索要这份报告时，提供给我们的。如果信息有不实之处，或者你并没有提供全名、过去 5 年的住址、社会安全号码以及出生年份，这份报告就是不完全的。如果某项信息是不完全或不正确的，请告知我们。

你的名字：　　　消费者——乔纳森·昆西　　　社会安全号码：　　548603388

地址：　　　北波池街 10655 号　　　配偶：　　　消费者——苏珊
　　　博班克，芝加哥 91502

消费者信用报告（CDI）TRW—表格 1.05W　　　1995 年 3 月 15 日 16：42：19　　　第 3 页

这是你在 TRW 的消费者身份号码。请
你在打电话或邮寄信件给 TRW 时，告
知我们该号码。

ID＃6030929418361222

消费者 乔纳森·昆西
北波池街 10655 号
博班克，芝加哥 91502

其他地址：　　　索芬·雷恩 1314
　　　　　　　三塔·阿南，芝加哥 92708　　　　　　　　出生年份：　　　　　　1951 年

身份信息：

为我们报告信息的机构已经将下面的额外信息提供给了我们。

地址：　　　　　索芬. 雷恩 1314　　　　　　　　　　　老鹰站 BLVD 235 号
　　　　　　　三塔. 阿南，芝加哥 92708　　　　　　　巴非勒，纽约 14202
　　　　　　　TRW 的会员于 1984 年 11 月报告　　　TRW 的会员于 1984 年 4 月报告

雇主：　　　　阿加西. 哈地威尔　　　　　　　　　　　贝尔汽车
　　　　　　　百老汇 2035 号　　　　　　　　　　　　 1980 年 11 月首次报告
　　　　　　　洛杉矶，芝加哥 90019
　　　　　　　1989 年 4 月首次报告

其他：　　　　配偶姓名的首字母 ——S
　　　　　　　正式用名——史密斯
　　　　　　　绰号——杰克

从 1995 年 1 月 1 日起，调查中的社会安全号码的＃改为数字 8
你给出的社会安全号码是于 1965——1966 年公布的

CKPT：对于档案中的资料/商业公司的地址/ABC 回复，提供电话回复服务。波池街 10655 号，
博班克，芝加哥 91502 213 555 1212

＊＊＊报告结束＊＊＊

如果你认为 TRW 的信用报告中有不准确的项目，我们将会重新检查信息来源，并将结果通知你。
该过程需要 30 天：

需要有包括社会安全号码的全部信息来开始重新查询的过程：

TRW 不会更改或删除一贯准确的资料

> 应你的要求，我们已经重新检查了你所质疑的信息，并将结果送交
> 过去 6 个月查询过你的信用历史（在 MD、NY 和 VT 为 12 个月）的机
> 构，或在过去 2 年中查询过该信息的雇主检查。

我们在星期一到星期五进行信用查询业务。访问代理人的最佳时间是
9：00—16：00。星期二～星期四可以打电话 1.800.422.4879 或写信给我
们，地址是 TRW IS&S-NCAC, PO BOX 2106, ALLEN, TX 75002-9506。

消费者信用报告（CDI）TRW—表格 1.05W　　　1995 年 3 月 15 日 16：42：19　　　第 4 页

TRW 信息服务部
市公园街西路 505 号
奥润芝，芝加哥 92668
800.854.7201

© TRW 公司 1995 年
TRW 是 TRW 公司
的名称的标志
在美国打印
1322/1040
1995 年 4 月

表 10—5   **TRW 的档案摘要**

TRW 的档案摘要包括来自档案中报告的 16 个重要计算。

1. 公共记录项目总数。

2. 消费者所欠分期付款贷款的总余额。

3. 消费者所欠房地产贷款的总余额。

4. 消费者所欠的循环赊销账户总余额。

5. 消费者所欠逾期分期付款的总数额。

6. 消费者所欠的规定的和预期的月付款额总计。

7. 消费者所欠的房地产分期付款总额。

注意：档案摘要中打星号的总额不是指该项目所有的交易账户都包括在内的总额。

8. 循环信用可供消费者使用的百分比。

9. 查询的总数量。

10. 档案摘要作出之前 6 个月中所作的查询的总数。

11. 档案摘要中交易账户的总数目。

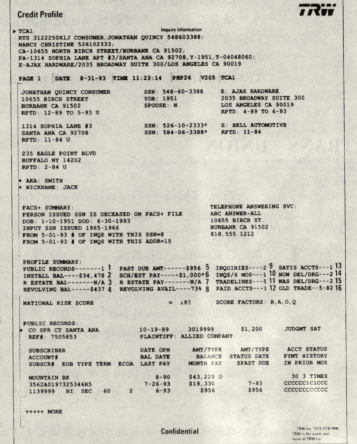

12. 得到满意的偿付或曾过期未付款而最终偿清的账款总额。

13. 处于流通中或已得到满意的偿付的账款总额。

14. 当前过期未付或减损的账款总额。

15. 过期未付或减损，并且二者无一清偿或变现的账款总额。

16. 报告中最早的交易账户的开立日期。

TRW 信息服务部
市公园街西路 505 号
奥润芝，芝加哥 92668
1.800.854.7201

    除了其基础产品信用报告外，Experian 信息服务公司还提供了各种服务，以帮助用户通过账户监控和统计模型来管理账户。Experian 信息服务公司有公司内聘的统计专家，建立统计模型来估计顾客的未来信用风险。

公司最新的产品之一能够为贷款组合估价并识别交叉销售机会的大小。这种自动评估能够生成一份书面报告。

Experian 信息服务公司（前身为 TRW）是第一家将人工智能与专家系统结合在一起，来对数据库的使用情况进行监控的信用报告机构。在1989 年，TRW 收购了主要的竞争对手之一，德拉斯的切尔顿公司，并在中西部及南部增加了档案。切尔顿的消费者信用数据库在同年与 TRW 合并了。Experian 的信息服务和商业信用服务公司的总部都坐落于加利福尼亚的欧润之。

TRANS UNION

Trans Union 公司（http://www.tuc.com）是美国主要的消费者信用信息公司之一。他保存着来自美国 50 个州、波多黎各、维尔京群岛和加拿大的 22 000 多万个人的名字，这些数据储存在芝加哥公司总部的计算机数据库中。这些数据库由来自全国、地区和地方贷款提供者的有关应收账款的数据构成。Trans Union 公司也有许多分公司和海外分部。

Trans Union 公司的分部及分公司包括以下几个：

美国事实（Ameri-fact），一家专职于全国范围内的就业前背景证明，提供犯罪记录检查、社会安全号码的证实、信用报告以及就业参考的证实等服务的分公司。

居民服务部，提供消费者信用信息，来满足融资和抵押贷款机构在评估、权益贷款估价、财产搜寻以及发放住宅抵押贷款时对报告的需要。

水灾区公司对哪里是水灾地区进行判定。

保险分部，通讯和能源集团公司以及经济集团公司，提供信息、风险管理服务、对欺诈行为的侦查、收账工具以及营销战略，在保险、通讯、能源和公用事业领域对公司有所帮助。

名单服务和营销服务公司为债权人及直销商提供提前筛选过的消费者名单。

Tfi 是 Trans Union 公司与 Fair, Isaac and Company 公司的合资企业，是世界领先的预测和决策控制软件公司。他提供的信息和电脑模型被世界范围内的公司用于作出更好的决策。

Trans Union 公司从不同层次的贷款提供者，甚至那些没有大型计算机系统的贷款提供者那里搜集并不断更新应收账款信息。Trans Union 还从北美的每个州郡搜集全面的公共部门记录信息。

1970 年，Trans Union 公司引入了信用报告的在线网络使用系统（CRONUS）。它是第一个在线信用信息存储及数据提取的处理系统，与贷款提供者使用的自动化技术相得益彰。CRONUS 为全国的贷款提供者提供有关顾客的快速、准确的独家消费者信用信息。CRONUS 内部的每家信用报告社都用电子化的方式保存并不断丰富消费者的信用报告，这种方式既有在线形式的，也有离线形式的。

虽然也使用口头查询，但大多数查询是用计算机在线形式完成的。口头查询中，查询人员识别被查询者的身份信息：姓名、住址、以前的住址、社会安全号码以及配偶的姓名。在几秒钟内，顾客的信用档案显示在屏幕上。然后调查人员将信息读给潜在的贷款提供者听。打印的报告也在在线系统上供人们使用，报告可以在贷款提供者的营业地点自动地打印出来。

因为查询人员能够查看任何信用报告社的数据库，他们能得到由 Trans Union 公司服务的、住在各个城市中的消费者的信息。通过增加或协调档案中的信息，查询人员能够在网上更新消费者的档案。

EQUIFAX 公司

Equifax 公司（http://www.equifax.com）于 1899 年，由盖伊（Guy）和凯特·伍尔福德（Cator Woolford）成立，用于为当地的亚特兰大商业公司提供个人信用历史的资料。今天，Equifax 是提供决策信息服务以及方便客户融资交易的系统的全世界主要供应商之一。公司总部位于佐治亚州的亚特兰大市。今天，公司已在北美、南美、英国以及欧洲大陆雇用了 14 000 名员工，为 10 多万消费者提供服务。

Equifax 公司的消费者报告业务集中于 2 个运营领域：信用服务和保险信息服务。

1. **信用服务**（credit services）。Equifax 公司运营着全国最大的信用报告网之一，包括公司所有的以及与其联合的信用报告社所在地的网络。Equifax 公司的一些重要的分部包括：提供消费者信用信息的信用报告服务分部、决策支持分部以及信用管理服务分部。

决策系统提供模型和分析服务，以及营销信息和消费者细分系统。

Equifax 卡服务提供信用卡营销促进服务，以及为金融机构提供信用卡和借记卡的处理安排。

支票服务对支票进行验证，并通过网络对在销售点填写的支票进行查证。

2. **保险信息服务**（insurance information services）。Equifax 公司是美国和加拿大保险业中，最大的风险管理信息提供商。各种自动化的以及传统的信息服务，支持了各种保险的承保及索赔过程。在美国，服务的种类包括：人寿保险、健康险、汽车和财产保险的承保报告；健康检测；医疗历史报告；索赔调查；汽车报告；自动索赔信息；医院账单的审计以及商业财产的检查与调查。在加拿大提供的服务包括：人寿保险与健康险的承保报告、汽车报告、商业财产检查和自动索赔信息。客户包括全美和加拿大的大多数寿险和健康险公司、财产险和伤害险公司以及商业保险公司和许多代理人。

专职的信用报告社和其他资料来源

在美国，有许多专职的信用报告机构。他们中的一些服务于特殊的职业群体，而其他的则经销专门的报告。医疗和牙医业经常求助于医疗信用报告社，这类报告社不仅有收账服务，还有信用报告服务。

小型贷款公司和一些其他的融资机构也已经建立起了贷款提供者之间的交易所。这些交易所在一些大都市的市场中运营。交易所有明确的目标，即为特殊的贷款和融资机构服务。他们保存着其成员融通的贷款和融资合同的主要记录，以使其能够快速地检查未来贷款消费者未付的贷款。用户可以进行电话查询，而且能够立即收到报告，报告由对潜在借款者未付贷款的列表以及贷款提供者的姓名组成。然后，贷款提供者会被询问其与调查对象间的借贷经历。用户或交易所的成员必须公布其借款者的姓名。这样，就能够得到与被调查人之间的类似交易的全面记录。交易所常为处于特殊的大都市中的小规模贷款业服务。在某些城市中，银行和销售金融公司也使用类似的设施。

重要术语

信用报告社协会　Associated Credit Bureaus，Inc.，ACB

归入档案的信用报告　in-file credit report

商业报告　business report

信用调查报告　investigative credit reporting

消费者信用报告机构　consumer credit reporting agency

分类账信息　ledger information

信用报告社调查　credit bureau inquiries

信用报告社的报告　credit bureau report

人事报告　personnel report

信用报告社　credit bueau

公共部门记录的信息　public record information

人口信息　demographic information

住宅抵押贷款信用报告　residential mortgage credit report

就业信息　employment information

逃债　skips

《公平信用报告法》　FCRA

书面形式的信用报告　witten credit report

讨论题

1. 解释为什么贷款提供者需要信用报告社?

2. 调查报告和消费者信用报告有什么不同之处?

3. 现代的信用报告机构所提供的典型产品和服务是什么?

4.《公平信用报告法》对信用报告社有什么影响? 对贷款提供者有什么影响? 对消费者呢?

5. 追溯地方信用报告社的起源与发展过程。

6. 信用报告社协会的主要活动是什么?

7. 讨论信用报告社中信息的主要类型和来源。

8. 样表 2000 上记录的信息都有哪些?

9. 对 Experian 信息系统公司、Trans Union 公司以及 Equifax 公司的运营过程及其服务做出解释。

第11章 决策的制定与控制

学习目标

在学完本章后，你应该能够做到：

- 解释决策在信用运营中的重要性；
- 论述做出不良信用决策的原因；
- 对信用标准的发展和使用情况做出解释；
- 讨论信用分级工具的发展和使用情况；
- 描述如何使用信用评分系统；
- 对制定决策中存在的歧视问题做出评论；
- 解释信用运营中控制技术的实质和类型；
- 描述如何使用信用额度和信用限额；
- 对自动化的信用控制方法作出讨论。

内容提要

决策是所有信用工作的核心。顾客提出对商品、服务和现金的信用要求，信用经理就必须决定拒绝还是接受信用交易。判断应当依据既容易获得、又经济实惠的信息。该信息应当与问题相关，还应当足够深入，从而对作出正确的决策提供尽可能大的帮助。然而，一旦信息已经被搜集起来了，如果想通过分析得到良好的信用决策的话，那么，信息就必须合理地加以利用。

信用调查将原材料汇集在一起，通过信用分析对其加以处理，以便得到最终的产品——信用决策。这个最终产品是所有搜集信息所花费的努力以及分析信息所使用的技能所要达到的目标。

　　一旦做出了信用决策，而且开立了信用账户，就必须建立起监测账户的机制，来确保分期付款贷款能够按合同得到偿付。还必须使用适当的程序，以使账户能够被那些经授权的人合理地使用。本章还将考虑如何运用上述的和其他的控制措施，使贷款提供者的损失最小化。

制定信用运营决策

决策的重要性

　　对顾客或借款者提出的信用申请做出接受或拒绝的决策之前，必须对其进行检查。做出这种决策是一项最重要的信用业务。信用运营成功与否，直接取决于对提出的信用申请的评估与接受。信用部门的管理工作和收账业务可能会使其运营更加成功或更加不成功，但它们不能取代决策。

做出不良信用决策的原因

　　在信用申请被批准时，每个人，包括贷款提供者和借款者，都希望分期付款可以在事先规定的时间内全部偿清。只有在存心欺诈的情况下，借款者才不打算偿还贷款。贷款或信用提供者认为，分期付款能够得到偿还，否则贷款或账户的申请将不会得到批准。

　　然而，顾客和借款者的生活中可能会发生一些事件，使分期付款不再可能得到偿还。残疾、财务危机、死亡和各种各样的经济损失，都将使某些顾客无法继续偿还贷款。某些顾客将利用破产法庭中的法律渠道，来避免对债务的偿还。有人会坚持认为，在这些例子中信用账款得不到偿还是不可避免的，信用经理也许已经拥有足够的事实，并在发放贷款时对扩展信用业务已经做出了良好的判断。

　　不幸的是，某些不良贷款正是错误决策的结果。这些错误一般是由于信息不充分，或是误用了与特定信用申请中的风险有关的优良资料。决策制定中的错误也许是不可避免的，但应当尽全力来分析手边的信息，并发现遗漏的信息。

信息不充分

　　决策制定中的某些错误，是由于在做决策时有一些重要的事实不可知而导致的。当然，信息永远是不完美的，制定决策时总会有某些信息被漏掉了。也许联系不上某个特殊的债权人，无法对所欠的款项作出证实；或者雇主出于公司的政策，不能对某一申请者的工作情况做出证实。有时出于时间上的压力以及顾客或第三方对速度的要求，也会妨碍信用调查人员得到所需的全部信息。有时，贷款业务员拿到的申请不像设想的那样全面，顾客经常"合法地"忘记某些信用账户或贷款，例如用薪水扣减来偿付的信用合作社贷款。也许贷款申请者是一位多年来的老客户，贷款业务员不想对其作无谓的打扰，而事实上，此时客户的情况已经有了巨大的改变。显然，清楚的书面调查政策将有助于建立关于所搜集信息的数量及种类的最低标准。

误导或虚假的信息

几乎所有的顾客都是诚实的，不会故意隐瞒或歪曲信息，然而，某些顾客却并不诚实，他们试图用欺诈的行为来获得资金或账户。某些信用申请者对其负债的情况轻描淡写，编造自己的身份，或是对他们认为会阻碍信用申请获得批准的信息有所隐瞒。他们可能因为生活艰难或仅仅出于贪婪而不顾一切地向往金钱。申请中的信息要得到证实的原因之一，就是要确保真实性。提出贷款申请和签署文件时，需要有证明身份的文件，以确保申请者的确是他们自称的那个人。虽然虚假身份的情况发生得相当少，仍然应当制定一些条款来避免这种情况的出现。

对事实不合理的解释

有时，信息是充足的、正确的，但决策制定者却误解了一些事实。在制定决策时，事实被认为是不重要的，但账户逾期未付后，事实很清楚地表明，本不应当批准信用申请的。也许决策制定者受了**晕圈效应**（halo effect）的影响，没有考虑到所有因素的原因是，某一因素的影响过大以至于影响了决策者做出正确决策的能力。例如，一位值得尊敬的医生的高额收入，可能会限制贷款提供者考虑其他不良信用资质的能力。大多数贷款业务员和信用经理都同意，当他们检查注销了坏账的原始申请时，他们"本应了解得更多"。在解释信息中出现这些错误是很难避免的，但使用信用分级表格或信用评分系统（将在下文中讨论）构建的决策方式，将有助于解决这个问题。

未能建立信用标准

在制定决策时，最基本的要求是要有一个标准，用来判断信用申请者的风险是否过高。图11—1对各种可能出现的风险以及决定哪种申请可以接受，哪种申请应当拒绝的界限做出了图示。当然，有些决策很容易制定，因为申请者的财务状况、抵押品和分期付款记录都非常好。还有些决策也很容易做出，因为申请者显然没有资格获得信用。最困难的是对处于"灰色"地带的申请做出决定。处于这种情况的申请者比较接近信用标准规定的界限。

有些信用标准非常具体，例如，抵押分期付款贷款还款额不能超过总收入的25％。其他方面则要依靠公司所有者、经理或其他建立基本信用标准的人来判断。然而，许多新的小规模商业企业破产，正是因为所有者向每个申请者都发放了信用，而没有建立起制定决策的标准。应建立信用和调查政策，以确保能够获得与有资格的未来顾客相关的所需信息。然而，一旦有可供使用的信息，就需要建立起一些标准来决定谁的申请应该得到批准。

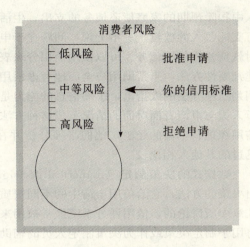

图 11—1　建立信用标准

制定信用标准

信用标准的制定是一种挑战，也是一项重要的任务。如果标准太高，销售额将会下降，而且一些有价值的顾客会到别处去寻求产品、贷款或服务。如果标准太低，可能会无法承受收账费用和坏账损失。

信用标准也需要一些灵活性，要随着不同情况的变化而变化。如果经济条件欠佳，公司也许不得不降低其信用标准，从而将销售额保持在可承受的最低水平。有些产品可能会吸引高风险的顾客，那么，就必须提高信用购买者的信用标准。一个得力的收账部门可以让贷款提供者使用较低的信用标准。有时，在大批量、较低的涨价基础上销售产品的决策，只需要相当简单的信用标准。如果商品昂贵，且价格有较高的上涨趋势，可能就要用较高的信用标准。虽然随着经济情况和产品的不同，标准也会不一，但决策应当建立在大体相同的标准之上。

判断性的决策制定与数据式的决策制定

判断性的决策制定（judgmental decision making）是指主要根据经验、个人知识和直觉做出决策的过程。一些观察家将这种方法称为"强烈的感觉"式的方法，使用这种方法的信用经理会审查申请，也许会做几个快速计算，然后决定是否发放信用。

决策制定人员可以计算负债比率，完成现金流量的估计，并将它们作为决策过程的一部分。**负债比率**（debt ratio）是申请者每月总的债务支出额与月收入的比率，这种计算表明了当前总收入中用于偿还债务的支出所占的百分比。在现金贷款的情况下，在贷款发放之前和之后，计算负债比率都是个不错的主意。每个贷款业务员或贷款提供者通常都会建立起自己的标准，但一般来说，负债比率超过 30％就被认为是太高了。

许多贷款提供者在信用申请被批准之前和之后，也试图去估计申请者的现金流量。**现金流量的估计**（cash flow estimate）是一种计算，即从收入中扣除预期的家庭偿还债务的支出、生活费用和其他典型花费，来估计可支配收入的数量。基本上说，问题在于申请者是否有能力偿付新的分期付款贷款或信用债务。可以使用信用分级表格或规范的核对程序更好地构建判断性方法，来帮助用户全面地考虑信用申请的各个方面。那些喜欢使用判断性方法的人指出，扩展信息的能力是非常有用的，特别是在信用分析人员与申请者面对面的情况下。这种方法主要的不利之处在于，它需要信用经理有丰富的经验，他们必须分析并在内心中将申请者与他（或她）见过的其他人相比较。

数据式的决策制定（numerical decision making）是一种根据数据做出决策的方法，它给信用申请中的不同资质以权数或信用分数。正如在前几章中所讨论的，信用评分系统经常被用来计算总的信用分数，这个分数将用于制定决策或作为决策制定人员的辅助工具。信用评分系统会对工作时间的长短、居住时间、工作类型或各种其他因素打出不同的分数，得出的信用分数可以用来批准申请、决定信用限额或指出需要做进一步的调查。数据式决策系统的优点在于，总的来说，它排除了决策制定人员在制定决策过程中的个人偏见和不合适的价值标准。对于制定决策来说，建立一个统一的标准也比较容易，因为所需要的总分数可以计算出来。

许多信用经理认为，多种方式的结合使用是最有利的。某个申请者也许不能获得足够高的信用分数，但在信用经理的判断中，对其贷款的信用风险却可能值得一试。如果信用经理有能力不理会信用评分系统产生的负面决策，那么也许会抢回一个顾客。如果只使用数据式的评估系统，也许会因为信用分数不够高，而失去一个好顾客。优秀的信用经理必须能够搜集额外的信息，用基于经验的直觉，批准开立良好的账户，否则这个账户可能会被拒绝开立。

同样，使用判断性方法获得批准的信用申请者，可能经过数字式的分析，得到很低的信用分数。该分数可能会让信用经理决定做更详细的审查，而事实上，这可能会导致不同的决策。许多信用经理表示，虽然他们起初不相信信用评分系统，但最终他们学会了利用这些系统准确预测信用关系成败的能力。

作为分析工具的信用分级系统

通过使用信用分级表格，以判断性方法作出信用决策经常会变得比较容易。**信用分级表格**（credit grading form）是一种预先准备的打印出来的表格，用以记录信用经理对信用申请中各种信用资质做出的评估。表11—1是一份信用分级表格的样表。

使用信用分级表格

信用经理完成了信用调查并分析了申请中的项目后，列出的信用资质会逐个地被评价为优秀、良好、一般或很差。总的来说，分3~4个等级就足够了，等级太多会使过程变得混乱。

在分级过程中，可以使用下面的词作为参考：

优秀：上等，资质很高或很好。

良好：一般以上，有较满意的资质，仅次于上等。

一般：资质一般，不好也不坏。

很差：总的来说不满意，一般以下或资质有问题。

表 11—1 　　　　　　　　　　　　　　　　信用分级表格

信用资质	等　级			
	优秀	良好	一般	很差
收入				
工作				
储备资产				
偿债记录				
声誉				
抵押品				
贷款目的				
债务比率				
现金流量				
综合等级				

信用经理要根据自己的判断定义什么是"一般"，总的说来，判断要根据经验和对类似信用申请的分析。初学的决策制定人员经常要完成分级表格，将其作为培训项目的一部分，拿给更有经验的贷款工作人员看。

在评价完每一项信用资质后，要给整个信用申请订一个总的等级。这种综合等级，基于上文中所示的每项资质等级的结合，能表明申请者是良好、一般还是很差。

信用分级表格可以设计成不同的形式，被评价的信用资质，其分数和种类在不同的信用部门会有所不同。表格的主要目的是确保信用决策制定人员能够审查所列出的每项信用资质。

优点

在判断性的决策中使用信用分级表格有许多优点。这种结构性的工具有助于避免前文中所提到的晕圈效应。信用分级表格对新上任的信用经理有辅助作用，因为他们需要使用一种有序的方法，并在决策制定时记录下他们的想法。在此之后，获得批准的账户的真实表现情况会与原先做的分级评价联系在一起。表格还可以用于评价有经验的信用经理的表现，而且还有助于信用收账人员收账行动的个性化。例如，处于较低信用等级的申请者，如果有一期分期付款未付，会更迅速地被联系。在这些情况下，托收人员还能够决定是否使用更加断然的措施。可以根据大体上评出的信用等级，对来自特定地域，作为一次广告活动的结果，或来自销售金融交易商的业务的质量状况，做出判断。

缺点

信用分级表格需要大量基于经验的判断。例如，约翰·多伊（John Doe）每周有 375 美元的收入。这是良好、一般还是很差？用这些有限的信息，很难给他的收入评出等级。我们对持续获得收入的确定性及收入中花销所占的比例都一无所知。如果我们给多伊的雇主打电话，发现多伊是当地一家鞋厂的切割工人，已经在鞋厂工作了 7 年，现年 31 岁，根据他的年龄及工作时间的长短，我们可以判断出他的收入趋于稳定。如果对制鞋业及当地鞋厂的市场情况有所了解的话，我们就会做出更好的判断。如果对当地公司的就业政策有所了解的话，我们的认识就会进一步深化。这些评论说明，对信用分析人员而言，对本地和全国的商业状况有大体上的了解是多么有价值。

使用信用分级表格的优点

- 避免晕圈效应
- 辅助新上任的信用经理
- 判断账户的表现情况
- 判断信用经理的表现
- 使收账活动个性化
- 判断来自各方面的业务的质量

甚至对于额外的事实中，不同的信用经理也可能会得出不同的结论。信用分级表格有助于指导信用分析人员对申请者作出更加全面的评价，但这个过程还需要有见解的、基于经验的判断。当然，对信用经理的判断真正的检验标准，是每个决策最后成功与否，以及信用部门的获利状况。

信用评分系统

信用评分系统试图为决策制定过程提供一个更加科学的、数据化的基础。亨利·韦尔斯（Henry Wells），一位为阿尔登斯公司及斯皮格尔公司工作的统计学家，是 20 世纪 30 年代后期及 40 年代初，第一位使用统计方法评估信用申请者偿债潜力的人。他为当时新出现的邮购分期付款申请设计了一个评分系统。

将数学和统计模型应用于发放信用的决策中，是在纽约国家经济研究局的戴维·杜兰德（David Durand）的《消费者分期付款融资中的风险因素》一文于 1941 年发表之后，才得到了广泛的认识。戴维·杜兰德是第一个用判别式分析法测量信用风险的人。后来，人们作了各种尝试来研究应用统计方法的信用系统，但是直到 20 世纪 60 年代中期，信用行业才开始严肃地考虑使用评分模型。

以下的统计程序对于建立评分系统是很有必要的：

1. 申请样本包括那些在有或没有信用报告的情况下被批准的申请，还包括在有或没有信用报告的情况下被拒绝的申请。

2. 申请上的因素与一段时期中（6 个月、12 个月、18 个月等等），这些账户的表现有关。

3. 权数来自统计技术，以及以这些因素为特点的特殊申请群体的状况。

4. 统计方法试图测量申请中的单个因素或任何综合因素的不同影响力，测量要达到这样的程度——因素自身导致的申请成败表明了所测量的能力。在信用评分系统中，要测量或预测的能力是偿债能力。

5. 某些预测是对每个以某些因素为特征的申请者群体加以仔细的考察，从而得到的总体偿债表现情况中推测出的。

6. 给各因素以不同的权数，这些经过加权的因素一起用曲线来表示。[①]

使用信用评分指南

信用评分指南列出了从信用申请中摘出的、在统计上有效的信用资质和特征。根据申请者的历史状况和当前的情况，申请中的信息被给予不同的分数。例如，在同一地点居住很长一段时间可能会与良好的偿付历史有高度的相关性。评分指南会随着住在同一地点时间的增加而给申请者相应增加分数。所有资质的评分加总在一起就得到了总分数。如果信用分数高于某一界限，申请就会被批准。如果申请的分数低于预先规定的总分，申请就会被拒绝。如果分数在可以立即做出拒绝和批准决定的分数之间，可能就需要做更深入的调查。某些大量发放贷款的贷款提供者也使用信用分数来给开放性信用账户制定信用限制和信用额度。

表 11—2 是一个信息评分指南的样本。

表 11—2   信用评分指南

信用信息	给予申请信息的分值			
在同一地点居住的时间	少于 1 年	1～3 年	3～8 年	8 年以上
	2	8	15	25
为同一雇主工作的时间	少于 1 年	1～3 年	3～8 年	8 年以上
	4	10	27	43
拥有汽车的时间	少于 1 年	1～3 年	3～6 年	6 年以上
	32	21	10	2
房屋状况	所有者	租赁者		
	20	10		
年龄	18～27	28～40	41～61	62 以上
	11	5	12	15
每月还款占总收入的百分比	少于 20%	20%～30%	30%～40%	40%以上
	35	25	10	0

① Stanley L. Mularz, "Statistical Origins and Concepts of Point Scoring," *The Credit World*, March-April 1987, p. 50.

205

续前表

信用信息	给予申请信息的分值		
工资支付的频率	每星期一次	两星期一次	每月一次
	15	20	25
总分数			
破产、判决、注销			—50
最终分数			

注：少于80分 ＝拒绝

60～150分 ＝调查

高于150分＝批准

优点

信用评分指南对甄别申请和快速排除那些不大可能被批准的申请是非常有用的。通过预先的甄别，信用部门可以显著地减少运营成本。如果过早地拒绝了申请，可能会失去好的顾客，但调查成本中节省出的费用，常常超过因拒绝少数几个值得给予信用的顾客的申请而带来的损失。

正如上文所提到的，良好的、统计上有效的信用评分指南会带来更好的信用决策。评分指南能排除不合理的偏见，以及决策制定人员的个人价值观所带来的问题。评分过程可以委托给任何人。事实上，有时会将评分过程并入计算机的分析程序中。由所需的信用总分数定出的信用标准，也很容易加以调整以应对不同的情况。如果需要增加能够获得批准的申请数目，可以降低总分数标准。对于不同的信用项目、不同的产品或不同的顾客类型，可以要求不同的总分数。但非法的歧视是不允许的，不同的信用分数必须总是在统计基础上与贷款提供者自己的经验相联系。

缺点

使用信用评分指南可能会给贷款提供者带来一些问题。评分过程可能会过于机械化了。如果没有人进一步分析申请，会失去过多的好顾客。信用评分指南总会有不合理的可能性，导致不良顾客的信用被批准了，而好的顾客却被拒绝了。当信用部门过分专注于数字，而不顾及顾客的品质和能力时，客户服务可能会受到影响。

制定自动化的信用决策

计算机在信用决策制定中的使用，比以往任何时候都更加频繁、更有效率了。这种应用增加的部分原因在于，可供使用的软件更多了，设备的成本更低，并且对利用计算机达到的速度和效率也更加需要。

在最先进的系统中，信用决策可以在几分钟内就被作出来。例如，顾客在使用由贷款机构提供间接贷款服务的汽车交易商那里申请贷款。在汽车交易商的营业点中，申请信息被键入一台连接在网络上的电脑终端。信息在贷款机构中贷款业务员的计算机屏幕上显示出来。业务员将存储在信用调查局的信息调出，信用分数被自动地计算出来，很快就能做出决策。

如果申请被批准了，在线信息会再度返回交易商的办公室，然后打印出贷款文件，让顾客签字。

一旦某个机构将其决策的制定电子化了，他可以得到以下几点好处：

1. 能够使用更加复杂的数学评分模型。

2. 即时更新评分标准。

3. 查看网上信用调查局的信息。

4. 通知顾客他们的申请是否被接受的周期更短。

5. 更好地跟踪客户资料，防止出现重复申请、虚假的或是不准确的客户信息。还能提供信息资料，供其他产品或服务的销售使用。

6. 对于落入不能确定是否批准范围内的申请，可以在调查上花费更多的时间。

7. 雇员对于特殊评分标准中所加的权数不了解。这排除了雇员根据他们的个人感情，而非真实的情况篡改申请的可能性。[②]

虽然将信用决策过程电子化有诸多益处，影响深远，但也有一些不利之处。这包括培训成本以及在培训期间产生的经营效率损失，而且，用计算机来决定是否接受申请，顾客会感到被疏远了。虽然今天已不像过去那样，但管理层还是可能会反对使用信用评分系统，因为建立一套真实准确的系统成本很高，有些公司走了捷径，却从未得到全部好处。

随着新的信用申请数量的不断增长，更多的公司已建立起自动化的信用控制系统，越来越多的公司开始试验并采用了某些数字化的评分计划。

信用决策中的歧视

1975 年，《平等信用机会法》禁止债权人基于性别或婚姻状况的歧视。1976 年 3 月对该法做了大幅的修正，将法案中的禁止歧视的事项扩展到肤色、种族、宗教、国籍、年龄、来自公共福利项目的收入以及对使用《消费者信用保护法》权利的忠实程度。作为这次对联邦法令和各种州法律修正的结果，使某些信用资质作为信用决策因素的重要性降低了或消失了。

然而，《平等信用机会法》确实规定了，如果贷款提供者不将法律禁止的因素包括在内，那么他们可以使用那些"在统计方面来说显然是合理的"，而且"凭经验得来的"信用评分技术。联邦储备体系的政府方面的委员会，负责建立"在统计上合理的而且凭经验得来的"信用评分系统的标准。

1983 年 4 月 1 日，联邦储备委员会对信用评分系统中如何对待收入的问题，给予了一种解释。该解释"禁止债权人出于法律禁止的原因，或因为申请者的收入来自赡养费、子女的抚养费、分居的赡养费、兼职的工作、退休金或公共部门的资助，而扣减或不考虑申请者（或申请者的配偶）的收入。然而，在评估申请者的信誉时，债权人可以考虑收入持续的

②　作者谨在此向佛罗里达州净水海岸科尔公司的副总裁理 Richard L. Cole 致以谢意，感谢他在准备此章时提供的帮助。

可能性，也可以考虑赡养费、子女的抚养费或分居的赡养费的持续性。"委员会还做出了另一种解释，这种解释是关于选择和说明采取拒绝行为的原因的。委员会说明，在信用评分系统和判断系统中，"采取拒绝行为的原因必须与债权人真实的评分因素或与其考虑的因素有关"。这样，如果贷款提供者因为申请者破产而采取了拒绝的行为，必须说明具体的原因。

控制信用关系

控制是一种在任何商业环境中都要使用的主要管理功能。**控制**（control）是指确认或检查业务进展情况，并对工作偏差进行矫正的行为。控制措施会使用一些标准与当前的业务状况进行比较，从而确定工作是否有进展，业务是否在按部就班地进行。在信用管理中，控制活动还包括给信用关系当事人提供信息。信用控制措施也有助于确保合理地使用信用账户，以及防止过度地贷出款项。

信息处理

信用关系中的双方——债务人和债权人，都需要用信息来验证信用账户是否正在按协议得到偿付。使用一些方法来检查账户当前的状况，以确定是否发放了过多的（或过少的）信用，也很重要。

送账单给顾客

也许信用交易中最基本的信息处理形式，就是及时、定期地送账单给顾客。账单可能是信用卡账户的月结算表，也可能由现金贷款发放后，交给顾客的息票手册中的付款存根构成。

对一个开放性信用账户来说，合适的账单结算表应当写明当前所欠的总金额、从上次结算以来账户业务的情况，以及可供使用的信用余额的信息。在过去，贷款提供者会送出当月由顾客签字的费用单的复印件，作为对账户收费额的证明。今天，几乎所有的信用卡和零售债权人都使用仅仅列出交易情况的描述性的结算表。当然，如果顾客怀疑账单有错误，他们一般可以要求查看并收到有真实签字的文件。表11—3是一份描述性的账单结算表的示例。

寻找逾期账户

从信用部门的发展前景来考虑，应当建立一些系统来收集关于逾期账款的信息。当分期偿付的款项进入信用部门以后，它们会被记账户上。然而，必须采用一些方式，来识别那些没有收到定期偿付款的账户。

如果定期的账单结算表被送出去了，在计划的期限内，例如，30天内，没有收到偿付款，就必须启动某一系统来找出没有得到偿付的原因。对于在特定期限内没有进行偿付的消费者，电子化的记账系统已经在很大程度上提高了公司快速列出这些消费者的名单的能力。

一旦发现了逾期或偿付迟缓的账户，必须执行政策并使用某些程序来：（1）使消费者意识到这个问题；（2）对特殊的账户要加以关注。例如，金融机构可以制作有问题的贷款列表，使贷款提供者和其他工作人员更加仔细地关注这些账户。在零售信用账户或信用卡账户中，消费者会被要求，直到逾期账户偿清后，才能继续使用信用。

表 11—3　　　　　　　　　　描述性的账单示例

BANK CARD SERVICE CENTER
PO BOX 80999
LINCOLN NE 68501-0999

1W　7 15 2

VISA	MINIMUM PAYMENT DUE	PAST DUE AMOUNT	PAYMENT DUE DATE	NEW BALANCE	ACCOUNT NUMBER	PLEASE WRITE IN AMOUNT OF PAYMENT ENCLOSED
	83.00	0.00	05/17/90	1667.81		$　　.

Payments received at the mailing address below before 2:00 p.m. will be credited to your account as of the date of receipt. Payments received at any other location may be subject to a delay in crediting of up to 5 days after the date of receipt. Use enclosed envelope and make payment to:

PLEASE DETACH AND ENCLOSE TOP PORTION WITH PAYMENT

BANK CARD SERVICE CENTER
PO BOX 80999
LINCOLN NE 68501-0999

||||||..||..||....||.||..　4413 0000 3008

V00044130012500920008300601667815000441300125 0092

See Billing Rights Summary on reverse side regarding telephone calls. TELEPHONE NO. 402-471-1433

PAGE 2 OF 2

ACCOUNT NUMBER	CREDIT LIMIT	AVAILABLE CREDIT	DAYS IN BILLING CYCLE	BILLING CYCLE CLOSING DATE	PAYMENT DUE DATE	MINIMUM PAYMENT DUE
4413 001 250 092	3750	2070	32	04/22/90	05/17/90	83.00

DATE OF TRANS	POST	REFERENCE NUMBER	CHARGES PAYMENTS AND CREDITS SINCE LAST STATEMENT	AMOUNT
0415	0422	A7H2600FZMEU00332	HOWARD JOHNSONS NO 157 COLUMBIA MO	8.70
0420	0422	B041300G008QFRGVN	MILLER & PAINE GATEWAY LINCOLN NE	26.25
		FINANCE CHARGE *PURCHASES $11.00 *CASH ADVANCE $0.00		11.00

PREVIOUS BALANCE	PAYMENTS	CREDITS	PURCHASES AND CASH ADVANCES	DEBIT ADJUSTMENTS	FINANCE CHARGE	NEW BALANCE
551.59	27.00	0.00	1132.22	0.00	11.00	1667.81

AN AMOUNT FOLLOWED BY A MINUS SIGN (-) IS A CREDIT OR A CREDIT BALANCE UNLESS OTHERWISE INDICATED.

TOLL FREE CUSTOMER SERVICE NUMBER.
(NEBRASKA) 1-800-742-0107 (OUTSIDE NEBRASKA) 1-800-228-9145
TO REPORT LOST OR STOLEN VISA OR MASTERCARDS CALL:
(LINCOLN RESIDENTS) 475-0577 (OMAHA RESIDENTS) 399-3600
(NEBRASKA RESIDENTS) 1-800-642-9370
(OUTSIDE NEBRASKA RESIDENTS) 1-800-228-1122
BANK CARD SERVICE CENTER P.O. BOX 81068 LINCOLN, NE 68501

Send Notice of Billing Errors to.

	UNDER RATE CHANGE POINT		DOLLAR POINT AT WHICH RATES CHANGE	OVER RATE CHANGE POINT		1 Total Current Billing Cycle Purchases	7 Average Daily Balance of Previous Billing Cycle Purchases
	CASH ADVANCES	PURCHASES		CASH ADVANCES	PURCHASES	1132.22	192.63
ANNUAL PERCENTAGE RATES	18.00%	18.00%	N/A	N/A %	N/A %	3 Average Daily Balance of Old Purchases	4 Average Daily Balance of Cash Advances
MONTHLY PERIODIC RATES	1.500%	1.500%		%	%	541.46	0.00

VISA 1W

FINANCE CHARGE
FINANCE CHARGE

NOTICE See reverse side for important information.

一些贷款提供者，特别是大规模的信用卡发行商，已经建立起复杂的计算机模型，试图根据偿付记录来预测顾客破产的可能性。这些系统已不仅仅是寻找逾期偿付的顾客了，它们实际上在帮助公司准备应对未来的问题。

设定信用额度和信用限额

对于是否发放现金贷款，仅仅决定是或不是也许就足够了。然而，即使是在这种情况下，贷款提供者还是要考虑这样的问题："我最多愿意贷给这个借款者多少资金呢？"如果借款者值得给予更多的信用，某些贷款提供者会将账户加以编码，来鼓励雇员抓住每个机会，恳请借款者增加贷款。

在开放性信用中，如零售赊销账户，申请者需要被告知，他们被允许的最高赊销金额，以及在指定的时点，允许的最高欠款额。**信用限额**（credit limit）是信用账户可赊销的最高金额，赊销款在此金额以下，该账户才能保持良好的状况。如果信用限制被当作一种标志，促使对该最高限额——对特殊顾客设立的——重新进行考虑，操作起来则更像是一种信用限额。**信用额度**是对信用账户欠款金额的暂时限制，可以应顾客的要求或在顾客表现出对账户使用负责任后，再加以扩展。许多信用限制实际上就是信用额度，因为如果超过了限额，常常有额外的信用可供顾客使用。

信用额度和信用限额的优点

使用信用额度允许最大限度地进行放权。信用经理可以给单个顾客设立信用额度，然后，将收取费用这样的日常决策事宜委托给公司中的任何人。这种做法使信用经理从处理日常业务的常规工作中解放了出来，这样他们就可以集中精力做其他困难的工作。信用额度还能在信誉方面对顾客加以指导。在某些情况下，当顾客得知他们可以使用更多的信用额度时，他们会增加支出。信用限制提供了机会，对有问题的申请者限制信用的使用。许多预期的信用客户是在适中的信用额度下开始使用信用的，因为信用经理不能完全确信是否应当开立信用账户。当顾客表现良好，按合同偿付了贷款时，就可以加大其信用额度。现代电子化的记账系统不断地分析寄到账户上的偿付模式，并且当贷款得到按期足额的偿付时，会自动地增加信用额度。如果客户拖欠了分期付款，也可以降低信用限制，来使贷款提供者在信用客户开始经历财务危机时，减少对其的贷款额。

缺点

如果指定的信用额度太低，信用账户的申请者偶尔也会感到不快。事实上，如果信用经理在决策制定的过程中过于严格，信用额度可能就会过低。这会限制提供给值得发放信用的顾客的贷款数量。如果信用经理没有定期检查信用额度，与现有顾客之间的业务状况也将会受到影响。应当给有良好信用资质的顾客留下充足的余地，使他们能用信用项目购买商品和服务。

设定信用额度的方法

设定信用额度的最佳时间是首次申请被批准之时。在账户开立时，它会受到全面的检查和检测，并且这种检测会在一段时期内进行下去。信用经理已经对现有的信息进行了全面的分析，仔细地考虑了账款得到偿付的可能性。规定具体的限额还需要决策制定者做更加仔细、更加深入的分析。

虽然使用信用限制的优点已经得到很好的认识，但是对于制定限制来说，没有一种最好的办法。所有方法都不能得到准确的结果，在许多情况下，结果还是武断的。各种信用计划间存在着不同，例如，选择期限的循环信用计划、分期付款计划和赊销账户计划之间就存在着区别。由购买的商品作为良好抵押的分期付款计划，比无抵押的账户，允许设定更高的信用限制。信用限制在零售信用、服务信用和来自金融机构的现金贷款之间也有所不同。

某些信用部门试图将对账户的使用限制在某一特定的时期之内——1 个月的购买、1 个星期的购买等等。公用事业，如水、电和电话公司，出于行业的实际情况，被迫使用这种方法。公用事业经常通过规定、1 年的固定支付周期，即 1 年结一次账，从而熨平由于冬季高额的取暖费账单带来的付款额波动。他们还通过规定的计算或提前偿付，可以减少风险。

有些信用经理，在对开户 30 天定期账户的顾客进行信用检查的过程中，劝说顾客设立他们自己的信用限制。这有时可以通过询问："您想用什么作为购买的限制？"或"您是否对您的购买设定了一个限额？"来达到。其他经理稍为机智些，他们这样问："您认为您将在这个月中买多少钱的东西？"顾客给出金额后，下一个问题可能是："我们可以将此作为您购买的限制吗？"

由一些大规模信用卡发行者使用的、电子化的信用评分系统，使用信用分数来批准某一账户，并指定起初的信用额度。正如前文所述的，计算机确定的限额，以后会根据消费者真实的偿付记录做出调整。

债权人公司在确定来自任何一个债务人的可接受的信用额度之时，是不需要完全一致的标准的。这些事务由每个公司自己来决定，并通过其信用部门的运营得到执行。有关可接受的顾客信用资质的政策，应当根据公司的总体销售政策、顾客、地点、商品的种类以及当地的和一般的企业状况进行调整。对任何一个债务人可接受的信用额度的政策，应当根据债权人的资金来源、债务人的信用声望以及信用计划的种类进行调整。

身份证明和授权

一旦建立了账户并设定了信用额度，就必须制定政策和程序来确保账户将被合理地使用。身份证明是要确保当前的用户的确是被允许使用账户的那个人。总是会有欺诈的可能性，特别是在顾客离开商店时立即将记了账的商品拿走的情况下。证明身份的方法应当很快捷，而且也相对简单，因为许多顾客对用于证实他们是他们所说的那个人这种冗长的程序感到很厌烦。

授权程序通过确保当前的信用购买不会使所欠款项的总额超出信用额度，来控制信用的数额。如果一次特殊的购买的确使总额超出了额度，而顾客的信誉良好的话，应该立即找出一种办法来增加信用额度。

用信用卡来证明身份以及授权

可以通过发行信用卡或某些类似的工具来进行身份证明。这种方法通常用在信用卡、赊销卡计划和某些零售商店中。当将卡交给销售人员时，销售人员就可以用卡来确认顾客的身份。过去，大多数的信用卡发行者给贷款提供者提供丢失或被盗的信用卡列表。然后贷款提供者把顾客交来的卡上的号码与那些报失或被盗的相比较。推行该方法的发行者，有时会因为销售人员发现了顾客企图非法使用的信用卡，而对其进行财务上的奖励。而且，如果购买超过一定的金额，职员必须打电话给授权中心，来确保信用购买是经过批准的。

现代的在线电子化的授权系统，只需要职员将信用卡在磁条阅读机上过一下。这种机器读取了账户号码，自动地用电话线路与账户持有者的计算机数据库联系。这种电子化的联络可以证实了卡并没有被盗，而且还能检查信用额度，看看是否可以进行购买。接着职员从机器的小信息屏幕上读取授权号码，在费用条上记下控制号码。

用签名来证明身份

另一种证明身份的方法是让顾客在售货单上签名。如果顾客声称没有进行这次购物，售货单上的签字将会证明事实恰恰相反。在债权人不得不诉诸于法律行动时，签字的售货单将是一个很好的证据。

通过私人相识的形式来确认身份

在某些小型商店，职员或商店经理认识顾客本人，这样就不需要用更复杂的身份证明系统了。

电子化与信用控制

计算机正在被更多的零售商所使用，而且使用程度比以前更高。这种增长有望继续下去。计算机程序有助于信用经理对公司的运营和良好决策的制定进行更有效的控制。此外，完全客观的、经过仔细定制的计算机系统能使信用经理用具体的数字式的术语来表达他们的信用政策。

零售商能用计算机程序对大至商店整体销售水平，小到单件商品的销售情况进行分析，减少人工费用，收集有用的信息来恳请顾客开立信用账户，进行收账，检查很少被使用的账户，以及提高保存记录的准确性。

因此，对在线管理系统使用的增长影响了信用管理集成初始的信用决策、证明身份、授权信用购买以及发挥控制功能。

计算机成本的逐渐下降，以及计算机软件的可获得性，使用户不必聘用专职的程序员，所以小零售商现在也能够认识到，将信用运营过程电子化的好处。

电子资金转移

消费者也可以使用扩展的客户服务，从电子化的零售业运营中获益。这些扩展客户服务中的一种是电子资金转移（EFT）或销售点终端（POS）技术。零售业在建立和运行销售点终端交易处理系统中已经取得了相当的进步。在整个零售领域中——食品、药物、专卖店和大规模销售，这些创新的零售信息系统都给管理层、商店员工和顾客带来了许多好处。

POS 是资金从消费者的账户到零售商的账户的电子转移，以此为购买或服务付款。因为开始时用于零售商的销售点，因此被称为销售点终端。

它的工作形式是这样的：顾客拿着一篮子食品走到柜台前，出纳像平常一样用收银机记录应收的价款，顾客把他的银行卡（借记卡，可能是 ATM 卡）插入读卡机的槽口，在键盘上输入个人身份识别号码。如果资金充足，账户就借记购买金额，而商店的账户贷记同样金额。

这种在线交易要在销售时，或至少在销售当天完成。POS 交易也可以被用在离线系统中。[③]

图 11—2 作出了 POS 交易全过程的图示。POS 技术有以下优点：

- 排除了由于填写或兑现顾客的支票而引起的延误结算时间；
- 为顾客提供了额外的支付选择；
- 用借记卡交易能自动从顾客的银行账户上扣减付款；
- 收银员需要参与的程度最低；
- 在 POS 的终端显示屏上提供全过程的易于操作的命令；
- 引发销售量的潜在增长；
- 增加现金流量；
- 产生来源于金融机构的潜在收入；
- 省去支票兑现费用；
- 减少在商店被盗的现金和支票的金额。

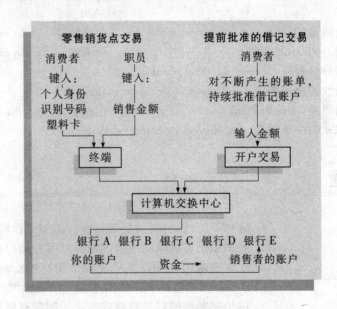

图 11—2　电子资金转移系统

电子资金转移有一个缺点，即它需要 3 个主要的参与者：银行、零售商和消费者。如果缺少任何一方，交易都不能进行。所有这些参与者必须认识到当前的支付方法的益处，从而做出更有益的改变。POS 和 EFT 技

---

③　Alec Smit，"pos：where have we been? where are we going?" *ABA Banking Journal*，September 1988，p. 104.

术过去 20 年来一直被著书立说，加以讨论，然而许多人预言的完全成功还一直未被实现。但是今天对这种技术使用的有限性使这种说法值得商榷。

将零售商的信用运营电子化的主要缺点有，存在培训成本，获得的信息过于繁多以至于对有关的资料进行确认有困难，以及某些消费者有可能将额外的自动化操作认为是对他们一度享受并期望的更加个人化的服务的另一种形式的脱离。

时间和费用问题

在身份确认、授权和交给顾客账单时，一般要重视速度和运营成本，而且要维持顾客的信用愿望。有时这意味着信用保护上的松懈。大多数商店认为这是合理的，因为节省出的时间和金钱足以弥补小部分顾客利用松散的系统给商店带来的损失。本书中描述的系统主要是大商店中的系统。在小型的商店中，用不太正式的程序也可以达到同样的结果，因为商店经理（或所有人）通常与大多数顾客认识。在任何情况下，不管系统是正式并规范的还是不正式也不规范的，工作的重要特征都是一样的。

重要术语

现金流量的估计	cashflow estimate	负债比率	debt ratio
控制	control	晕圈效应	halo effect
信用分级表格	credit grading form		
判断性的决策制定	judgmental decision making		
信用限额	credit limit	信用额度	credit line
数据式的决策制定	numerical decision making		

讨论题

1. 解释下面这句话："决策是所有信用工作的核心。"
2. 列举做出不良信用决策的重要原因并加以描述。
3. 什么是信用标准，怎样使用信用标准？解释为什么可以对不同的产品以及在不同的情况下，使用不同的信用标准。
4. 讨论判断性的以及数据式的决策制定有何不同。
5. 解释怎样使用信用分级表格。
6. 描述使用信用分级表格的优点和缺点。
7. 解释信用评分指南的发展过程以及如何使用，它的优点和缺点各是什么。
8. "控制"这种管理功能包括什么活动？解释信用控制的功能。
9. 解释信用额度的优点和缺点。信用额度和信用限额有什么不同？

10. 列举并描述制定信用限额的普遍方法。

11. 讨论在信用客户被允许使用信用账户之前，可以用哪 3 种方法来合理地识别客户。

12. 解释怎样在销售系统中使用电子资金转移系统。它对顾客和零售商的好处是什么？

13. 讨论怎样在信用决策制定和控制中应用计算机。

第 3 篇阅读参考

Management and Analysis of Consumer Credit

Altman, June. "The Word About Print." *Credit Card Management*, September 1996, p. 68. (Promotion of Credit)

Cellura, Alan. "Digital Imaging: A New Role for Data Processing Companies." *Credit World*, January/February 1996, p. 22.

Clancy, Rockwell. "Self-Service Banking: Directing the Consumer to Interactive Services." *Bank Management*, November/December 1995, p. 50.

Frank, John N. "Scoring Takes on a New Meaning." *Credit Card Management*, September 1996, p. 155.

Geary, Steven M. "Credit Repair, Practice vs. Promise." January/February 1995, p. 14.

Johns, Constance C. "Credit Bureaus and Limited Credit Services Partner to Provide Customers Truly Quick Credit." *Credit World*, November/December 1995, p. 21.

Kahn, Paul. "Pacing the Quality Race." *Credit World*, May/June 1995, p. 24.

Kryston, Mike. "Predicting Profitability: Finding and Keeping the Right Customers." *Credit World*, November/December 1995, p. 27.

Ladwig, Kit, "Weaving the Web." *Collections and Credit Risk*, July 1996, p. 45.

Novotny, Ann and Marvin H. Shaub. "How to Make a Dark Horse Shine." *Credit World*, September/October 1996, p. 9. (Marketing)

Rowland, Jan. "Credit Scoring: Big Opportunities for Small and Start-up Businesses." *Credit World*, September/October 1995, p. 21.

Snyder, Jesse. "Who's On First?" *Collections and Credit Risk*, September 1996, p. 63. (Credit Bureau Competition)

Solomon, Matt. "Marketing on the World Wide Web." *Credit Union Magazine*, February 1996, p. 27.

Tannenbaum, Fred M. "Big Potential in Small-Business Scoring Models." *Collections and Credit Risk*, January 1996, p. 59.

Totty, Patrick. "Credit Scoring Offers Multiple Benefits." *Credit Union Magazine*, March 1996, p. 62.

Whiteside, David E. "More Than Just a Credit Bureau." *Collections and Credit Risk*, July 1996, p. 39.

Whiteside, David E. "The Scoring Revolution." *Collections & Credit*, April 1996, p. 37.

相关网址

信用报告机构:

http://www.equifax.com	Equifax 金融信息服务公司
http://www.tuc.com	Trans Union 公司
http://www.experian.com	Experian (前身为 TRW)
http://www.acb-credit.com	信用调查局协会

职业组织:

http://www.aba.com	美国银行家协会
http://www.collector.com	美州收账者业协会
http://www.scsn.net/users/cpi	国际信用专业机构
http://www.cuna.org	国家信用合作社联盟
http://www.ica-credit.org	国际信用协会
http://www.ibaa.org	美国独立银行家协会
http://www.nacm.org	国家信用管理协会

其他:

| http://www.wisbank.com | 威斯康星银行家协会信用调查局的良好信息 |

案例分析

以下的案例为读者提供了一个检验并比较制定决策的技能的机会。

1. 阅读每个问题并为每个案例填写完成一份信用分级表格。记录下你感兴趣的额外信息。(注:要注意不能违反关于非法歧视的信用法律。)

2. 决定你要批准还是拒绝贷款或信用账户。

3. 与别人讨论你的决策。批准或不批准贷款申请可能会导致什么样的结果?如果你有机会,向当地的贷款官员或信用经理询问他们是否会批准该贷款申请。

比尔和贝蒂·斯蒂文斯

比尔和贝蒂·斯蒂文斯(见第 2 章)到了你的银行,想要 1 万美元的债务合并贷款。他们最近买了一幢新房子(见第 6 章),花销比他们原来预想的要大些。下面是他们想要合并的债务清单,他们打算用从你们银行获得的新贷款进行偿付。

XYZ 融资公司	地毯贷款	2 000 美元
维萨卡	多种物品	2 000 美元
万事达卡	多种物品	1 500 美元
顶级器具公司	器具	3 000 美元
市政府	财产税	1 500 美元

他们确信,如果他们能付清这些账单,通过合并这些债务减少现金流出并降低他们的利息支出,他们在财务上就能恢复原状。为了送他们的孩子上大学,他们还必须开始存款计划。

需要的总数=10 000 美元

月存款额=212.80 美元

36 个月/11%

回顾以前关于斯蒂文斯一家的案例中讨论的事实。你也许想在完成信用分级表格之前,编制一个新的财务报表。

珍妮弗·史密斯

珍妮弗 21 岁,在一家当地保险公司的住宅办公室中做申请审核人员。她在高中毕业后,升入了当地的技术学院,完成了 2 年秘书专业的学业。她住在小镇附近,与她的父母住在一起,每天往返 15 英里去工作。她不用付房租,她的父母担负了她大部分的基本开支。

她想买一辆新汽车。她一直在开她父母的汽车,但她觉得自己能付得起分期付款,因为她的全职工作很有保证。她仅有的信用经历是,用初始贷款金额 4 615 美元购买她的家具。合同是与一个家具商签订的,后来家具商将合同卖给了一家消费者融资公司——ABC 融资公司。信用单据表明,她目前欠款 2 466 美元,并正在按合同偿付(没有过逾期 30 天的记录)。

她在融资机构——她住的小镇中的银行的账户资料,显示出她有 3 位数的平均余额的支票账户和 2 200 美元的储蓄账户。信用调查局的档案很清洁。只有对 ABC 公司的未付贷款,以及以前在另一家融资公司的现已偿清的贷款。

对于将银行账户转移到坐落于她工作的城镇上你的银行中,她很感兴趣。她立刻指出,不想让她的父母或其他任何人与她共同使用账户。她已经 21 岁,她认为自己能处理财务事务了。

姓名:珍妮弗·史密斯　　年龄:21

未婚

供养的人:无

地址:主街 123 号　　　小镇,WI

居住时间:21 年

217

房东：威廉·史密斯　　　　（父亲）租金：0 美元

前住址：无

雇主：国家意外保险公司　　　大城镇，WI

　　　职位：申请审核员　　　工作时间：1 年

　　　收入：每年 12 000 美元

以前的雇主：顶级制造公司　　　工作时间：3 个月

其他收入：无

贷款要求：7 824 美元（9 624 美元减去 1 800 美元的首次分期付款）

　　　　　新的分期付款额＝256.15 美元；　　　36 个月/11%

目的/抵押品：新的小型汽车

债务：ABC 融资公司　　　家具

　　　　　　　　　　　初始条件：36 个月，每月 166.84 美元

　　　　　　　　　　　欠款：2 466 美元

贝蒂·克里恩

贝蒂告诉你，她最近离婚了，问你她能否申请贷款。她的旧汽车已经报废，因此想从她的邻居那里，花 6 500 美元买一辆用了 6 年的福特·爱斯科特牌汽车。

她成为一个自我雇佣的房屋清洁工已经 3 年了，以执行管家的名义工作。她没有雇用任何雇员，还说有许多工作让她忙个不停。事实上，她经常必须拒绝新工作，因为她的时间表已经排满了。她还解释说，她的税收记录能够证实她在过去 3 年中的收入状况。

贝蒂一年前在你的银行中融资，购买了一辆 1979 年的老爷车，现在还欠 2 300 美元没有偿还。

贝蒂声称马达爆炸了，车身也已腐烂掉了。她开玩笑说，如果她不能借钱买另一辆车的话，她就把车还给你。

在你银行中的账户记录显示出，她的支票账户上有 350 美元的余额，存款账户的余额为 660 美元。她的贷款已经按协议偿付了，没有逾期的分期付款。

她的信用调查局报告表明，她没有新记录，也没有反常的记录。百货商店的赊销账户列在了报告上，相当于来自申请中的信息。在融资公司的贷款发生于 2 个月前（贝蒂说她需要这笔钱作为汽车维修费），与申请中填写的余额相等。有 2 项收账中的款项，金额分别为 28 美元和 36 美元，是城市中 2 个不同的诊所中没有偿付的医疗费用。所有的账款都按协议规定收取利息。列出的抵押贷款表明，她在过去曾与别人共同签订申请。贝蒂解释说，收账中的款项是她与保险公司就医疗赔偿款项发生争执而产生的，现在已经圆满解决了。贝蒂还说，她以前与之共同签字的人指出，她不愿意再共同签字申请贷款了。

姓名：伊丽莎白·克里恩　　　年龄：42　　　离异

供养人：2 个孩子，年龄分别为 4 岁和 7 岁

住址：枫叶大街 555 号　　　美国某城镇

居住年限：3 年

房东：艾伦·威尔逊　　　　　租金：450 美元

前住址：埃尔姆街 444 号　　　　美国某城镇 2 年

雇主：执行家务公司　　　　　美国某城镇

　　　职位：雇主/雇员　　　　时间：3 年

　　　收入：年收入 24 000 美元

前雇主：家庭主妇　　　　时间：15 年

其他收入：汤姆·琼斯付的子女抚养费——每月 300 美元

贷款要求：6 500 美元；新的分期付款额＝212.80 美元；　　　　　36 个月/11%

目的/抵押贷款：福特·爱斯科特汽车　　　使用 6 年

债务：ABC 融资公司　　　　家具 2 000 美元　　　月付 249 美元

　　　Sears　　　　　　　赊销账户　　　　　1 000 美元月付 40 美元

　　　顶级百货商店　　　　赊销账户　　　　　500 美元月付 20 美元

　　　你的银行　　　　　　1979 年的老爷车　　2 000 美元月付 148 美元

约翰和朱迪·亚当斯

约翰和朱迪需要 2 000 美元购买新家具。你不能不注意到朱迪怀孕了。约翰有很好的工作记录，他的家庭，包括他的父亲和祖父，多年来一直是银行的顾客。他们有一套中等的、足够用的三居室住宅。约翰的雇主希望最终能让约翰承担更多的责任，付给他更多的工资，但需要他的事业有长足的进步来获得这一切。朱迪也从她的雇主那里得到很高的评价，下个月有望加薪 5%。

他们已经结婚 10 年了，迄今为止，他们从未迟付一次欠款。他们在信用调查局的报告非常清洁，与贷款申请中的数字均相符。

姓名：约翰·亚当斯　　　年龄：31

共同申请人：朱迪·亚当斯　　　年龄：29

供养的人：一个，3 岁

住址：主街 123 号　　　　小镇，WI

居住年限：3 年

抵押品持有者：BC 储蓄和贷款公司

分期付款：350 美元本金/利息——纳税：每年 2 000 美元

前住址：橡树街 233 号　　　小镇，WI 2 年

雇主：长时间的办公服务公司

约翰　职位：设备修理人员

　　　　时间：3 年

　　　　收入：每年 18 000 美元（总收入）

朱迪　中东牙科医生

　　　职位：接待员

　　　时间：2 年

　　　收入：每年 12 000 美元（总收入）

前雇主：ABC 饮料公司　　　4 年　　　无

其他收入：无

贷款要求：2 000 美元；新的分期付款额＝93.22 美元；　　　24 个月/11％

目的/抵押品：家具

债务：国家第一银行　　86 chevrolet　　4 000 美元　　每月 214 美元

　　　Sears　　　　　　循环账户　　　　900 美元　　每月　36 美元

　　　JCPenney　　　　循环账户　　　1 500 美元　　每月　60 美元

　　　万事达卡　　　　银行卡　　　　2 000 美元　　每月　80 美元

　　　ABC 融资公司　　个人贷款　　　1 000 美元　　每月 148 美元

信用分级表格

信用资质	等级			
	优秀	良好	一般	很差
收入				
工作				
储备资产				
偿债记录				
声誉				
抵押品				
贷款目的				
负债比率				
现金流量				
综合等级				

第4篇
理解商业信用

第12章 商品信用在商业中的用途

学习目标

在学完本章后，你应该能够做到：

- 描述商品信用的概念；
- 论述商品信用的发展过程及其发挥的作用；
- 描述商品信用中典型条款的内容；
- 论述影响销售条款的因素；
- 将销售条款分类；
- 解释付现折扣和相关的银行利率当量；
- 描述可转让债券（或票据）的性质和种类。

内容提要

前面9章内容讲述了消费者信用，接下来的7章内容将讲述商业信用。第1章中对信用的分类表明，商业信用可以分成两类：商品信用和商业经营所需的财务资本。本章将讲述商品信用在商业中的用途。

商品信用涉及到一家公司通过承诺未来付款而获得商品、存货和服务的能力。商品信用明显区别于商业运作中金融资本的融通，因为商品信用换来的通常是用于转售的商品，而金融资本常常是在资金不足或是收入被延期偿还时，用于各项业务的开支。

商品信用被许多不同的机构使用，如制造商、批发商、零售商以及合作公司。由于信用关系发生在两家企业之间，并且，这种信用是用来盈利的，因此，它属于商品信用范畴。考察商品信用在交易中使用的次数、运用商品信用时应遵循的相关政策以及正确运用商品信用所必需的会计记账程序，我们发现，商品信用是企业所接受的最为重要的一种短期信用。

商品信用的作用

商品信用促进了商品再生产和销售过程中的连续运动。虽然其他形式的信用也经常发挥这一重要作用，但企业用得最多的还是商品信用。

为促进商品流通融资

图12—1说明了商品从生产到销售过程中商品信用的使用。当原材料生产商把原材料卖给加工商和制造商时，有多种为这批原材料融资的方式。如果原材料生产商在资金上有富余，他们可能会接受客户的信用，允许他们在一段时期内支付货款。卖方将提出一些特殊的**销售条款**（terms of sale），即商品信用交易中支付货款的各种条件。如果原材料生产商资金状况不佳，那么为这批原材料融资的责任就落到了买方身上，他或者使用自己的资金，或者向银行或其他机构借款。

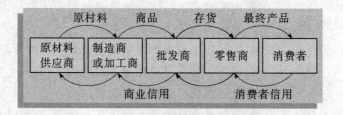

图12—1　市场链条

当原材料被加工或被制成半成品后，就会被卖给制成品生产商，而制成品生产商将以自己的信用来换取这些半成品。这也是商品信用，因为制造商购买这批半成品是为了进一步制造加工或转售。当这批半成品被加工成制成品后，它们会被卖给批发商或工业品供应商。这类企业常常订购大批量相关产品，然后将这些产品分销给只需要较少量产品作为库存的企业。商品信用又一次伴随着这一商品的转移过程发生——批发商以自己的信用从制造商那里获得商品。最后，零售商们又提供他们的商品信用，以获取一定量制成品作为库存。每当商品的所有者改变一次，商品信用交易就发生一次，直到这些商品被最终消费者购买。

因此，商品信用被各式各样的企业使用，为获得的商品或服务筹措资金。这种交易表面上看来十分简单：一家企业订购商品或服务而另一家提供它们。交易发生的凭证在卖方的会计记录中是应收账款或应收票据，在买方则是应付账款或应付票据。在大多数企业的资产负债表中，借记和贷记这款项都很频繁。虽然商品信用中包含了大量诚实与信任的因素，我们的法律确实支持这类交易。当一家企业无法支付货款时，只要卖方有完整的记录，他就拥有法律以明确的条文赋予他的权利。大部分的商品和服务，都是通过这种融资方式在生产制造和市场销售过程中流通的。

规模经济中不可缺少的因素

生产和销售过程中方便货款支付的各种方法，对于提高规模经济的运行效率十分重要。商品信用在促进经济运行方面发挥了重要的作用，具体作用如下：

帮助企业获得存货　如果企业完全依赖银行贷款和自有资金，它将很难获得足够的存货。尤其是对新成立的企业，如果第一批存货需要用现金支付，他将面临巨大的费用支出。而相反的，如果企业通过承诺一定时期内付款而获得商品，商品卖出后，企业就能结清应付账款了。

促进制成品的销售　商品信用的广泛应用以及它作为一种企业理财手段的重要地位，均源于国民经济的发展。在一个简单的社区经济形态里，零售商可能因为顺路才去拜访他们的供应商，并用现金为每天销售所需的存货付款。随着国家的壮大，制造商和他们的客户之间的距离也随之增大。随着交通和通讯系统的发展，人口和企业分布在更广阔的地理范围内。随着大规模生产方式的发展，制造商需要新的渠道来转移更多的商品，而不只是现金支付的渠道。零售商的数量也增加了，并且，大规模销售应运而生，以满足不断增长的人口的需要。销售量全面上升，人们需要一种更有效的货款支付机制来促进销售。

形成企业之间的合作　今天，债权人在和企业打交道时，更多的视自己为企业的合作伙伴，而不是粗暴地要求对方履行义务。企业之间的信用被认为是对双方都有利的。从某种意义上来说，由于信用交易双方都承担资金投入的风险，一种合作的气氛逐渐形成。随着信用的发展，开放性账户交易作为商品信用交易的一种形式，开始取代商业承兑、本票以及汇票的一些职能。**开放性账户交易**（open account transaction）是一种信用销售形式，它在买卖双方商业记录的会计分录中均有记载。这种制造商和销售商之间的关系，建立在信用的基础上，并受法律保护，它对美国经济的迅速成长和发展做出了巨大贡献。

销售条款

在每次商品信用交易中，买卖双方都必须清楚支付货款的各项条件，我们一般称之为**销售条款、信用条款**（credit terms）**或支付条款**（payment terms），它包括与商品转移有关的所有票据，和与销售协议有关的所有正式文件（表12—1是一张标明了销售条款的发票）。如果卖方没有提出某些特殊的条款，买方可以合法地假定行业内通行的任何条款都适用。当卖方发出商品或服务，或满足了销售协议中的其他特殊要求时，买方有义务完成销售条款的要求。商品信用交易中适用的销售条款是这种信用所特有的。

表 12—1

米希勒集团公司
123 大道
某镇，州 12345

发票

发票号码
日期

销售给：

货运方式：	购货单号码：

支付条款：2%/10 天　　期限 30 天

数量	货物描述	折扣	单价	金额

应付总金额：

制定销售条款

提供给客户的销售条款应该由负责政策决策的主管制定。信用政策同销售方案中其他因素一样，需要经过仔细的考虑。虽然在特定环境下，信用政策和销售条款有所不同，但一些主要的原则是共同的。

在所有的销售条款中都包括 2 个主要变量。第一个是**信用期限**（credit period），也称为**信用净期限**，是指付款之前允许的时间长度。

第二个主要变量是**现金折扣**（cash discount）。现金折扣是指，如果买方在信用净期限之前将货款付清，卖方将在应付的全部货款的基础上，允许买方少支付的金额。现金折扣允许的这段时间就是**现金折扣期**（cash discount period）。并不是所有的公司都有现金折扣，但它在许多交易中都存在。现金折扣不同于**商业折扣**（trade discount），后者是一种价格手段，与货款支付的时间没有任何关系。

买卖双方除了要了解销售条款的重要性，还应清楚地了解相关的正式信用文件。商品信用交易发生时，最常见的依据是卖方的应收账款分类账。但是，在某些情况下，卖方也可能使用银行本票、商业承兑汇票或远期汇票，无论如何，所有这些文件都需要有买方的签字。使用这些文件中的任何一类都需要得到双方的认可。为了避免纠纷和最终失去客户，卖方必须确定买方理解了销售条款、正式信用文件、发货日期和所有的其他信用交易细则。

信用交易中另一细则是**预付折扣**（anticipation），它是卖方为提前结清货款的买方提供的折扣。这种折扣通常等于以当时银行基准利率计算，提前付款的这段时间内对应的利息。一般来说，现金折扣能提供一个较高的回扣率，但当付款日超过现金折扣期时，预付折扣将用于奖励在最终到期日之前支付货款的行为。举个例子来说，一张面值 2 000 美元的发票在现金折扣期到期后、最终到期日前 10 天结清，在扣减了 6% 的预付折扣后，应付金额如下：

发票金额＝2 000.00 美元

预付折扣＝2 000 美元×0.06×10/360＝3.33

应付金额＝1 967.67 美元

影响销售条款的因素

虽然美国企业界使用各种各样的销售条款，但是许多行业倾向于使用标准的销售条款，即**常用的**或**通用的销售条款**。竞争和其他因素也经常影响同一行业内的成员，使他们在一段时间内使用相同的销售政策。

尽管有上述趋势，许多公司还是有一些特殊的销售条款，作为信用部门的指导方针。在公司制定自己的销售条款时，他们会尽量与同一行业内其他公司的销售条款保持一致。但制定好的条款，也常常会因一位特殊的客户或特殊的环境而做出特殊的调整。以下的若干因素就是影响公司是否采用特殊销售条款，或是否进行偶然性调整的主要因素。

对销售和利润的影响

有关销售条款的决策主要取决于，公司期望这些销售条款给销售和利润带来何种影响。如果销售条款成本过高，导致公司将不得不通过借款来支付自己的费用，公司可能就应该向客户提供较严格的销售条款。从另外一个方面来说，更加自由宽松的条款可能会帮助公司从竞争对手那里拉拢客户，从而带来更高的销售额和利润。

存货周转率

通常情况下，卖方给买方的资金融通时间至少会同买方的一次存货周转时间相等，即买方用来卖掉他们的商品的时间。因此，把商品转换成现金的时间与偿付债务的时间就形成了一定的关系。存货周转迅速的行业通常只有较短的信用期限，而存货周转较慢的行业通常有较长的信用期限。例如，许多经营食品类产品的企业只有较短的信用期限，而经营服装产品的企业有较长的信用期限。

客户的地理位置和运输工具

销售商在远距离市场做生意，与当地的制造商相比往往处于劣势。因为远距离运输货物需要时间，如果支付货款的时间从发票上的日期算起，远方的客户在接到货物后可能没有足够的时间付款。为了解决这一困难，销售商可能会提供一个较长的信用期限，或允许付款期限从收到货物之日算起，以此来消除距离和运输等因素的影响。通过这种方法，卖方的销售条款弥补了运输过程中的时间损失和运输大宗货物的费用。

地区差异

当销售商在国内某一特定的地区销售时，他们可能需要根据当地的销售条款对自己的条款进行修改。虽然这一影响因素已不像以前那样重要，但在许多地方其影响仍然存在。举个例子来说，农作物经营比奶制品经营季节性更强，商品信用销售条款必须考虑到这一因素。在客户收入差距很大的地方，销售商的销售条款也要作出相应的调整。

商品的特性

销售条款的采用和调整要还要考虑货物的特性。如果一家企业销售多种商品，那么单一的销售条款就不能适用于全部的商品。同一张发票上的不同商品，有的有现金折扣，有的则没有。同样，一种商品的信用期限可能同另一种不同，尽管它们都由同一供应商提供。因而一些因素，如边际利润、易腐性、商品时髦与否、甚至季节特征，都将影响销售条款。例如，容易腐烂的商品和边际利润小的商品，常常只有较短的信用期限以及很小的现金折扣甚至没有现金折扣。相反，如果商品应季、新奇或者边际利润空间大，销售商常常会提供较长的信用期限和较大的现金折扣。

信用风险的性质

某个行业的适用条款并不能适用于其所有的客户。条款要根据信用风险的性质而改变。因而，信用风险高的买方只能得到付现交易，即货到付款（COD）或交货前付款（CBD）的条款，而信用风险较低的买方可以得到更宽松的销售条款。如果某一特定行业中大多数买方的信誉不佳，上述条款可能变成标准惯例，而且，即使这一原因不再存在，销售商也有可能沿用这些条款。

客户的类型

销售条款也可能因客户的不同而不同。客户可以按不同的方式分类，如：订购商品的规模，买方的类型（是批发商还是零售商），甚至批发商或零售商的类型。进行少量购买的客户通常只能得到比行业内标准条款规定期限短的销售条款，而大批量购买的客户，由于他们的购买量在销售商总销售量中占有重要地位，有可能得到比惯例更宽松的销售条款。另一个相关的因素就是：客户是否能够代替销售商分担一些重要市场功能。例如，大的买方，如果销售条款按照他们的要求进行了调整，或者他们得到了其他折扣，他们往往会承担存储商品的工作。一般来说，按照行业贸易惯例，批发商得到的销售条款要比零售商得到的宽松。

然而，需要强调的是，对不同客户实施不同的销售条款必须建立在为

229

卖方节省成本的基础上。《罗宾逊·帕特曼法案》（Robinson-Patman Act）是一项禁止价格歧视的联邦法案，因为价格歧视会抑制竞争或助长垄断。法院规定将**价格**编入销售条款，这样，同类产品在卖给相似的买方时，必须采用统一的价格。

竞争

一般来说，竞争对销售条款有着最强的影响力。销售商经常根据竞争对手的举动修改自己的惯用条款。由于竞争的原因，他们会为不同的客户提供特别延付期或季节性延付期（这些条款将延迟买方支付货款的日期）。某些客户利用竞争的压力对销售商施加影响，往往也能得到月中支付（MOM）或月末支付（EOM）的条款。这种情况往往使销售条款，偏离原来合理的政策。一个公司可能提供更加有利的销售条款，以从竞争对手那里吸引客户，同样，竞争对手也会开始使用同样的销售条款，其结果是，这种更加宽松的条款逐渐变成了标准的贸易惯例。当这种情况发生时，销售条款将不能再有效地刺激销售，整个行业遵循了不合理的惯例，将没有一家公司获得特别的利益。

卖方的融资渠道

卖方持有应收账款的能力对销售条款也有一定的影响。一家新成立的公司由于缺少流动资金，不得不在较短付款期限的条款下销售。而一个成熟的公司，拥有充足的融资渠道，因而可以持有较多的应收账款。如果某一特定行业中的许多公司财务资金方面都比较薄弱，那么全行业都有可能采用较短付款期限的销售条款。例如，汽车制造行业在初期普遍缺少流动资金，因此全行业都采用了现金支付条款，并且这一政策一直实施到汽车制造业有了充足的流动资金。

经济形势

商业行为受经济形势的影响，因而一些经济行为要根据经济运行周期做出相应调整。公司习惯于在繁荣时期或萧条时期调整销售条款。面对周期性变化的最佳调整方案可能是，在繁荣时期采用较严格的销售条款，在萧条时期则采用宽松的销售条款。

不幸的是，由于在萧条时期气氛普遍悲观，信用经理常常收缩信用。在萧条时期，随着销售量的下降，一些客户需要更长的时间支付货款，收账活动变得更加重要。在繁荣时期，信用经理常常被周期性的经济增长高峰带来的乐观情绪冲昏头脑。而当经济周期再次衰退、应收账款涉及许多财力不济的客户时，先前过度乐观的情绪必定带来信用决策的失误。

信用经理的态度

信用经理也能影响销售条款。他们对销售条款的影响程度，取决于他们在公司中与其他政策制定者的相对地位，以及信用部门与其他销售部门的关系。如果信用经理认为他们的主要职责就是消除坏账损失，并且将这种思想贯彻到整个公司，公司将过度地缩短信用期限。同样，一个信用经理也有可能因盲目的宽容而提供过多信用，或给过多的客户提供宽松的销售条款。

影响销售条款的因素
● 对销售和利润的影响
● 存货周转率
● 客户的地理位置和运输工具
● 地区差异
● 商品的性质
● 信用风险的性质
● 客户的类型
● 竞争
● 卖方的融资渠道
● 经济形势
● 信用经理的态度

销售条款的分类

销售条款可以分成以下几类：

预付条款

这一组条款包括**交货前付款**（cash before delivery，CBD）、**货到付款**（cash on delivery，COD）、**订货付款**（cash with order，CWO）、**预付货款**（cash in advance，CIA）和**跟单即期汇票**（sight draft with bill of lading attached，SD-BL）。从技术层面上说，预付条款在商品信用交易中并不常见。使用预付条款时，信用交易中特有的风险因素将不再存在或十分微小。

除了在某些特定行业有使用预付条款的惯例外，其他情况下，预付条款的使用表明卖方不愿意接受信用风险。买方可能一贯信用不佳，或者信用已经降到不能被接受的地步。不仅卖方不愿接受买方的信用，而且常常会要求买方用保付支票或银行本票支付货款。这样卖方就基本上不会承担清理账款的风险。

货到付款和跟单即期汇票付款与其他预付条款不同，它们没有使卖方完全摆脱风险，其中包含的风险集中表现在：买方可能在货物到达目的时拒收货物。在这种情况下，卖方将不得不支付往返的运输费用，与初始的买方达成一种不确定的信用安排，或万不得已时在附近寻找另一位客户。在货到付款方式下，卖方必须坚持现金支付或保付支票或银行本票的付款方式。

跟单即期汇票付款条款包括一张提单，即一份验证商品所有权的文件，它会被贴在即期汇票上。付款者一收到即期汇票就必须立即付款。卖方将这些正式文件送到买方所在地或附近城市的银行。当商品到达时，买方可以先检查商品的状况，然后到银行支付即期汇票。买方支付货款后将收到提单，提单表明商品的所有权。一旦一次发货建立在跟单即期汇票支付的基础上，卖方必须谨防买方在货到后声称资金不足。买方在做出这种声明的同时，往往建议卖方允许银行先发出提单并且承诺在10天内付款，由于其他办法都不尽如人意，卖方常常会接受这种安排。然而，这样做意味着接受该客户的信用，而事实上，该客户在货到时就应履行他的信用。

现金条款

现金条款并不意味立即用现金支付货款，而是指接受从发票日期开始大约10天内支付货款的信用。由于信用期限十分短，现金条款可视为在预付条款基础上的一种让步。这段时间允许买方验收货物，而卖方的风险同更普遍、期限更长的销售条款相比，则低了许多。在现金条款下，买方几乎得不到折扣优惠。由于在买方不能支付货款的情况下，卖方没有特别的追索权，卖方也承担着一般程度上的信用风险。票对票（bill to bill）条款是现金条款的一种变形，要求买方在下一次货物到达时支付前一次的货款。例如，一个零售商每个星期都收到商品补充存货，在每次新的存货到达时，他必须支付上一次商品的货款。

净条款

净条款要求在规定的信用期限内支付全部货款，不提供任何现金折扣。例如，"n/30天"意味着发票上的金额必须在发票日期后30天内全部结清。

普通条款

在许多行业，销售条款（指普通条款）包括净信用期限、现金折扣和现金折扣期。常用的一种普通条款是"2/10，n/30"（表明如果在10天内付款按2%的折扣结算，如果在30天内付款按全额结算）。如果一个客户收到一张"金额为300美元，3月15日出票，支付条款为2/10，n/30"的发票，那么他既可以选择在3月25日之前支付294美元，也可以选择在4月14日支付300美元。如果选择支付300美元，买方等于为20天时间内使用294美元支付了6美元的费用——相当于年利率为36%。买方应该利用各种现金折扣。

整笔支付或一次总付条款

在一些行业里，卖方允许客户在短时期内累计他们的债务。这种安排适用于个体买方经常性的购买或再购买。这种情况下，卖方并不是每次销售时都给买方开一张账单，而是累计销售次数，常常以1个月为期限，然后以同一个日期向买方开列账单。

整笔支付条款实际上是一种特殊的延期支付方式。使用的条款可能以"月末支付"，"月中支付"或"次月支付"（在次月特定的一天）为基础。如果使用"月末付"条款，在给定的1个月内，所有的销售都将延期至次月的第一天统一地开列账单。现金折扣期和净信用期都从这一天开始计算，在"8％月末支付"——一种服装贸易中常用的条款下，10 月份所有发出的商品都将按照 10 月份最后一次交易的日期开出账单。如果买方想享受 8％的现金折扣，只需在 11 月 10 日前付清货款。

"月末支付"条款的一种普通变形就是将每月 25 日以后的订货视为下月的订货。举个例子来说，5 月 26 日的订货将被视为 6 月份的订货，即在 6 月末才会被列入账单。这种做法毫无疑问是鼓励买方在每个月月末订货，否则，他们必须等到下个月才能得到在更长期限内支付货款的机会。

"月中支付"条款提供了一段较短的信用期限。在月中支付条款下，每月所有在 1 日到 15 日之间发生的订货被合并在 15 日开出发票。在 16 日和月末之间发生的订货同样被合并，在月末（或次月的第一天）开出发票。因此，在某个月份上半月所有的订货若以"2/10，n/30"的条款开出发票，买方在 25 日（该月 15 日后 10 天）之前支付货款，就能得到折扣。同样，在某月后半月累计的订货如果要享受现金折扣，就必须在次月 10 日前支付货款。

"次月支付条款"根据货运情况规定次月的某个日期为货款开始支付之日。例如，"n/次月 10 日"意味着 10 月份商品的货款必须在 11 月（10 月份的下一个月）10 日前付清。该条款中可能还包括现金折扣，如"2/次月 10 日，n/30 日"。这个条款表明如果在次月 10 日之内付清货款，买方将得到 2％的现金折扣。如果在现金折扣期满后 20 天内，即在次月的 30 日前付清货款，买方（则）必须全额支付货款。在许多实例中，"次月付款"条款和"月末付款"条款没有区别，只不过其中某一个会在某些特殊的贸易活动中变得常用。

特殊延期付款条款

特殊延期付款条款（special dating），延长了信用期限，用于调整条款以适应个别交易或某位客户面临的特殊环境。**"季节性"延期付款**（"season" dating）和**"额外"延期付款条款**（"extra" dating）是 2 种提供特殊延期付款的方式。

如果对某个产品的需求有季节性的特征，销售商利用季节性延期付款吸引买方在销售季节之前购买并接受发货，销售商将因此受益。因为他们可以将产量计划得更加贴近他们的销售曲线，并且可以将一部分存货负担转移给买方。而买方拥有商品并且不必立即动用他们自己的资金。这种类型的延期支付利用了买方存储存货的职能，并且使付款日期接近于买方的销售季节。举例来说，夏季服装可能在 10 月就购买，在 1 月按照"2/10，n/60"的条件发货，但发票日期可能是 5 月 1 日，这些条款为 5 月 10 日前付款提供现金折扣，并且确定净付款到期日不能晚于 7 月 1 日。在销售旺季之前，同样的安排可以结合比普通销售条款长 30 天、60 天、甚至 90 天的延期付款写入条款。

额外延期付款是另一种给予客户更长的折扣期和信用期的方法。额外延期付款条款视折扣期和信用期为等同。他们不把条款写成"2/70，

n/70"，而通常写成"2/10-60 额外延期"。在这种条款下，买方只需要在发票日期后 70 天内按 2% 的折扣付款。

收货时付款（receipt of goods，ROG），或**货到付款**（arrival of goods，AOG），条款，以及一些类似的安排，被用于弥补远距离买方的不便。这种条款，在实行中会调整现金折扣的开始日期，也经常调整净信用期。由于条款可能从发票日期开始生效，ROG 和 AOG 条款将调整整个折扣期，以使折扣期的第一天和收货或货到的日期相吻合，这种类型的条款在卖方同远方客户的贸易中十分必要。

委托销售条款

委托销售条款（consignment terms）常常用于非信用原因的情况。农业产品经常由委托机构按照委托销售条款销售。新的产品，以及其他任何分销机构拒绝承担销售风险的商品，均可以通过委托销售条款销售。有些单位价值很高的商品也按照这种条款通过市场渠道流通。当买方的信用无法保障普通销售条款的履行，或当买方缺少资金应付"货到付款"或"见票即付"之类的预付条款时，卖方也可以使用委托销售条款。被委托销售商品的所有权仍归卖方所有，收货者则充当卖方的代理机构。由于法律方面的原因，信用经理必须谨慎使用卖方条款。委托销售的商品必须同其他商品区别保存，这类商品销售的收益必须单独记账。运输商必须以托运者的名义为商品保险，并且收货人必须定期提供销售和存货报告以及汇款。信用经理应当寻找法律依据来草拟委托销售合同并随时给予收货人必要的指导。

现金折扣和银行利率当量

如果银行利率当量高于当日银行利率，现金折扣将对买方具有相当的吸引力。此时企业应当通过借款来享受折扣，而不是错过这一诱人的折扣。在某些企业，尤其是零售企业，得到的折扣能决定一笔交易是盈利还是亏损。国家信用管理协会（National Association of Credit Management）的一些官员向他们的会员发出完整的目录，以提醒他们充分利用各种现金折扣。

销售条款分类
- 预付条款
- 现金条款
- 净条款
- 普通条款
- 整笔支付或一次总付条款
- 特殊延期付款条款
- 委托销售条款

举个例子，一张按普通条款"2/10，n/30"出具的发票，为 20 天的投资期提供 2% 的返还。投资期是假设买方会等到最后一天（第 10 天）享受现金折扣。而在 20 天后的净信用期内，则会被要求全额支付。由于每年 360 天有 18 个 20 天（360/20＝18），年回报率就是 36%（2%×18）。参看表 12—1 现金折扣及银行利率当量表。

表 12—1   **现金银行利率当量表** *

现金折扣条款	年利率（%）
0.5/10，n/30	9
1/10，n/30	18
2/10，n/60	14.4
2/10，n/60	24
2/10，n/30	36
3/10，n/30	54
3/10，n/60	36
4/10，n/60	26.8

* 计算这张对照表，需要找到现金折扣期和净信用期的天数差。这代表买方在折扣期结清货款时，卖方得以提前使用这笔资金的天数。360 天折扣率＝对应的年利率。如，对"2/10，n/30"条款，360/20＝18，18×2%＝36%。

再进一步看，如果上述发票金额为 2 000 美元，现金折扣为 40 美元，而利率为 12% 的一笔贷款的利息费用只有 12.40 美元（利息＝1860×0.12×20/360）。用金额表示，我们也能清楚看到现金折扣提供了一个有利可图的省钱的方法。

不应得的折扣问题

一些零售商会得到不应得的折扣——也就是说，他们给制造商开出一张支票，金额为应付款总额减去现金折扣后的余额，虽然现金折扣期已过。然后卖方必须决定是接受这种付款方式作为交易的终结，还是向买方开出账单索取他们不应享受的现金折扣，或者归还没有兑现的支票并要求支付全部应付账款。事实上没有一种正确的程序，卖方必须考虑到客户的信誉、竞争环境和他们自己的资金状况。

销售条款与联邦立法

正如前文提到的，销售商可以运用销售条款实施价格歧视。价格歧视发生在销售商对同类企业提供不同折扣的情况下。在 20 世纪 30 年代，当《罗宾逊·帕特曼法案》成为法律后，销售条款开始接受联邦政府的审查。法案禁止由于歧视性信用条款产生的价格歧视。销售商必须对同类客户（如所有的制造商客户，所有的批发商客户，或所有的零售商客户）提供统一的折扣。他们不能给同一类别中的某个客户较多的现金折扣，也不能接受"条款攻克专家"坚持的条款，不能准许延长折扣期，除非这些条款适用于该类别的所有客户。

现金折扣还是商业折扣

现金折扣是对迅速付款的客户的一种奖励，因为客户迅速付款（1）节约了卖方处理应收账款周转较慢的问题的额外费用；（2）避免了处理延迟付款的收账问题。现金折扣也是对延迟付款的客户的一种惩罚，它将用来弥补处理这些事务耗费的费用和带来的诸多不便。在前一种情况下，报价就是列出的价格，给出的现金折扣正好等于与迅速付款的客户付款时节省的费用。在后一种情况下，净价格就是实际的执行价格，从延迟付款的客户那里收取的罚金大约等于与他们进行交易的费用。

但是，如果以罚金的形式列出的话，卖方会很难收取到罚金，并且强制实施对拖欠债务"罚款"的行为不但会遭到强烈的反对，而且会损害自己的名誉。从心理学角度来看，更好的办法是将惩罚作为卖方收回的优惠。那么没能享受到的现金折扣，在买方看来就是一种优惠的收回，只是由于他们自己的过错而没能获得。现金折扣作为对延迟付款客户的一种罚金，从公平角度来看，不能超过弥补所有额外损失所需的费用。

罚金需要弥补的损失有：（1）在付款期后的额外期间对卖方资金的占用，（2）可能的坏账损失带来的风险，（3）增加的发出账单和回收账款的费用。许多交易都允许 1％、2％甚至 3％的现金折扣，这似乎足以弥补可能发生的费用总额。然而，许多销售商借现金折扣之名，提供高达 6％、7％、8％，甚至更高的折扣，一些延期支付的买方也能得到折扣。这种宽松自由的折扣是商业折扣，而不是现金折扣。一些特殊延期支付条款，如果延期支付了而现金折扣未被取消，也属于商业折扣。同样，当折扣期同净付款期一致时，一些信用经理也认为这种现金折扣是商业折扣。

可转让票据

同支付货款、筹集资金及接受付款等活动紧密联系的，是可转让票据或商业票据。**可转让票据**（negotiable instruments）包括在商业交易中用于借贷资金、支付货款或将价值转让他人的本票、支票和汇票。关于不同商业票据的合法性、转让方式及性质特征的各种规定和要求，已在数年间发展起来并最终在《统一商法典》的第 3 款中形成体系。几乎每个州都采用了这项法律以规范企业间的交往方式。

作为有效的可转让票据，必须符合 7 项要求。如果缺少了规定中某项要素，票据对交易各方仍然有效，但不能转让。作为可转让票据收款者的票据持有人可将票据转让出去，这是一种转移价值的活动。

可转让票据的 7 项要求包括：

1. 票据必须为手写并且由执行方签字；

2. 票据必须包含要求付款的命令或对付款的承诺；

3. 付款的命令或承诺必须是无条件的；

4. 票据必须支付一定金额的资金；

5. 票据必须即期，或在固定日期，或在一个明确的日期支付；

6. 票据必须对收款人或持票人可支付；

7. 必须明确地指明收款人和付款人，除非票据上命令或承诺付给持票人。

本票

本票（promissory note）是在确定日期付款的一种书面承诺，它涉及到两方当事人，一方是出票人，即签发该票据并承诺付款的人，另一方是收款人，即承诺的对象。本票可能包括也可能不包括支付利息的条款。

有些特殊类型的本票以其他名称为人们所知。**债券**（bond）是一种书面协议，承诺在未来的确定时间支付一定的金额，通常用货币支付。债券由公司、地方政府或联邦政府发行，可以由财产或债券支持的项目带来的未来收益作保障。

附带期票（collateral note）是由个人财产担保的本票。当票据金额被支付后，个人财产的所有权重新归原所有者。如果票据没有被支付，债权人可以按照法律规定出售财产。任何由出售财产获得的收入高于票据金额的价值，必须归还债务人。如果获得的收入不足以支付票据金额，债务人必须补足。

不动产抵押票据（real estate mortgage notes）是由不动产担保的本票，不动产即土地和建筑物。**公司债券**（debentures）是由公司发行，通常没有担保，而只以公司的盈利能力和一般偿债能力支持的票据。

汇票

汇票（draft，有时也称为 bill 或 exchange），是即期或在确定日期向另一方支付一定金额的支付命令书。**即期汇票**（sight draft）是在即期或在收款人或持票人承兑时支付的汇票。**远期汇票**（time draft）是在汇票承兑后一段确定的时间之后支付的汇票。**商业承兑汇票**（trade acceptance）是一种特殊的汇票，由卖方根据买方的要求提供。买方签发商业承兑汇票，表明他同意按汇票中标明的付款方式交易。

支票是汇票的一种，可用来从银行支取现金并可以随时支取。支票是由出票人（存款人）开给银行（受票人）以支付另一方（收款人）的汇票。支票中有如下特殊种类：

保付支票（certified check）是由受票银行的官员接受的普通支票。支票上常注有"保付"字样，并且已划拨出支付支票所需的资金，通常是从存款人账户中划拨。银行对这张支票的承兑负责。

现金支票（cashier's check）是由银行签发，从自己的资金中支取并由银行的官员或业务员签字生效的汇票。当私人支票或现金支付都不被收款人接受时，这种类型的汇票将特别有帮助。

如果出票人因为想要蓄意诈骗他人而开出支票，根据国家关于空头支票的法律，出票人对应付款负全部责任，并且可能受到刑事起诉。**空头支票**（bad check）是银行拒绝支付的支票，通常是因为存款人账户上资金不足。支票接受者如果想提出刑事诉讼，需要证明出票人的诈骗行为。在某些情况下，州法律规定如果某人被通报未支付应付款，经过一段时间，如10 天，蓄意诈骗的假设便可以成立。

重要术语

预付折扣　anticipation

AOG（货到付款）　AOG（arrival of goods）

商品信用　merchandise credit

可转让票据　negotiable instruments

信用净期限　net credit period

开放性账户交易　open account transaction

支付条款　payment terms

本票　promissory not

CBD（交货前付款）　CBD（cash before delivery）

不动产抵押票据　real estate mortgage notes

《罗宾逊·帕持曼法案》　Robinson-Patman Act

CIA（预付款）　CIA（cash in advance）

ROG（收货时付款）　ROG（receipt of goods）

COD（货到付款）　COD（cash on delivery）

SD-BL（跟单即期汇票）　SD-BL（sight draft with bill of lading attached）

附带期票　collateral note

委托销售条款　consignment terms

信用期限　credit period

信用条款　credit terms

CWO（订货付款）　CWO（cash with order）

公司债券　debentures

汇票　draft

额外延期付款条款　extra dating

空头支票　bad check

债券　bond

现金折扣　cash discount

现金折扣期　cash discount period

现金支票　cashier's check

保付支票　certified check

季节性延期付款条款　season dating

即期汇票　sight draft

特殊延期付款条款　special datings

销售条款　terms of sale

远期汇票　time draft

商业承兑汇票　trade acceptance

商业折扣　trade discount

讨论题

1. 解释商品信用的作用。
2. 为什么应收账款问题在企业破产的原因中会占第一位？
3. 对商品信用的不同看法发表评论。
4. 销售条款中的主要变量是什么？
5. 解释影响销售条款的 11 个因素。

6. 对销售条款进行分类的 6 种方法是什么？

7. 为什么预期利率与当时商业银行利率明显不同？

8. 为什么制造商会使用委脱销售条款？

9. 怎样计算现金折扣的银行利率当量。

10. 描述可转让票据必须具备的 7 个条件。

11. 本票和汇票有什么区别？分别举例说明。

问题与应用

完成下列表格：

销售条款	发票日期	现金折扣截止日期	折扣金额	应付款
2/10，n/30	9 月 15 日			
1/10，n/60	7 月 1 日			
1/15，n/45 EOM	4 月 1 日			
n/30	5 月 15 日			

案例分析

比尔·斯蒂文斯的办公用品公司向几个厂家订货，每个厂家的销售条款均不同。他需要确定自己应该借款以获取现金折扣，还是放弃取得现金折扣的机会。完成下表，假设发票金额为 5000 美元，1 年按 360 天计，年利率 12%：

销售条款	现金折扣	贷款天数	利息（借款成本）	净收益
2/10，n/30				
1/10，n/60				
1/15，n/45 EOM				
n/30				

第13章　商业运营中的金融资本

学习目标

在学完本章后，你应该能够做到：

- 区别融资信用和商品信用；
- 解释商业银行各种商业贷款的区别；
- 阐明补偿余额如何影响一笔贷款的实际利率；
- 区别普通应收账款融资和保理应收账款；
- 解释商业票据如何充当融资工具；
- 讨论长期借款的原因；
- 解释小企业管理局（SBA）的活动；
- 解释个人开办企业或扩大企业的利益；

内容提要

　　许多企业在使用商品信用来为企业的现有资产（如存货）融资时，往往需要一些额外的资金帮助来支持运营。企业需要**运营金融资本**（financial capital for operations），这些资本将用于企业的开办、维持和运营。借款可以是短期的、中期的或长期的。运用短期借款可以获得商品信用和企业所有者自有资金不能满足的流动资产，运用中期和长期借款则可以获得流动资产以及固定资产。商业银行和商业金融公司（主要有保理公司和商业融资公司）是短期和中期借款的主要来源。短期借款的另一来源是商业票据的发行和销售。长期借款可以从保险公司、投资公司、信托公司，甚至小企业管理局、富有的个人和商业银行等渠道获得。

本章主要讨论商业运营对资金的需要以及获得资金的各种渠道。本章涉及的几个主要融资渠道是商业银行、应收账款融资、小小企业管理局和商业票据。

虽然有些融资渠道不如上述几种渠道常用，但我们也应该了解。公司股票的发行、长期公司债券的使用以及非银行贷款提供者和其他渠道，有时也为商业运营提供资金。

商品信用管理与商业运营中的金融资本

商品信用管理涉及到一种高度专门化的商业信用——以接受信用来促进了商品和服务的销售。有了这种专门化的特征，管理者更倾向于将注意力集中在销售条款、收账活动和现金折扣上，他们常常将这些活动看作是不同于并独立于那些与获取运营资金相关联的信用管理活动的。在一些公司，财务人员或审计人员常被赋予监控现金流量的责任，他们在现金不足时负有寻找最合适的资金来源的责任。在其他情况下，信用经理也管理公司的现金头寸，并承担信用提供者（提出销售条款）和信用使用者（寻找运营所需资金）的双重职责。显然，这两种活动紧密联系，因为提供过度的信用，或是融资的失败，都会对现金流量产生负面影响。

信用主管是否直接参与公司的融资决策，常取决于他们在公司组织结构中的地位。公司的组织结构根据公司要行使的职能多少和类型而异。中小规模的企业可能只聘用一名主管来处理商品信用管理和公司运营资金需要的相关事务。他可能被任命为财务总监，兼任信用经理，从而在两个职能上（即客户的信用和公司的信用）同时发挥作用，该主管必须有足够的知识来处理多种类型的商业信用。相反，大公司通常把信用职能分配给若干名主管，可能设立一个独立部门专门管理商品信用，该部门由信用经理领导。公司的短期、中期和长期资金需要可能由指派的财务总监管理，或由财务总监和一批挑选出来的公司职员共同管理。无论公司遵循哪种政策，主管们都需要专业知识来有效地履行他们的职责。由于信用和融资业务有紧密联系，这类职能部门的主管都需要了解各种类型的商业信用。

对运营资金的需要都**只是暂时**的，公司最终都要赚取足够的收入和利润来归还所有贷款，并且按照投资者的投资份额分给他们真实的回报。举个例子来说，住宅建筑商可能需要借款以支付工人的工资，因为建筑过程耗费大量时间，而收入又只有在住宅售出后才能获得。但最终，住宅被售出，所获得的资金可以归还所有贷款并且有利润剩余。一家公司如果不能筹集足够的现金来支付日常的经费开支，最终都会破产。

因此，许多商业运营中的贷款都是**短期**的。它们在公司的收入被延期支付时维持公司继续运转。当然，也有一些贷款和信用关系是长期的，用于为长期资产和公司扩大规模融资。当然，这些贷款的提供者也必然会分析预测每位借款者的风险，以保证自己公司的良好业绩。

无论公司的所有权、组织结构或规模大小如何，负责商品信用管理的主管都要经常就融资问题向信用客户提出建议。信用经理向商业客户提供咨询已日渐风行，这种做法是在当今信用双方的合作关系概念下形成的。许多信用经理都报告说，信用部门的客户咨询服务是他们提供的最有价值的服务之一。他们清楚了解其他流动资金来源以及本公司利用这些资金来源的能力，这些信息常常使处在破产边缘或是运转状况恶化的企业重获新生。同样，现金信用经理必须清楚商品信用在客户的流动资产融资中的作用。

本书研究商品信用的章节可以为现金信用主管提供重要的参考，因为在信用基础上销售商品和服务，与处理商业运营贷款问题有许多相通之处。它们使用相似的信用信息、决策过程和收账政策。两者的不同之处在于对各种信用信息的依存关系、信用标准的差异、管理客户账户的方法和各种政府法规。

为什么要贷款

企业主管可能因为下列原因向贷款提供者融资：
- 为了在理想的业务领域提供期限更长或条件更优惠的销售条款，希望以此来增加销售量；
- 为了在合适的时间内生产或推广一种应季商品；
- 为了在季节性需求高峰到来之前调整产量，以避免错过销售时机并降低成本；
- 为了及时或提前支付款项以获得现金折扣或其他价格、运输和服务方面的优惠；
- 为了提高产量、降低成本而购买新型的效率更高的机器和设备；
- 为了增加产量和销售量而增加雇员；
- 为了购买另一家公司寻求资金帮助；
- 为了收购合作伙伴；
- 为了节省运输费用而购买整车商品；
- 为了享受优惠的原材料价格。

商业银行贷款

作为中短期贷款的来源，没有任何一家机构拥有**商业银行**（commercial bank）的地位和优势。商业银行系统庞大的融资渠道，使他成为筹措资本的渠道中最大的、最常用的一种。

商业银行的信用政策

商业企业可以同商业银行建立一种长期的融资关系。除了充当企业资金的保管者，银行随时愿意为客户提供他们所需资金中重要的一部分。然而，商业银行通常比商品信用交易中的主体对信用标准要求更高。不能达到信用标准的企业，则必须从其他渠道获取资金，但其他渠道常常不具有商业银行对企业的这种吸引力。

银行对客户的信用要求更高，是因为他们受托管理公众的存款。银行必须审慎使用公众的这种信任以维护信誉和客户的信心。联邦储备体系的成员银行不能无视自己在体系中的地位而申请扩展业务。银行资金的流动性很大程度上取决于客户资产的流动性。银行必须时刻承担对客户的义务，这限制了他可以向客户提供的业务范围。如果银行确实提供了扩展的业务，扩展业务量必须不超过安全警戒线，并且不能影响银行资金的流动性。

另一个促使银行的高信用标准的原因是，他们交易的存货是现金而不是一般商品。一般商品信用的债权人销售商品的边际利润率比银行贷款的边际利润率高，由于这一原因，商品信用的债权人更愿意接受高风险交易，提供扩展业务，而在银行看来，这可能是十分不谨慎的做法。另外，商品信用交易涉及的信用量可能只占债务人全部债务的一小部分，而银行贷款常常占了借款企业总债务的大部分。商品信用债权人提供的扩展业务与银行提供的拓展业务，二者的含义相差甚远。

最后，银行是在州和联邦银行管理当局的监管下运作的，他们对任何借款者的贷款规模都受到严格限制，他们不能用自己的资产作抵押进行贷款，他们能够给予银行某位官员的贷款批准额度也受到限制。虽然在上述限制之下也有例外，但更重要的是，银行贷款会定期受到核查。银行检察官和他们的上级监管人员负责实施影响银行贷款活动的各种监管规则。为了通过联邦储备体系和监管机构的检查，银行不能有大笔资金被贷给信誉不佳的企业的记录。因此，法律规定是促使银行信用标准较高的又一原因。

贷款的种类

一次偿清的贷款

传统的做法是，企业获取贷款满足他们的短期资金需要，贷款的期限与普通信用条款的期限（30 天、60 天或 90 天）一致，企业会在一段较短时期后签发短期票据支付应付款。在 20 世纪 30 年代，商业银行改变了有关贷款期限的政策，并且调整了他们的贷款条款，以满足借款者的需要。因为短期贷款使得许多企业没有足够资金应付连续的流动资金需要以及获得发行债券所需的资金。从那以后，银行也发放期限 1 年～5 年的中期贷款和期限超过 5 年的长期贷款。

商业分期付款贷款

传统的商业贷款都是一次偿清贷款，但今天，**分期付款商业贷款**（business installment loans）在银行业中的地位越来越重要。分期付款商业贷款主要用于可使用数年的耐用商品，如一辆新的载重汽车或其他机械。偿还期限通常与资产的寿命期限相吻合，未付差额也与该资产折旧后的价值相等。

银行信用限额

一旦一个企业同一家银行建立了联系，银行就会结合企业的支票账户设立信用最高限额。**信用额度**（line of credit）是银行愿意贷出的最高贷款金额，即银行愿意提供的超过经常账户差额的金额。信用最高额度是在银行彻底地审查了客户的需要、信用等级和现金需要的频率之后确定的。一旦信用最高额度确定，对银行和客户双方都会带来许多方便。客户可以在限额之内借到所需资金，无需经过新一轮的信用调查、分析和决策的过程。由于可察觉的风险经常变动，信用最高额度可以由银行随时调整。信用最高额度为客户提供了一种有弹性的、快捷的资金来源，但并不意味着企业必须用完所有额度内的资金。

设立信用最高限额时，银行可能提出 2 点要求，一是客户的存款账户必须随时维持**补偿余额**（compensating balance）——也就是说，信用最高额度中有一部分是企业不能支取的。一般来说，补偿余额要求在 10%～20% 之间。这一要求虽然并没有统一执行，但在许多银行都实施了。一些银行在制定同类政策时作了一些改变，他们要求借款者的银行存款账户上必须存有所借款项的一部分。另一项要求是借款者必须定期**清理**借款，以使银行确定借款被用于规定的目的而不是用在长期投资上。企业的临时性和季节性资金需要是信用最高额度的基础，用于这些资金需要的贷款能够自行收回成本并产生利润。企业自有资金不能达到定期清理借款的要求时，必须向其他银行借款来清偿他先前的借款，同时还要接受其他银行对他们财务状况的审查。

抵押贷款和非抵押贷款

银行贷款也可以按照有无抵押品分类——抵押贷款和非抵押贷款。一项**抵押贷款**（secured loan）不仅需要借款者承诺偿还，并且要求一些规定的财产作为抵押品。当企业到期不偿还借款时，银行可以对抵押品行使留置权。银行更愿意接受容易变现的抵押品。例如政府债券，由于很容易变现，是抵押品中质量最高的财产。企业也经常可能把存货、股票、债券、设备、不动产、应收账款以及其他有价值的财产作为抵押品。

非抵押贷款（unsecured loan）完全建立在借款者的信誉之上，有时也称为**签字贷款**，这类贷款的标志通常是借款者持有的签字本票。显然，这种情况下，借款者的信誉必须十分高。

银行贷款前除了会要求特定的财产做抵押品，还可能会要求企业履行一些其他义务。例如，对规模较小、管理权集中的公司，公司的总裁可能被要求签订，即以**个人财产担保贷款**（personal guarantee）的偿还。否则，将不提供贷款。这主要是因为法律规定这类企业属于单独实体。企业借款者可能还需要签订一份**限制性合同**（restrictive covenant），上面列出了在贷款未偿还时企业必须履行的义务。例如，借款者不能向股东支付高额分红，与另一家公司合并或出售部分企业资产。其他限制性规定可能包括保持一定的资产负债率，或购买某些保险。如果企业违反了这些规定，贷款通常将立即中止并要求立即偿还。

244

> **银行贷款的主要类型**
> - 商业分期付款贷款
> - 抵押贷款
> - 非抵押贷款
> - 商业信用最高额度
> - 一次偿清票据贷款

银行利率——贴现率

银行贷款的利率由若干因素决定。同一个利率并不能适用于所有的客户。对企业客户收取费用的比率取决于贷款的金额和期限、借款者的信誉状况、银行资金的紧张或充裕状况、企业保持在贷款银行账户上补偿余额的金额、银行的地理位置和贷款总需求状况等多种因素。一般来说，小企业支付的利率比大企业高，并且利率的高低与贷款规模呈反向变化。

一种受严格控制的利率是**头等贷款利率**（prime rate），这是商业银行可以向信誉最好的客户提供的最优惠并且最低的利率。美国各大银行的头等贷款利率每天都会在财经类报纸上公布，并且根据国内外经济形势浮动，如果联邦储备体系提高利率，这些银行通常也会提高他们的头等贷款利率。虽然几乎没有企业能够真正按头等贷款利率贷款时，但许多企业贷款时都以头等贷款利率为参照签订浮动利率协议。例如，企业贷款可能采用"头等贷款利率加 2％"的利率。当头等贷款利率变化时，这笔贷款的利率也会按照事先规定的调整方法调整，例如，在每个月的第一天调整。

商业银行收回利息费用的方法有 2 种。对于期限为 30 天、60 天或 120 天的短期贷款，银行可能在贷款之前扣除利息费用。业务操作中，这种费用被称为贴现、银行贴现或贴现率。客户支付的**贴现率**（discount rate）和支付的其他贷款利息是不同的。例如，如果一张面值 10 000 美元、6 个月后到期的票据按 14％的贴现率贴现，贴现额将是 10 000 美元的 7％，即 700 美元，企业共得到 9 300 美元的贷款，但在票据到期时需要向银行支付 10 000 美元。借款者使用的是 9 300 美元，而不是 10 000 美元，因此实际利率要比贴现率高。其他贷款的利息费用经常按照每日贷款余额计算，并且按月向借款者收取费用。

小企业管理局的活动

1953 年，议会建立了**小企业管理局**（Small Business Administration, SBA）（网址：http：//www.sba.gov），作为一个常设的独立政府机构来帮助小企业成长和发展。小型制造商、批发商、零售商、服务公司和其他小型企业，都可以从该机构借款用于建设、扩张或设备更新；房产购置、设备或原材料；以及获得流动资金。对所有的 SBA 贷款有一条重要的限制性规定，即按照法律规定，如果公司可以从银行或其他私人渠道获得资金，该机构不得提供贷款。因此，企业在向 SBA 申请贷款前，首先必须寻找私人资金供应渠道，也就是说，他们必须首先向当地银行或其他贷款机构申请贷款。

为了具备得到 SBA 贷款援助的资格，企业必须是为了营利而运营，并且符合 SBA 的小企业标准（援助残疾人贷款项目下的受保护企业除外）。贷款不能发放给业务涉及制造或传播思想或观点的企业，例如报业、杂志出版业和学术机构，其他不具备资格的企业类型包括从事不动产的投机或投资活动的企业。

从 SBA 取得商业贷款的企业的规模标准，与企业前 12 个月雇员的平均人数或企业 3 年内的平均销售额有关。这里有一些企业规模的标准：

制造业：雇员人数最多在 500～1 500 人之间，具体规定取决于制造产品的类型。

批发业：雇员人数不能超过 100。

服务业：年收入不能超过 3 500 万美元～1 450 万美元，具体规定取决于企业类型。

零售业：年收入不能超过 350 万美元～1 350 万美元，具体规定取决于企业类型。

建筑业：工程年收入不能超过 9 500 万美元～1 700 万美元，具体规定取决于企业类型。

专门贸易公司：年收入不能超过 700 万美元。

农业：年收入不能超过 50 万美元～350 万美元，具体规定取决于企业类型。

商业贷款的基本类型

SBA 提供 2 种基本类型的商业贷款：

1. 担保贷款。**担保贷款**（guaranty loans）是由私人贷款者提供的，通常是银行，但受 SBA 担保，担保金额高达贷款总金额的 90%。许多 SBA 贷款是在这一项目下进行的。贷款金额超过 155 万美元的，最高担保额为总金额的 85%。SBA 可以为私人部门贷款提供高达 75 万美元的担保。在担保贷款发放系统里贷款提供者发挥中心作用，小企业向贷款提供者提出申请，贷款提供者进行初步审查，如果通过，将申请和分析报告递交给当地的 SBA 部门。如果 SBA 通过，贷款提供者批准贷款，发放资金。

SBA 除了提供普通商业贷款担保外，还提供一系列专门贷款担保项目，包括：

1. 出口周转信用额度。

2. 国际贸易贷款。

3. 季节性信用额度。

4. 小型承建商融资。

5. 对少于 50 000 美元的小额贷款的贷款提供者激励性贷款。

6. 控制污染贷款。

7. 社区经济发展贷款。

2. SBA 直接贷款。**SBA 直接贷款**（SBA direct loans）允许的最高限额是15 万美元，并且只提供给不能获得 SBA 担保贷款的申请者。

申请者首先必须向开户银行寻求资金支援并已被拒绝。在拥有 20 万以上人口的城市，必须有另一位贷款者也已拒绝贷款。直接贷款资金很有限，常常只提供给特定类型的借款者（如劳动密集型行业的借款者，或低收入个体残障人士、越战时期的退伍军人或残疾退伍军人拥有的企业）。

贷款条件

流动资金贷款通常期限为 5 年～7 年，最长的期限是 25 年。期限长一些的贷款用于固定资产融资，如办公场所的购买或装修。担保贷款项目的利率由借款者和贷款提供者双方协商，但不能超过 SBA 规定的最高利率。通常，利率不能超过纽约头等贷款利率 2.75%。直接贷款利率以联邦政府的资金成本为基础，每季度计算一次。

需要的抵押品

SBA 要求企业有足够的资产作为抵押品以为贷款需要提供充分的保障。企业的主要所有者和主管都必须提供个人财产担保，当企业资产被认为不足以担保贷款时，主要行政人员可能需要提供个人财产留置权。

1980 年及 1985—1994 年期间 SBA 给予小型企业的所有贷款的统计数字参见表 13—1。

表 13—1　　　　　　　　小企业管理局对小企业的贷款：1980 年、1985—1994 年

（下表显示了财政年末的数据。小企业必须是私人所有且独立经营，不能在特定行业占显著地位，必须在年收入和雇员人数方面达到 SBA 的要求。贷款包括直接贷款和担保贷款，不包括支援灾情贷款。）											
已批准的贷款	单位	1980 年	1985 年	1986 年	1987 年	1988 年	1989 年	1990 年	1991 年	1992 年	1993 年	1994 年
对所有企业贷款	1 000	31.7	19.3	16.8	17.1	17.1	17.0	18.8	19.4	25.1	28.0	38.8
对所有者人数较少的企业贷款	1 000	6.0	2.8	2.0	2.1	2.2	2.4	2.4	2.9	3.6	4.3	6.9
占总贷款的百分比	%	19	15	12	12	13	14	13	15	14	15	18
贷款总价值[1]	百万美元	3 858	3 217	3 013	3 232	3 434	3 490	4 354	4 625	6 339	7 412	8 426
对所有者人数较少的企业的贷款价值[2]	百万美元	470	324	265	299	343	385	473	601	808	928	1 328

[1] 包括 SBA 贷款和银行贷款

[2] 只包含 SBA 直接贷款和 SBA 担保的银行贷款

资料来源：U. S. Small Business Administration, unpublished data.

应收账款融资

用应收账款融资时，融资机构或者以应收账款转让书为担保，向借款者提供贷款，或者完全买下应收账款。一般来说，企业在应收账款发生时可以立即筹集到资金，而不必等到应收账款结算之日。

信用主管必须具备应收账款融资的知识，因为这类融资方式既可以为信用经理所在公司使用，也可以被他们的供应商使用。同样，公司的客户也可能在经营过程中使用这种方式融资。因此，熟悉这类融资方式十分必要。另外，把应收账款兑现也能帮助企业支付到期债务。

应收账款融资有两种基本类型——普通应收账款融资和保理。企业对这两种融资方式存在许多误解。普通应收账款融资和保理存在以下几方面的差异：

1. 商业银行和商业融资公司是普通应收账款的主要融资渠道。而专门公司，通常称为保理公司，是保理的融资渠道。

2. 企业运用应收账款融资的原因和他们运用保理方式融资的原因大不相同。

3. 这两种**融资安排**的**运作方法**、程序、成本和服务费用完全不同。

4. 最后，应收账款融资和保理两种方式下**融资双方的关系**有显著区别。

下面的定义指明了两种方式的相异之处和相同点：

1. **普通应收账款融资**（ordinary accounts receivable financing）包括一份协议。按照协议，融资机构（a）购买客户的应收账款或以该应收账款作为担保向客户提供贷款，通常是一次性的；（b）任何损失发生时，对企业有追索权；（c）不通知企业的相关债务人。**追索权**（recourse）是一种安排，按照这种安排，应收账款购买者在债务人不偿还债务时，有权退回应收账款并要求企业偿还贷款。

2. **保理**（factoring）包括一系列连续的协议，融资机构根据协议（a）做出信用决策，收回应收账款，代客户行使信用和收账职责；（b）购买发生的应收账款；（c）不能向公司追索信用损失；（d）向相关债务人发出通知。

以上定义暗示了企业可能选择这两种融资方式中任何一种的原因。企业使用普通应收账款融资方式的一个主要的原因是——获取所需资金。而使用保理融资方式原因可能有两个，一是通过即时卖掉应收账款获得运营资本；二是将全部的信用管理和收账负担转移给融资机构。

普通应收账款融资

商业银行和商业融资公司是应收账款融资的主要渠道。**商业融资公司**（commercial finance company）是一种没有银行设立许可证的金融机构，他通过向企业提供贷款或提供应收账款融资赚取利润。商业银行通常按照程序以应收账款为抵押品提供贷款，融资公司则既可以按协议的金额购买应收账款，也可以像银行那样以应收账款为抵押品提供贷款。

两种类型的贷款机构在贷款时常常都拥有对借款公司的追索权，且都不需要通知借款者的相关债务人。追索权使贷款机构不必承担因账款无法收回而造成的账款延迟支付和损失。由于在交易中拥有追索权，贷款提供者承担很小的风险甚至不承担风险。从本质上说，应收账款的转让者对被转让应收账款的兑现作出了保证。贷款机构，无论是银行还是融资公司，都要审核应收账款的质量。只有当被转让的应收账款的主要部分（大约75%～80%）被邓百氏或其他信用评级机构评为一级或二级时，该项应收账款才能被贷款提供者接受。贷款双方在不通知第三方原则下签订的协议需具备以下条件：

1. 确定贷款提供者的贷款金额和费用。
2. 规定应收账款转让者充当受让者的收账代理。
3. 确定转让者向贷款提供者还款的方式和时间。
4. 规定转让者保证所转让的应收账款的兑现。
5. 规定受让者可以随时审查转让者的会计记录。

协议中的这些规定和其他规定，同交易中其他的技术性要求一样，表明借款者需详细记载所有收到的款项，并贷记已转让的应收账款。

美国银行家协会建议，对应收账款的贷款额不能超过应收账款的账面价值减去给予客户的商业折扣或其他折扣以及可能的商品退货后所得金额的80%。商业融资公司可以提供应收账款账面价值70%～95%的贷款。实际交易中，这一比率取决于应收账款的质量和贷款机构的承受能力。该比率与应收账款净值的差别，显示了应收账款不出现折扣、损耗和坏账损失的安全程度的差别。

这种类型的贷款利率差别很大，由一些复杂因素决定。利率的确定取决于涉及的风险、被转让应收账款相关债务人的信用等级、转让者的销售条款、借款者的信用等级和收回账款的能力以及其他前面涉及到的因素。

一些部门主管和贷款提供者认为应收账款融资方式并不理想。他们所持的主要反对观点是，转让应收账款剥夺了交易中信用提供者防范损失的能力。但是这一反对意见已不像 20 世纪 30 年代以前那样有力了。现在，许多贷款提供者认为这种类型的融资方式是获得资金的一条理想的渠道，并且，很大一部分银行也已开始提供这类贷款。此外，美国银行家协会表示：（1）应收账款融资方式正日益突显其重要性；（2）这类交易中借款者提供的抵押品常常是其资产中流动性最大的；（3）借款的需要常常源于生产扩张的需要而不是源于破产问题；（4）当企业业务规模扩大时，将面对大量应收账款带来的资金紧张的问题，因此适当地将这些应收账款资产兑现是合情合理的。

基于应收账款的借款也是其他可能的融资渠道的一个补充。许多企业面临短期资金短缺问题，与其通过长期借款缓解这一问题，不如提高在银行的最高信用额度。如果这种方式行不通，企业可以通过抵押应收账款从银行获得更多的贷款。也有企业不符合获得更多银行贷款的条件，或更愿意从商业融资公司获取资金上的支援。不管资金来源是什么，通常情况下，企业承担短期贷款要比承担长期贷款的负担轻。

保理应收账款

保理是目前惟一能够为客户承担全部信用管理和收账职能的业务安排。在保理过程中，融资的因素往往是次要的，首要的因素常常是选择保理以分担信用职责。

保理机构从客户那里购买应收账款，并且不能向客户索取信用损失，而是承担全部信用风险。相应地，相关债务人被通知应付账款须直接付给保理机构。通常保理机构决定接受哪些票据之后，他们承担收回货款的风险。款项收回时，企业在保理机构就有了一个账户，可以从中支取所需资金。当账户暂时没有余额或不足以应付当前的财务需要时，保理机构将提供资金；之后，账款以贷款方式结清。保理机构除了经营这些基本业务外，也为企业提供以其他资产作为抵押品的贷款，这些资产包括存货、固定资产、应收款项及其他资产。许多保理机构还就生产、市场营销、财务等方面为客户提供咨询服务。

运作方式

保理机构以不同的方式与不同的客户交往。双方明确关系、责任和义务，在保理协议中规定：

1. 客户销售时向买方发出的每样商品都必须向保理机构提交买方名单、订购数量、销售条款及其他必要的资料，并取得保理机构的同意。

2. 保理机构调查每个客户，并决定接受还是拒绝客户的申请。印有"接受"或"拒绝"标记的申请将被退还给客户。如果这时客户仍希望发出被保理机构否决的订货，他们将自己承担风险。

3. 经保理机构同意的订货发出后，客户要签订转让协议书并把它传送给保理机构，从而将应收账款出售给保理机构。转让协议书需有每份发票和装货通知单的复印件支持。转让协议书中包括销售和装货的全部记录（如买方名称、地址、销售条款、到期日及发票数量）。同样，发票在邮寄之前也会被贴上标记，注明须直接向保理机构支付货款。每张发票或每份正式文件都会被复印若干分，以保证保理机构和客户都有完备的记录。

4. 保理机构就购买的所有应收账款向客户提供信用，并且按照保理机构与客户协议的条款将应收账款收益汇给客户。如果客户不需要立刻支取现金，也可以分期支取，支取的方式通常和客户的流动资金需要状况吻合。保理机构会对到期但未被支取的资金向客户支付利息。

5. 客户每月收到一份借贷对照表（称为**经常账户**或**往来账户**），反映他和保理机构之间的资金状况。记录中列出保理机构购买的应收账款、退货和折扣的费用、保理机构的佣金和利息费用以及其他可能影响该账户的因素。

保理条款和费用

保理费用包括：（1）佣金或服务费；（2）利息费用。保理机构会综合考虑客户所属行业、年销售额、商品买方的信用水平等因素，来决定具体的保理费用。保理费用是以应收账款的实际价值扣减现金折扣、商品退货及其他常见的折扣后的价值为计算依据的。利息费用则是根据日平均净负债计算的。

在比较保理费用和其他融资渠道的借款费用时，企业必须考虑到保理机构的服务，包括完全的信用管理和收账活动。

企业对保理业务的使用

与以前普遍存在的观点不同的是，企业选择保理应收账款并不是因为财务状况不良。虽然保理服务被一些信用程度在其他地方不被接受的企业使用，但许多财务状况良好的企业也充分利用着保理。保理使企业避免了维持一个信用部门的费用，这包括管理费用、调查费用、记账费用、收账费用和坏账损失。像许多纺织行业的公司那样，企业会将所有应收账款交给保理机构保理，这样做可以将信用这一重要但成本颇高的职能分离出去。保理的另一个优点是它能使企业收回在信用管理和收账问题上投入的管理力量，以集中精力应付生产和其他市场问题。从某种意义上讲，保理提供了一种完全的信用保险，同时可以使企业收回其在应收账款上的投资。最后，如果企业将所得的资金投入运营以偿还流动负债，还可以提高其净营运资金。

不提倡保理应收账款的主要原因是费用太高，但是，在比较这种方式和其他方式的费用时，只有利率可以作为考虑因素。保理费用并不是完全因为提供资金而取得的，更准确地说，它是因为信用管理和收账服务收取的。

商业融资公司

在上文中，商业融资公司已作为普通应收账款融资方式的参与者被提到过。除了经营这一业务，商业融资公司还提供许多其他类型的贷款，包括对存货的贷款；对机器、设备和其他耐用品的分期付款贷款；对固定资产和其他抵押品的贷款；给企业的票据贷款等。许多企业发现，与融资公司打交道具有更大弹性，并且更能满足他们的需要。由于融资公司提供范围广大的金融服务，他们更愿意与客户结成紧密的业务联系。这些公司在总分机构的模式上运营，并且不向银行那样受到多种限制，他们可以接受更多种类的风险，也愿意承担更大的风险。

一般来说，商业融资公司是不接受存款的金融机构。由于他们没有可以贷给客户的存款，这些机构必须靠经常性的股票、债券及其他商业票据的买卖来筹集资金。筹集资金的费用越高，伴随的接受高风险的倾向越大，也意味着向他们融资的费用更高。

租赁

租赁是企业获取所需资产和设备的一种方式。许多时候，它是购买所需资产的替代方式。**租赁合同**（lease contract）是租赁双方签订的，约定在一定时期内，出租人转让设备或其他资产的使用权，并从承租人那里获得租赁费用的协议。虽然资产的法定所有权仍归出租人所有，但承租人将长期拥有资产的使用权并承担支付租金的责任。租赁合同中对许多细节都有明确规定，如终止合同的权利、修理或更新条件、付款方式、责任条款以及租赁期结束后的购买选择权。通常情况下，承租人负责资产的保险、保养和维修。如果租赁的设备由于非正常使用损坏，在租赁期满后，承租人需额外支付一笔费用。

在许多情况下，租赁资产的全部价值最终将从出租人的账户转到承租人账户下。例如，当资产在寿命期内的大部分时间都被出租时，所有权带来的所有收益和风险几乎都随着租赁而转移了，会计人员称这种方式为**融资租赁**（capital lease）。这种租赁方式下，租赁费用的总和常常等于资产的总成本加上一笔与为该项资产贷款融资所耗利息等值的费用。为了方便会计记账，租赁的设备常被视作或有资产，应付的租金被视为负债。

经营性租赁（operating lease）是一种短期的设备租赁，租赁行为可以在任意时间终止。承租人常常只在设备可用年限中的一段时间内租赁，并且租赁费用可以像其他费用那样计算。经营性租赁和融资租赁最明显的区别在于承担的一系列租赁费用不同。

有时，公司可能资金状况不佳，因而采取**回租协议**（sale-leaseback arrangement）的融资方式。在这种情况下，公司将资产卖给投资者并与投资者达成长期租赁安排。每期租赁的费用等于资产摊销的价值加上投资者应得的回报。这样，公司的资产负债表内资产的流动性将立刻提高，但分析人员必须注意到负债也在增加，利润也可能下降。回租方式下，承租人通常要支付资产所有者应支付的所有费用，如保险、财产税等。

商业票据融资

商业票据（commercial paper）［短期公司票据（IOU）］的使用日渐频繁，这种趋势重新界定了商业信用业务，也在许多方面改变了竞争形势。这种融资方式在今天仍在发展。对公司来说，发行和出售商业票据，是进入市场获得短期资金的一种相对简单的方法，但是，这类票据融资不像贷款那样可以延期。通常，在资金紧张的时期，资金市场上仍然有一定的资金供给——融资机构和个人的临时贷款形成的资金池。企业出售商业票据的另一个原因是，在商业票据市场上借款的成本比向银行借款的成本低，即使不考虑部分银行贷款被限制在"补偿余额"账户下的成本，也是这样。

商业票据风行后，一些商业银行也开始在商业票据市场中发挥作用，从非公开地投资商业票据，到发行信用证支持票据流通等。

近些年随着商业票据使用量的增加，为多种负债提供**担保**（securitization）的现象也蓬勃发展。这一变化中最突出的是资产支持商业票据，

Lehman Brothers 估计这一市场的价值大约为 400 亿美元。

资产支持商业票据（asset-backed commercial paper）本质上说是传统形态的银行融资与发行商业票据获得信用市场融资的组合。应收信用卡账款、应收汽车和设备租赁款、应收贷款都被包括在这类组合融资方式中。

长期贷款

到目前为止，我们已经讨论了企业的短期和中期资金需求。然而，长期借款常常是企业寻求运营所需资金时首先考虑的融资方式。当企业利用长期借款方式筹集资金时，他实际上是在使用他的**投资信用**（investment credit）。

为什么要进行长期融资

几乎所有的企业都需要使用**长期融资**（long-term financing）。公司常在开办时要使用长期融资以提供生产或购买设备所需的大量资金。需购买的资产包括土地、建筑物、设备和机器（如果所有者自己提供资金——自有资本，他们可以不使用投资信用）。

经过几年的发展壮大，许多企业需要扩大规模或更新设备。他们扩充固定资产或增加流动资产时都会用到长期融资。企业增加的流动资产中常常有一部分是由长期融资方式筹集的，而不是由前面讨论过的短期融资方式筹集。在快速扩张时期，企业会发现，依赖长期融资比依赖短期融资方式更能保持流动资产和流动负债的平衡。而且，长期融资更可以用来核销呆账、偿清债务或购买另一家公司的资产以兼并对方。

长期融资的形式和来源

长期融资可以采用以下 3 种形式或其组合：（1）长期贷款；（2）不动产抵押贷款；（3）担保或无担保债券的发行。每种情况下，企业都是使用他的投资信用能力获得资金，并承诺在相对较长时期后的某个日期归还等量的资金。

长期贷款是期限长于 5 年的贷款。一些商业银行也发放这种贷款，尽管这不是商业银行的主要业务。交易的标志是有担保的或无担保的银行本票。长期贷款常常是在还贷期限内分多次核销，因而在对债务人形成一种类似"永久性"的负债。通常，这种贷款按照借贷双方商定的时间间隔偿还。借款者会在每个时间间隔给贷款提供者一系列到期支票，如每 6 个月一次，这一行为将持续到贷款被偿清。一些借款者采取逐期增长还款金额的方式。

不动产抵押贷款有时采用整笔支付方式，也被称为**一次性偿还贷款**。在这种情况下，借款者在全部贷款到期前不作任何偿付。通常，借款者按照协商好的时间间隔支付贷款利息。如果企业愿意，他们也可以在到期日之前偿付部分贷款或全部贷款。直线递减抵押贷款，又称为**分期偿还贷款**

（amortized loan），是抵押贷款的另一种常见形式。这种贷款合同明确规定了月付、季付、半年付或年付本息。

通过发行债券获得投资资本的公司，必须保证在未来确定的日期按照确定的利率支付预先规定好本息额。公司债券的期限通常超过 10 年（15 年、20 年、25 年或 30 年的期限十分普遍）。企业通过这种方式融资时，先将其发行的所有债券出售给投资银行，然后由投资银行将这些债券出售给公众或机构投资者，如人寿保险公司。

有些企业出售股票以获得长期融资。我们必须从交易双方的立场区分股票和债券——以股票融资时，企业处于融资主体的地位，而投资者则参与以获得良好的回报。

个体企业的开办或扩张

融资需求是小企业主非常关心的事。许多小企业利用所有者投资的资金开始运营，但很快，他们就会到达扩张阶段，因而必须向信用市场寻求资金支持。然而，小企业主未必了解，申请商业贷款的程序比获得消费者信用的程序复杂得多，企业申请信用需要准备大量的材料。

个体企业主寻求资金支持时，必须准备好一份经过深思熟虑并有文件证明的企业信用申请书。申请书必须清晰地阐明寻求资金帮助的目的、所需金额、期限及偿付计划。申请书还必须包含以下内容：

1. 企业概况；
2. 个人简介；
3. 融资建议；
4. 商业计划；
5. 偿付计划；
6. 证明文件；
7. 抵押品；
8. 财务报告；
9. 个人担保。

其他融资渠道

● 银行
● 朋友或亲戚
● 储蓄和贷款协会
● 保险公司
● 商业融资公司
● 抵押贷款公司
● 小企业投资公司
● 风险投资公司

253

> ● 州政府融资渠道
> ● 退休（养老）基金
> ● 信用合作社
> ● 政府机构
> ● 私人基金会

企业向贷款提供者提交申请前，最好向其他更有经验的个体企业主征求意见。小企业管理局下属的退休主管咨询公司也是一条较好的咨询渠道。

重要术语

分期偿还贷款	amortized loan	保理	factoring
资产支持商业票据	asset-backed commercial paper		
运营金融资本	financial capital for operations		
分期付款商业贷款	business installment loans	担保贷款	guaranty loans
融资租赁	capital lease	投资信用	investment credit
商业银行	commercial bank	租赁合同	lease contract
商业票据	commercial paper	信用额度	line of credit
补偿余额	compensating balance	长期融资	long-term financing
贴现率	discount rate	经营性租赁	operating leases
普通应收账款融资	ordinary accounts receivable financing		
SBA 直接贷款	SBA direct loans		
个人财产担保贷款	personal guarantee		
抵押贷款	secured loan	头等贷款利率	prime rate
担保	securitization	追索权	recourse
小企业管理局	Small Business Adminis-tration，SBA		
限制性合同	restrictive covenant	回租协议	sale-leaseback arrangement
非抵押贷款	unsecured loan		

讨论题

1. 银行贷款有哪些类型？分别简要介绍各种类型贷款的概念和特征。
2. 银行利率和银行贴现率有什么区别？
3. 商业银行为什么对客户的信誉要求更高？
4. 小企业管理局有哪些职能？
5. 普通应收账款融资和应收账款保理有哪些区别？
6. 接受和拒绝使用应收账款保理的原因有哪些？

7. 在什么情况下企业使用应收账款保理比较好？

8. 解释商业票据如何为企业筹集资金。

9. 投资信用是什么？

10. 企业最关心的融资渠道是什么？

第 4 篇阅读参考

Understanding Business Credit

Fagel，Allen J. "Selling on Consignment Another Tool in the Credit Arsenal." *Business Credit*，October 1996，p. 6.

Hadary，Sharon G. and Julie R. Weeks. "Women Business Owners Make Progress in Access to Capital." *Credit World*，November/December 1996，p. 28.

Navarro，Alfred. "Selecting the Right Credit Terms." *Business Credit*，July/August 1996，p. 12.

Whiteside，David E. "Cranking Out Small-Business Loans." *Collections and Credit Risk*，September 1996，p. 37.

相关网址

http：//www. sba. gov　小企业管理局

第5篇
商业信用管理与分析

第14章 商业信用经理的职责

学习目标

在学完本章后，你应该能够做到：

- 了解商业信用管理人员的地位、位置和作用；
- 说明不断变化的信用管理的地位以及所需素质；
- 讨论信用部门如何嵌入到公司的组织框架中去；
- 详细说明商业信用管理的基本作用；
- 解释商业信用信息来源的分类；
- 指出在选择商业信用信息来源时应考虑的因素；
- 比较内部信息与直接调查；
- 阐释就信用经理而言的杠杆收购问题；

内容提要

现在，商业信用经理的地位变得日益重要。其原因是：（1）几乎所有的制造和市场营销机构都依赖商业信用来进行短期融资；（2）商业信用是一种常见的产品和服务销售手段；（3）商业信用的总量远远超过其他信用类型；（4）商业信用经理现在要承担企业广告人的责任，这是近年来信用管理领域发生的最引人注目的变化。

通过估计商业信用的总量，我们可以看出商业信用管理人员的重要性。商业主管之间全部交易的 90%～95% 是在商业信用的基础之上达成的。由于在大多数制造商和批发商的资产负债表中，应收账款是金额最大且最具有流动性的资产之一，所以，商业信用管理与其他许多财务工作一样，在企业财务方面具有必要性、重要性和显著性。商业信用管理必须通过可靠、明智并且有效的信用政策和收账政策，来保证应收账款的安全。

商业信用经理——地位、位置和作用

商业信用经理（business credit manager）在公司的组织结构中占据了一个受人尊敬的，同时又责任重大的职位。他们负责接受客户的信用以及账款的收回。虽然看起来很简单，但是有效的信用管理包括的几部分主要工作都依赖于大量的日常运作。

信用经理们的目标与公司相同，那就是获取利润。他们的政策对整个公司具有显著的影响。如果信用经理的态度和政策过于保守，那么，信用程度没有达到最优的顾客就只能到别处使用信用购买商品了。反过来，如果他们的态度和政策过于宽松，公司也许会陷入坏账的泥潭。在前一种情况下，公司的销售和经济收益会受到损害；在后一种情况下，销售也许会扩大，但公司要承受信用较差的客户所带来的经济损失。管理信用销售就是要有效地利用所掌握的所有工具，在公司销售额和总收入之间建立一个能使利润最大化的平衡。

商业信用经理的职责包括：

1. 分析接受应收账款的风险；
2. 进行信用调查；
3. 分析财务报表；
4. 决定客户的信贷条款；
5. 设立信用额度；
6. 开立发票、邮寄支付款、保存单证；
7. 分析应收账款；
8. 努力收账；
9. 客户咨询；
10. 与公司内的其他部门进行合作。

不断变化的信用管理地位及所需素质

美国工商业迅速而又惊人的发展，是导致信用管理地位以及所需素质不断变化的一个主要因素。当大多数企业都是小的独资企业时，批准信用是一件简单的私人事务。在 50 年～75 年以前，买方每年走访市场一两次。企业主有"评判"买方，并决定是否批准信用的机会。随着商业的发展，私人关系已经不再重要，企业需要在其他基础上管理信用。

这项任务从逻辑上讲要落在公司内部的某些人员身上，通常由簿记员来承担。但是，随着商业和工业的发展，一个人已不能同时担当簿记和信用管理两种职责。

国家信用管理协会（http：//www. nacm. org）

随着 1896 年**国家信用管理协会**（National Association of Credit Management，NACM）的成立，职业信用管理的重要性得到了认同。改良的信用信息来源得到了进一步的发展，更优良的核算方法得到普及，财务报表分析技术得到改进。管理者们认识到了信用工作的专业特点以及它与市场营销和财务管理的显著联系。越来越多的资深人士把信用工作作为其职业和专业。现代商业活动的复杂性以及对人才需求的专业化促成了今天信用经理的地位。现在，信用管理是一种受到认可的商业职业，有自己的权利、责任、职业标准和职业道德。

成功地进行信用管理所需的素质也已经改变了，像多年以前那样单有簿记知识是不够的。信用管理也不是像某些商业人士和学者所认为的那样，仅仅依靠会计准则和财务报表分析的知识就能胜任。现代的经营方法和一个信用部门的高效运转，要求信用管理人员能够谙熟信用与财务、生产、市场营销和企业其他活动之间的关系。所以，信用经理需要更多的素质，尤其需要信用管理的专业化和普及化的正式培训。

国家信用管理协会不断地认识到为会员提供教育的重要性。1918 年，他在面向会员的主要服务中新增了**国家信用学院**（National Institute of Credit，NIC）。1949 年，**信用研究基金会**（Credit Research Foundation，Inc.）成立，他附属于国家信用管理协会，从事信用和财务管理方面的研究和教育工作。

由信用研究基金会管理的国家信用学院，是 NACM 最早的基础最广泛的教育活动，它使许多有不同教育背景和商业背景的人受益匪浅。

NIC 的主修课程是通过一个学院联合办学计划与教育机构合作进行的，学员们还可以通过一个同等的学业计划来考取信用管理执照或等级证书。NIC 备有信用商务员（CBA），信用商务研究员（CBF）以及执证信用主管（CCE）认证考试，这些认证在全国范围内有效。执证信用主管的认证需要个人资料符合要求，并成功通过一次综合笔试。

国家信用管理协会信用和融资管理研究生院（the NACM Graduate School of Credit and Financial Management），由信用研究基金会主办，为有经验的信用主管提供了一个信用主管职业发展计划。报名者会在 3 年内每年参加一次为期 2 周的在校学习。该计划由达特矛茨学院和圣特卡洛大学提供。其他的研究生教育计划包括高级信用主管研究（ACES），由西北大学承办，招生对象是那些完成了在信用和融资管理研究生院的学习或具有同等学历的人员。还有为中级管理和监督人员准备的层次稍低的教育计划，提供这种教育计划的学校有中职学校（Mid-Career School）、松山大学（Pine Mountain）、佐治亚学院、信用管理领导学院（Credit Management Leadership Institute）和贝勒大学（Baylor University）。

在全国各地都会举办以信用管理者们感兴趣的问题为主题的，1 天～4 天的短期在校学习班和研讨会。信用研究基金会对商业信用和应收账款管理进行基础研究和应用研究，并发布研究的重要动态。

除了上面提到的专业和一般的教育计划之外，许多大学都提供有白天和晚间授课的培训班，来帮助信用管理者提高其专业水平。企业管理类院校通常都能提供高水平的教育计划，包括市场营销、管理、财务、经济和会计方面的专业培训计划。成功的培训计划没有固定的模式，每个公司都必须选择最能满足自己需要的培训方案和培训程度。

这样，不管其教育背景如何，大多数人都能够提高其信用管理职业所需的个人素质、从业经验和教育程度。

在公司组织框架内的信用部门

运作良好的公司组织结构都要明确界定各部门的责任和权利，来确保信用职能的高效运转。为了处理大量的日常工作、进行决策、收回账款并对客户和公司进行后继服务，必须组建信用部门。

当一个企业组建信用部门时，所要面对的一个问题就是，信用部门到底应该在企业的组织框架内占据什么位置。由于各公司和部门的大小以及公司主要商业活动的性质不同，这个问题很难简单地解决。服务类公司的信用问题通常较少，运用所有信用基本功能的机会也较少。而制造类和批发类公司，尤其是大型公司，则需要一个功能健全、有效率的信用部门。小企业则通常信用管理及收账的职责交给企业主、销售人员或者会计人员来承担。

在大公司里，在完成公司主要目标方面，信用职能扮演着一个不可或缺的角色。这种情况下，信用部门可以是销售部门、财务部门或者会计部门的一部分，也可以独立出来，单独作为一个部门。

销售领域中的信用部门

如果公司处于一个竞争激烈的行业中，公司的政策又完全以销售为导向，并且公司比较重视对客户的信用服务，那么，较为普遍的做法是将信用部门作为销售部门的一部分。赞同和反对这种做法的观点分列如下：

赞同的观点	反对的观点
1. 销售和信用有着相同的目标——销售额最大化。	1. 考虑到信用风险，销售至上的哲学显得太不慎重。
2. 销售人员可以帮助搜集信用信息。	2. 过分宽松的信用政策与过分严厉的信用政策一样容易在客户当中造成不良影响。
3. 销售人员和信用管理人员之间可以密切合作。	3. 信用决策过程无法摆脱主观因素的影响。
4. 通过对销售人员报告的不良客户和新客户保持警惕，信用经理可以有更好的机会来建立良好的商誉。	
5. 销售订单的处理更加容易。	

财务领域中的信用部门

许多信用经理直接接受公司财务主管的监督。在这种公司中，投资资本的有效利用受到高度重视。赞同与反对这种组织结构安排的人各执一词：

赞同的观点	反对的观点

1. 能够加强对投资于应收款项的资金的管理。

1. 这种安排会导致财务部门抢占销售部门的主导地位，进而影响销售职能最大化这一目标。

2. 能够更好的促进财务主管和信用经理的协作关系。

2. 财务主管应将主要精力放在公司的负债管理上，而不是消费者信用。

3. 公司当前的财务状况能够与信用部门的表现紧密相连。

3. 信用管理及收账政策保守而苛刻，会导致不良的客户关系。

4. 公司的全部财务计划可将应收账款包括在内，而且财务主管可以借此预测公司的资金需求。

会计领域中的信用部门

尽管绝大多数信用部门被安排在销售部门或财务部门当中，但这并不能说明将它安排在会计部门中毫无可取之处。这种结构安排的主要优势是便于记录保存。会计人员做出应收款项的分类账，以备他们自身及信用管理人员工作需要。经常账户和不活跃账户的全部相关数据都能被集中起来处理，并供参考。在这种结构安排下，信用管理和会计管理应处于同等地位。针对这种结构安排的主要反对意见认为，信用经理会越来越关注"处理数字"，进而难以提供充分的客户服务，且会对销售的重要性认识不够。

独立的信用部门

如果信用部门不能保持某种独立性，那么对公司进行改组也许是最好的。这种措施是否必要，取决于相关的管理人员。如果信用经理对某些工作无能为力，就有必要考虑将信用部门继续置于其他部门的管辖之下；相反，如果一个居于领导地位但缺乏远见的销售经理、财务主管或会计部主管缺乏对信用管理作用的重视，则有必要单独设立一个信用管理部门。

如果独立的信用部门成立的话，公司其他高级主管和信用经理就有责任确保公司中不同职能部门间的密切合作，而且信用经理应在公司中与其他部门主管处于平等地位。因为不受其他部门管辖独立信用部门应该能够更有效地发挥作用。在不受其他部门单方面领导的情况下，信用部门也应能够加强与他们的合作。

信用部门设置
- 销售领域中的信用部门
- 财务领域中的信用部门
- 会计领域中的信用部门
- 独立的信用部门

商业信用调查计划

商业信用管理不可避免地要面对其内在的不确定性，以及在信用交易过程中由于时间因素产生的风险。正因为如此，如同其他信用类型一样，决策过程成为商业信用管理的核心组成部分。

决策者应努力提高所接受的信用的质量，通过尽量减少风险和增加销售额来寻求二者间的平衡，以获取更多的利润。通过全面的信用调查来评估特定客户所带来的风险，可以增强决策过程的可信度。

一个客户是否能够且愿意在到期时偿付账款，只能在一整套详尽的有关风险的问题得到回答后才有定论。尽管没有两个消费者是完全相同的，仍可采用相同的特定问题，被访者回答问题所需的信息种类通常也是十分相似的。要得出上面提到的"能够"和"愿意"的问题结论，信用经理必须得到下列问题的答案：

1. 我们能否认可该账户的签订及其法律责任，并由此推出对方是诚实可信的企业？

2. 该账户的历史和商业背景是什么？

3. 管理该账户的一般特征和职责是什么？可以期待持久而健康的业务关系吗？

4. 该账户的融资能力和额度如何？

5. 该账户的财务能力及前景如何？

6. 该账户的过去和目前的偿付记录是否能增强你的信心？预期将来又会怎样？

企业组织结构的模式

商业信用决策中要考虑的一个重要因素，是一个企业客户组织结构的法定模式。在回收贷款时，企业模式对结果通常会产生很重要的影响。例如，当一个重要所有者或雇员死亡或生病时，企业将以怎样的一种态势发展下去？企业有多大把握能在需要时筹集到所需资金？最后，企业所有者的个人财产是否能够用来偿还企业债务？

独资企业

独资企业（sole proprietorship）是指一家企业由一个人所有并经营。这种企业最容易设立而且也最普遍。一位个体经营者在开始经营业务时，并不一定要有一个特定的企业名称。

这种模式的企业的优点是，在进行决策及对客户的需求做出反应方面拥有最大的灵活性。所有者在决定产品、价格及整个生产过程方面有绝对的自由。考虑到企业所有者和企业本身是同一个经济实体，法律上独资企业的要求很少。既然二者不可分割，那么个人和公司财产都可用来偿付公司债务。

但是这种企业模式对一个信用提供者来说意味着极大的风险。企业所有者要负责从销售到生产和分销的全过程。尽管有可能雇佣一些员工，但个体经营者无时无刻不在承担着管理的责任。如果企业所有者生病或死亡，企业就会停止运转并消失，而企业的债务可能不得不由出售企业的财产来偿付。这种组织结构的企业的通过借款融资的能力常常受到限制。

独资企业

优点

- 易于设立
- 具有灵活性
- 简单

缺点

- 所有者要承担无限责任
- 融资困难
- 有限的管理能力
- 个人财产处于很大的风险中
- 企业在所有者死亡时终止

合伙企业

合伙企业（partnership）是指两个或两个以上的个人，将各自的技术与资本结合在一起，建立一个企业，并作为共同所有者分享利润。尽管对合伙企业的设立没有正式的要求，设立的协议甚至可以是口头的，但通常情况下签订书面协议更好。合伙企业的设立比较容易，合伙人通常按照企业所有权的比例来分配利润和费用，因为更多的个人加入到企业的管理当中，企业本身会因为专业分工的加强而受益。融资情况也会因为合伙企业的合作特点受到有远见的投资者的青睐而得到改善。同样，合伙人对企业的全部资产及债务负责，并须在必要时以个人资产偿付企业债务。

当一方合伙人死亡或退出时，合伙企业通常会终止或解散。例如，一方合伙人死亡后其资产通常需要进行清算，以便撤出其在合伙企业中的资产份额。上面提到的单个合伙人要承担无限责任，是合伙企业的另一个显著的缺点。合伙人的个人资产可能会由于任何错误的决策、违法行为或其他合伙人的失误而受到损害，并且经常处于很大的风险当中。

合伙企业

优点

- 易于设立
- 专业分工得到加强
- 资本的数量增大

缺点

- 合伙人承担无限责任
- 合伙企业的存在时间往往有限
- 缺乏灵活性

两合企业

所有的州都允许设立这种特殊形式的合伙企业。**两合企业**（limited partnership）是指合伙企业由两种类型的合伙人组成：一种是普通合伙人，另一种是有限合伙人。普通合伙人实际控制企业运营并承担完全的无限的个人责任。而有限合伙人则并不积极参与企业的管理，且只以投入的资本为限承担责任。

公司

最高法院把**公司**（corporation）定义为"为达到某种共同目的，依照法律组建并登记名称，且不需要终止就可以变更出资人的个体联合组织。"准备设立公司的出资人必须向有权颁发营业执照的政府部门提出申请。营业执照一经颁发，公司即可作为一个独立实体开始运营。不论作为实体组织还是个体组织，公司都可以签订合同，提起诉讼或被诉讼。公司的经营管理与出资人相分离，因此，出资人的个人财产不能用来满足公司经营的需要。而且，由于公司的股份可以被出售、由继承人继承或由其他任何人持有，因而公司经营的期限不受任何限制。

公司这种企业组织形式最重要的特点就是股东承担有限责任，这一点对公司来说是非常重要的。因为随着经济的发展和业务范围的扩大，公司需要大量的资金以维持运营，尤其需要外部投资者对公司注入的大量资金。如果出资人或股东认为其私人财产面临风险，那么他们一般就只会去投资于他们非常了解的企业。

当然，公司这种模式也有一些不足之处。有很多独资企业和合伙企业为了能够继续发展，会转而采取公司这种组织形式进行经营，这样，原企业的出资人就必须与后来的其他出资者共同拥有企业所有权。公司董事会成员必须由全体股东选举产生，如果大多数的投票权被其他股东所控制，那么原企业出资人就将会失去对公司的完全控制权。而且，随着企业的不断发展壮大，公司的运营和管理常常会逐渐变得缺少活力和弹性，官僚主义作风也会变得日益严重。

公司

优点

- 以独立实体的形式运营
- 融资能力增强
- 企业所有者承担有限责任
- 经营时间不受限制

缺点

- 难以组织
- 可能缺乏弹性
- 企业所有者的控制权分散

公司这种组织形式所面临的一个最大的不利因素就是**双重税收**（double taxation）。这是由于公司作为一个独立的经济实体，需要向联邦

政府或州政府缴纳公司所得税。当公司将税后净收入中的一部分以股利的形式分配给股东时，股东还要对这部分股利收入缴纳所得税。所以有时公司会选择以**S公司**（sub-chapter S corporation）的组织形式，因为S公司所具有的特殊性质使其避免了双重税收。虽然S公司在股东数和股票类型等方面要受到一些制约和限制，但他不需要缴纳企业所得税，只需将企业全部收入在每年年底分配给股东个人，由股东根据其股利收入缴纳个人所得税。

有限责任公司

有限责任公司（limited liability company，LLC）是一种较新的企业组织形式，这类企业的运营模式类似于合伙企业，但是它的所有者承担有限责任。企业所有者，通常也被称为出资人，必须在州政府备案的企业经营协议或组织条款上登记，而且必须要有两个或两个以上的出资人才能发起成立有限责任公司。有限责任公司与S公司具有某些相同的有利条件，例如可以避免双重税收，但有限责任公司不受对S公司的那些限制。在各个允许设立有限责任公司的州的相关规定有所不同，并且也不是所有的州政府都对有限责任公司的设立制订了相应的法律法规。

商业信用信息来源的分类

商业信用调查为信用分析人员提供了分析问题的依据。信用信息的类型和来源有很多，信用管理人员可以使用几种来源，或根据公司的特殊需要使用不同的来源。经验丰富、善于应变的信用经理可以从各种来源中迅速、简洁、准确地挑选出最为合理的信息来源组合，以提供有用的数据信息。

对于商业信用的债权人来说，信用信息来源可以被分为两类，内部信息来源和外部信息来源：

Ⅰ. 内部信息来源。
    A. 信用经理的个人知识。
    B. 以往账户的存档信息。
Ⅱ. 外部信息来源。
    A. 商业征信公司。
       1. 普通商业征信公司。
       2. 特殊商业征信公司。
       3. 商业信息交流公司。
    B. 同业工会。
    C. 询访。
       1. 通过销售代表询访。
       2. 通过信用经理或其他由债权人授权的代表询访。
    D. 新老客户直接为债权人所提供的财务报表。
    E. 银行。

F. 律师。

G. 公共记录信息。

H. 信用客户、债权人或参考人之间的来往信件。

I. 投资家的指导和相关服务。

J. 报刊、杂志、商业期刊和其他的印刷品资料。

信用信息来源不仅可以划分为外部来源和内部来源两种，而且还可以划分为商业性来源和非商业性来源。商业性信息来源是指商业征信公司、同业工会以及投资家所提供的服务，他们的主要业务就是为企业提供信用信息，并从中获取报酬。

另一方面，内部信息来源并不包含商业利益的成分，所以它又被称为非商业性来源。而对大多数信用分析人员来说，信用经理的个人知识和以往账户的存档信息往往是很容易获得的。另外，有一些外部信息来源也属于非商业性的（如来自银行、律师、参考人、询访和其他债权人的信息）。这些外部信息的提供者为了取得互惠条件、依据惯例、礼貌起见、或为了其他方面的回报等原因，很愿意提供有关信息。当然，大多数非商业性信息对所有的信用管理人员来说，获得机会都是均等的。而从这些来源所获信息的数量和用途，要依据商业活动的类型、与其他债权人的关系和信用部门的工作效率而定。

信用经理必须详尽地了解各种信用信息来源和他们所提供的信息的类型，懂得如何更好地利用已经获得的信息来满足公司的需要，知道什么样的信息有助于公司作出合理的信用决策。通过对信息来源的深刻理解，信用经理可以在适当的时候得到数量充分的、高质量的信息，并且可以根据各个账户的特征和部门预算水平，把相关费用降至最低。

信用信息来源的选择

应根据信用信息来源的特征对它们加以选择。选择时必须给予考虑的、最重要的因素有：信息的准确性、信用报告的内容、作出报告的速度、有关服务的费用、商业活动的范围、地域范围、报告的类型和数量，以及用于满足个别债权人需要的附加服务等。

信息的准确性

对于债权人来说，信息的准确性是相当重要的。即使大多数信息所述内容完全准确的时候，人们也会由于自身的失误而做出错误的判断。而当今的计算机自动处理技术和复制设备的出现，能够帮助人们避免类似错误的出现。最初利用这些先进技术所带来的便利的，是商业征信公司。有很多信息，尤其是被调查公司为征信公司所提供的财务数据，现在都是由这些设备复制的，与一度通行的手工记录相比，这种方法要准确得多。

信用报告的内容

根据不同的信息来源和被调查公司的不同特征，信用报告的内容也有所区别。企业需要综合、详细的调查报告，以解决新账户中所存在的问题，并利用报告中的一些特殊性质的信息定期核查现有账户。为了评估大多数客户的信誉，信用管理人员需要客户全面的财务状况报告。如果商业征信公司不能提供充足的财务信息，信用经理还需要从客户或其他渠道获取相关信息作为补充，这些补充信息对于信用的评估和决策也是非常重要的。每份信用报告都会说明制定决策所需的补充信息的类型和数量，这样可以确保得到有关账目支付期、账目接受期，甚至是当前存货情况的具体信息。偿付记录（分类账）信息对新的信用账户是很重要的，因为它可以帮助债权人预测客户的偿付模式。尽管从很多渠道都能获取所需的信息，但费用和时间都会对信息来源的选择有所限制。

269

信用报告服务的速度

信用报告服务的速度对保证在合理的时间内做出信用决策是十分重要的。现代的通信系统和复制设备大大提高了编辑信用信息的速度。尽管如此，有些信用信息还是需要花费大量时间和精力去搜集。但是，信用部门不可能延迟销售或发货直至选择出全部信息来源。市场中的竞争机制带来了能使企业避免销售量降低的信用报告服务速度。但是，如果没有获得充分的信用信息就做出信用决策，致使企业遭受信用损失的情况经常出现。因此，信用经理不得不决定什么时候以信息的充足性为代价换取速度，或刚好相反。

信用报告的费用

信用报告的费用也必须通过估算和确认，其方法与计算其他营销费用相同。如果债权人是只需处理少量的账户，他每年可能只会花费几百美元来获取信用信息。但如果是大型企业，业务涉及数以千计的账户，则可能仅在来源方面就花费上万美元。商业征信公司通常会调节他们的佣金比例，如果客户购买的信用报告和服务数量很大，他们支付的单位成本将会降低。

为了获取和保存每个账户的最新信息而增加的花费，如果与产品巨大的单位销量相比，则是微不足道的。而从另一方面看，为那些小金额订单所投入的信用调查费用，通常与这些订单的实际价值是不匹配的。为了弥补这些相对过高的费用，信用部门可以组织小规模的调查，而一些企业则不对那些个别的小订单进行信用调查。信用调查是否值得，取决于它所带来的利润、客户是否是一次性顾客，以及总损失是否与成本相称。

还有，信用报告的费用还与风险有关。很显然，企业承担的信用风险越大，就需要越多的精力、费用和更加完整的信息。谨慎的信用经理都会把信用调查的费用控制在风险和利润相匹配的范围内。

贸易和地域范围

信用信息来源所在的地域应该是与债权人一致的。由于企业往往在许多不同的市场中销售商品，面对不同类型的客户，因此，他们更需要那些能够提供广泛信息的渠道。当然也不是所有商业征信公司的业务都能遍及全国乃至世界，而且他们也不可能为所有行业的客户服务。信用经理必须了解这些因素，选择最有效的信息渠道。以上这些因素的差异在以后的几个章节中，会有更明确的阐述。

报告的类型和数量

不同信用信息来源在信用报告的类型和数量方面显著不同。有些账户，由于有了应信用部门要求提供的特殊类型的信用报告，能够得到准确的评估。而其他的账户，尤其是那些风险程度大、连续性强的账户，则需要一系列定期提供的信用报告。另外，个人账户的特征必须与报告提供的服务相吻合。

附加服务

附加服务是为了满足个别或偶然信用需要而设置的。信用信息来源可以提供信用参考书刊、做出建议或结论、表述观点，并可以提供外来的信用报告和标准的财务报表。信用参考书刊对于初步的信用调查，或评估那些不值得全面调查的小额订单客户来说，有特殊的价值。有一些信息来源，就账户的可接受性提出一些建议，如果企业信用部门是由兼职信用经理管理，或是由于其他情况需要转换决策程序，那么提供建议将会是一项非常有价值的服务。而且那些基本的信用报告服务无法完全满足大多数债权人的要求，这样，附加服务就可以帮助改进决策程序，并克服在与不同客户群交易中所存在的那些固有的特殊情况。

信用信息来源的选择
- 信息的准确性
- 信用报告的内容
- 信用报告服务的速度
- 信用报告的费用
- 贸易和地域范围
- 报告的类型和数量
- 附加服务

内部信息和直接调查

从某种意义来说，债权企业的内部信息或通过直接调查所获得的信息都是最好的信息来源。然而，在如今的经济中，大规模生产、更加复杂的组织结构以及顾客与供应商之间越来越远的距离，都限制了债权人通过直接调查搜集信息的能力。但即使信用经理亲自询访顾客的可能性很小，其他公司的业务代表却有可能有这样的机会。

通常，债权人的销售人员会直接接触客户，在搜集信用信息时，这对于信用部门和销售部门进行合作都是有益的。很多公司信用经理需要来自潜在客户的信用申请。传统上，信用信息的直接搜集一直受到所涉及的销售人员的限制，同时还要考虑所谓的"侵扰"客户问题。在没有来自潜在客户的详细信息的情况下，信用经理更依赖于其他的信息来源。

内部信息

信用部门是关于信用情况的"仓库"。每当信用部门接受了一个新账户，一份关于客户的文件也会相应建立。包含在这份文件中的信息被称为存档信息。这种信息来源和信用经理本身所拥有的经验，是**内部信息**（internal information）最主要的来源。

信用经理可能是影响信用风险的最不确定的因素，然而他又是信用信息的重要来源。信用经理根据自身的经验和他们对自己的客户的了解来获得信息，并根据这些信息来完善决策与管理方法。他们的许多知识来自制定决策时对存档信息的关注和在办公系统制定日常决策时给予的帮助。

客户的账户记录同样也是信息的重要来源。每当某个活跃或不活跃的客户再次订购同类商品时，信用分析人员可以假设过去的经验同样适用于将来，对账户记录的有关资料进行审查，并据此做出决策。他们会注意新订单的数量并将其与以前的订货数量进行比较。如果差异十分明显并且间隔的时间较长，他们就会开始新的调查。

直接调查

在从非商业性来源那里搜集信息的过程中，若债权人直接参与这项工作，则属于**直接调查**（direct investigation）。这类调查包括：

（1）与客户直接接触以获取信用信息；

（2）与那些有可能拥有相关账户有价值的信用信息的个人和机构直接接触。那些商业性来源提供的信息不在直接调查范围内。

客户提供的信息

信用经理总是从客户企业的所有者或委托人那里，获取有关企业运营情况和财务状况最准确的信息。尽管客户可以提供财务数据、商业和银行参考人及其他有关信息，但是对这些信息的使用同样有它的局限性。与客户的直接接触受制于客户的合作程度、客户与债权人距离的远近、可用来进行调查的时间以及所要求的信用数量等因素。表 14—1 给出了一份信用申请表，这个表格来自国家信用管理协会，用于搜集来自商业信用申请者的信息。

直接接触（如邮件、电话、及个人拜访）给了债权人一个树立信誉和发展长期商业合作关系的机会。债权人还可以利用直接接触来阐明信用管理和收账政策，并回答客户的问题。与客户的第一次直接接触可能是最重要的一环，如果在第一次接触中债权人明确而又礼貌地说明了自己的信息需要，那么在随后的交易中客户将会保持积极合作的态度。

销售人员经常处于一种最佳地位，得以向信用部门提供与客户有关的很有价值的信息。然而由于个人兴趣、经验以及性格等方面因素的影响，很少有销售人员可以满足这些要求，成为一个优秀的信用信息报告人。但是另一方面，他们的长处在于可以在任何可能的时间向信用部门提供信息，使客户得到完全的评估并以较快的速度使信用得到批准。

表 14—1   信用申请

企业资料

公司全称（以下用"公司"代替）   申请日期

邓百氏信用评级   邓百氏编码

通讯地址   市   县   州   邮政编码

街道地址   市   县   州   邮政编码

电话   传真   E-mail

公司类型   ☐股份有限公司   ☐有限责任公司   ☐合伙企业   ☐独资企业

若为股份有限公司或有限责任公司，请填写注册或创办日期＿＿＿＿＿＿＿＿＿＿

联邦税收确认编号

公司所有者或高层管理人员：

姓名   头衔   住址

姓名   头衔   住址

姓名   头衔   住址

应付账款联系人姓名：＿＿＿＿＿＿＿＿＿＿＿＿＿＿ 电话：＿＿＿＿＿＿＿＿

业务类型：＿＿＿＿＿＿＿＿＿＿＿＿＿＿ 经营该业务年限：＿＿＿＿＿＿＿＿

以前经营过的相关业务活动：＿＿＿＿＿＿＿＿＿＿＿＿＿＿＿＿＿＿＿＿＿＿

银行资信证明书

姓名：＿＿＿＿＿＿＿＿＿＿＿ 姓名：＿＿＿＿＿＿＿＿＿＿＿

住址：＿＿＿＿＿＿＿＿＿＿＿ 住址：＿＿＿＿＿＿＿＿＿＿＿

市/州/邮编：＿＿＿＿＿＿＿＿ 市/州/邮编：＿＿＿＿＿＿＿＿

支票账号：＿＿＿＿＿＿＿＿＿ 支票账号：＿＿＿＿＿＿＿＿＿

银行联系人姓名：＿＿＿＿＿＿ 银行联系人姓名：＿＿＿＿＿＿

电话：＿＿＿＿＿＿＿＿＿＿＿ 电话：＿＿＿＿＿＿＿＿＿＿＿

银行、保险公司或其他债权人是否持有应收账款和/或存货贷款物权担保？   ☐有   ☐无，若有，请列出物权担保持有者名称

在此，本公司授予上述银行发表所有要求提供的信息的权利。请对所有信息予以保密。

资产负债表

请准确填写下列资产负债表或提供贵公司最新的资产负债表的复印件

资产负债表（日期）：＿＿＿＿＿＿＿＿＿＿＿＿＿

流动资产

现金＿＿＿＿＿＿＿＿＿＿＿＿＿＿＿＿＿＿ $＿＿＿＿＿ ＿＿＿＿＿

有价证券＿＿＿＿＿＿＿＿＿＿＿＿＿＿＿＿ ＿＿＿＿＿ ＿＿＿＿＿

应收账款（扣除呆账）＿＿＿＿＿＿＿＿＿＿ ＿＿＿＿＿ ＿＿＿＿＿

存货		
预付费用		
流动资产合计		
固定资产		
土地		
建筑物（扣除累计折旧）		
设备（扣除累计折旧）		
固定资产合计		
资产合计	$	
短期负债		
应付账款		
应付票据		
应付工资		
短期负债合计		
长期负债		
应付票据		
负债合计	$	
所有者权益		
实收资本		
资本公积		
资本合计		
未分配利润		
未分配利润合计	$	
所有者权益合计	$	
负债与所有者权益合计	$	

商业参考人

姓名	姓名
地址	地址
市/州/邮编	市/州/邮编
账号	账号
联系人	联系人
电话号码　　　　传真	电话号码　　　　传真
月平均购买额或最高月购买额：$ ＿＿＿＿	月平均购买额或最高月购买额：$ ＿＿＿＿

信用申请条款

　　仲裁　基于公司的信用情况，此申请的条款和规定将构成销售协议。申请人同意接受申请中的条款和规定。对所有销售的商品或者提供的服务款项的偿付，应该按照公司销售商品或提供服务的发票上的条款来进行。对于到了发票规定的支付日期而未支付的每一笔款项，都应视为逾期未付。在逾期未付的情况下，公司可以按照以下情况中较低者收取利息费用。

　　（a）每月 1.5%；

　　（b）到期日至最终偿清日期间，法律允许对欠款余额收取的最高利率。

款项逾期未付时，公司可以要求收回申请者所获折扣；同时，在追讨债务中所发生的一切费用以及为追回逾期未付款项而支付的律师费均应由申请者负担。

公司和申请者在此同意，对于公司与申请者之间，他们的代理人、雇员、新业主或受让人之间所发生的，与该申请及之后的信用期间及其他（除了行使由购货或其他方式产生的物权担保所赋予的权利）有关的索赔或争端，包括有关该协议的适用性的争议，不论哪一方提出仲裁，均交由仲裁人根据以下法令裁决：

（a）国家仲裁法庭程序法

（b）美国仲裁协会制定的规则

仲裁裁决和法庭裁决一样可以强制执行。索赔应当在国家仲裁法庭或美国仲裁协会的相应部门中归档。本协议受联邦仲裁法制约，并应按照联邦仲裁法进行解释。

申请者应当保证其在申请表中所作陈述的真实性和准确性，否则将追究其法律责任。

授权签字 _____ 签字人的身份 _____

个人担保书

以下签字人同意就公司向申请者提供信用一事对申请者和公司履行所有义务提供担保。除非提前30天以书面形式通知公司终止担保，否则本担保将无限期持续有效。公司可以在此担保下行使权利，而不必首先对申请者采取措施。以下签字人同意在发生违约和拒付以及延长或修改信用条款时不被通知。

日期：_____

见证人：_____ 担保人：_____

见证人：_____ 担保人：_____

通常是销售人员与客户进行第一次接触，若一切正常，则销售人员将是询访客户的唯一公司代表。在此期间，销售人员可以逐渐熟悉客户的运营及声誉情况。销售人员应当具备获取有关公司特性、法律责任、管理能力、习惯、信誉、市场定位、当地环境、银行和商业参考人以及财务状况等方面信息的能力。

直接交流

信用信息的另一个来源是与客户有过业务往来的其他债权人。债权人之间互相交流在账户基础上获得的信息，是一种很普遍的做法。一些信用经理认为，这也是他们拥有支配权的最重要的信息来源。

银行经常被要求提供有关信用申请者的信用及账户信息。显然，银行很关注所提供的信息是否只用于信用用途以及信息是否得到保密。表14—2给出了一份来自国家信用管理协会的银行信用信息查询表。该表的第2页包括了有关信用信息交流原则的说明和对账户情况报告的指导。

通过信件往来、个人接触或国家信用管理协会主办的**同业工会**（trade group meeting），债权人可以互相交流分类账信息。在这几种方法中，个人接触是成本最高的一种，因为它占用了信用经理或他们的代表的宝贵时间。因此只有在信用风险很高，而其他方法又不可行的情况下才使用这种方法。与其他相关债权人进行信件交流这种方法的成本则很低，而且只占用信用经理很少的时间。但是这种方法有一个缺点，就是信件的回复总是不够迅速。

表 14—2　　银行信用信息查询表

银行信用信息查询表

由询查人填写

日期：______

致：______

______

______

______

自：______
公司
______
街道地址
______
市/州/邮编

上面提及的客户向我们申请______美元的开放性信用额度，并将贵行列为参考人。请填写下列所需资料。如能提供其他有用资料将不胜感激。

我们随时恭候贵行的回信。

诚挚的，

签字______

请完全备份一份按如下地址寄给我：

姓名______头衔______

公司______

街道地址______

市/州/邮编______

电话号码______传真______

银行账号______

由银行填写

支票账户：　　　　已归还项目：　□是　□否

开户金额：______　平均余额：______　满意与否：　□是　□否

贷款：

开户金额：______　最高信用额：______　余额：______

担保：______　无担保：______

偿付记录：______

______

开户金额：______　最高信用额：______　余额：______

担保：______　无担保：______

偿付记录：______

______

评语：______

______

______

签字______头衔______日期______

此表格和原则说明（见背面）经罗伯特·莫里斯协会和国家信用管理协会批准。

请复印后提交，贵行保留一份

此表可在国家信用管理协会发行部购买

8815 中央公园大街 # 200 哥伦比亚

MD21045-2158

表 19

续前表

信用信息交流原则说明

(1) 保密性是信用信息交换的首要原则。查询人的身份和资料来源未经其允许不得公开。

(2) 参加信息交换的各方在查询和回复时必须本着实事求是的原则。

(3) 查询信息的目的和数量应表述清楚。

(4) 如果查询的目的涉及法律诉讼或有法律诉讼意图,查询人必须清楚地加以说明。

(5) 查询人在进行查询前必须尽可能确定对应银行的账户。

(6) 所有信息交流方必须提供合格的身份证明文件。

(7) 回复必须迅速,并且包含与查询的目的和数量相符的事实。如遇特别问题不能回复的,必须清楚地说明理由。

RMA 一般数字范围

为保证信用信息交流中信息的准确性和连贯性,需要使用 RMA 一般数字范围。有时需要对这些术语加以说明,以使查询者和回复者可以统一使用这些术语。例如:

最低	1~1.9
较低	2~3.9
中等	4~6.9
高	7~9.9

最低 4 位数＝1 000 美元~1 999 美元
较低 4 位数＝2 000 美元~3 999 美元
中等 4 位数＝4 000 美元~6 999 美元
高 4 位数 ＝7 000 美元~9 999 美元

这些范围可加以调整,以适用于所有下列数额:
"微量" ＝100 美元以下
"3 位数"＝100 美元~999 美元
"4 位数"＝1 000 美元~9 999 美元
"5 位数"＝10 000 美元~99 999 美元
"6 位数"＝100 000 美元~999 999 美元,等等。

国家信用管理协会在国内每月举办一次同业工会。同类企业或企业联盟的信用主管,或与同一客户有业务往来的信用主管,在会上一起讨论他们所遇到的共同的问题以及他们各自有关个人账户的经验。

虽然直接交流所提供的信息数量,会因所使用的方法及债权人接触方式的不同而不同,但这类的信息来源可以提供有关账龄、最近批准的最高信用额、欠款单偿付习惯、销售条款、当前账户及贸易纠纷等方面的情况。

从其他债权人那里索取信息的优点在于:

● 因为信息来自其他债权人的经验,查询者有理由认为将来会发生相类似的情况。

● 信息来自有能力认识到债权人所面临问题的人们。

● 查询者总是尽可能从那些可合作、可信赖、有良好判断力的信用经理那里索取信息。

● 在多数情况下,信息能快速获得。

● 信息会不断更新,具有现实意义。

互为客户的双方的财务状况时刻发生着变化。与其他向该客户销售商品的企业联系，可以避免债务人在其他企业不知情时严重逾期付款的情况发生。

银行和企业债权人在搜集信用信息的过程中能互相帮助，因为一般企业与银行有很多信用业务往来。相类似地，大多数公司依靠商业信用来满足存货、机器设备和其他多种需要。他们的信息可以互为补充，因为他们都保留了大量的信用档案。

尽管存在相互帮助的可能，银行和企业信用提供者合作得并不够。一些银行拒绝透露被要求的部分或全部资料，而相对来说，企业信用提供者更乐于向银行索取信息。为增进他们与银行机构的联系，企业应审视一下他们索取信息的方式和查询的内容。一个从银行获得完整信息的好方法是通过个人接触。信用经理应该与银行信用部门的人员很熟悉。此外，信用经理应能影响公司存款的存储地点。一旦这种关系形成，相互信赖得到加强，信用经理就能获得更多更全面的信息。

对内部信息和直接调查的评价

大多数信用经理都会利用非商业性来源的信用信息。由这些来源提供的信用信息有助于确定新客户的信誉和修改已有账户的信用限额。信用分析人员在决定接不接受客户的信用时，需要多样的信用信息。在企业债权人充分评估一个账户前，他们必须回答包括账户的合法身份和法律责任、历史和企业背景、管理特点和责任心、财务能力和承受力、财务状况和前景以及偿付记录在内的所有问题。

通过发掘非商业性信息来源，信用经理能获得所需信息来做出合理可靠的信用决策。所有信息，不管是直接还是间接获得的，都来源于被调查的账户。然而，实际上单一信息来源不太可能提供所需的全部信息。信用经理应该检索其他非商业性信息来源。他们可以通过检索自有档案来检查目标企业的记录；可以向其他债权人索取经验；也可以通过与客户的开户银行联系，来获取财务信息并验证财务报表；或者发掘其他"免费"的信息来源。

尽管有这么多可能的途径，信用经理仍然不应完全依赖数量有限的非商业性信息来源。不良客户可能在一定数量的供应商那里保持清洁的账目。他们甚至可能被他们的银行、联系紧密的商业伙伴和债权人称赞。然而在其他圈子里，他们财务的恶化有目共睹。

对信用经理而言，更重要的是这样一个事实，他们太关注企业的其他财务问题，这妨碍他们成为专业信用调查员。因此，非商业信息来源最好被用作信用信息的辅助来源，而购买的信用信息其实来源于一个大得多的"信用信息仓库"。

信用分析人员可利用的所有信用信息来源中，最重要的是商业性机构的信用报告，下一章将对此进行专门讨论。这些机构的主要目的是搜集和报告各类影响企业信用资质的信息。

杠杆收购

近几年，企业信用经理面临的最大挑战之一，是掌握并解决杠杆收购（LBO）。**杠杆收购**（leveraged buyout）是一种特殊的收购方式，即以大量的被收购公司财产做抵押来借款收购该公司。这个过程经常用于公司私有化，也就是收购公司股份并不再向公众出售。这个过程经常由公司现任管理者发起，LBO 使他能够用个人小额投资获取公司。通常的计划是在以后某个时候出售股份以获取巨大收益，而公司也恢复公众持股状态。现任管理者会因风险投资者和其他实力雄厚的投资公司的介入而得到部分资金帮助。然而，大部分购股资金是由以公司资产为借款抵押的债权人提供的。

信用分析人员必须认识到这种情况将会产生相当多的债务。伴随杠杆收购，被收购公司在信用方面通常比收购前更具风险。资产被负债所替代，通常导致利息支出的显著增加。只有在利润足以支付巨额利息时，杠杆收购才算是成功的。

由于负债增加而引起的近乎天文数字的利息支出使利润缩水了。在某些极端情况下，公司可能不得不出售其自有资产以支付其债务利息。

信用经理应能察觉一项杠杆收购可能产生的问题。对所有新所有者特殊背景的确认是很关键的，信用经理应该辨明任何不参与具体经营的合伙人和他们的背景。从有利的角度讲，如果以前的管理者也在其中，他们自身通常会拥有相当大的投资，那么他一定会努力使公司在新模式下取得成功。

重要术语

商业信用经理　business credit manager

国家信用管理协会信用和融资管理研究生院　the NACM Graduate School of Credit and Financial Management

公司　corporation

国家信用管理协会　National Association of Credit Management，NACM

信用研究基金会　Credit Research Foundation，Inc.

国家信用学院　National Institute of Credit，NIC

直接调查　direct investigation　　　　合伙企业　partnership

双重税收　double taxation　　　　　　独资企业　sole proprietorship

内部信息　interal information　　　　　S 公司　Sub-chapter S corporation

杠杆收购　leveraged buyout　　　　　同业工会　trade group meeting

有限责任公司　limited liability company，LLC　　两合企业　limited partnership

讨论题

1. 解释企业信用经理的地位日益重要的原因。

2. 什么是信用研究基金会？什么是国家信用学院？

3. 评论企业信用经理不断变化的地位和所需素质。

4. 将企业信用部门置于销售领域和财务领域各有什么理由？

5. 讨论客观评估信用客户前应解决的问题。

6. 解释商业信用信息来源的分类，并说明与消费者信用交易中使用的信息来源有什么区别。

7. 在选择商业信用信息来源时应考虑什么因素？

8. 应该要求销售人员搜集信用信息吗？请阐述自己的意见。

9. 直接调查有什么含义？

10. 解释杠杆收购给企业带来问题的原因。

11. 描述各种企业组织形式的利弊。

第15章 商业信用报告机构

学习目标

在学完本章后，你应该能够做到：

● 描述商业信用信息的商业化来源；

● 讨论邓百氏（D&B）公司的成立和发展状况；

● 对邓百氏信息服务公司目前的业务（Reference Book of American Business）做出说明；

● 说明邓百氏公司提供的信用报告主要有哪几种类型；

● 对如何使用《美国商业参考书》作出说明；

● 对邓百氏公司所提供的服务做出评价；

● 对 Experian 和 Veritas 商业信息公司所提供的报告和服务作出描述；

● 对国家信用管理协会的组织情况及从事的活动情况做出说明；

● 了解 TRW 的商业信用服务公司的业务；

● 评估专业性机构的信用信息服务状况。

内容提要

信用管理人员除了使用前一章讨论过的非商业性信息来源之外，还可以使用各种信用信息的商业性来源。信用信息的商业性来源提供了补充性的信用信息。信用信息有3种商业性来源：

1. 诸如邓百氏信息服务公司这样的一般性商业征信机构，应用户的需要，可以对任何商业企业进行信用调查并作出报告。

    2. 国家信用管理协会提供商业信用报告服务，目的是在会员之间系统性地交流分类账信息。

    3. 专业性商业信用报告机构，应用户的要求，对特殊商业领域中的商业公司做出信用报告。

    信用信息的商业性来源各不相同，在某种程度上可以说还有些复杂，所以信用管理人员一定要对这些信息来源非常熟悉。为了能对信用风险有个良好的判断，信用经理手边必须有大量的信息可供使用。商业性信用信息最重要的来源之一，是一般性的商业征信公司。

一般性的商业征信公司——邓百氏公司

    一般性的商业征信公司（general mercantile agency）的主要功能是提供关于美国和国外各地各个商业领域中大小商业公司的信用报告。**邓百氏信息服务公司**（http：//www.dnb.com）是该行业公认的领头人，他作为一般性的信用报告机构提供着大量的服务。然而，即使他的业务分布广泛，提供的服务多种多样，邓百氏公司也未曾垄断商业信用报告业。传统的消费者信用报告机构，诸如 Experian（前身为 TRW）、Equifax 和 Trans Union，已开始提供越来越多的商业报告服务，不断对邓百氏公司在该行业的统治地位提出挑战。Veritas 公司，一个于 1989 年在欧洲成立的信用报告机构，在 1994 年也开始为美国公司提供商业信用报告。邓百氏公司还必须与各种专业商业征信机构展开竞争，而这类机构常常能更加全面、经济并有效地服务于债权人的利益。

    尽管信用调查领域竞争气氛颇浓，邓百氏公司还是发展并壮大起来。它提供的商业信用信息，使用频率仍然最高。邓百氏公司在美国的主要城市以及世界贸易中心城市都设有办事处。

邓百氏公司的创立和发展

    一个世纪以前或者更近的时候，获得系统的、真实的信用资料的可能性微乎其微。信用决策经常是碰运气的事。信用条款很长，债务人和债权人之间常常是私人关系，并且一些信用交易仅仅根据顾客提供的参考资料就做出决策。结果，企业常常需要更大的边际利润来弥补巨大的商业信用损失。

    在 1837 年的经济恐慌中，阿瑟·塔潘（Arthur Tappan）和他的公司经营失败了。联合经营该公司的路易斯·塔潘（Lewis Tappan），因为对信用风险做出了极佳的判断而声名远扬。他本人对信用调查的兴趣、他在评估信用风险上的声誉以及国家经济的稳定发展，激发了他建立一家信用报告中心机构的念头。1841 年，他建立起了商业征信公司，来为债权人搜集并传播信用信息。

    1837 年的恐慌中经历的信息不确定性和产生的损失、国家经济结构的迅速变化以及商业领域的扩张，推动了系统化的信用信息来源的建立。制造商和供应商需要使用信用在更广泛的地域中开展贸易。这意味着债权人不再根据私人关系来判断是否提供信用，也不再能直接搜集到充足的信息。结果，系统化的信用报告系统发展起来了，以排除了交易中一些主要的不确定性因素。

路易丝·塔潘在纽约建立了商业征信公司后不久，又在主要的商业中心城市建立了分支机构。报告人员访问每个社区，拜访新上任的商业主管。R·G·邓恩（R·G·Dun），1851 年商业征信公司的一名雇员，于 1859 年成为公司唯一所有者，并将公司更名为 R·G·邓恩 &Co。1849 年，一位辛辛那提的律师，约翰·M·布拉德斯特里特（John·M·Bradstreet），建立了邓百氏公司。该公司采取与商业征信公司相似的运营方式，并在同一商业领域服务了多年。1933 年，这两家公司合并，成立了邓百氏公司。

在 10 多年来的扩张和多样化经营后，邓百氏公司于 1973 年形成了母公司（邓百氏信息服务公司和许多子公司）包括鲁本·H·唐纳利公司（Reuben H. Donnelley Corporation）和穆迪的投资者服务公司。1979 年，邓百氏公司接管了同名的公司，成为母公司。

邓百氏信息服务公司的组织、服务和业务

为了便利大量搜集、汇总、分析和传播商务、商业信用和商业营销信息这类工作的进行，邓百氏公司在全世界设立了 300 个办事处，并雇用了经过培训的分析人员。这些人员为邓百氏数据库搜集来自世界各地的商业公司的信用信息，为 217 个国家提供在线查询服务。

1974 年初，邓百氏公司为其美国办事处装备了计算机设备。1975 年，这些计算机被连接到邓百氏公司的全国商业信息中心，该中心位于新泽西的博克林·海茨。20 世纪 80 年代初，它在英格兰建立了相似的中心。20 世纪 80 年代末，公司又在澳大利亚建立了另一个中心。这些网络构成了世界上最大的私人计算机运营网。通过办事处自己的终端，他们能够与中心交换电子数据，更正邓百氏公司信息基地中保存的任何报告信息，该基地保存了世界各地 4 千万个公司的相关信息。

邓百氏公司的主要业务

邓百氏公司的主要业务是提供商业信息，这些年来，他已为商业机构设立了许多服务项目。其多样化的业务包括以下几类：

1. 报告服务——D&B 公司调查、分析并写出商业或工业企业的商业信息报告。所有的报告都有同样的基本特征，但是每一份报告都反映了不同融资结构的复杂性。国际报告覆盖了快速扩张的海外市场。近几年出现了许多不同的报告形式，例如偿付分析报告和 D&B 的财务。偿付分析报告的示例见表 15—1。

表 15—1　　　　　　　　　　偿付分析报告

payment analysis PAR report　　　Prepared for

Dun & Bradstreet
a company of
The Dun & Bradstreet Corporation

THIS REPORT MAY NOT BE REPRODUCED IN WHOLE OR IN PART IN ANY MANNER WHATEVER

DUNS: 00-007-7743
GORMAN MANUFACTURING CO., INC.
492 KOLLER STREET
SAN FRANCISCO, CA 94110
(SUBSIDIARY OF GORMAN HOLDING COMPANIES, INC.)

TEL: (415) 555-0000

LESLIE SMITH, PRES

DATE PRINTED
OCT. 26, 199-

COMMERCIAL PRINTING

SIC NOS.
2752

STARTED 1965
SALES $ 13,007,229

PAYDEX 67

★★★ KEY ★★★

PAYDEX	PAYMENT
100	ANTICIPATE
90	DISCOUNT
80	PROMPT
70	SLOW TO 15
50	SLOW TO 30
40	SLOW TO 60
30	SLOW TO 90
20	SLOW TO 120
UN	UNAVAILABLE

PAR GRAF GUIDE		PRIOR QTRS	CURRENT 12 MONTHS
SOLID LINE (——) IS FIRM'S SCORE.	P A Y D E X		
DOTTED LINE (. . .) IS MEDIAN INDUSTRY SCORE			
TOP AND BOTTOM BORDERS OF SHADED AREA ARE UPPER AND LOWER INDUSTRY QUARTILE SCORES			
SIC: 2752 # OF ESTAB: 1,313			

	'89 DEC	'90 MAR	'90 JUN	'90 SEP	'90 NOV	'90 DEC	'91 JAN	'91 FEB	'91 MAR	'91 APR	'91 MAY	'91 JUN	'91 JUL	'91 AUG	'91 SEP	'91 OCT
FIRM	79	80	82	82	77	77	75	74	74	74	71	71	63	67	66	67

DETAILED SUMMARY OF FIRM'S PAYMENT HABITS
% OF DOLLAR AMOUNT

	# OF EXP #	DOLLAR AMOUNT $	ANTIC- PROMPT %	SLOW 1-30 %	SLOW 31-60 %	SLOW 61-90 %	SLOW 91+ %
IN FILE							
12 MOS ENDING 10/91	21	784,600	64	19	17	-	-
3 MOS ENDING 10/91	10	118,750	32	39	29	-	-
CREDIT EXTEND. OF $100,000 +	3	550,000	73	9	18	-	-
50-99,999	2	140,000	25	50	25	-	-
15-49,999	3	70,000	68	32	-	-	-
5-14,999	2	15,000	50	50	-	-	-
1- 4,999	6	8,000	66	28	-	6	-
LESS THAN 1,000	5	1,600	69	31	-	-	-
CREDITS OFFERING NET TERMS	4	10,000	90	5	-	5	-
CREDITS OFFERING DISC TRMS	4	127,500	61	39	-	-	-
CASH EXPERIENCES	-						
PLACED FOR COLLECTION	-						
UNFAVORABLE COMMENTS	-						

* INDICATIONS OF SLOWNESS CAN BE THE RESULT OF DISPUTES OVER MERCHANDISE, SKIPPED INVOICES, ETC.

THIS REPORT, FURNISHED PURSUANT TO CONTRACT FOR THE EXCLUSIVE USE OF THE SUBSCRIBER AS ONE FACTOR TO CONSIDER IN CONNECTION WITH CREDIT, INSURANCE, MARKETING OR OTHER BUSINESS DECISIONS, CONTAINS INFORMATION COMPILED FROM SOURCES WHICH DUN & BRADSTREET, INC. DOES NOT CONTROL AND WHOSE INFORMATION, UNLESS OTHERWISE INDICATED IN THE REPORT, HAS NOT BEEN VERIFIED. IN FURNISHING THIS REPORT, DUN & BRADSTREET, INC. IN NO WAY ASSUMES ANY PART OF THE USER'S BUSINESS RISK, DOES NOT GUARANTEE THE ACCURACY, COMPLETENESS OR TIMELINESS OF THE INFORMATION PROVIDED, AND SHALL NOT BE LIABLE FOR ANY LOSS OR INJURY WHATEVER RESULTING FROM CONTINGENCIES BEYOND ITS CONTROL OR FROM NEGLIGENCE

OCT. 26, 199-
* PAYMENT HABITS BY INDUSTRY *

LINE OF BUSINESS	# EXP	DOLLAR AMOUNT $	HIGHEST CREDIT $	AVERAGE HGH CR $	ANT PPT %	SLO 1-30 %	SLO 31-60 %	SLO 61-90 %	SLO 91+ %
AIR TRANS	1	7,500	7,500	7,500	100	-	-	-	-
BUSN SVCS MISC	1	100	100	100	100	-	-	-	-
ELEC MACHY MF	1	2,500	2,500	2,500	50	50	-	-	-
INDUSL MACHY WH	2	2,000	1,000	1,000	50	50	-	-	-
NON DURBL MISC WH	1	15,000	15,000	15,000	50	50	-	-	-
PAPER PDTS WH	8	747,500	250,000	93,438	64	18	18	-	-
PHOTO EQUIP MF	1	500	500	500	100	-	-	-	-
REPAIR SVCS	2	7,500	7,500	7,500	-	100	-	-	-
SVCS MISC	2	750	500	375	33	67	-	-	-
SYN MATERIAL MF	1	250	250	250	100	-	-	-	-
TRANS SVCS	1	1,000	1,000	1,000	50	-	50	-	-

* PAYMENT SUMMARY *

COMPOSITE PAYDEX
CURRENT 12 MONTHS = 72

AVG. HIGH CREDIT = $39,230

HIGHEST CREDIT = $250,000

COMPOSITE PAYDEX
PRIOR 12 MONTHS = 81

(Mail Version)

2. 自动化服务——飞速发展的技术已经使 D&B 公司能够提供大量的、精练的服务。D&B 公司现在提供的自动化服务系统包括更改通知服务（CNS），例外信用更新服务（ECUS），以及关键警示服务。在这些系统下，用户自己的账户列表可以被输入到 D&B 的计算机中，供 D&B 公司定期监督以及随后对 D&B 信息档案中发生的显著变化进行通知。这些系统主要的不同之处在于，CNS 和关键警示服务所提供的信息可以打印出来，而 ECUS 偏向于计算机与计算机的内部信息交换。

信息传送系统（以前是邮寄）已经得到了扩展，包括丹公司的拨号系统、打印系统以及连接系统。这些系统允许用户直接使用 D&B 公司的电子化的商业信息中心。

3. 参考书服务——D&B 每年编辑并出版 6 期《D&B 美国商业参考》（*Dun & Bradstreet Reference Book of American Business*）。该书包括各商业公司的名称、电话号码、他们的 SICC（标准行业分类）号，以及表明公司预计财务实力和信用等级的关键性内容。1 月、3 月、7 月和 9 月出版的《参考》（*The Reference Book*）也会有州版本。《参考》对活跃在行业内的信用、营销采购专业人士及销售人员都很有用。国际参考书也可获得和使用。

4. 服装贸易服务——该服务是用于满足服装行业中商业公司的特殊需要的。这项服务通过信用清算所来提供，他是一个特别设立的 D&B 分部，专门提供满足服装贸易需要的信用报告和建议。《服装贸易参考》（*The Apparel Trades Book*）包括服装领域约 200 000 名零售商和批发商的列表，每年修订 4 次。许多顾客使用 D&B 公司的打印系统，通过它将信用和营销信息传送到顾客办事处的终端上。

5. 商业托收——在必要时，该服务帮助客户对应收账款进行控制，并收回逾期账款。

6. 出版——D&B 对商业管理中使用的各种商业策略和运营比率加以出版发行。

7. 指南——D&B 出版了各种指南，以及信用、销售、出版和行政参考用书。其中包括《制造商参考》（*Reference Book of Manufactures*）、《美国商业参考》（*Reference Book of American Business*）、《公司管理参考》（*Reference Book of Corporate Managements*）和《主要国际公司指南》（*Directory of Principal International Businesses*）。

8. D&B 公司的其他参考资料——该项服务用最新的 CD-ROM 技术，使顾客可以非常灵活、快速地使用信息。现在顾客可以快速地使用适当等级的 D&B 信息，用于制定各种各样的商业决策。

D&B 公司的其他参考资料是一个高速运转的工作站，它的组成部分包括：

● 压缩光盘，存有 400 多万家公司和贸易模式的参考资料，可以在计算机或网络上使用。

● 自动将顾客与 D&B 公司的数据库连接在一起的高级交流软件，供全美 900 多万家公司使用所有的报告。

● 报告管理功能，能将 D&B 的报告存储在顾客的硬盘上，可让顾客方便灵活地进行查看、存储、打印、更新或删改。

285

● D&B 最重要的业务是搜集、汇总并分析信用信息。D&B 的许多其他业务都建立在此基础上。

搜集信用信息的方法

为了能够搜集到大量信用信息，D&B 使用了人员调查（直接调查和电话调查）以及信件查询的方法。人员调查由报告人员来做，他们常常被分派到某一特定地区，这样他们就会对信用信息的来源和当地的商业管理更为熟悉。报告人员定期地修正并更新报告，这样，D&B 的档案资料中的信息就总是最新的了。

大部分的商业信用调查遵循相似的模式。报告人员首先询访公司的负责人，确定所有权、注明运营方式的细节、获得财务报表并讨论未来的计划以及销售趋势。他们也检查法院和其他公共部门的记录，或是在公司外部进行调查（例如，询访银行人员、会计和其他知情人士）以搜集额外的事实或证实已有的信息。

D&B 也用许多方式来搜集偿付资料。他们会以信件或电话这些传统的形式从供应商那里搜集偿付资料。每天，国家商业信息中心都会打印出偿付情况调查表，将其寄往全国 700 000 个供应商。在更新商业信息报告时，报告人员也会询问偿付情况。

搜集偿付资料的主要方式是**邓百氏贸易**（Dun-Trade），搜集银行相关信息的主要方式是**邓百氏银行**（Dun-Bank）。这两种方法采用了计算机磁盘、磁带和光盘的形式，不再定期使用信件或打电话这些传统的方式来搜集同样的信息（如支付方式、最高信用额、欠款总额、逾期欠款额、销售条款和上次销售日期）。D&B 还通过数据交换线路，从顾客的计算机中直接获取偿付资料。用信件、电话和计算机搜集到的偿付信息被加入报告人员搜集的商业信息中，连同其他的资料一起构成了商业信息报告。

为了进一步确保报告既准确又真实，D&B 公司的政策一直规定被写入报告的公司可以得到报告的复印件。曾经有一段时期，D&B 将相关报告资料的复印件寄给上百万个报告中涉及到的公司。近些年，D&B 会应被报告公司的要求，将整个报告（原报告或是全面修正后的新报告）的复印件寄给公司的首席执行官，如果合适的话，还会请其作出修正建议。制作报告的费用由 D&B 的用户而非被报告的对象承担。

报告的主要类型

大部分 D&B 的报告中包括了相同的基本要素，但某些报告使用特殊形式来满足不同用户的信用和销售要求。VIP 报告是一种定制的书面报告，用来满足单个客户特定的要求，报告涵盖了短期信用和管理问题，包括了极为详尽的信息以及具体的信用建议。国际报告是针对处于资本自由流动的市场中的海外公司的。

高级商业分析人员处理更为复杂、活跃的情况，一般来说，最大的公司的问题由一批受过高级培训的国家商业分析人员来处理。

商业信息报告

D&B 会将来自其国家商业信息中心的**商业信息报告**（Business Information Report）（见表 15—2）送交给用户。这是 D&B 报告的一种类型，也是最常用的一种类型（39 000 次/天）。由计算机生成的商业信息报告分为 10 个基本部分，其中 6 个部分在所有的报告中都要有，它们是：概述、偿付、财务、银行关系、历史和营运信息。其余 4 个部分在必要时也要写在报告中，它们是：特殊事件、变更、更新和公共部门记录。

表 15—2　　　　　　　　　商业信息报告

The Business Information Report

Company profiles painted with D&B information

The Business Information Report gives you an insider's perspective on a firm's operations, profitability and stability by combining the thousands of details available on the company in Dun & Bradstreet's information base. The report helps you reach your own conclusions about a company's overall condition with information organized in an easy-to-read, standardized format.

Quickly check a firm's identity and location.
The firm's legal name, address, phone number, and D-U-N-S® Number are always prominently displayed.

Gain a quick appraisal and overview of the company.
The first step in getting an insider's perspective, the Summary section highlights key findings from the Business Information Report to give you a quick snapshot of the firm.

Keep pace with major changes that could impact your credit relationships.
Changes in ownership, acquisitions, fires, burglaries, bankruptcies—all could affect your credit decisions about a firm. Special Events alerts you to major changes within the company.

Focus on a company's payment record for an overview of its creditworthiness.
A brief review of the company's payments includes high credit extended, amounts owed and past due, and time period since last sale to help you determine how you will be paid. Each horizontal listing represents the experience of an individual supplier.

Note changes that affect a company's business environment.
Know what's going on within your accounts. Changes alerts you to shifts in management, business expansion or alteration to the legal structure such as the incorporation of a proprietorship.

Keep track of operational changes that might prove profitable for your company.
Update shows you changes in operation since the report was last revised.

Add sophistication and financial information to your credit analysis.
Essential financial components of a company — assets, sales, liabilities and profits — are revealed. Comments summarizing the figures enhance your analysis.

(continued)

续前表

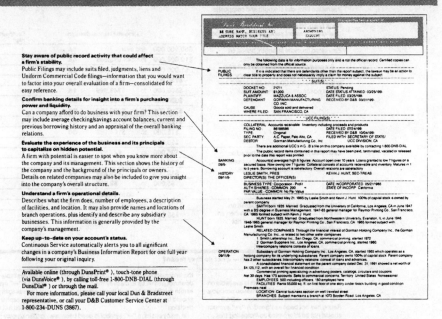

大多数报告信息所以通过与被报告的公司负责人直接联系来获得，但是许多细节也可能来自公共部门的记录、供应商和其他来源。

既然一份商业报告反映的是在不同时间所作的调查，没有统一的日期能适用于报告中的所有信息。在报告顶部的日期只是报告在计算机上打印出来以回复查询的日期。

商业信息报告的标题和概述

这部分提供了一份简要的、一目了然的企业概况。通过阅读顶部信息，分析人员就能很快地获得某一公司的基本识别信息：名称和地址、电话号码、主要所有者和行政人员。4 位数的美国标准行业分类号（指明公司的产品类别和职能）以及公司的业务范围的书面描述。

在左上角是 DUNS 号码，是 D&B 公司电子档案中每一家公司独有的 9 位数的识别码（同一家公司在每个地区的办公机构都有其单独的识别码）。

在公司名称的上面是 D&B 资本与信用等级，表明所估计的财务实力和综合的信用评估（见表 15—3 中对等级的说明）。另外，为了能够快速查阅，右上部的概述部分从更详细的报告信息中提炼出了重点。除了 D&B 等级，这些重点通常包括公司创建的年份、偿付、销售、价值、员工的数量、历史、财务、环境和趋势方面的信息。

创建

通常，这个数字是指当前所有者开始掌握企业的财务控制权的年份。但是，对于老式的、家庭所有的企业和公众持股的公司，这里所指的年份是公司最初开始运营的年份。

表 15—3 D&B 等级和符号

D&B Rating System

The D&B Rating System is a widely used tool that uses a two-part code to represent a firm's estimated financial strength and composite credit appraisal. A Rating may be based on a book financial statement or on an estimated financial statement submitted by the company.

	Estimated Financial Strength		Composite Credit Appraisal			
			High	Good	Fair	Limited
Estimated financial strength, based on an actual book financial statement. For example, if a company has a Rating of "3A3," this means its financial strength is between $1,000,000 and $9,999,999 and its composite credit appraisal is "fair."	$50,000,000 and over	5A	1	2	3	4
	$10,000,000 to $49,999,999	4A	1	2	3	4
	$1,000,000 to $9,999,999	3A	1	2	3	4
	$750,000 to $999,999	2A	1	2	3	4
	$500,000 to $749,999	1A	1	2	3	4
	$300,000 to $499,999	BA	1	2	3	4
	$200,000 to $299,999	BB	1	2	3	4
	$125,000 to $199,999	CB	1	2	3	4
	$75,000 to $124,999	CC	1	2	3	4
	$50,000 to $74,999	DC	1	2	3	4
Estimated financial strength, based on either an actual book financial statement or an estimated financial statement.	$35,000 to $49,999	DD	1	2	3	4
	$20,000 to $34,999	EE	1	2	3	4
	$10,000 to $19,999	FF	1	2	3	4
	$5,000 to $9,999	GG	1	2	3	4
	up to $4,999	HH	1	2	3	4
Estimated financial strength, based on an estimated financial statement (when an actual book financial statement is not available to us).	$125,000 and over	1R		2	3	4
	$50,000 to $124,999	2R		2	3	4

Symbols in the Rating column — what do they mean?

-- (Absence of a Rating)
A Business Information Report is available on this business, and other information products may be available as well. However, a D&B Rating has not been assigned. A "--" symbol should not be interpreted as indicating that credit should be denied. It simply means that the information available to Dun & Bradstreet does not permit us to classify the company within our Rating key and that further inquiry should be made before reaching a credit decision.

In many cases, a "--" symbol is used because a current financial statement on the business is not available to us. Some other reasons for using a "--" symbol include:
☐ Unavailability of the source and amount of starting capital — in the case of a new business
☐ A deficit net worth
☐ Bankruptcy proceedings
☐ A critical financial condition

ER (Employee Range)
Certain lines of business, primarily banks, insurance companies and other service-type businesses, do not lend themselves to classification under the D&B Rating System. Instead, we assign these types of businesses an Employee Range symbol based on the number of people employed. No other significance should be attached to this symbol.

For example, a Rating of "ER7" means there are between 5 and 9 employees in the company.

"ERN" should not be interpreted negatively. It simply means we don't have information indicating how many people are employed at this firm.

Key to Employee Range	
1000 or more employees	ER 1
500 to 999	ER 2
100 to 499	ER 3
50 to 99	ER 4
20 to 49	ER 5
10 to 19	ER 6
5 to 9	ER 7
1 to 4	ER 8
Not available	ER N

INV (Investigation being conducted)
"INV" means that at the time the listings were extracted for this Reference Book, we were conducting an investigation on this business to get the most current details.

Questions? Please call your D&B Customer Service Center at 1-800-234-DUNS (1-800-234-3867).
Our Customer Service Representatives will be happy to help you interpret the D&B Rating System and other symbols.

偿付

这部分总是写明"见下文",因为交易数据每天都要更新。任何简略的描述都可能与近期搜集到的数据不相符。

销售

该指标指公司的年销售额或年收入总额。它可以以年销售额范围的形式表述。

价值

该指标——有时指估计的财务实力——表示在扣除所有无形资产之后的企业有形资产净值。一些特殊的无形资产在计算净值时是不被扣除的。当数字前加有 F 时,表示销售额或价值数据来源于会计账簿(这些数字未必经过注册会计师审核,可能只是一种观点,这取决于报告中的财务部分如何规定）。当销售额或价值建立在经所有者或管理部门认可的估计值的基础上，则数字前加 E。如果既没有 F 也没有 E，则表示该数字是由管理部门或其他部门估计的。

雇员

雇员人数表示所有因提供劳务而获得薪金的员工的数量，包括专职和兼职人员，以及企业所有者、股东和行政人员。有时候该数字是可得到的最新的统计数据，有时指年平均雇员人数。若公司季节性地雇佣员工，则通常显示雇佣范围。

历史

这一栏将使用以下 4 个描述性词汇中的一个——清洁（clear）、商业（business）、管理（management）或不完全（incomplete）。

"清洁"表示商业或管理背景中没有任何可能引起读者特殊兴趣的内容，包括重大案件、裁决、留置权或企业破产等项目。

"商业"表示在商业或管理背景中有可能引起读者兴趣的内容；"管理"表示报告中包含与一个或多个企业管理者或所有者相关的信息；"不完全"表示与一个或多个所有者或管理者的相关信息不完全，或指重大的背景信息不可得或不能被圆满地加以证实。

财务

标题"财务"表示公司正在申请贷款，且贷款由应收账款或存货担保。若标题后又写有"担保"字样，则表示公司存在待偿付的贷款，或者可获得贷款的文件已经签署。若标题后写有**"担保—未担保"**字样，则表示两种类型的贷款都尚待偿付。

状况

该栏将使用以下 4 个描述词汇中的一个：稳健、优良、一般、不平衡。这些词被用来描述企业的财务实力，但一般也与企业综合信用评估紧密相关，正如 D&B 等级系统的第 2 部分所描述的一样（例如，稳健=高，优良=较高，一般=中等，不平衡=限制）。但是，也有例外情况。如果在贸易中商业运作较慢，则当企业的状况为"稳健"时，等级可能只是较高或中等，或者由于企业触犯了法律，即使企业的状况是"稳健"或"优良"，等级也可能是"空白"（"—"）。

趋势

收入、价值和销售方面的趋势都很重要，但趋势这一栏通常反映的是收入趋势。在某些情况下，收入中大量资金的抽逃会，使得价值趋势的意义更加重大。如果无法获得收入和价值信息，趋势则要反映销售情况。遇到各因素互相冲突的情况时，D&B 分析人员必须判断哪一个因素是最重要的。

商业信息报告中的其他部分

偿付

这部分主要说明公司对卖方的偿付情况，由供应商报告。这部分的每一栏中包括以下项目中的一项或几项：偿付记录、最高信用额、欠款金额、逾期未付款金额（如果有的话）、销售条款以及最近一次销售至今的时间。单列的一栏是供应商的评价（例如，"争议中的账款"、"特别协定"）。偿付记录左边的日期表示具体信息是何时上报的。

在每一个代表性的贸易部分中，通常都会出现一些"延迟"，信用工作人员一般不把比例甚小的延迟看得很重。计算迅速偿付的比例，行之有效的方法是计算 1s（迅速或更好），2s（混合型，如"迅速—延迟"或"较短的延迟"）和 3s（延迟）的数目。每一个用户都应规定可接受的延迟支付的范围。即使在实力强大的公司。20％的迅速偿付比例也表示偿付太缓慢了。当风险较大时，一些分析人员倾向于进行更深入的分析，如计算账款金额。

从偿付部分中，准备开立新账户的供应商可以清楚地了解在与顾客进行交易时所期望得到的结果——基于先前和其他人交易时在偿付方面的经验。

财务

这部分包括决定财务状况和企业发展趋势的关键性因素。许多报告包含有财务信息，这些财务信息或者来源于经注册会计师审核的数据（由会计师判断有或没有资格），或者来源于未经审核的会计账簿（未经外部会计师审核），或者来源于管理部门对资产、负债、销售、费用和利润的估计。无论来源如何，邓百氏都不进行审核。

一些公司的主管拒绝提供具体的数据，因此财务数据有时建立在银行和供应商的评价、公共记录的调查，或 D&B 公司报告人员对估计的有形资产负债表上项目的个人评估基础之上。

财务信息也常常由租赁、保险保障程度以及其他相关的细节进行补充。财务部分的评论有助于对数字进行进一步必要的解释，也有助于描述销售和利润趋势。D&B 对公司的等级划分在很大程度上以这个部分所反映的财务稳定性和发展趋势为基础。

银行关系

银行关系方面的信息包括平均账户余额、以前和目前的贷款经历（不管贷款是有担保还是无担保的）、银行开立账户的时间以及银行是否对该账户满意。左边的日期表示信息报告给 D&B 的时间。

有时报告提供与客户有业务关系的一部分或所有银行的名字，但不一定按重要性排列。

历史

这部分包括公司负责人或所有者的姓名以及过去的从业经历。这些信息通常来自公司的管理部门。负责人过去的从业经历及外部关系是评价公司经营管理的重要因素。D&B 用自己的档案来证实和补充由管理部门提供的信息，而其他背景信息通常不能得到证实。

只要犯罪案件尚未完结，D&B 就会记录任何所能了解到的有关进程。如果已经定罪，则要备案 25 年。一般来说，历史信息在 25 年之后不再重复记录，除非像营业执照、运营模式、注册日期及负责人的教育背景和出生日期这类信息。

历史信息部分可用来核实所有权，确认所有者、合伙人及管理人员并披露负责人的外部利益。

运营

这部分说明公司从事什么业务以及房产的性质、相邻地区的情况以及占地面积多少。同时也说明（如果合适的话）销售的商品的种类、提供的各种服务、价格范围、消费者类型、销售条款、现金和信用销售的比例、账户的数量、季节性的因素及雇员人数。

通过描述生产和销售机制，运营这部分使用户更好地了解公司的资产负债和利润损益状况。报告使用者能对资产是否充足或负债是否超额进行更好的判断。销售部门利用这部分来判断公司的产品种类是否能使公司盈利。采购部门用这些信息来判断卖方的资产状况，从而发出订单或提供担保。

特殊事件

这部分主要聚焦于能对目前的信用关系和尚未作出的信用决策产生关键性影响的重大事件，包括目前主要的行政人员、法律结构、合伙人、控制权、公司位置；公司名称、新近破产、业务中断、犯罪行为、盗窃案或挪用公款；失火及其他灾难。

特殊事件这部分安排在标题和概述之后，因此能立即被用户看到。

公共部门记录

这部分对民事事件的公共部门记录加以说明，如破产、诉讼、判决、《统一商法典》有关事件、留置权和记录项目的更新和送出等。虽然不可能提供全部的公共部门记录信息，D&B还是提供了大量有用的项目。公共部门记录这部分位于报告中财务和银行关系这两部分之间。

偿付分析报告（PAR）

这类报告（见图表15—1）对一个公司的偿付习惯做了深入而简要的分析。用户在遇到一些新客户或重要客户时，可以使用**偿付分析报告**作为对D&B商业信息报告的补充，或者把它作为对较小或较稳定客户的定期检查材料。PAR的关键部分是偿付目录（PAYDEX），它以单一的数量价值作为公司目前偿付情况一目了然的"指示牌"。偿付目录是用来将一个公司的偿付情况与同行业同规模的其他公司进行比较的。PAR提供了一个对公司前12个月偿付习惯的有价值的月度总结，并以简单易懂的形式概括了公司"扩展信用"的数额和公司的偿付风格。

邓百氏公司的财务档案

这些**财务档案**（financial profile）提供了超过100万个美国公司的详细财务信息电子表格。无论是公开发表的还是内容保密的、大公司的还是小公司的，它的统一格式都能使读者能快速地、轻松地预测财务趋势，分析这些公司和他们所在行业的公司集团的比较情况（通过比较标准行业分类号和资产规模）。这些档案同时提供甄别服务，为市场扩展或投资确定合格的目标，这将都通过使用用户所提供的不同的选择标准来实现。

连续服务

连续服务（continuous service）向订阅 D&B 报告的用户自动提供影响账户的最新动态信息。它是用户在 D&B 注册的监控钥匙或边际账户这类"守门"性质的服务。连续 PAR 是另一种监控性的服务，如果用户注册的 D&B 账户的偿付评分上下变动超过 10 分，它就会通知用户。

VIP 报告/特别报告

用户所需信息在商业信息报告或连续服务上找不到时，可以使用 D&B 的 VIP 报告。每一份 VIP 报告都提供综合而详细的信息，来回答个别用户的具体问题。VIP 报告会提供有关重要客户的资料以回答用户的问题。

用户在特别申请表上说明他们所提问题的情况。经过综合的调查和分析，D&B 将提供一份报告来满足用户的特殊需要。由于这类报告的综合性、详细而长久的调查，再加上完成它们所花费的必要时间，它们比商业信息报告价格更高。

信用报告的使用

出于各种商业目的，用户需要使用信用报告。虽然信用报告通常用于信用目的，但其中的许多信息对于其他的商业活动也是很有价值的。用户通常会出于以下原因使用信用报告：

1. 在评估新账户的信誉时，用户手头没有该账户的存档资料，而且根据《D&B 参考书》（*D&B Reference Book*）上的信用等级不足以做出信用决策。

2. 检查最新的信用档案以获取账户的发展和目前状况。定期的账户检查是使顾客的信用额度和销售条款与他们的财务状况相适应的基础。

3. 判定延迟支付和可疑账户出现的潜在原因。最新的信息可以帮助用户把这样的账户转给盈利的客户。

4. 当客户需要扩展信用额度或其支付习惯出现显著变化时，信用报告可以作为制定合理信用决策的完备依据。

除了以上提及的几点用处之外，在任何时候，只要信用经理对于债务人偿付能力的信心动摇，都可以要求查阅信用报告。在许多情况下都可能出现这种需要，如一个公司的购买政策和财务处理方法发生重大变动时、有可疑的欺诈行为和错误陈述时以及发生法律诉讼及一些"意外"事件时。

销售部门在开发新业务和潜在顾客时，可使用信用报告为扩展信用和开发潜在的销售市场提供基础。当销售人员预先了解到潜在顾客的运营方式、业务范围和财务能力时，他们能够更好地进行销售。同样，信用报告能帮助销售部门确定一个公司是否能担保更高的信用额度，或者还有未完全开发出的销售潜力。

如上所述，对于详细信用报告的综合使用，可使用户得到巨大的利益。当信用报告用于多种用途时，就很容易达到物有所值的效果。

D&B 美国商业参考

　　《D&B 美国商业参考》［简称《参考书》（*Reference Book*）］包括位于美国（含波多黎各及维尔京群岛地区）的近 300 万家商业、工业和服务业企业的名称和信用等级。虽然 D&B 的这一业务十分著名，但提供信用报告仍是他们的主要工作。为信用报告搜集的信息对于参考书中出现的信用等级划分及变更有很大帮助。《参考书》中的等级经常被信用经理引用，事实上，检查一个公司的资产与信用等级通常是信用风险评估的第一步。很多情况下，这一等级已能够很大程度上显示出公司的信誉情况。

参考书的内容

　　这本《参考书》分为 4 个独立的部分，每 2 个月出版一次并租给用户使用。它包括美国各城镇、波多黎各及维尔京群岛的绝大多数企业的名单。这本《参考书》还有其他版本，一种是美国地区的版本，包括所有州的《州销售指导》（*State Sales Guide*），还有一些地区性的版本，包括一些州的各类企业的名单。这些较小的版本完全是较大的合订本中所包含的州和大城市的信息的复制本，并已缩印成方便的 9×11 英寸的记事本尺寸。公司代表，尤其是销售人员，使用州版本即可方便地评估客户，建立潜在客户列表并获得他们领域内的有用信息。

　　参考书中包括制造商、批发商、零售商和其他 D&B 曾写入商业信息报告的企业的等级。列表按州的字母顺序排列，在州内按城镇的字母顺序排列。在城镇名的下面是人口以及社区所在的县。这一信息之后是按字母顺序排列的企业列表。

　　每一个企业的名称前面都有美国标准行业分类号码，用于指明企业的性质。例如，分类号 52 51 表明这个企业是一个零售五金店，所有的五金商店的名称前都有这个号码。在一些企业名称后紧跟着的数字表示该企业是在近 10 年内创建的。这个数字是在这 10 年间的年份的最后一位数字。在最右边，跟着的信息是这个企业的评估等级。若对于《参考书》的版本来说这个企业是新的，则在企业分类号码的左边加上字母 A，若在相同的位置加上字母 C 则表示对于该版本而言，企业的评估等级发生了变化。《参考书》的例文见表 15—4。

等级的解释

　　D&B 等级表由 2 部分构成：（1）公司的财务实力（2）公司的综合信用评估。估计的财务实力会在等级表的文字部分加以说明［见表15—3 **D&B 对等级的说明**（key to ratings）］。这 15 个号码（5A～HH）表明了公司的净资产范围或财务实力。综合的信用评估被概括为各种信用等级，如高、较高、中等或限制，通过数字来说明。

表 15—4 　　　　　　　　　　　　参考书例文

Reference Book listings give you select summary information on a company, so you can begin to assess the risk of doing business with that firm.

To help you become more familiar with the Reference Book and its coding system, we've organized the listings into the following information categories.

Demographic information

This area gives you information about the city, town or village in which a company is located. Reading left to right, you'll see:

Name of the city, town or village, as designated by the U.S. Postal Service (You'll see a cross-reference if the town is not a primary U.S.P.S. town.)

Telephone area code (For states with one area code, the code appears at the top of the page.)

Population, according to the 1990 U.S. Census (listed for U.S.P.S. towns in which Census figures are available)

County or parish in which the firm is located

Company name, phone number and corporate relationships

In this section you'll see the company's name and telephone number. Use the phone number to obtain more information through an online computer search (Duns-Print® or DunsLink®), by calling an 800 number (DunsDial®) or using a touchtone phone (DunsVoice®).

(If there's an asterisk [*] after the name, this means the business is a corporation and the words "Corporation," "Corp.," "Incorporated," "Inc.," "Limited" or "Ltd." have been omitted.)

Below the company's name, you may see the following indicators:

Sub of ... Uncover hidden business-development opportunities by finding out whether the firm is part of a larger corporate structure. "Sub of" means the firm is a sub-sidiary, and the parent company guarantees the subsidiary's con-tract obligations. To locate the listing for the parent company, see the information following "Sub of ... ."

Br of ... Who's ultimately responsible for paying invoices? "Br of" means the firm is a branch. To locate the listing for the company's head-quarters, see the town and state following "Br of ... ."

Newbury (904) 1,826 Alachua

2512	Jones AF & Co.	464-5051	DC3
7392	K & B Resources Inc.	464-0204	ER6
A 52x11	Keeton Lumber Corp.	464-0859	--
2952	Lakeside Roofing Company Inc.		INV
		464-3366	
C 5399	Lane Bros. Inc.	464-4402	DD2 P
7231	Laura's Beauty Place	464-2121	ER5 F
3469	Mark Boring Parts Inc.	464-9163	EE3
5621	Paris Fashions of		
	Crestview, Inc.	464-3004	3A1 P
	Sub of Paris Fashions, Inc.		
	Longview, VA		
54x11	Russell AF	464-2512	1A1 PF
5541	Thomas Bros. Industrial Corp.		2A1
		464-0023	
	Br of Johnstown, PA		
1211	Wells Coal Co.*	464-5550	1A2
	Br of Pittsburgh, PA		
2321	Wilson John Jacob & Co., Inc.		EE3
		464-6222	
5042	Zindler & Dahl	464-5664	FB
5912	Zoby John*	464-1073	8 2R2 P

Newport (See St. Marks)

Change indicators and Standard Industrial Classification codes

Here you'll find the following information:

A Looking for prospects? "A" tells you a business is less than two years old, or that we've added it to the Reference Book.

C Want to monitor changes in the financial condition of your customers or suppliers? "C" means the firm's D&B Rating has changed within the past two months.

2512
7392
52x11
etc. Need to identify prospects by general function (manufacturer, wholesaler, retailer or service) and specific line of business? Four-digit Standard Industrial Classi-fication codes will help. For a list of Standard Industrial Classification codes and a more detailed explana-tion, please see page 1.4.

Note: When you see an "x" between the second and third digits, this means the firm is involved in another line of business within the same general function.

Ratings/Symbols, product availability indicators and year started

Here you'll find the following information:

DC3
ER6 This column gives you a quick snapshot of the company's estimated
etc. financial strength and composite credit appraisal or a signal that you might need more information before making a decision. Details on interpreting these D&B Ratings and Symbols are on the reverse of this card.

P When are you likely to be paid? For a detailed analysis of a firm's payment habits, check for the "P"—it means a Payment Analysis Report is available on this business. A "P" also signals that a Credit Advisory System and a Credit Scoring Report may be available. See page 3.8 or 3.6 for more information.*

F Need an in-depth, analytical look into a firm's finances? Look for the "F"—it means you can get a Duns Financial Profile† or that a financial statement on this business is available in the firm's Credit Advisory System report. See page 3.9 or 3.6 to find out more.*

*Payment and Financial information are often available, even if you don't see a "P" or "F" indicator, in a Business Information Report. See page 3.4 for details.

FB Looking to do business internationally? Check for the "FB"—it means the company is a branch of a foreign firm. See page 3.3 for information on International Services.

8 A single-digit number indicates the year the firm was established or current management took control. For example, "8" means the firm was established in 1988. If there is no number, the firm was established more than 10 years ago. (This feature is not used for branch listings.)

For more background on the firm, you can check the "History" section of the Business Information Report or Credit Advisory System.

If the company you want isn't listed ...

You can still get information—just call us at 1-800-DNB-DIAL (1-800-362-3425). If you still don't find the firm you want, we can conduct an investigation and deliver the information to you in as little as 24 hours.

†Indicators reflect report availability at the time of printing.

If you have questions or need additional copies of this tear-out card please call your Customer Service Center at 1-800-234-DUNS (1-800-234-3867).

← Tear out along perforated line.

估计的财务实力是对公司有形资产净值的保守估计。这是在将无形资产项目（如商誉和专利权）扣除后，通过分析企业的财务报表和其他财务数据所作出的估计。

综合信用评估，是对公司的偿付能力、偿付意愿和偿付债务的历史情况作出的评价，是建立在运营年限、管理能力、综合融资环境、企业发展趋势、偿付记录数据等的基础之上的。如果这些因素被判定为"强"，D&B 就会给这个公司较高的信用等级；如果被判定为"弱"，则会给一个较低的信用等级，确切的信用等级取决于以上所说的各个相关联因素的强弱程度。

划分等级是由报告者在修订报告时进行的。一个自动的等级处理

（RATE）仪器将根据公司在行业标准及 D&B 指南中的位置向报告者建议一个等级。

当有新的信息加入时，如新的财务信息、偿付方式发生改变或者有新的法庭记录信息等，RATE 将把现有的等级和建议的等级作比较。每次修改都由 D&B 专家进行检查，并将给出建立在最新数据资料基础上的新等级。

在有些情况下，D&B 无法对资产或信用进行评估，或者对两者都无法评估，表 15—3 对等级的说明对这些标注特殊情况的符号做出了解释。

信用经理对《D&B 参考书》的使用

对于信用经理来说，《D&B 参考书》包含大量的有用信息。总的说来，整个信用行业对这些书的评价很高，因为它们为迅速批准订单提供了基础。然而，资深的信用经理只把它们作为参考，尽管《参考书》每 2 个月更新一次，信息也常常是过时的。不管怎么样，虽然《参考书》通常不会被作为拒绝信用申请的依据，但已至少表明了需要使用额外的信息。任何像《参考书》这样范围广泛、内容详尽的出版物，都不可能一点错都不出。然而 D&B 现在使用计算机和先进的印刷技术，已经大大提高了及时性。

比较严重的缺陷不是出在出版方面，而在调查方面，不可能在修订版本之前调查每家公司，而且，等级是在可获得的信息基础上由人作出的主观判断，所以没有精确无误的等级系统，等级系统的优点无法弥补人为判断的缺陷。信用报告人员可能没有搜集到完备的信息或者过于依赖某一特定的信息来源，一些企业不愿透露他们的财务状况和其他事实，所以报告人员必须依靠可得到的最佳间接信息。在这些情况下，对财务状况只能作出估计，判断可能出现失误，而且不能完全探明公司的实际状况。不过，从 1974 年以来，如果企业的有形资产净值超过 5 万美元，又没有书面数字资料时，D&B 不会给出完整的资本信用等级。

尽管存在这些局限性，在以下几种情况下，对于用户来说，参考书还是很有利用价值的：

信用部门能够：使用等级制定信用额度；

检查小额和样品订单；

不断关注客户和潜在客户的重大变化。

采购部门能够：寻找供应商；

核实供应商的信誉；

确定卖方的责任。

销售部门能够：对销售人员的任务做出建议；

估计购买能力；

建立和修改潜在客户的档案；

开发新客户（名称前加 A）；

对客户进行分类（等别发生变化会注明 C）；

选择可能的分销商；

在特定领域内对销售研究进行指导。

其他业务

邓百氏公司的拨号系统

只要任何一个企业在 D&B 电子化商业信息档案中存有数据资料，在几秒钟之内，直接拨打免费的服务电话就能够让用户获得该企业的信息。1989 年初，邓百氏公司开始通过传真将报告进行电子化传送。

邓百氏公司的打印系统

这一系统可以将硬版本的商业信息报告和其他信息版本在几分钟内送到 D&B 用户的手中。邓百氏打印是企业信息交流之最——它能迅速将报告传送到用户办公室的个人电脑和打印机终端上。（打印 2 页商业信息报告通常只需不到 1 分钟的时间。）可以使用的信息版本有：

商业信息报告（全版）；

信用咨询服务（CAS）；

银行人员咨询服务（BAS）；

偿付分析报告（PAR）；

邓百氏公司财务档案；

等级和证明展示；

概述展示；

集团公司关系树服务；

信用清算所意见。

D&B 的评估

D&B 遵循以前在选择和提供信用分析人员所需信息时制定的标准。选择时考虑的主要因素有：信息的准确性、报告的内容、报告的速度、服务的费用、贸易范围、地域范围、报告的类型和数量、提供的附加服务。信用经理需要以下的信息：识别信息和法律责任、历史和商业背景、管理特性和职责、财务能力以及偿付历史等。

虽然 D&B 不可避免地有其局限性和失误，但还是能够达到上面所述的标准。信息服务公司的工作重点是尽可能准确和完整地报告事实。作为商业信用信息最全面最综合的来源，D&B 如同经历过这些事实一般地报道它们。报告的程序不断得到改进，而且 D&B 请他们的用户指正其中的错误。

D&B 的贸易和地域范围信息是信用报告业中最全面的。由于拥有大量的报告者，公司可以提供坐落于美国任何地方的企业的信用报告。D&B 并未宣称可以搜集到债权人无法得到的信息，他搜集信息的来源与所有信用经理获取信息的来源都相同。债权人可以自己进行直接调查，但 D&B 的设置更适合做这项工作。

　　D&B 报告能为债权人提供许多必要的信息来作出有根据的信用决策。如果无法得到某些类型的信用信息；或公司无法提供财务报表，数据中的这些缺陷对于用户来说将会非常明显。之后订阅者能进行直接的调查，来获得必要的但暂时缺乏的信息。公司的各种报告、连续服务、《参考书》以及收账服务能够满足大多数商业信用提供者的需求，其广泛的服务可以帮助解决有关制定信用决策、控制应收账款及收账的问题，并且会定期更新信息。

　　然而，做出信用决策的最终责任还是在信用工作人员身上。他们必须确定所需信息的数量、应该利用的信息来源、信息的可靠程度以及他们应当给予所拥有的各种信息的重视程度。

　　应该认识到 D&B 已经开始改变他的工作重心，不再简单地作为信用报告机构，而是在企业决策过程中的每一环节都为其提供信息和服务。D&B 现在不仅出售信息以帮助顾客在决策过程之初寻找潜在客户，也出售服务以帮助他们在过程之末收回未偿付账款。

其他一般的商业征信公司

　　其他旨在回复各种商业信息查询商业信用报告机构，包括 Expearian 商业信息服务公司和 Veritas 商业信息公司。

Experian（前身为 TRW）商业信息服务公司
（http://www.experian.com）

　　TRW 商业信息服务公司成立于 1976 年，他是最先涉足于商业信用报告在线传送服务的公司。接着，TRW 商业信息服务公司建立了一个包括 1 400 万家企业在内的商业信用信息数据库，并为世界各地的企业提供报告服务。1996 年，TRW 被另一家公司收购（见第 10 章），名称也改为 **Experian 商业信息服务公司**（Experian Business Information Services），Experian 不仅帮助企业判断他们的客户是否会付款，还对何时偿付做出了预测。

　　企业将其应收账款信息按月或按季度提供给 Experian 公司，这样就有了一个能够连续及时地提供商业偿付信息的数据库。Experian 公司的商业信用报告把企业的实际商业偿付行为作为预测将来偿付行为的重要因素。来自第三方的数据同样也能为商业信用行为提供更为准确、客观的依据。

　　Experian 公司使用逾期天数表（DBT）表示潜在的商业风险。DBT 代表着一个公司付款给其供应商的时间超过发票规定日期的平均天数。Experian 公司将这项信息添加到包括以下各部分的企业档案中：

　　概述：从报告中选取的关键因素。

企业偿付信息：用来说明企业的偿付行为、偿付总额、偿付趋势以及偿付历史。

公共部门的记录信息：说明破产的细节信息，国家、州和县的税收留置权，判决和抵押品留置权。

《统一商法典》档案：首先列出最近公布的统一商法档案。

商业融资关系：列出与企业有融资关系的主要银行的名称、地址和电话号码，有可能的话还列出特定账户的信息。

公司背景资料：包括企业创建所在州和注册年份、营业执照号码、企业现状、主要行政人员和最近的归档日期。

查询：总结在过去的 9 个月中就该企业所提出的所有查询。

标准普尔信息：包括美国公众持股公司的主要财务信息以及公众和私人持股企业的背景信息概述。

联邦政府信息：报告摘选了融资和合同资料，从而反映公司与联邦政府机构之间的交易状况。

Experian 公司只提供经过证实的信息，信息不能被当事人或交易中的债权人操纵。公众持股公司的财务报表由标准普尔公司提供。

Experian 公司商业信息服务公司提供 30 多项商业风险管理、信用评估和营销方面的服务，其中包括：

● 评分系统服务：标准的或依据惯例建立的信用风险评分模型，它通过统计分析方法，以风险分数确定一个公司潜在的风险。Experian 公司提供了行业评分系统（电信业、租赁业、商业以及其他所有行业）、客户评分系统和小型企业的评分系统（这个评分系统能综合对小企业作出具有预测性风险分析的资料）。

● 小企业咨询报告：所有者报告中说明了小企业的所有者/合伙人的个人信用行为状况，以便用户据此作出合理的信用决策。

● 国际报告服务：网上订购的世界各地公司的信用资料将在 3～10 个工作日内送出。加拿大的报告在网上就可得到。

● 商业偿付手册：大约 300 万家企业的信用信息被搜集在参考书中，每季度更新一次。

Veritas 商业信息公司

Veritas 商业信息公司（原名为欧洲商业合同公司）于 1989 年创建，为欧洲客户提供欧洲和加拿大公司的信用报告。1992 年，欧洲商业合同公司收购了 Veritas 公司，阿根廷的一家信用报告公司。在 1992—1995 年期间，Veritas 在世界各地开立了分公司，现在他可以提供南美、北美以及中美任何一家公司的信用信息报告。

每份报告都以最近的偿付和融资趋势为主要内容展开即时调查。每位客户都有权利提出特殊的问题，这些问题使报告更适合他们专用。报告的内容包括：识别信息、行政概述、Veritas 等级、法律信息、相关公司、技术信息、历史、融资金额、行业分析、银行参考、偿付记录、商业参考、公共记录以及结论。

国家信用管理协会

国家信用管理协会（NACM）（http：//www.nacm.org）是美国最早的代表企业以及金融信用工作人员的专业性、服务性机构。1896 年协会正式成立时，信用经理们是在千差万别的信用环境中工作，欺诈和歪曲事实的现象非常普遍。信用提供者缺乏有力的商业法律条款来对欺诈者提起诉讼以保护他们的商业利益。例如，有些债务人濒临破产的边缘时，会将企业资产出售，所得装入自己的腰包，而在这种情况下，债权人却不能起诉债务人。这样的行为忽视了债权人的权益，并且与现在的商业理论相背离，即破产企业的所有权应当属于债权人。随着州际贸易的快速增长，同时又缺少统一的联邦破产法来处理那些面临财务困难的企业，上述问题更加严重了。当时，仅有的少量州法相互抵触且复杂，因此根本不能保护债权人。

虽然偶尔也使用财务报表来分析信用风险，但是这些报表并不可靠，也没有法律来保护债权人利益。信用经理之间不能互通信息，也有很多债权人通过散布一些不完全或不真实的信息蓄意进行欺骗。

任何试图提高职业道德水平或信用结构质量的个人努力都被认为是徒劳的，但如果所有的信用经理一起努力，那么就能够给行业订立一个道德标准，提高信用结构的质量，并且能对信用管理人员共同关心的问题提出科学的解决方法。国家信用管理协会认为，合作在处理这些问题上是非常有必要的，尤其是信用需求量的激增会使这些问题更加尖锐。从刚成立时只有不到 600 名会员发展到今天，NACM 已成为拥有 35 000 多名会员的大型组织，其会员来自主要的制造业、批发业以及金融领域。

组织机构

现在，国家信用管理协会的总部设在美国马里兰州的哥伦比亚区，协会由代表着全国大大小小的市场的地方性分会组成。每个地方分会由选举出的官员负责，大多数分会都雇佣全职的协会活动管理者，同时也雇佣全职的文员。由于他们要提供不同类型的服务，地方分会又划分为不同的部门，如立法、教育、商业信息报告和收账等部门。

协调的部门是 NACM，NACM 由选举出的官员和董事会负责。协会的活动是由全职的主席和有偿服务者组织的。地方和全国协会的会员都须交纳会费。

活动

协会除了要管理信用信息交流社，还要通过以下活动来实现其目标，从而满足单个会员的需求：

1. **损失预防**　预防部门会查出商业欺诈者并对其提起诉讼。

2. **培训**　国家信用学院在信用、银行、商业法律和商业领域为会员及其同理和助手，以及其他想获得培训以投身信用行业的人提供培训机会。信用课程和研讨会在全国的主要大学进行。

3. 立法 立法部门有一个持续的程序，对那些影响信用和融资业务的联邦法律及州法律进行更正、调整、废除和颁布。

4. 调整 整个美国都设有 NACM 的调整局，他们专门对经营出现问题的企业进行有序管理中。调整局主要为债权人的利益服务，他以代理人，受托人或接收人的身份进行活动，且参加债权人的会议并提出建议。

5. 收账 NACM 为会员提供全国范围内的收账服务。

6. 出版物 NACM 每年出版一期《商业法律的信用部分手册》（*Credit Manual of Commercial Laws*），每月一期《商业信用》（*Business Credlit*）杂志。

7. 调查 由 NACM 在 1949 年创建的信用研究基金会，发起和鼓励信用研究，这些研究主要涉及一般或特殊的信用状况和实践，它筹划并编辑了《信用管理手册》（*Credit Management Handbook*）和其他一些出版物。

8. 行业及贸易集团会议 NACM 主持行业及贸易集团的定期会晤，与会人员主要由信用和融资管理人员构成，他们定期碰面，讨论信用问题，分析经济趋势。贸易集团会议同时也为会员提供了一个讨论特定账户的机会。

9. 国外信用信息交流 国际金融信用公司成立于 1919 年，是有关世界各地数以千计的外国购买者的偿付记录数据的一个不错的信息来源。NACM 的成员可以付费定购它的服务。

10. 政府应收账款部门 这个部门为某些会员提供服务，这些会员对出售给政府、特别是联邦政府的商品和服务进行信用和收账活动比较感兴趣。会员获得的服务包括获得政府偿付信息的个人协助、月度的新闻刊物、季度研讨会和项目讨论的提前通知。

表 15—5 是一张文件列表，来自 NACM 申请服务的传真。这张列表能够定期地更新，以便为 NACM 的会员提供及时而重要的课题。

表 15—5　　　　按要求提供的信息……国家信用管理协会　传真 1-800-519-3329

按要求发送传真……24 小时服务，用按钮式电话即可接通。只要按照语音提示操作，并拥有国家信用管理协会的识别代码（6226）及手边的文件号码即可。此目录定期更新。			
一般国家信用管理协会信息/成员资格		**商业信用预测**	
特别提供		在即将发行的出版物中	6661
国家信用管理协会万事达卡	1111	编者日程表/编者指南	6662
NACM-MCI 合作项目	1112	广告信息	6663
GEICO 优先保险	1113	订购信息	6664
货运	1114		
《商业周刊》订购	1115	**政府事件**	
会员旅行项目	1116	1994 年银行破产重组法案概要	7771
		1995 年 Carmack 货运法修正案	7772
代表会议和会议		采购改革法规	7773
1995 年/1996 年会议日程表	2221	未决破产案法规概要	7774
第 100 届年度信用代表会议及展览会	2222	银行破产重组委托——更新后	7775

国家信用管理协会

中心公园路 8815　200 号房

哥伦比亚区，马里兰州 21045-2158

声讯电话 (410)740-5560　传真 (410)740-5574

国家商业信用报告服务公司

国家商业信用报告服务公司（National Business Credit Reporting Service NACM）原先叫做**"信用信息交流社"**，起初是以地方市场为基础运作的，但不久以后，从一个市场上获得信息已远不能满足会员的需求，因此建立了一个在社与社之间交流公司分类账信息的系统。1919 年，在圣·路易斯成立了中心机构，这样一来，不同交流社尽管是独立运作的，但开始能够交流他们的信息和报告。直到 1921 年，NACM 才接管了中心机构，有 15 家附属机构参与其中，共同组建了国家信用信息交换系统。

组织机构

今天，国家商业信用报告服务公司完全是国家信用管理协会的一个活动项目。该系统包括一个协调单位——NACM 的服务公司，和 59 家地方性机构（再加上在夏威夷和加拿大的机构），覆盖了大小市场。这个系统中运作的每家地方机构都由会员所有、由会员运营，并由地方信用管理协会管理。会员资格对任何制造商及批发商、其他中间商及银行都是开放的，无需考虑行业类型和地理位置。每个机构的隐含原则是：（1）会员导向和控制；（2）服务费用仅用来弥补运作成本。这些机构作为一种服务中介，汇集和传播由会员债权人提供并使用的信用信息。

整个系统都由 NACM 来管理。

运作方式

国家商业信用报告服务公司之所以能够成功、高效地运作，大部分原因应归于其会员间的合作。为了鼓励会员之间的相互合作并永远保持高效状态，该系统的运作机制日趋协调化、标准化。

系统的运作建立在全国数据库中所汇集的信息的基础之上，每个会员每隔 30 天需提供以往的试算表信息。

做出任何稳妥的信用决策，都要以了解某一客户公司或潜在的客户公司如何偿付其账单为基础。NACM 的信用报告从 1904 年开始就提供这类信息。到了 90 年代经济快速发展时期，作出信用决策也必须非常迅速，因此 NACM 开始使用自动化的系统替代老式的信件/电话系统来搜集信用信息。

如今，NACM 协会一旦收到查阅信用报告的请求，能在几分钟内给他们的会员提供快速、准确、最新的客观信息。NACM 的自动化文件信息来源广泛，能提供从当地公司到地区性公司，甚至是全国性公司的信息。

国家商业信用报告能够回答有关客户提出的重要问题：购买在不断增加吗？是否及时地向某一债权人偿清了债务而对其他人延迟偿付？是否正在使用债权人的营运资金？是否所有的购买计划都控制在安全范围之内？

业务发展趋势是什么？

NACM 国家商业信用报告的内容以及对内容的解释

对国家商业信用报告的解释见表 15—6。与许多其他类型的信用报告不同，这类报告不提供任何建议或意见，不是建立在准确的账务记录基础之上的个人观点是不包括在内的。该报告仅提供一些事实，这些事实是以债权人真实的账务记录为基础的，并使用了一种有序的结构安排以方便快速评估。

表 15—6　　　　　　　　　　　NACM 商业信用报告

商业信用报告是为 NACM 附属公司中的或与之合作的 NACM 会员准备的。

打电话给当地的 NACM 办事处，要求其提供信用报告服务。

NACM 南部中心地区的商业信用报告是由直接与经验丰富的专业人员共同工作的信用专家设计的。这保证了报告格式标准且客观易懂。

报告包括以下信息：

偿付历史

来自各个会员及非会员公司的账户记录，包括：会员和非会员的识别信息、行业分类、开户年限、信息报告日期、最近的业务状况、最高信贷额、总债务、未到期及逾期欠款状况、偿付期限、会员及非会员的评价。

贸易总额度

同时以总金额及"账户余额"及"账户状态"变化有关项目的比率和单独报告的交易记录的概要。

贸易总现额

最近 90 天内所有单个交易记录的概述。

季度偿付趋势

从以前 3 个季度的概述中得出的这个数字，表明了报告对象偿付习惯的变化趋势。

续前表

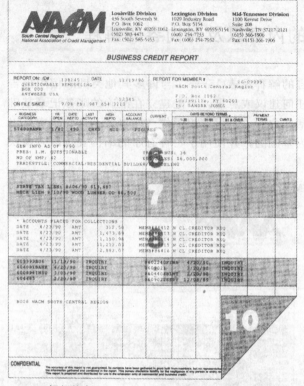

304

7 法律信息

　　留置权和释放权，联邦与州税收留置权和释放权及有关审判、诉讼及破产的信息。

8 收账中的账户

　　将与 NACM 有关的收款账户自动地从收账档案复制到信用报告档案。

9 查询记录

　　关于以前对被报告公司的查询记录列表，显示要求查询者的类型及查询日期，指明其他会员要求查询的情况。

5 银行信息

　　银行及其分支机构的参考信息，由银行根据商业账户信用历史记录及贷款信息得出。

6 历史记录

　　（如果可获得）创建日期、所有者、行业类型、运营年限、联合实体及业务特点的记录。

10 企业分类和注释代码

　　报告每页的背面都印有企业分类及注释代码的目录。

　　因为这份报告涵盖了大量的信息，所以必须对其予以慎重、恰当的评估。迅速但却肤浅的评估可能会产生错误的解释，并且无法说明数据的真实意义。

评论

　　报告的评论部分为可以对前面报告的分类账数据进行核实的信息留出了位置。债权人提供的偿付趋势常常出现在此栏中。总的来说，表明无变更、改善或延迟或类似情况的数据，在评估风险等级时是非常关键的。任何在本栏中含有大量未成交订单的报告都是值得进一步研究的。当评价不是特别有利时，例如出现"收账"或"法律程序"这样的字眼，用户必须考虑该报告的总体特征——特别是涉及到的交易日期以防长期存在的不良信息被误以为是当前的。

NACM 建议，当债权人从客户那里得到一张不同寻常的大额订单，或当他们收到对某一客户大量的信用查询时，他们需要一份全国商业信用报告来对新订单进行调查。同样地，对延迟支付的账户也要进行信用调查，还有当债权人打算对债务人采取特别收账行动时，也是如此。进一步来说，协会建议债权人密切关注重要的客户和有疑点的账户，方法是使用自动反馈服务。该服务系统能够在客户指定的期间提供一系列新的、及时的信息报告，这类报告能够使债权人更好地了解他们客户的支付习惯，同时也能判断出好客户能够担保的信用金额。

对 NACM 信用信息系统的评价

NACM 信用信息系统是应用最广泛、最频繁的信用信息渠道之一。该系统最大的优势源于它是由 NACM 运作的，而 NACM 是全国最大的、最可信赖的、最有影响力的行业协会之一。协会的每个会公司，要么是全国商业信用报告的用户，要么是系统的潜在用户。会员认为协会的多种服务和高地位增加了系统的优势和整体价值。

也许这个系统最大的缺点在于它是一种共同投资，因此必须依赖于众多会员的统一行动来提供分类账信息并回复随后的查询。为了使系统的效率达到最高，每个会员都必须提供快捷的、全面的、真实的报告。此外，每个回复查询或分析报告的信用部门工作人员都将影响系统的质量。除非对这些人员进行培训，让他们能够看懂报告并明白系统是如何运作的，否则该系统自身不可能达到最大的运作效率。在一些相互交流很便利的地方，以及会员们非常有兴趣使用并改进 NACM 信用信息系统的地方，该系统似乎非常有效。然而在别的地方，却缺乏这些便利条件。

尽管存在以上的缺点，搜集分类账信息的合作方法仍是行业已知的众多方法中最有效率的一种。为了消除信用部门专业人员的短缺状况，协会已经开发了教育项目并出版了大量的专著。

除了用户从详细的分析中领会的意思外，全国商业信用报告不会泄露有关报告对象的商业背景或管理特征和职责方面的信息。当处理到某位顾客过去和现在的偿付记录时，信用报告的内容会很详尽。报告本身不会预测报告对象的财务状况（但是如果用户将报告中的数据加以适当的分析便可得出结论）。由于上述原因，一些信用工作人员将这种报告视为其他类型报告的补充。

虽然事实上，全国商业信用报告不能满足所有信用管理的需要，但分类账信息是信用行业所使用的信息中最为重要的一种，其次是财务报表，贷款提供者过去的经历，然后是历史信息和先例。管理信用时需要有不同类型的信用信息，各种信息在使用价值和使用频率上有相当大的差异。全国商业信用报告的优势就在于分类账数据随时更新，而先例、操作方法以及财务报表，则必须间隔一段时间才得到更新。分类账数据能够得到迅速更新，这促进了全国信用管理协会信用信息系统的发展。由于分类账数据的更新很频繁，每份新的信用报告可以帮助债权人恰当而及时地修正顾客的账务情况。最后，全国商业信用报告并不能取代财务和运营报告，而是要与这些报告结合起来使用。当信用管理部门做到了这点时，他便掌握了制定信用决策需要用到的最宝贵的数据。

专业性商业信用报告机构

商业信用报告的网络中还包含着数目不确定的**专业性信用报告机构**（specialized credit reporting agencies）。某些机构属于法人企业，其他机构则由行业协会管理。与一般机构相比专业性机构有如下特点：（1）他们都把搜集到的信用信息以及他们提供的信用报告的递送范围限制在某一行业或少数的相关行业；（2）有些专业性机构将业务限制在某一特殊的地理区域内；（3）有些专业性机构将他们的信用信息限制在某一特殊类型的业务领域内，或致力于为特定类型的交易提供有价值的服务。总而言之，一些业内人士感到大型信用报告机构不符合他们专业化的需求，这样，专业性机构的报告服务便应这些人的需要发展起来了。

以专门的行业或在少数相关领域中经营业务的制造商、批发商和其他供应商，可以使用专业性机构的服务。使用这类信用资料最大的价值源于其涉及业务的专业化。

下面列出了提供信用报告服务的专业性机构和协会：

- 芝加哥商品交易所
- 礼品协会交换网络
- 伐木工人信用协会
- 里昂商业集团（家具业）
- 珠宝商贸易理事会
- 汽车设备制造商协会
- 全国电信数据交换所
- 债权人信息网络

Riemer 信用集团

Riemer 网络（Riemer network）包含几个信用协会，他们交流有关普通客户的历史及当前状况的信息。信息通过信件、传真以及行业集团会议的方式进行交换。该网络中有 70 多家信用协会，他们会员的数量从几个人到 150 人不等。

对专业性机构的评价

除了为满足特殊行业的信用管理需要而形成的特色业务之外，大多数专业性信用报告机构采取与一般机构相同的运作方式。虽然主要致力于信用报告领域，但一些专业性机构仍然限制了自身业务范围，这样将在一定程度上减少会员或是用户的数量，而且债权人间的信息交流也不那么完全了。总而言之，像商业公告牌、为企业提供的建议信息以及专业商业等级书这样的专业信用信息资源是由有限制性的机构提供的服务，它们带有很浓的特色。

专业性机构是信用信息的一个重要来源，他们对更好地进行信用调节做出了重大的贡献。正如一般机构一样，专业性信用报告机构提供有关报告对象的识别信息和法律责任、历史和商业背景、管理特征和职责、财务能力、偿付记录等数据，以满足信用管理的需要，他们的信用服务也应该用这些标准来衡量，专业机构会适时调整服务，在适应特殊行业需要方面也更加灵活。

许多人相信专业机构所雇佣的信用调查人员和他们的同事们在其专业领域内拥有更为全面的知识。通过限制其业务范围，他们经常与业务领域内的客户有更密切的联系，并且对客户也更加了解，这将有助于得到更完全、更令人满意的信用报告。通过对专门行业体系的专业化研究，可以为信用经理提供价值更大、更为详细的信息。

专业性机构也有一些缺点。他们搜集的信息对那些在范围更广的市场上经营的企业的信用经理来说，价值就不太大了。因为像烟草、煤炭、餐饮业等领域没有专报告机构，这样，对于在范围较广的市场中经营各种不同业务的许多经营者来说，一般报告机构就成为不可取代的信用信息来源了。信用经理们对专业性报告通常的批评是，以单一行业为来源的分类账信息是不完全的。由于他们专注于一个专门的行业领域，报告人员可能对于调查对象超过此范围的购买缺乏调查。

重要术语

商业信息报告（D&B）　Business Information Report（D&B）

对等级的说明　key to ratings

连续性服务　continuous service

国家信用管理协会　National Association of Credit Management

《D&B 美国商业参考》　D&B Reference Book of American Business

国家商业信用报告服务公司　National Business Credit Reporting Service

邓百氏信息服务公司　Dun and Bradstreet Information Services

偿付分析报告（PAR）　Payment Analysis Reports（PAR）

邓百氏银行　Dun-Bank

Riemer 网络　Riemer network

邓百氏贸易　Dun-Trade

专业性信用报告机构　specialized credit reporting agencies

Experian 商业信息服务公司　Experian Business Information Services

Veritas 商业信息公司　Veritas Business Information，Inc.

财务档案　financial profiles

一般性的商业征信公司 General Mercantile Agency

讨论题

1. 为什么尽管信用经理只会使用一小部分信用信息来源，却必须对各种来源的有关知识都有所了解？

2. 为什么把邓百氏称作"一般的商业征信机构"？

3. 19 世纪早期经济和商业的发展对信用风险及信用信息来源的需要有什么影响？

4. 列举邓百氏的主要业务活动，并对每一项活动简要地加以解释。

5. 在邓百氏的各项业务中，哪一项是其主营业务，为什么？

6. 讨论信用经理的需要和商业信息报告中关键账户报告的有用性以及连续性服务。

7. 在什么情况下你会需要报告机构的信用报告？为什么并非制定每一项信用决策时都需要用到信用报告？

8. 用在 D&B《参考书》中的等级划分的基础是什么？

9. 你认为作为一个邓百氏的报告人员，应具备什么样的能力？

10. 标准行业分类指什么？

11. 什么人对信用决策负有最大的责任？为什么？

12. 对由 Experian 公司和 Veritas 商业信息公司提供的产品、服务和报告做出描述。

13. 对比国家信用管理协会的活动和邓百氏公司的业务有何不同。

14. 分析国家信用管理协会的商业信用报告为什么很重要？

15. 专业性信用报告机构的优点和缺点各是什么？

第16章 财务报表——分析与说明

学习目标

在学完本章后，你应该能够做到：

● 解释财务报表分析在信用决策中的重要性；

● 指出进行财务报表分析的原因；

● 说明获取财务报表的渠道；

● 讨论财务报表审核结果的类型；

● 解释现金流量的重要性；

● 指出对财务报表进行初步评估的步骤有哪些；

● 讨论财务报表法规；

● 简单地回顾一些重要的会计术语。

进行财务报表分析的原因

财务报表，是按照规定的格式填制，用以揭示公司的盈利能力和财务状况的报表。这些报表被许多机构和个人使用。资金所有者和股东通过这些报表决定是否向某家公司投资，例如购买该公司的股票。公司现有的所有者通过财务报表掌握公司的发展状况。公司内部的管理人员使用财务报表来评价业绩，了解哪些部门、业务或产品表现良好，哪些没有达到预定的标准。例如应收账款积累过多时，说明负责收回账款的部门需要加以注意。当企业向金融机构或其他贷款机构借款时，通常被要求提供公司的财务报表。同样，公司有时也会向供应商索取财务报表，以确定供应商的财务状况和盈利能力。采购经理要以此确认，在公司需要存货供应时能够得到稳定而及时的供货。

由于财务信息常常能够揭示一家公司的财务实力和潜力，信用经理在决策过程中非常依赖财务报表。财务报表也能反映公司管理层的能力，因为公司的决策职能是由他们完成的。然而，财务报表分析并不是信用决策惟一的决定因素，它只是信用分析这一更大的决策程序中的一部分。正确地说明财务报表揭示了什么，还需要从其他渠道获得的补充材料和信息。

近些年来，对财务报表分析的需求与日俱增，这种需求不仅仅存在于贷款提供者和借款者之间，还存在于商品的买卖双方之间。这一需求增加的原因之一，就是越来越多信用管理人员开始学习财务报表分析方法。由于更多的公司和银行向他们的潜在客户索取资产负债表和损益表，贷款申请者也逐渐提高了相关的业务能力以保证财务提供准确的财务报表。

财务报表的来源

信用提供者可以从 3 个渠道获得财务报表：信用申请者，申请者的银行或审计机构以及信用报告机构。

直接从风险投资对象处获取

信用提供者可以直接向信用申请者索取财务报表。一些公司规定，在向客户初次提供贷款时，必须要求客户提供财务报表，之后还会要求临时的或年度的报表。现在，这种做法几乎已形成惯例。通常，客户需要填写一份标准的表格，其内容与表 16—1 相似。

商业银行和审计机构提供的财务报表，通常也被视为报表的直接来源。有时，银行在得到公司同意的前提下，为公司的信用活动提供财务报表。审计机构在证明公司会计记账程序正确、财务报表无误后，也可以向债权人提供报表。在国内证券交易市场上市的公司，通常要向现有的和潜在的股东发布报告，其中也包括财务报表。

间接从商业信用报告机构那里获取

由邓百氏信息服务公司、Experian（TRW）公司以及其他信用报告机构提供的报告中，通常会附有准备申请信用的客户填写的财务报表。为了显示企业在商业运作过程中财务发展的趋势，这类报告通常涵盖了3～5年的财务信息。近年来，信用报告机构在调查公司信用状况时也越来越注重搜集他们的财务报表，以便为用户提供的信用信息中包含更全面财务状况资料。

表 16—1 国家信用管理协会批准的财务报表

(This form approved and published by The National Association of Credit Management) **FORM 8**

FINANCIAL STATEMENT OF

DATE_____ 19____

FIRM NAME_____

Address_____ City_____

At close of business on_____ 19____ State_____

ISSUED TO_____ ◄━ { NAME OF FIRM
Requesting Statement

[PLEASE ANSWER ALL QUESTIONS. WHEN NO FIGURES ARE INSERTED, WRITE WORD "NONE"]

ASSETS	Dollars	Cents	LIABILITIES	Dollars	Cents
Cash in Bank	$		Accounts Payable	$	
Cash on Hand			(For Merchandise)		
Accounts Receivable			Notes and Acceptances Payable		
(Amounts Pledged $)			(For Merchandise)		
Notes and Trade Acceptances Receivable			For Borrowed Money:		
(Amounts Pledged $)			Notes Payable—Unsecured		
Merchandise Inventory					
(Not on Consignment or Conditional Sale)			Notes Payable—Secured		
(Amounts Pledged $)			Income Taxes Payable or Owing		
Other Current Assets: (Describe)			Other Taxes, including Sales Tax, Owing		
			Rental, Payrolls, Etc., Owing		
			Other Current Liabilities: (Describe)		
TOTAL CURRENT ASSETS			TOTAL CURRENT LIABILITIES		
Land and Buildings (Depreciated Value)			Mortgage on Land and Buildings		
Leasehold Improvements (Amortized Value)			Chattel Mortgage on Merchandise or Equipment		
Machinery, Fixtures and Equipment (Depreciated Value)			Other Liabilities, Unsecured		
			Other Liabilities, Secured (Describe)		
Due From Others — Not Customers					
Other Assets: (Describe)			TOTAL LIABILITIES		
			Capital { Capital Stock $ / Surplus $ }		
TOTAL ASSETS	$		TOTAL LIABILITIES AND NET CAPITAL	$	

BUY PRINCIPALLY FROM THE FOLLOWING FIRMS:

NAMES	ADDRESSES	AMOUNT OWING
		$

(continued)

续前表

STATEMENT OF PROFIT AND LOSS FOR PERIOD FROM_____TO_____

NET SALES FOR PERIOD	$		DETAILS OF OPERATING EXPENSES:	$	
Cash $			Salaries — Officers (or owner.)_____		
Credit $					
			Salaries — Employees		
Inventory at start of Period $			Rent, Heat, Light		
			(Include Amortization of Leasehold).		
Purchases for Period $_____					
			Advertising		
TOTAL $					
Less: Inventory at			Delivery		
Close of Period $					
			Insurance		
COST OF GOODS SOLD					
			Taxes, Including Sales Taxes		
GROSS PROFIT					
			Depreciation (Fixtures, Trucks, etc.)		
Less: Operating Expense					
			Miscellaneous (Other Operating Expenses)		
NET OPERATING PROFIT				$	
			TOTAL OPERATING EXPENSE.		
Other Additions and Deductions (net)					
			SUPPLEMENTAL INFORMATION (DETAILED)	$	
NET PROFIT BEFORE FEDERAL INCOME TAXES			If Incorporated, Amount of Dividends Paid		
				$	
Less: Federal Income Taxes			Interest Paid (Expense)		
	$			$	
NET PROFIT AFTER TAXES			Cash Discount Earned (Income)		

Fire Insurance Carried: On Merchandise $_____ On Furniture and Fixtures $_____ Other Buildings $_____

Liability Insurance Carried On Premises $_____ On Auto and Truck $_____ Other Insurance (Type and Am't)_____

Name of Bank_____

Title to Business Premises is in the name of_____

If Premises leased state Annual Rental $_____ Lease Expires_____

The foregoing statement (both sides) has been carefully read by the undersigned (both the printed and written material) and is, to my knowledge, in all respects complete, accurate, and truthful. It discloses to you the true state of (our) (my) financial condition on the date indicated. Since that time there has been no material unfavorable change in (our) (my) financial condition other than indicated below under "Remarks."

(We) (I) make the foregoing financial statement in writing intending that you should rely upon it for the purpose of our obtaining merchandise from you on credit. You have my (our) permission to disclose this information in confidence to others in order to facilitate the establishment of additional credit lines with them.

Name of Individual or Firm_____
If Partnership, name partners_____
If Corporation, name officers_____
How long established_____ Previous business experience_____
_____ where_____

Date of signing Statement_____ Street_____ City_____ State_____

Witness_____ Signed by_____

Residence Address
of Witness_____ Title_____

REMARKS. (Attach separate sheet if necessary)

财务报表的种类

资产负债表（balance sheet）是描述公司在某个时点财务状况的报表。

换句话说，它是反映企业资产、负债和所有者权益（资产净值）等一瞬间的状况形成的显示企业财务状况的快照。**损益表**（income statement）是对企业一定期间内（如一个月、一个季度或一年）收入和费用发生情况的总结。它反映了这段期间内的销售收入、销售成本、费用以及净利润或净损失。**现金流量表**（statement of cash flows）显示了一定期间内（通常与损益表的对应期间相同）资金的来源和用途。该报表通常由 3 部分构成：营业活动引起的现金流量、投资活动引起的现金流量和筹资活动引起的现金流量。最后，**利润分配表**（statement of retained earnings）通常附在其他报表之后，起到联系损益表和资产负债表的作用。该报表反映了净利润是如何被使用的，是被公司留下了，还是以股利的形式被分配给公司的股东了。

资产负债表的构成

资产（assets）是公司运作时使用的资源、财产和其他有价值的东西。资产可以是公司完全拥有的。在公司不能完全拥有时，也可以是对资产的其他权利。资产都被列在报表上，负债也会被列出以说明负债和权益状况。资产减负债等于所有者权益（资产净值），即企业所有者真正拥有的权益或价值。资产最常见的分类如下。

流动资产

流动资产（current assets）包括现金和其他在公司营业周期内可以变现的资产。营业周期是在一般情况下，存货从购入到售出所需的时间。通常情况下，营业周期不会长于 1 年。在报表上，流动资产按照流动性的强弱排列。流动性是指资产变现所需时间的长短，常见的流动资产有现金、有价证券、应收账款以及预付账款。

固定资产

固定资产（long-term assets）是指持有时间超过一个营业周期的投资和财产。因此，固定资产，如机器设备，通常在其使用寿命内折旧。资产的价值按照规定的方法摊销，摊销的价值作为费用列在损益表中。常见的固定资产包括长期投资以及土地、房屋建筑、机器和设备等资产。

无形资产

无形资产（intangible assets）是公司运营过程中长期使用的、没有实体形态的资产。如商誉，是公司的声誉和知名度的价值。又如，企业控制的专利的价值。

流动负债

在资产负债表的负债方，**流动负债**（current liabilities）是指在一个营业周期内（通常是从债务发生算起的 1 年内）会被偿还的债务。常见的流动负债有应付账款、应付票据、应付工资和应纳税金。这些负债通常用流动资产偿付，例如销售存货的收入。

长期负债

在资产负债表中，偿还期超过 1 年的负债称为**长期负债**（long-term liabilities）。如果这笔债务将被分期偿还，那么在 1 年内将被偿还的那部分债务应列入流动负债。常见的长期负债有应付抵押贷款和长期应付票据。

所有者权益（owners' equity）可以分为两部分：由所有者直接投资形成的资本和净收益的留存部分。在公司内部，所有者权益通常被称为股东（或股票持有者）权益。另一类常见的名称是资产净值。资产净值等于从总资产中扣除负债后的剩余权益。

资产负债表的构成

资产
- 流动资产
- 固定资产
- 无形资产

负债和所有者权益
- 流动负债
- 长期负债
- 所有者权益

损益表的构成

损益表是记录现金流入流出状况的报表，反映一段时间内（通常是1年）的收入总额。费用也被列在损益表上，收入减费用得到净收入。

销售净收入（net sales），也称为营业收入。如果公司销售有形产品，计算**产品销售成本**（cost of goods）后，将其从销售净收入中扣除便得到**商品毛利**（gross margin）。**营业费用**（operating expenses）可定义为销售费用以及管理费用，将其从商品毛利中扣除便得到营业收入。损益表中还列示了联邦所得税和利息费用，这类费用通常另立分录。收入扣除为取得收入而支出的费用后，所得的余额是**净收入**（net income），在损益表中最后列出。如果费用超过收入，那最后列出的就是**净损失**（net loss）。

损益表的构成

销售净收入
　　减：产品销售成本
毛利
　　减：销售费用
　　　　管理费用
息税前利润
　　减：利息费用
税前利润
　　减：所得税
净收入（净损失）

315

财务报表的初步评估

评估财务报表的第一步，是检查报表中列出的价值的真实性。如果制表者遵照会计规则填写报表，而且尽量做到准确无误，财务报表就能够在一定程度上反映真实的情况。而信用分析人员是站在局外人的角度进行分析，因此，他们常常对报表的重要问题持怀疑的态度，并挑剔地检查这些项目。他们常会研究公司管理部门提供的报表是否夸大了公司的财务状况。显然，许多企业希望他们的财务报表尽可能地反映公司状况良好。有时，即使没有欺诈的动机，管理部门也会试图描绘出一个比现实状况好的局面。为了达到这个目的，公司会使用诸如"装点门面"、"过度乐观"、"隐瞒现状"、"篡改事实"等方法调整报表。

装点门面或"拿出最好的"

装点门面（window dressing）不存在欺骗的动机，只是尽量以最乐观的方式展示公司的方方面面。因为知道信用分析人员将通过审查报表各科目之间的联系来检测公司的信誉，公司会试图在报表呈报日之前增加业务以使某些科目之间的关系显得良好。例如，如果公司知道贷款提供者偏好资金平衡和良好的流动性，可以在年末前 1 个月内积极地收回应收账款，积累资金以使报表达到要求。这样在年末，公司就能拥有一个比平时好得多的资金水平。公司还可能延缓一些支出以避免增加负债或消耗现金。

在报表即将编制好之前，公司还可能把一些款项存在银行，这些款项可以被退回且不需支付利息。常见的款项有 NSF 和其他一些作为应收款项的不良支票，甚至包括曾经向银行提交但被拒绝过的支票、本票或汇票。对于这种做法是装点门面，还是隐瞒现状，观点不一。因为在这种情况下，很难证明它是欺骗行为。

过度乐观或"拒绝面对不乐观的现实"

与装点门面类似，**过度乐观**（undue optimism）通常不被认为是欺骗行为。相反，它反映出公司希望财务报表上某些项目的市场价值最终会达到对应的账面价值。例如，某些存货或有价证券，取得时的账面价值可能比它们现在的市场价值高得多，这反映了公司不愿面对这样一些不容乐观的现实，即一次错误的购买或销售，或两者兼而有之。

隐瞒现状

刚刚开始信用工作的人可能会认为财务报表的内容很详尽，并且完全准确。例如，某些固定资产的折旧价值从会计角度来看可能非常准确，但这些资产在市场上的真实价值却可能更有用、更现实一些。**折旧**（depreciation）是指在资产寿命期内分摊固定资产成本的过程。例如，一项完全折旧后的资产，虽从会计的角度看来已毫无价值，但可能还有很高的市场价值。而一些应收账款收回的可能性很小，则会导致账面价值比其实际价值高。同样，财务报表也可能高估无形资产的价值，如商誉，但却没有设立"人力资本"（如该行业最好的工程师）价值这一会计项目。

报表分析的目的

一般说来，对财务报表的分析可以揭示公司财务状况的 3 个主要方面：资产的流动性、偿付能力和盈利能力。公司资产的**流动性**（liquidity）是指公司应付日常流动负债的能力。**偿付能力**（solvency）代表了公司的财务实力，通常以公司的债务和所有者的投资水平表示。**盈利能力**（profitability）是指公司在一段期间内有效而成功地运营的能力。报表分析人员处理信用项目时，需要揭示公司一方面的情况，还是两方面的，还是全部，取决于信用风险的性质和信用分析人员制定出客观决策所需要的信息。一些情况下，信用经理可能只关注流动性，例如，当客户打算在 30 天付款的条件下进行一次性购买时。但是，如果双方有意发展长期伙伴关系，分析人员将对偿付能力和盈利能力同样关注。

报表分析的方法

简单评估法

这一方法主要依靠分析人员的经验和主观判断。运用**简单评估法**（simple evaluation method）时，信用经理审查报表中的项目，运用心算或笔算的方法，就申请者的财务状况作出判断。如果信用经理了解申请者前几年的报表资料，他将更容易判断出申请者财务状况的趋势和变化。显然，这种相对说来不太科学的方法不适于初学者使用。

百分比比较法

为了简化不同公司或同一公司不同年份财务状况的比较，**百分比比较法**（percentage comparison method）将报表中的每一项目表示为基准价值的百分比。在资产负债表内，基准价值是总资产，等于负债与所有者权益之和。在损益表中，销售净收入常作为基准价值，其他项目表示为这一金额的百分比。这种方法也被称为同基准比较法或垂直分析法。如果每个数字都表示为基准金额的百分比，公司之间或同一公司各年度之间业绩的比较就更容易了。

如果客户 A 的营业费用占销售收入的 25%，而客户 B 的营业费用只占销售收入的 10%，在不考虑客户规模大小的情况下，信用经理可以初步判断出哪家公司的运营更有效率。同样，如果该百分比在同一公司不同年度的报表中变化显著，那么分析人员就需要进行深层次的分析。趋势分析十分有用，尤其是当信用经理可以获得长时期内某一变量占销售收入的百分比，并可分析出该变量是如何变化的时候。例如，分析人员发现过去5年内产品销售成本占销售净收入的百分比显著上升时，可以运用趋势分析法深入分析净收入下降的原因。

比率分析法

比率分析法（ratio analysis）运用数学计算的方法揭示财务报表各构成部分之间的关系。单独的数据只能提供少量信息。例如，只知道销售净收入并无太大意义，除非我们还知道费用的金额。况且，如果我们不知道谁拥有公司的资产——所有者，还是债权人，而只知道营运资本的数量，那有什么用？比率分析法可以计算财务报表各构成部分之间的相关性，并用得出的比率在客户间比较财务状况或与标准工业比率进行比较。

标准工业比率（standard industrial ratios）由若干家商业信用报告机构公布，如邓百氏和罗伯特·莫里斯事务所（Robert Morris Associates）。这些机构从同一行业内许多不同公司那里获取财务报表，然后指出每类行业的标准比率。标准比率使分析人员在计算出一家申请公司的比率后，可以判断出它是处于一般水平、一般水平以下、还是一般水平以上。当然，当公司遇到情有可原的情况或特殊环境时，由其报表数据计算得到的比率可能与同行业内其他公司的比率不同。因此，比率分析法只能揭示公司财务状况的一方面，而不能作为信用决策的惟一标准。

比率分析法可以达到3个目的：（1）通过计算得出一系列比率；（2）判断比率是否在相邻的时间段内发生了变动；（3）解释比率上升或下降的原因。例如，如果存货周转率比上年有所下降，是好现象还是坏现象？如果是不好的，原因是什么？

典型的财务比率

信用经理经常使用的比率可以划分3类：流动性比率、偿债能力比率和盈利能力比率。现代计算机技术大大地提高了信用经理分析财务报表并从一系列数据中计算出所需比率的能力。由于客户每年的财务数据可以被保留，趋势分析变得更容易了，当公司搜集了额外信息时，趋势分析可以用来解释财务状况变化的模式。现在有许多财务报表分析软件包，分析人员也可以运用电子文件创建自己的计算机模型进行分析。本章只列出一些比率，对比率分析有兴趣的读者可以通过深入的学习了解这一内容。本书的第20章讨论了一些补充的比率和标准检查程序，这些比率和程序可用于衡量信用部门的效率。

流动性比率

流动性比率用于衡量公司为支付经营费用或偿付短期负债筹集资金的

能力。例如，当信用经理要提供的是"30 天偿付"的销售条款时，客户的这些比率将在决策中十分有用。同样，贷款业务员也希望公司的短期营业收入能够偿付公司的短期贷款。

$$流动比率 = \frac{流动资产}{流动负债}$$

流动比率（current ratio）等于流动资产总额除以流动负债总额，它代表流动资产超过流动负债的倍数。流动资产超过流动负债，表明企业有足够的现金偿付负债。广为接受的标准是流动资产等于流动负债的 2 倍——流动比率为 2：1。单纯考虑比率会误导使用该比率的人员，因为流动资产的构成比流动资产超过流动负债的金额重要得多。例如，拥有大量积压存货的公司流动比率很高，因为存货是流动资产的一部分。尽管如此，流动比率仍是最常用的比率，信用经理必须能计算并运用流动比率指标。

$$酸性测试比率 = \frac{流动资产 - 存货}{流动负债}$$

酸性测试比率（acid-test ratio），又称为速动比率，它等于流动资产减去存货的差再除以流动负债。许多公司存在的最基本的原因就是将存货变现，公司总是努力提高销售量，以加快存货的变现速度。由于存货是流动资产中变现速度最慢的资产，因此当流动资产扣除存货后，变现的速度将大大提高。这一比率的最低标准是 1.0，不同行业或不同经济环境下，该比率会有所不同。

$$存货周转率 = \frac{销售净收入}{存货}$$

如果资料充分，**存货周转率**（stock turnover）有两种计算方法：

$$存货周转率（仅适用于零售业） = \frac{零售净收入}{平均零售存货}$$

$$存货周转率 = \frac{产品销售成本}{平均存货成本}$$

这一比率显示存货理论上的周转次数，即买卖的次数。存货周转率与销售水平密切相关，因为同一种存货销售水平越高，周转率也越高。同时，周转率也在一定程度上反映了公司的存货管理水平，因为公司积压的存货越多，周转率就越低，而保有适当存货水平的公司就有较高的周转率。如果存货太旧或者已经过时了，存货周转率也会很低。周转率显示了公司的整体效率和公司将存货变现的能力。一般来说，存货周转率越高越好，但过高的存货周转率也可能表明公司没有足够的存货供应，这样，客户服务可能会受到影响。

$$应收账款周转率 = \frac{净信用销售收入}{平均应收账款}$$

应收账款周转率（receivables turnover）等于净信用销售收入除以平均应收账款，它表明财务年度内应收账款周转的次数，即应收账款收回的效率。如果公司不能从客户那里顺利地收回欠款，他就不能顺利地偿付自己的债务。不断下降的应收账款周转率可能是因为公司与信誉较差的客户进行了交易，即将商品卖给了销售不畅或流动性差的公司。

应收账款周转比率可以用来计算公司回收账款所需的平均天数。分析人员可以用 1 年的天数（通常使用 360 天）除以应收账款周转率。这样，如果应收账款周转率是每年 6 次，表示公司平均 60 天就可以收回账款；如果是每年 12 次，那么公司平均 30 天就可以收回账款；如果是每年 10 次，那就是 36 天。

$$净营运资本比率 = \frac{销售净收入}{流动资产 - 流动负债}$$

净营运资本比率（net working capital ratio）等于销售净收入与营运净资本（流动资产减流动负债）的商。该比率数值越大越好，因为较大的净营运资本比率表明公司以一定的营运资本创造出更多的销售收入，也显示了公司为达到销售目标运用营运资本的效率。

偿债能力比率

分析公司的偿债能力比率时，分析人员总在回答类似这样的问题："资产净值是否充足？"以及"负债是否合理？"

$$负债所有者权益比率 = \frac{流动负债 + 长期负债}{所有者权益}$$

负债所有者权益比率（debt to net worth）等于总负债除以所有者权益（资产净值），它表明外部债权人投资的份额与所有者投资的份额之间的关系，换句话说，就是信用提供者、贷款提供者及其他提供商品服务者的投资与公司所有者投资的关系。显然，如果资产的大部分是通过信用业务由他人提供的，那么公司所有者投资的数额就比较少，所有者承担的风险很少，极有可能抽身逃走或怠慢经营。

负债所有者权益比率除了反映投资比例问题外，还是一个简单的测量负债水平的尺度。如果两家公司拥有相当的所有者权益，负债所有者权益比率较高的公司，其资产承担着更多的债务。普遍观点认为，负债过多不是好现象，它将会威胁到贷款或信用债务的偿还。然而，分析人员也不能因此认为负债所有者权益比率越低越好。因为很少有公司能够不运用信用或贷款获得生产所需资金或资产，就运行得很成功。如果公司能够通过信用安排使用他人的资金或资产，并运用这些资金或资产创造超过信用成本的收入，那么公司就能盈利。

$$已获利息倍数 = \frac{净收入}{利息费用}$$

已获利息倍数（times interest earned）等于净收入除以利息费用。这一比率用于检验上述的信用安排，只要负债带来的收入超过其使用成本，公司就可以负债经营。这一比率同样可以检验公司的负债水平，因为已获利息倍数低，表明公司负债过多。

盈利能力比率

盈利能力比率反映了公司的销售能力及每 1 美元的销售收入创造利润的能力。既能创造高额的销售收入又能控制成本费用的公司，显然拥有较强的盈利能力。

$$资产周转率 = \frac{销售净收入}{总资产}$$

资产周转率（sales to total assets）等于销售净收入除以总资产，该比率表明投资于企业的总资产创造销售收入的能力。有效地使用资产，能创造出更多的销售收入；无效地资产使用，对应较低的资产周转率。

$$销售利润率 = \frac{净收入}{销售净收入}$$

销售利润率（net profit margin）表明每 1 美元的销售收入中形成利润的百分比。高的销售利润率有几种可能原因，可能因为公司的产品或服务供不应求，客户愿意出高价购买这些商品或服务；也可能是因为该行业的竞争不激烈；还可能是因为公司控制成本有效，每 1 美元销售收入中有较大部分形成利润。

$$资产收益率 = \frac{净收入}{平均总资产}$$

资产收益率（return on assets）等于特定时期内的净收入除以平均总资产，它是衡量盈利能力的指标，因为运作良好的公司能够以同样多的资产获得比运作较差的公司获得更多的收入。同其他盈利能力比率一样，资产收益率也是越高越好。

$$投资回报率 = \frac{净收入}{平均所有者权益}$$

投资回报率（return on investment），也称所有者权益回报率，等于净收入除以平均所有者权益或平均资产净值。这一比率表明投资于公司的所有者得到多少资金回报。低回报率意味着所有者没有因为自己对公司经营的参与而获得令人满意的回报。在任何投资活动中，不足的回报率都会造成投资者转移投资方向。

现金流量的重要意义

现金流量是所有商业运作中的基础部分。由于偿付贷款的最重要和最常用的资金来源于公司的日常经营，因此在信用评估时，首先应考虑现金流动状况。出于财务分析的目的，一般认为**现金净流量**（cash flow）等于一定时期内的净收入加上已作为费用扣除、本期内不涉及现金使用的项目。例如，折旧不属于真实的现金流出项目，它是用于将固定资产的总成本摊销到连续的会计期间的会计分录，而不代表固定资产成本实际是如何被偿付的。同样，其他不会带来本期现金流入的项目也从净收入额中扣除。

现金流量是预测活动中最困难、最复杂的项目之一，因为许多复杂的因素都可能影响到公司经营的结果。公司偿付短期债务的能力对信用分析和公司管理都很重要，因此现金流量预测对信用双方都很有用。

现金流量预测（cash flow forecast）是运用事先规定的程序，估算一段时间内（通常是 1 年）现金的收入和支出额。由于公司通常以 1 个月的业务经营为基础制定现金流量预算，因而，管理部门有足够的时间安排必要的融资。相对应地，信用分析人员也可以及时发现可能造成偿付困难的情况。虽然现金流量预测主要采用历史数据，但其他许多因素也在考虑之内，包括购买新厂房或设备的费用、销售量的增加以及经济环境对收账和销售的影响。

预测贷款的偿付是信用分析人员的目标，也同现金流量的预测有紧密联系。分期付款贷款的业务人员必须清楚地了解寻求贷款的公司的商业计划和市场前景，才能准确地预测公司的销售收入和现金流量。分析预测时，分析人员要评估历史数据和信息，判断公司管理能力的有效性和稳定性，评价资产保护的程度。一般情况下，在商业信用业务中，小企业用销售收入，而不是存货变现或收回应收账款的所得偿还定期贷款。因而，预测的收入加上现金流入的其他部分，应该比偿还贷款所要求的金额高出一定金额。

表16—2是现金流量表的示例。现金流量表中使用了其他财务报表揭示的信息，使分析人员能更直观地了解现金的来源和使用状况。

表16—2	现金流量表示例（直接法）	单位：美元

ENTERPRISE公司		
19__年7月31日现金流量表		
经营活动产生的现金流量：		
顾客支付的现金	14 635	
支付给供应商和雇员的现金	(13 220)	
支付所得税	(360)	
获得的利息	25	
经营活动提供的现金净流量		1 080
投资活动产生的现金流量：		
销售建筑物获得的收益	205	
购买设备	(120)	
投资活动提供的现金净流量		85
筹资活动产生的现金流量：		
发行股票产生的收入	45	
支付股利	(23)	
筹资活动产生的现金净流量		22
现金与现金等价物的净增加额		1 187
年初的现金与现金等价物		13
年末的现金与现金等价物		1 200
从净收入到经营活动提供的现金净流量的调整：		
净收入		900
将净收入调整为由经营活动提供的现金流量：		
固定资产折旧	125	
递延费用分摊	3	
应收账款损失准备	15	
支付递延费用	(16)	
资产与负债的变化：		
应收账款增加	(46)	
存货增加	49	
应计负债与其他应付款增加	32	

应付利息与应付税金增加	18
总调节	180
经营活动提供的净现金流量	1 080

会计政策的披露：

　　超过每日需要的现金将投资于期限不超过 3 个月的美国政府债券，这种市场投资在现金流量表中属于现金等价物。

资料来源：Dennis F. Wasniewski, "Statement of Cash Flows," *Business Credit*，September，1988，p. 27. Permission granted by the National Association of Credit Management，*Business Credit*.

> **分析报表时应回答以下问题**
> ● 公司是否有充足的利润？
> ● 公司能否迅速偿付债务？
> ● 公司有无充足的流动性？
> ● 对公司的投资是否安全？

报表失真

　　按照常规程序，信用分析人员在开始检查前，首先要判断报表是否有失真的表述。第一步，在收到新报表时，确定报表的完整性，如是否有日期和签字，必要时，还可以看看是否保留了邮寄的标记。对数据都是整数，明显像是估计出来的报表应引起注意，这类情况常常是报表失真的表现。即使很少发现**失真的财务报表**（false financial statements），信用分析人员也必须检查每份报表在表述事实时的准确性和真实性。有些报表为了表现公司运营状况良好，而被篡改过或做过一些修饰，分析这种报表是毫无意义的。报表失真的情况主要有以下几类：

现金

　　公司持有的现金有时会被夸大，因为现金科目中可能包括了一些不属于现金科目的项目，例如，将所有者的借条、给销售人员的预付资金等计入现金科目。同样，公司还可能捏造银行账户以夸大持有现金。

应收账款

　　这是另一个为了显示公司运营状况良好而容易被篡改的科目。公司可能在应收账款科目中包括一些不可能被收回的项目，或一些显然会形成坏账的项目。公司甚至会在科目中加入不属于应收账款的项目，如管理人员或雇员的欠款，而这些欠款永远不会被偿付。最后，一些公司可能会在科目中捏造不存在的应收账户，例如捏造同某家公司的业务往来，或虚构一家公司并捏造同他的业务往来。这些造假不仅虚增了应收账款的金额，还增加了销售额。

存货

　　商品存货是一个难以准确估计的科目。对于商品存货的真实价值，存在着多种合理的评估办法，因此很难达到各方都满意的存货评估价值。除了过度乐观的存货评估价值会误导分析人员，公司还可能刻意地篡改报表，将一些未记入应付账款中的负债科目里的商品计入存货科目。这同时做到了增加资产和减少负债，其粉饰财务状况的效果比单单改动资产或负债科目更好。

固定资产

固定资产比存货更难估价，因为固定资产（如机器和设备）可能只为某一特定行业使用。财务报表分析人员可能不了解业内行情，因而无法正确评估报表中固定资产的真实价值，这使得固定资产的评估工作更加困难，而且给做假账提供了更多机会。

应付账款

应付账款是负债类科目，公司要减少应付账款金额，可以隐瞒购货发票而同时又将所购商品计入资产项下。在进行全面信用调查时，可以通过联系销售商核查应付账款科目。如果销售商提供的销售金额明显多于财务报表揭示的金额，应付账款中就可能存在问题。同样，自称资产流动性良好，但在日常的账款支付中拖拖拉拉的公司，也有隐瞒财务状况之嫌。

报表失真可能涉及

- 现金
- 应收账款
- 存货
- 固定资产
- 应付账款
- 其他应付款

财务报表审计结果的类型

分析财务报表时，提高财务报表准确性的一种普遍做法是要求报表通过审计。独立的审计机构通常被聘来编制财务报表并证明报表的准确程度。审计机构出示的证明书必须指明审计范围、财务报表遵循标准会计程序的程度以及他们对报表准确程度的意见。显然，信用经理有必要寻求并理解审计机构的意见。

根据接触到的材料，审计机构可以发表以下意见：（1）**无保留意见**（unqualified opinion）；（2）**部分保留意见的无保留意见**（unqualified opinion with qualification as to scope）；（3）**保留意见**（qualified opinion）。审计机构对任何一组财务报表只能发表一种审计意见。如果审计机构无法就现状发表意见，他们可以提出**反对意见**（adverse opinion）或**拒绝发表意见**（disclaimer of opinion）。

无保留意见

当审计机构认为财务报表如实地反映了公司的财务状况和经营业绩，

遵循并一贯实施了通用的会计准则和操作规则时，审计机构可以发表无保留意见。除非审计机构对所有事项都认可，并有充分的材料支持他们的观点，否则审计机构不能发表无保留意见。

部分保留意见的无保留意见

有时，审计报告的某部分可能就审计范围内某事项作出声明，表明审计人员没有确认应收账款的金额或没有实际进行存货盘点。在应收账款或存货涉及的金额较大的情况下，审计机构应对这些项目持保留意见。但对这些审查项目持保留意见，并不意味最终的审计意见是保留意见。

保留意见

当审计机构认为财务报表总体上反映了真实的情况，但某些事项不太令人满意，或者认为公司有些财务状况或业务运营没有被真实地反映，就会发表保留意见。通常情况下，审计机构在不被允许或不能进行彻底的核查来支持无保留意见时，或他们发现财务报表背离会计准则并且公司拒绝改正时，会发表保留意见。

反对意见

发表反对意见时，审计机构申明，整个财务报表没有按照通用的会计准则正确反映财务状况。审计机构发表反对意见时必须有充足的证据证明报表失真，而且用来证明的例外情况必须很严重以致无法发表保留意见。

拒绝发表意见

有时审计机构无法对财务报表的真实性形成意见，因而拒绝发表意见。例如，不确定性很大时，审计机构可能拒绝发表意见。审计机构不是独立机构时，也必须拒绝发表意见。

财务报表法规

由于财务报表是公司信用销售决策中的重要因素，因而必须防范将假账或有误导作用的信息提供给信用提供者。有鉴于此，联邦和许多州政府都发布了法令，规定滥用财务报表将构成犯罪，并受民事或刑事追究。表16—3比较了州和联邦法律对提供虚假报表寻求信用的公司进行诉讼的规定。虽然没有专门的联邦法律用于起诉制造假账的人，但美国刑法第215条对控制通过邮寄方式提供失真的报表以获取信用的行为提供了法律依据。

各州关于起诉的规定都同联邦关于触犯《邮政服务法规》的有关规定类似。各州法律规定，起诉方必须证明财务报表以书面方式出现并附有签字，报表编制人必须知道报表失真，报表是为了在信用决策过程中获取信用而编制的，并且报表歪曲事实的情况达到一定程度，以致如果贷款提供者知道实情时会做出相反的决策。联邦法律还规定，报表必须是通过邮寄方式提供的。最后，由于制造虚假财务报表的目的通常都是为了骗取他人的钱财，因而起诉方还必须证明报表提供方是蓄意欺诈。

表16—3　　　　　对失真的财务报表编制者起诉的规定（州和联邦法律）

要求	州法律	联邦法律
书面形式和签字	必须被证明	必须被证明
报表编制人知道	必须被证明	必须被证明
为了获取信用	必须被证明	必须被证明
为了回复	必须被证明	必须被证明
严重失真	必须被证明	必须被证明
蓄意欺诈	无须被证明	必须被证明
使用邮寄方式	无须被证明	必须被证明
起诉地点	报表编制地	报表编制地或接受地

比率分析法举例

表16—4是报表分析的一个例子。信用经理可以按照下面的方法分析报表中的数据。

表16—4　　　　　时尚商店（妇女时尚服饰零售店）

	19__（美元）	百分比（%）	19__（美元）	百分比（%）
现金	10 483	6	4 550	3
应收账款	14 977	9	22 657	15
存货	60 642	36	45 318	31
流动资产合计	86 102	51	72 525	49
固定资产	82 349	49	74 026	51
资产合计	168 541	100	146 551	100
流动负债	26 872	15	23 880	16
长期负债	38 000	23	30 000	21
所有者权益	104 669	62	92 671	63
负债和所有者权益合计	168 541	100	146 551	100
销售额	225 000		151 688	
净利润	7 532		5 221	

比率分析	19__	19__
流动比率	3.33	3.04
酸性测试比率	0.98	1.14
负债所有者权益比率	0.61	0.58
存货周转率	3.71	3.35
应收账款周转率	15.02	6.69
资本周转率	2.15	1.64
销售利润率	3.35	3.44
资产收益率	4.47	3.56
投资回报率	7.20	5.63

总资产和总负债都减少了。存货减少了 15 000 美元，占总资产的比率从 36%下降到 31%。但是，存货减少的金额与应收账款的增加额基本上持平，因而流动资产总体保持不变。流动比率显示流动资产仍明显超过流动负债，表明公司目前还不至于出现运营危机。

酸性测试比率表明，即使流动资产扣减存货，仍同流动负债持平。对于这一比率，至少要达到 1∶1 才能保证公司运营状况令人满意。负债所有者权益比率上升了。虽然所有者权益降低了，但负债下降的幅度更大。信用经理一般都认为所有者投资份额应该比外部债权人的投资份额多。

存货周转率能显示管理部门将存货变现的效率。该公司的这一比率表明公司存货的变现效率下降了，许多同类型的公司的存货周转率至少有 7∶1或 8∶1。

应收账款周转率十分危险。该比率急剧下降，表明公司在收回货款方面效率不高。这一比率不仅大幅下降，而且足以表明公司滥用了信用。（假设公司发放信用的方式没有改变。）

这两个比率同时下降，部分原因是销售额的下降。然而，公司没有针对销售额的下降而减少存货或应收账款，以与减少的销售额保持一致，这使得公司无法将这些资产变现并相应地减少流动负债，也表明公司牺牲了流动资金，并且没有充分利用现金折扣的优惠。

资本周转率表明公司资本的使用效率。比率过低表明所有者投入的资金使用效率太低；比率过高意味着公司运营资本投入不足。本例中该比率很低，并且有进一步降低的趋势。大量投入固定资产但产出却不高，是促使该比率较低的原因之一。

表内有 3 个百分比十分重要。销售利润率似乎比实际要好，因为还未提取足额的坏账准备。资产收益率和投资回报率虽然不高，但也令人满意。

信用经理看到这些数字时，会发现一些好的状况，也看到了不尽如人意的状况。这里只给出两张报表，如果管理人员能得到一两张其他报表，他们就能判断公司财务状况的发展趋势了。管理人员必须确定，公司销售的发展方向是否是全国或地方经济环境造成的，在未来，公司的财务状况是否会有所改善，以及目前的大幅下降是否是管理不善的表现。公司仍有足够的资产保障债权人的利益，公司的财务状况似乎并未恶化到破产的境地。公司可能认识到货款的偿付会比较慢，但他们认为如果能够遏制销售额的下滑，接受一定规模的信用也是安全的，任何决策都包含了一定的妥协。

公司未来发展前景如何，取决于管理部门采取什么措施改善目前不尽如人意的状况。公司必须采取积极的销售方式减少过多的存货，同时，应该有效地从延迟付款的客户那里收回货款。然后，公司才能用这些资金偿付自己的债务，使负债降到合理的水平，以使公司的偿债能力足以获得现金折扣优惠。这样，才能达到合理的资产负债率。在公司经营状况改善时，公司才可以增加存货和应收账款以适应增长的销售额。销售额增长时，公司可以利用信用增加存货和应收账款，但公司是否能承受更多的债务，还需要审慎的事前分析。

327

重要术语

酸性测试比率　acid-test ratio

反对意见　adverse opinion

资产　assets

资产负债表　balance sheet

现金流量预测　cash flow forecast

产品销售成本　cost of goods

流动资产　current assets

流动负债　current liabilities

流动比率　current ratio

负债所有者权益比率　debt to net worth

投资回报率　return on assets

资产周转率　sales to total assets

简单评估法　simple evaluation method

失真的财务报表　false financial statements

偿付能力　solvency

标准工业比率　standard industrial ratios

损益表　income statement

现金流量表　statement of cash flows

无形资产　intangible assets

流动性　liquidity

固定资产　long-term assets

长期负债　long-term liabilities

净收入　net income

净损失　net loss

部分保留意见的无保留意见　unqualified opinion with qualification as to scope

销售利润率　net profit margin

销售净收入　net sales

净营运资本比率　net working capital ratio

营业费用　operating expenses

所有者权益　owners' equity

百分比比较法　percentage comparison method

盈利能力　profitability

保留意见　qualified opinion

比率分析法　ratio analysis

应收账款周转率　receivables turnover

资产收益率　return on assets

折旧　depreciation

拒绝发表意见　disclaimer of opinion

毛利　gross margin

利润分配表　statement of retained earnings

存货周转率　stock turnover

已获利息倍数　times interest earned

过度乐观　undue optimism

无保留意见　unqualified opinion

装点门面　window dressing

讨论题

1. 区别资产负债表和损益表。

2. 获取财务报表的渠道有哪些？各种渠道都有什么优点？

3. 假设一个可能成为你的客户的公司拒绝提供资产负债表和损益表。你将如何获取所需资料？公司拒绝提供报表的行为是否会影响你的信用决策？请讨论。

4. 公司员工的忠诚和效率是否能构成公司资产的一部分？为什么？

5. 为什么近年来对财务报表的分析和说明越来越重要？

6. 解释说明财务报表审计结果的分类。

7. 是否所有信用问题需要通过同样程度的分析，才能作出有根据的信用决策？为什么？

8. 下面的表述分别代表什么含义？a. 公司资产的流动性；b. 公司的偿债能力；c. 公司的盈利能力。

9. 区别"装点门面"、"过度乐观"、"隐瞒现状"及"篡改事实"等不同粉饰财务报表的方法。

10. 哪些方法经常用于夸大或伪造下列项目：现金、应收账款、固定资产、应付账款？

11. 州和联邦关于制造或发布失真的财务报表的法律有哪些区别？

12. 讨论3种常见的财务报表分析方法，并说明每种方法最突出的特征。

13. 最重要的流动性比率有哪几类？说明每种比率的涵义。

14. 哪些比率常用于反映公司的偿债能力？说明每种比率的涵义。

15. 列举本章出现的盈利能力比率，并说明每种比率的涵义。

16. 说明标准工业比率在财务报表分析中的作用。

17. 研究表16—4。假设你接到时尚商店的首次订货，金额共计1 750美元，订货项目包括女式上衣和套装。a. 以表16—4的分析为基础，你是否会接受这项订货？为什么？b. 是否需要更多的信息？哪种信息尤其有用？c. 如果你拒绝这项订货，那么，在货到付款条款下是否会接受？解释你决策的原因。

18. 开心鞋店背景情况：假设你是皇家鞋业公司的信用经理。你的公司制造各种类型的鞋：男鞋、女鞋、童鞋，公司的销售方式是选择一家较好的零售商店并与之建立长期合作关系，将大部分商品交予该店销售，而不是选择所有可能的渠道进行销售。这样交易的次数较少，但每次交易的金额较大。

开心鞋店是一家有50年历史的零售商店，1940—1945年，该店成为同行业中的佼佼者。近年来，你的公司由于与开心鞋店的良好合作而给予他许多优惠，开心鞋店的规模也迅速扩大。过去几年中，该店每年的购货额达到30 000美元，并有增长的趋势。但该店的未结账款余额已从3 000美元左右累积到现在的10 348美元。折扣后的应付货款也一拖再拖，该店在你公司的账户已经可以列入"拖延付款"的行列。

现在，你收到开心鞋店的近期财务报表（表16—5），这促使你全面地重新审查该店的账务并订购新的信用报告。

要求：

a. 对财务信息进行全面分析；

b. 对手头的信用信息进行仔细的分析；

c. 提出合理的建议并说明原因；

d. 皇家鞋业公司能发现怎样的偿付记录；

e. 开心鞋店应收账款回收的记录如何；

f. 如果你要进行更深层次的分析，还需要什么信息；

g. 你的公司是否应该改变只与少数几家客户合作的做法。

财务信息： 过去 4 年的标准财务报表

信用信息： 下面按标题提供了信用报告中的相关信息

经营历史和方式： 开心鞋店成立于 1933 年。在经营的前 5 年中，公司勉强处于收支平衡的状态，从 1939 年起开始迅速发展。1941 年，公司吸收了新的分支机构，规模扩大，业务也取得显著进展。接下来的几年，公司发展速度放慢，但仍在同行业中处于领先地位。

开心鞋店是以家庭鞋店方式运作的，经营男鞋、女鞋、童鞋等全系列鞋子。该店主要经营皇家鞋业公司的商品，这些商品在广告和展示中都占相当大的比重。该店的设施现代化、很吸引人、橱窗别致、存货摆放整齐。该店被看作是促销型商店，经常做大量广告进行促销。1996 年底，开心鞋店开始推广自己的信用计划。在过去的两年中，该店还决定接受维萨信用卡。

该店老板，沃尔特·格林（Walter Green），55 岁，已婚，经营鞋业经验丰富。他雇用了一位助理经理，两名全职销售人员，在周末或特殊的促销时期还雇佣一些兼职人员工作。

开心鞋店地处米德耳伊德的商业区，该市拥有 2 万人口。米德耳伊德是一个正在不断扩张的工业中心，也是周边地区的贸易中心。在过去的 18 个月中，这里建成了一个远离市中心的购物中心。购物中心内有一家很有竞争力的鞋店。

分类账： 下列信息是通过直接调查获得的：

应付（美元）	未付（美元）	偿付情况
2 234	2 234	现有 600 美元到期，过去有逾期未付款
294	264	按货到付款条款支付
900	400	到期支付，已获折扣
634	—	折扣
7 600	736	延迟 30～60 天
1 000	—	到期支付

表 16—5　　　　　　　　　　　　　　　　开心鞋店　　　　　　　　　　　　　　　　单位：美元

	1994/12/31	1995/12/31	1996/12/31	1997/12/31
资产				
流动资产：				
现金	10 526	8 236	8 684	7 744
应收账款	2 344	2 190	3 172	13 430
存货	48 420	47 526	49 946	51 634
其他流动资产	4 200	4 338	5 190	5 248
流动资产合计	65 490	62 290	66 992	78 056
固定资产	14 244	13 948	13 462	12 852
总资产	79 734	76 238	80 454	90 908

续前表

	1994/12/31	1995/12/31	1996/12/31	1997/12/31
负债和所有者权益				
应付账款	14 116	13 966	18 438	25 284
应付票据（期限短于1年）	7 724	4 230	3 948	4 086
应付税费	2 206	1 962	2 234	2 436
流动负债合计	24 046	20 158	24 620	31 806
所有者权益	55 688	56 080	55 834	59 102
负债和所有者权益合计	79 734	76 238	80 454	90 908
销售收入	148 534	140 236	131 634	141 232
销售成本	93 504	90 688	85 162	93 226
毛利润	55 030	49 548	46 472	48 006
费用负债合计	44 756	42 526	40 238	41 426
净利润	10 274	7 022	6 234	6 580

第 17 章

商业信用——分析、决策与信用额度

学习目标

在学完本章后，你应该能够做到：

- 讨论商业信用部门的基本目标和面临的挑战；
- 描述信用经理可能作出的不同决策选择；
- 解释决策目标；
- 描述成文的信用政策的重要组成部分；
- 指出信用额度的重要性；
- 解释如何设定信用额度；
- 讨论商业信用决策指导；
- 描述商业信用中抵押品的类型；
- 描述商业信用欺诈的常见类型；
- 解释初次订货自动接受系统应如何使用；
- 说明商业信用部门自动化的重要性。

内容提要

　　信用部门的基本目标是作出信用决策，他面临的挑战是分析每份贷款申请或新订单的风险。信用经理必须平衡损失资产的风险和损失客户的风险。损失客户的影响可能不只是这一笔交易没有做成，因为如果客户被拒绝给予信用销售条款或其他信用扩展机会时，一般都会转向公司的竞争者购买商品或服务。这样，公司拒绝一位申请者或服务不周，损失的就不仅是一笔交易，而是与该客户未来所有的交易。

不同决策的选择

信用决策的结果并不像一般人所想像的那样简单明了。在"接受"和"拒绝"之间存在许多种可能的结果。

接受订货或申请

在这种情况下，决策结果是肯定的。这可能是因为订货来自一位长期以来信誉良好、负债水平低的客户；也可能因为新的信用申请者提供了完备的资料，来自邓百氏或其他机构的报告也显示该申请者信誉良好，并且申请的金额合理。总之，在这些情况下，信用经理很容易决定接受订货。之后，关键就是如何为这类客户提供良好的服务并尽快将商品送达。

拒绝订货或申请

一份申请或一次订货被拒绝的原因有很多。可能是信用部门的内部资料显示申请者过去存在收账问题，信用经理认为与申请者以后的交易无利可图；也可能对新申请者的信用调查表明其负债过多，信用报告机构评定其效益下滑，或有其他不良交易记录；或者，申请者的财务报表显示其负债高、资产净值低、资产流动性差。显然，如果客户亏损迹象明显，则不能与其交易。然而，在许多情况下，信用经理会委婉地拒绝客户的申请并建议他以后再申请。如果拒绝方式得体，这笔交易可能以付现销售方式进行，而公司也可能因此得到一位长期的客户。

可能

许多决策结果都落入这一范围。一些因素显示应接受申请，另一些因素却表明需要谨慎行事。即使接受订货或申请，其方式也有多种。新申请者的申请可能被接受，但初次订货的金额可能要求减少，也可能要求提供额外的担保，如要求公司的主要股东提供个人担保。已有的客户可能被要求首先偿付部分货款，以使负债账户的欠款额降到一定程度，然后才能接受其更多的订货。或者，提供给该客户的销售条款比一般条款更严格些，如较短的偿付期限。有时，"可能"意味着新申请者被拒绝，但可以在一段时间后尝试再申请。

设定信用额度

许多公司的信用部门为他们的客户设定信用额度。**信用额度**（credit line）是在不再进行资信调查的前提下，能够提供给客户的最高信用额度。信用额度就像一面小红旗，在客户信用额累积到一定程度时，提醒信用经理应该重新评估与该客户的信用关系。另外一个相关的额度——**信用限额**（credit limit），是客户在任何情况下都不能超过的信用额度。

信用额度使信用经理可以授权他人处理限额以内的信用事务。例如，将该项工作交予计算机处理，只要客户的订货在信用额度以内，订货就可以自动被接受。

决策目标

有效的决策

显然，决策最重要的目标就是得到好的决策结果。公司必须保证被接受的订单或客户中，绝大部分能够在偿付期满时或期满之前付清货款，否则公司将蒙受损失。对收账结果的分析，可以显示最近的信用决策是更好了还是更糟了。信用决策失误可能增加坏账损失，降低公司资产流动性，或增加收账费用。然而，并没有什么好办法能判断被拒绝的客户是否可能是好客户。不管怎样，信用经理还是能通过监测被拒绝的新申请或新订单的百分比，来确定接受信用的变化趋势。

速度和效率

决策过程应当流畅、高效。如果信用决策过程中耗费过多的时间，会使所有参与交易的人（如销售代表、潜在客户以及其他参与销售工作的公司员工）都感到筋疲力尽。清楚地规定接受或拒绝一份订单应采取的决策方式和步骤，可以提高决策效率。因此，应该有成文的信用政策来规定信用标准和程序。例如，销售代表应该知道需要向新客户索取哪些材料，以便在可能的时候搜集信息。决策过程还需要一些必要的调查程序以提供重要数据，但这些程序应尽量不影响决策的进度。可能的话，决策职责的下放也能提高工作效率，例如使用信用额度。

连续性

客户、销售代表以及公司其他主管都希望公司的信用政策具有连续性。拒绝或接受信用申请的标准应该保持一致。只有了解公司的信用标准，客户才能调整信用申请和订单以满足信用部门的要求。

合理的决策

决策结果应当合理，在一定程度上能够让申请者和其他相关人士理解。当一个只有一份临时性工作的年轻大学生向银行申请贷款购买昂贵轿车而被拒绝时，大多数人都能理解其中的缘由。企业以承诺付款方式请求购买商品时，应当了解销售商信用条款的要求，以及为什么他们达不到这些要求。同样，销售商自己的销售代表要靠经批准的订单获得销售佣金，因此他们也应该了解申请者被拒绝使用信用购买的理由。

遵守信用法规

信用决策和信用条款受许多法律法规的约束。消费者权益保护法要求信用决策一视同仁，公正公开。其他法律，如《罗宾逊·帕特曼法》，规定信用条款属于商品价格条款的一部分，因而公司对同类客户应采用相同的条款，否则，其行为将被视为非法价格歧视。

> **决策目标**
> ● 有效的决策
> ● 速度和效率
> ● 连续性
> ● 合理的决策
> ● 遵守信用法规

制定成文的信用政策

通过制定**成文的信用政策**（written credit policy），可以实现许多信用决策目标。信用政策能够给公司员工和其他信用决策相关人士以重要的指导。虽然各公司的成文信用政策的详细程度不同，但都能帮助相关人员理解为什么要进行信用决策、怎样进行以及何时进行。一般性的成文政策出台后，将会有单独的"信用手册"提供详细的程序、规则及对员工的指导。下面是成文的信用政策或信用手册中通常包含的部分。

信用部门的任务

信用部门很愿意向有资格的客户提供信用以增加销售量。那么，怎样才算得上有资格呢？公司出于增加销售量的目的，能够接受多大的信用风险？信用部门的任务说明书中解释了公司的信用**门槛**（house standard），即公司能够接受的风险的大小。有些公司依靠严格的收账制度保证现金流量，因而在提供信用方面政策较为宽松，而有些公司则只对信誉良好的企业提供信用，因而在收账活动方面政策较为宽松。这部分还包含了非歧视性政策和其他一些法律要求的条款。

信用部门的目标

信用部门的目标可以用一般性的条文表述，也可以阐述得十分具体。一般性的目标可能只简单地说明信用部门应努力管理好应收账款。更具体的目标可能会使用一些收账指标，如货款逾期天数、应收账款周转率、坏账百分比及其他数据。这些具体的目标提供了一些信用决策标准，但同时也降低了灵活性。

信用部门的组织和权限

这一部分将说明公司内部报告渠道和信用决策权限的分配。如果公司采用信用额度，那么信用部门内的许多成员都可以被授权处理信用额度以内的业务。这部分还可能包括处理客户与销售代表、财务人员之间纠纷的程序。

必要的文件和调查

一些公司在进行信用决策时要求客户提供一些文件，如财务报表、申请书、信用报告机构评定的信用等级等。另外，还可能要求客户提最低限度的商业参考或银行关系资料。具体的核实程序也将在这个部分列出，以便当事人了解决策过程的步骤和要求。

信用额度

公司如果使用信用额度，将会在信用政策中写明他们是如何设立和使用信用额度的，这将有利于信用工作的顺利进行。这一部分的内容包括：如果客户提交的订单金额超过该客户目前可使用的信用额度，应该如何处理；客户申请更高信用额度的程序有哪些；信用额度在什么情况下，多长期限内应该被重审。如果公司不告知客户可使用信用额度，在信用政策中可以不包含这个部分。

销售条款

这一部分包括有关典型的或公司特别提供的销售条款的信息。一些公司有许多类型的销售条款，显然不能把它们全部罗列出来。然而，公司可以在这部分简要列出在什么情况下会拒绝给予流动性不足的客户延期付款条款，而只给予他们货到付款或预付货款的条款。

抵押品

这一部分列出了可作为抵押品的资产类型，并具体描述了符合条件的抵押品的类型，获得抵押品以及签订物权担保的程序。

收账政策

信用部门还需要说明公司采用的收账工具和制度。具体内容包括有：谁将负责收回逾期账款，什么情况下订货将被拒绝发出，什么情况下某项账款将被移交给专门的收账机构或采取法律手段强制收回？

制定成文的信用政策
- 信用部门的任务
- 信用部门的目标
- 信用部门的组织和权限
- 必要的文件和调查
- 信用额度

335

- 销售条款
- 抵押品
- 收账政策

信用额度

我们在前面已提到过，公司经常使用信用额度作为接受信用的警戒线，或红牌警告。但这并不意味着超过限额的订货将被自动拒绝，而只是将限额作为指导，提醒决策人员对账户深入调查分析，以决定接受还是拒绝一份较大的订单。

优点

使用信用额度可以提高信用部门的效率，信用经理可以不必对每项订货都亲自过问。信用额度运用恰当，可以节省信用经理的精力和时间，以便处理更重要的事务。信用决策权被下放，但对账户的控制权仍由信用经理掌握，下属人员只负责处理常规的业务。另外，使用信用额度可以对整个账户进行全盘考虑，而不仅局限于某项交易，这样也有利于作出更好的信用决策。同样，信用额度也保护了买方，对那些有时过度乐观、准备了过量存货的客户来说，信用额度无疑能提醒他们谨慎行事。

缺点

设立了信用限额的公司，如果不及时更新限额，无疑会违背设立信用额度的初衷。这类修改既费时，成本又高，但定期的修改对了解客户目前的偿债能力十分必要。信用额度不能及时更新，可能会导致好的客户只能在限额内订货，使公司损失了原本可能实现的销售额。

信用额度的另一个缺点是限额内的订单通常是由职员而非信用经理处理，这样，信用经理可能无法全面掌握账户信息，从而不能充分发挥公司的潜能。

设定信用额度的方法

一些公司不使用信用额度，他们允许客户随意地使用信用，只要他们按规定偿付了货款。这种安排强调了信用部门"增加销售量"的职责，对信用经理也没有产生什么实质性问题——除非客户不能按协议偿付货款。只要货款能够自动及时地被偿付，这种状况还是很不错的状态。但一些观察家认为，如果不能很好地管理客户，这种方法将是十分危险的。

只有做好信用调查工作，信用部门才能设定客户的信用额度。进行调查工作时，信用部门通常会比任何时候都认真地检查信用数据、分析报表、思考是否能够接受更多的订货。那么信用经理怎样设定信用额度呢？

信用经理通常使用一些方法，但这些方法并不一定就是最好的方法。

常用的方法有 5 种：

1. 给予客户与同行业其他公司相同的信用额度；

2. 先给予客户较少的限额，随着客户被证明信誉良好，再调高信用额度；

3. 按照时间段确定信用额度；

4. 根据信用报告机构划分的等级确定信用额度；

5. 以财务报表或其他文件提供的资料或数据为依据，使用公式进行分析确定。

与竞争者提供相同的信用额度

使用这种方法的前提，是公司掌握了竞争者给予同一客户的信用额度情况。由于具体的数据往往较难得到，公司通常可以通过直接交换信息或咨询信用报告机构的方法获得大概的数据。获得的数据通常都是客户曾经得到的最高信用额，也可能高于销售商所预期的信用额度。

如果公司采取这种方法，公司必须考虑："竞争者是怎样确定信用额度的?"。在某些情况下，公司所处的特殊环境（如不愿冒犯一位长期客户）会使公司提供超过限额的信用。因此，许多公司更倾向于通过自己对信用信息的分析和判断来确定信用额度，竞争对手的做法则只作为操作中的参考。

低起点，根据经验逐渐增加

一种常见而实用的方法是，先给予客户较少的限额，随着客户被证明信誉良好，逐渐调高其限额。信用部门可以先给予客户较低限额或足以满足一次订货需要的限额。随着与客户交易关系的密切，并且证明了客户有能力偿付更高金额的货款，信用部门可以逐渐提高限额以满足客户更大的订货需要。如果客户的偿付能力有限，信用部门将维持原有信用额度以限制客户的购买量，必要时甚至会降低限额。

按照时间段确定信用额度

一些信用部门尝试按客户一段时间内典型的购买金额来限制信用总额。例如，平均每月购买 10 000 美元商品的公司可以得到 30 000 美元的信用额度，相当于 3 个月的购买额。显然，不同经济形势和不同行业适用的时间段也不同。这种方法的优点在于计算简便、标准统一。此方法的重点在于销售量，随着客户购买量的增加，他们的信用额度也将提高。

根据信用报告机构划分的等级确定信用额度

邓百氏以及其他一些信用报告机构提供信用等级划分服务，用来反映公司的财务实力和总体信用水平。邓百氏提供包括资本等级和综合信用评估的两段式等级，它们可以作为确定信用额度的依据。例如，等级为 CC2 的客户可以得到 10 000 美元的信用额度，而等级为 EE2 的客户可以得到 15 000 美元的信用额度。公司的拖欠偿付记录，以及由报告机构计算出的其他统计数据，已被越来越广泛地运用在信用额度的设定过程中。

公式法

这种方法以某些财务数据为基础，如资产净值、流动资产、净营运资本、存货等。随着计算机的广泛应用，许多信用经理开发出电子系统或电子模型帮助他们进行信用决策以及设定信用额度。财务比率、经济运行状况、信用等级、销售利润率等，都可以设计在模型中帮助制定信用决策。这种方法的一个优点是对客户一视同仁，可以不受反歧视法规的追究。其缺点是缺乏灵活性，并让人误认为科学计算方法在实际中能作出最佳决策。

公式法与消费者信用决策中使用的信用评分系统类似，根据信用申请者具体的信用状况打分。例如，经营期限较长或流动比率较高的客户，可以得到更高的评分。如果总分达到要求，开立信用账户的申请将被接受。信用评分也可用于确定信用额度。同样，这种决策过程明显的优点在于无歧视，但要在长期内保持该方法的有效性，必须及时更新数据、完善公式。

通知或不通知客户

确定客户的信用限制后，是否应及时通知客户呢？对此，各界人士观点不一。一些管理人员认为，告知客户能够使销售商同客户共同探讨整体的信用计划，并在必要时对客户如何提高其信用等级提出建议。同样，客户也能了解可以从销售商那里获得多少信用，从而更好地安排业务。

然而，一些观察家认为，告知客户会使其将订货量限制在信用额度以内，即客户会认为信用额度是固定的额度。因为这样的理解会影响公司的商誉和销售量，因而一些管理人员只将信用额度作为内部控制的工具。

订单限额

一些信用经理使用订单限额作为补充的通知内容和控制工具。**订单限额**（order limit），是在不通知信用经理或上级管理者的情况下，能够接受的一次订货的最高额。例如，某客户的信用额度可能是 50 000 美元，而订单限额是 10 000 美元。因而，12 000 美元的订单将报请信用经理决定，虽然总债务低于 50 000 美元。订单限额为控制客户的订货量提供了又一种监控手段。

决策的基本指导方针

第 9 章中提到，信用决策过程中最重要的"4C"因素是：**品质、能力、资本和抵押品**。这些因素是对消费者信用和商业信用中信用决策者关注重点的归纳。

品质（character）在信用管理领域中，代表申请者按照协议偿付欠款的意愿。最好的衡量方法，是分析公司或个人在过去是怎样偿付欠款的。当然，过去的记录可能产生对未来行为的不良预期，但偿付记录仍是可获得的最好的参考。考察公司品德时，有时也将公司所有者的私人偿付记录纳入考察的范围，尤其是当公司的记录不便考察时。

能力（capacity）是指按照协议偿付欠款的能力。分析财务报表时，许多比率被用于揭示客户公司资产的流动性和盈利能力。这些指标同样与偿还到期债务的能力密切相关。分析"能力"时，还会考虑到行业趋势、经济运行状况、公司经营年限等因素。

资本（capital）是指公司的财务实力，通常以公司可用于偿债的储备资产作为衡量标准。如果公司经历经济衰退期，或遭受意外的财务危机，这些储备资产是决定公司能否继续经营的重要因素。因而，分析财务报表十分重要，尤其是分析资产或所有者权益账户。

抵押品（collateral）是在客户不能偿债时所有权转移给债权人的财产。客户既无意愿、又无能力偿付欠款时，抵押品是债权人收回欠款的唯一方法。如果所有权依照法律被清晰地记录备案，债权人还可以收回存货或其他财产以弥补欠款。商业信用中，《统一商法典》十分重要，因为在该法律中列示了贷款提供者的权利，以及取得这些权利的程序。

其他形式的抵押品包括个人担保、信用证、从属协议和技工留置权等。**担保**（guarantee）是个人或公司的书面承诺，表示在债务人不偿付债务时承担偿债义务。例如个人担保，是由公司的一名或多名高层人员签署的协议，承诺在公司不能偿债时以个人资产承担偿债义务。**不可撤销信用证**（irrevocable letter of credit）是由银行承诺承担个人或公司债务的协议。**从属协议**（subordination agreement）使债权人在客户无法偿债或破产清算时，对客户的资产有优先的求偿权。

技工留置权（mechanic's lien）是州法律中规定的一项权利，旨在保障建筑楼房或其他建筑物时所耗人工和材料的费用得到优先偿付。因此，这项留置权通常与房地产及其改建相联系。例如，建筑材料供应商为某办公大楼的建造提供材料，他常常会得到以该财产（办公大楼）为标的物的留置权。在销售或转让该财产前，必须清偿留置权。虽然各州法律的规定有所不同，但这项特殊的抵押品在各州都是有效的。

UCC 规范下贷款提供者的权利

《统一商法典》（UCC）对商品的销售和租赁、商业票据、担保交易、信用证、提单、银行资金转账业务、商品入库收据等作出了规定。UCC第9款"担保交易"就抵押动产，即所有非不动产抵押品权益的计算做出了规定。最常见的抵押资产包括存货、设备及应收账款。贷款提供者为了保证货款的偿付，会同借款者签订一个抵押协议。协议的规定可能比较具体，例如，规定了供应商可得到抵押存货的权益及其销售带来的收益。协议还可能具体地标明用于抵押的存货、应收账款或设备的属性和特征；或者比较概括，简单包含了上述所有的条款。

如果贷款提供者希望相对于第三方（如其他贷款提供者或破产企业的受托管理人）对抵押品有优先受偿权，贷款提供者签订的抵押协议必须**完备**（perfected）。使协议完备的过程包括：准备财务报表、填写正确的州或城镇办事处名称或两者都填写等。由于各州对填写内容的要求不同，信用经理必须检查填写的到期日、费用及其他条款，以保证抵押权益合法地确立。

339

谨防商业欺诈

由于业务往来常常通过信件、传真处理，或在相距很远的两地间进行，商业信用运作很容易受欺诈性活动影响。蓄意欺诈的债务人使用欺骗手段和方法，从不设防的交易对手那里骗取财产或资金。尤其是在竞争激烈的行业，信用部门本意是为了获得大额订单，结果却损失惨重。

一些常见的诈骗手段有：破产交易、"击中就跑"、预付款骗局、骗取贷款。破产交易是指收到大批量商品却不付款。这类虚构的企业往往开始时向一些供应商订购少量商品。最初的订单都按时足额地偿付，这些良好的交易记录可以提高信用额度，也可以增加供应商的数目。然而，在获得大批量订货后，该企业就立刻消失，留下许多债权人的货款未付。

"击中就跑"的交易中，诈骗者会同意以货到付款的方式订货，但提供的保兑支票或银行支票却是伪造的。在债权人发现货款的支付无效之前，债务人已迅速转移并消失。

预付款骗局中，诈骗者得到预付款却不提供服务。

骗取贷款时，行骗的一方通过使用不曾存在的存货、虚假的行业介绍信或虚假的财务报表骗取贷款。

预防欺诈的最好办法是建立连续的、严格的信用调查程序。上述欺诈形式通常是在信用经理不进行细致的信用检查和风险分析就仓促决策的条件下发生的。在任何情况下，核实客户的身份和财务状况都十分重要。①

商业信用中的欺诈

- 破产交易
- "击中就跑"
- 预付款骗局
- 骗取贷款

初次订货的自动接受和非自动接受

信用经理必须分清**初次订货**（initial orders）和**后续订货**（follow-up orders）。尽可能不经过冗长复杂的调查，迅速、高效地处理新客户的初次订货十分重要。一次新订货是联系买卖双方的初次接触，第一印象会导致长期交易关系和一次交易的差别。有些公司也把那些在前几年内没有订货的老客户看作是"新"客户。

---

① See "How to Protect Yourself from Business Fraud," at the Dun and Bradstreet Website—http://www.dbisna.com.

自动接受初次订货

为了加快对初次订货的决策过程，信用部门可能接受所有一定金额以下的初次订货。这一既定的金额受订货产品的类型、公司业务性质、公司信用政策、市场行情、竞争者的信用政策以及以前此类小额信用账户的收账经验等因素的影响。然而，这种方法要想获得成功的运作，后续措施是十分必要的。

一些公司以信用报告机构（如邓百氏及其他各种专业机构）的评估结果作为拒绝或接受初次订货的依据。他们根据邓百氏的每个信用等级设定一个限额。例如，如果某个信用等级中的一个客户初次订货在对应限额以内，将自动被接受。当然，每个公司运用这种方法设定的初次订货限额，必须能满足自己的需要、符合公司的政策。

非自动接受初次订货

如果公司没有设定任何程序，如一揽子限额或机构评估方法，公司就必须决定如何处理初次订货。需要解决的问题有以下几个：

1. 此项订货带来的利润是否足以抵补调查的费用？
2. 是否应该为了未来的销售而建立账户？
3. 公司接受初次订货后，可能获得哪些公共关系方面的利益？

如果公司决定着手调查，下一步就应该决定该项调查的覆盖面有多大。客户目前的订货量和未来的购买潜力，决定了是否应该进行全面的、直接的调查。信用部门应该寻求所有相关的历史和预测数据、有关负责人的信誉和能力、产品的市场占有率和竞争能力等信息。

处理已有客户的订单

老客户或已有的客户订购商品时，信用部门采用的决策程序会简单得多。信用部门根据记录在案的信息判断客户是否处于良好的运营状态。许多公司的信用部门定期积累客户的信用信息，对已有客户的信用限制进行修正。记录在案的客户信息通常可以反映客户的现实状况，能使公司迅速做出决策。如果订单可以被接受，并且加上已有欠款后仍在信用限制以内，订单将被批准并移交至发货部门，在那里被签发并将商品运送给客户。

然而，如果因为前期货款尚未偿付使账户处于不良状态，或订货量太大，超过了信用限额，那么订单将交由信用经理决定。信用经理根据所有在案信息以及从其他渠道获取更多的客户信用信息，决定提高信用限额或者因不愿承担更多的风险而拒绝客户的订单。如果客户的应付账款拖欠情况十分严重，公司可能会在接到付款票据前拒绝发货，以弥补前期未付货款。在这种情况下，公司应该通知客户货运延期的原因。

速度——处理订单的关键

公司信用部门在处理订单及决策的过程中，速度是非常必要的。而速度很大程度上取决于如何运用部门在案信息来规范信用决策程序。及时更新客户信用信息和信用限额，可以实现对大批量订货也采用自动接受订单的办法。对没有任何记录信息的新客户和重新开始交易的老客户，必须尽快地进入调查、决策程序。

在有许多同业公司存在、竞争十分激烈的环境下，速度更是必不可少的。在客户有多种选择的情况下，公司的信用决策速度往往是客户考虑的主要因素之一。决策迟缓、扣押发货、不合理地要求客户提供信用信息，很可能会破坏销售人员建立起来的客户关系。速度在保留已有客户、争取新客户方面，与价格、质量、服务、公司信誉等因素同样重要。

EDI 或电子数据交换系统（electronic data interchange，EDI）是另一种公司信用部门经常采用的电子或计算机系统。EDI 被定义为企业对企业的商业文件交换系统，例如，运用该系统传送电子订单、发货单或发票等。

对使用 EDI 的公司的调查显示，使用 EDI 的主要优点包括：

- 节省费用；
- 更快速的反馈；
- 客户基础的潜在增加；
- 方便快捷。

这些公司也提到了使用 EDI 的一些缺点：

- 创建的成本较大；
- 缺少标准的模式；
- 公司计算机和软件的不兼容性；
- 缺乏整体管理机制。

公司信用部门的自动化总是在不断革新，因而很难预测其前景如何。但一些发展是不可避免的，这包括，技术会不断更新，新型微处理芯片、新型大规模数据保存系统以及基于光纤传导和无线传播的更快的通讯网络，将大大提高业务水平和计算机速度。

几乎所有商业技术的自动化和一体化进程都将继续，随之而来的，是带给信用部门一个问题，即拥有的信息太多却又太少。面对泛滥的信息，公司如何从浩瀚如海的信息中找出合适的数据，变得越来越重要。

对决策的重审

公司的状况在变化，客户的信用水平在变化，销售商对未来的预测也在变化。实际上，信用业务的变化是必然的，成功的信用经理应该认识到信用决策和信用额度必须定期地重新核查以及时更新。否则，公司将很难增加销售额、减少坏账损失、降低信用管理成本，并有效地管理应收账款。

不幸的是，尽管公司从不同渠道获取信用信息，进行仔细的、全面的信用决策，设定符合实际的信用额度，不时地重新审查这些步骤——结果仍然是，并非所有被接受的信用都会按时偿付，甚至有的货款永远都不会被偿付。

重要术语

能力　capacity	门槛　house standard
资本　capital	初次订货　initial orders
品质　character	不可撤销信用证　irrevocable letter of credit
抵押品　collateral	技工留置权　mechanic's lien
信用限额　credit limit	订单限额　order limit
信用额度　credit line	完备　perfected
电子数据交换系统 electronic	从属协议　subordination agreement
data interchange（EDI）	后续订货　follow-up orders
《统一商法典》Uniform	担保　guarantee
Commercial Code（UCC）	成文的信用政策　written credit policy

讨论题

1. 典型的公司信用部门的目标是什么？为什么信用部门的工作对公司的生存和盈利十分重要？

2. 公司信用经理可以作出哪些信用决策？

3. 在进行信用决策时有哪些重要的目标？

4. 列举并解释成文的信用政策包括的部分。为什么成文的信用政策对公司十分有用？

5. 解释信用额度的作用。设定信用额度有哪些典型的方法？

6. 信用决策分析过程中，针对"4C"因素应考虑哪些方面？

7. 信用决策中可以使用哪些类型的抵押品？如何完备有关抵押权益的协议？

8. 商业信用中的欺诈有哪些类型？信用经理应如何保护他/她的公司不受欺诈？

9. 初次订货自动接受系统有哪些优点和缺点？

10. 举例说明商业信用部门的自动化。

第 5 篇阅读参考

Management and Analysis of Business Credit Adler, Jane, "D&B：Meet the Competition." *Collections & Credit Risk*，April 1996，p. 30.

Dennis, Michael. "How To Get Financial Statements From Your Customers." *Business Credit*, July/August 1995, p. 5.

Dennis, Michael. "The Limitations of Financial Statement Analysis." *Business Credit*, February 1995, p. 32.

"Financial EDI: Improving the Business Cycle." *Business Credit*, April 1996, p. 21.

Gomez, Lucas, "Time for Change." *Business Credit*, November/December 1995, p. 4. (Business Credit Investigation)

Hanson, Randall. "What Credit Managers Should Know About Secured Transactions Under the UCC." *Business Credit*, January 1995, p. 10.

Hill, Ned C. and Michael J. Swenson. "The Impact of EDI on Credit and Sales." *Business Credit*, January 1995, p. 24.

Jeschke, Katherine, R. "Full Faith and Credit." *Business Credit*, July/August 1996, p. 15. (Fraud)

Kristy, James E. "Conquering Financial Ratios: The Good, the Bad, and the Who Cares." *Business Credit*, February 1994, p. 14.

Miller, Barry. "Cause-and-Effect Ratio Analysis Adds Decision-Making Value to Credit Scoring Models." *Business Credit*, February 1994, p. 27.

Millis, Robert. "How To Handle Waivers of Lien." *Business Credit*, January 1995, p. 14.

Naff, Kevin. "Teams Approach to Credit Management Gaining in Popularity." *Business Credit*, April 1995, p. 35.

Scherr, Frederick C. "Credit Department Structure and Policy-Making: Rethinking the Basics for a Competitive World." *Business Credit*, February 1996, p. 20.

Selby, Glenda K. "Credit Versus Sales? A Customer Service Approach." *Business Credit*, March 1996, p. 29.

Thorpe, Paula. "Financial Analysis for Today's Credit Profession." *Business Credit*, February 1996, p. 18.

Whiteside, David E. "Commercial Credit Data Gets Crowded." *Collections and Credit Risk*, December 1996, p. 39.

Zanolini, Ken. "Spotting the Bad Credit Rick—Ask Before, During, and After the Sale." *Business Credit*, June 1995, p. 15.

Zuckerman, Marc A. "Automating Financial Statement Analysis." *Business Credit*, May 1995. p. 29.

相关网址

http://www.dbisna.com 信息服务公司

许多公司在线提供他们的财务报表和其他信息。以下是其中一部分公司的网址：

　　http：//www. chryslercars. com　　克莱斯勒公司

　　http：//www. cocacola. com　　可口可乐公司

　　http：//www. dupont. com　　杜邦公司

　　http：//www. gm. com　　通用汽车公司

　　http：//www. jnj. com　　强生公司

　　http：//www. landsend. com　　Lands's End 公司

第**6**篇
国际贸易信用

第18章 国际贸易信用

学习目标

学习完本章后，你应该能够做到：

● 解释信用在国际贸易中的重要性；

● 讨论出口贸易中所遇到的信用问题；

● 描述美国进出口银行（Eximbank）所提供的保护措施；

● 解释在出口业务中所使用的不同销售条款；

● 讨论获得国外信用信息的渠道；

● 描述在国外信用业务中是如何使用信用证的；

● 评论美国以外信用卡使用的扩张。

内容提要

美国是世界上进出口商品最多的国家之一。但是，美国的国际收支平衡表却连续十几年出现赤字，这使得美国政府不得不对其对外政策进行重新评价，并采取了一些必要的调整措施以减少这些赤字。其中的一项调整措施就是，美国政府扩大了现有的联邦出口扩展计划，以鼓励那些目前没有从事或已经从事出口业务的制造商从事和扩大出口业务。

第二次世界大战后，日本、太平洋地区国家以及一些西欧国家，都大大地扩大了他们的出口。随着海外产品的日益丰富，美国的经济越来越成为一种"世界经济"。许多外国供应商和制造商在美国设立了分支机构，或者购买了一些原先的美国企业。想买到完全"美国制造"的商品变得越来越困难了。如果美国公民购买的外国商品超过了美国企业销售给外国消费者的商品，那么美国的国际收支账户就会出现赤字，也就是说出现了一个支出净损失。

向国外销售产品需要有专业的出口营销技能。当然，这些出口营销技能也包括应用信用的能力。一个公司有无信用政策或信用政策完善与否，决定了其国际营销活动的成功或失败。虽然国际贸易中使用信用交易的消费者处于国外，但这并不会改变信用管理的基本原则和程序。在国际信用管理中，要对国外客户进行信用调查，对风险进行仔细的分析，设定合理的信用限额，并且同样也要进行收账活动。但是，在国际信用操作中还是会有一些不同，并且会出现一些国内信用管理及收账活动不会遇到的问题。

出口贸易中的信用问题

大多数信用经理在出口贸易中遇到的主要问题是，如何才能准确地评估信用风险。国外信用消费者所包含的风险程度通常都较高，而且很难评估。但这并不意味着在与国外消费者交易时发生的损失要高于国内消费者。但因为以下几个因素，增加了出口信用的风险以及对风险进行评估的难度。所以在对国外信用风险进行评估时，必须考虑以下因素：进口商所在国政府、经济稳定性、货币与汇率、商业惯例、距离、出口信用保险的状况以及收账。

外国政府的政策

任何一个国家的经济和商业环境都直接地受其政府的态度和政策影响。一个国家的政治倾向，不论它是右倾的还是"左"倾的，都会影响其经济政策以及对国内商业和对外贸易的管制程度。世界上存在着不同类型的经济体制，在其中的一些经济体制中，私人的产权受到限制，而政府的调控力度非常强大。政府经常对国际贸易实施各种法规、进出口配额、税收政策以及其他一些限制措施，结果通常是使局势变得复杂和不稳定。

在决定是否向一个特定国家的客户销售商品时，企业的管理人员必须将客户所在国家的政治体制考虑在内。尽管能在国际贸易中避免政治影响将是很理想的，但是美国的企业发现，它们不可能忽略进口商所在国的政府这一因素，因为政府对企业经济活动的影响太大了。例如，从事商业活动的权利以及允许国外投资的范围，就是由政府的政策所决定的。

经济稳定性

同样的，出口信用管理者必须非常了解其国外客户所在国的宏观经济形势。尽管大多数美国人都知道美国经济中存在着经济衰退、通货膨胀以及利率的波动，但相对而言，美国的经济还是很稳定的。然而，一些外国经济却是非常不稳定的。经济周期的波动（有时是由政府的换届所引起的）会非常剧烈，并且持续的时间很长。此外，某些国家的一般生活水平会与美国的一般生活水平相差很大。

货币与汇率

出口贸易的内在风险之一，源于一些外国货币的不稳定性。在一个给定的时点，某种外国货币可以兑换成一定数量的美元，但不幸的是，这个兑换比率可能会经常地发生变动，这就导致收到的美元数量发生变动。

汇率风险必须由国际贸易中的某一方来承担。如果出口商以外国客户所在国家的货币（如英镑、比索、法郎、卢比等）作为结算货币，那么出口商就要承担汇率风险，即当进口商支付货款时，出口商将货款兑换成美元所收到的数额可能会少于预期数额。具体而言，在这种情况下，如果外国货币发生贬值，销售商收到的美元就会减少。但是，如果出口商是以美元作为结算货币（这也是更常见的做法），那么货币贬值风险就由进口商承担了。

这一风险不仅受货币相对价值变动影响，还受各国实施的外汇管制影响。通常，外汇只能从受中央银行系统控制的指定外汇经营机构那里获得。外汇管制随着一国政治和经济形势的变动而变动。过去，一些国家不允许进口商直接向美国汇寄美元，或者由于处于不利的汇率环境，进口商可能会延迟付款，直到可以得到有利的汇率。

从事国际贸易的公司的信用经理必须密切关注国际金融形势的发展。当他评估出口信用风险时，必须考虑以下几个因素：美元储备是否充足、外币贬值发生的可能性以及货币政策的限制。

商业惯例

同美国相比，大多数国家的企业并不具备先进的管理方法和**有效的管理工具**（tools of efficient business management）。这些不足在会计记账及财务报表编制方面尤显突出。外国的商业企业，除了那些地处最大贸易中心的企业外，可能都没有雇佣训练有素的会计师。而且，一些外国商人仍然坚信他们古老的观念，认为仅凭他们的名声以及正直的品质，就足以供出口商评估他们的信用。有些外国进口商往往对美国出口商的做法感到恼怒，因为他们认为美国出口商要求他们提供的一些信用资料是不必要的。通常，这些企业已经营多年，并且与美国公司进行信用交易也有相当长的时间了。实践证明，不慎重地要求他们提供某些资料，会导致他们的不愉快。此外，有些外国企业连编制的财务报表也不愿意提供，因为他们害怕这样做会泄露商业秘密。虽然近些年来随着越来越多的企业采用了先进的商业惯例，这些冲突已经逐渐减少，但是要从外国客户那里搜集到足够的财务信息，仍然是一个难题。

语言障碍进一步恶化了财务数据不足或质量不高的状况。尽管交易双方很重视国际贸易中对外语的要求，但是通常没有一方非常精通技术术语、商业概念以及贸易术语。这样，在国际贸易中就很可能出现误解、争议，有时进口商甚至会拒绝收货。

商业惯例同样还受各国不同商业法律的影响。一般而言，诸如进口限制及许可证、合同及所有权法、破产法、商业仲裁法和专利法等这类商业法律都是非常专业和复杂的。正是由于各国法律规定的极大不同，大多数出口商在第一次与某一特定国家的进口商进行交易之前，都应该先征求那些熟悉国际法律的律师的意见。

距离

出口商与进口商之间相隔遥远，会使得风险评估更加复杂。如果国内客户的财务信息不足，信用经理或其代表可以亲自去拜访该客户的经营场所，并能从一些非财务信息上做出判断。但是，拜访一位外国客户的可能性是极小的，特别是在涉及的款项金额不大时。所以，信用经理几乎是完全基于信用调查机构及其他信息来源所提供的一些财务数据做出信用决策的。此外，即使是知名的信用报告机构，也并不是总能得到关于外国客户的有价值的信用资料。因为这些机构在国外分部的人员配备可能不够充足，而且也可能缺乏获得重要信息的渠道。

另一方面，距离因素还会影响销售条款。通常，在国际贸易中，发货与商品到达进口商之间存在着一个更长的时滞。正因如此，国际贸易中销售条款规定的付款期要长于国内贸易，这又导致国际贸易中应收账款期限变长。信用经理报告说，近些年来，随着争取国外客户的竞争加剧，客户对信用期限的要求也越来越长。由于信用经理远离这些外国客户，要分清客户到底是在玩弄债权人，还是出于一些合理原因而延迟付款就变得非常困难了。不论情况如何，企业处理国外账户所要求具备的能力要高于国内账户。此外，为了与其他出口商竞争，企业往往会给予进口商一个更长的付款期，这又进一步加剧了汇率风险及因进口法规的变更而产生的风险。

政府鼓励出口的计划

世界上大多数主要的出口国不是采取了**出口信用保险**（Export credit insurance）计划，就是为保护债权人而对债务人的违约风险进行了担保。美国的**进出口银行**（Export-Import Bank）（http：//www.exim.gov）就是一个帮助企业处理出口业务的国家机构。该机构通过提供一系列的贷款、担保以及保险计划来，帮助美国出口商筹集资金。

营运资本担保

这个担保计划用于帮助小企业获得营运资本以从事出口业务。通常，担保计划为商业贷款提供者提供给合格美国出口商的贷款90％的本金和利息提供担保。这种贷款可用于出口前的生产活动，如购买原材料或制造出口商品等。

出口信用保险

出口商可以通过保险经纪人或直接从进出口银行购买进出口银行出口信用保险，以降低风险程度。该保险对出口商就外国购买者不偿还债务进行保险。进出口银行通常承担出口商所提供的海外信用95％的商业风险和100％的政治风险。该保险项目鼓励出口商提供更有竞争力的销售条款，并帮助他们渗透到高风险的国外市场中去。

直接贷款及担保

进出口银行还为购买美国商品和服务的外国客户提供直接贷款，并为他们的融资提供担保。这两个计划所提供的资金金额，通常约占出口总值的 85％，还款期限为 1 年或 1 年以上。

研习班与简况报告会

进出口银行还会在其内部以及全国各地召开一些研习班、简况报告会以及个人讨论会。

收账

出口信用经理需要关心的另一个问题是如何收回货款。与收回国内客户的欠款相同，收回国外客户的欠款，也是执行信用政策的一个内在风险。由于收回逾期出口货款要花费较多的费用，再加上各国商业法律的不同，以及我们在上文讨论过的各种因素，出口信用中的收账问题显得非常复杂。正是由于在收账上存在的问题较为严重，国外客户要获得信用账户所需达到的条件就要高于国内客户。尽管在提供国外信用方面制定了较严格的限制条件，债权人要收回货款仍需经历一些困难，并且可能承担一些坏账损失。

在出口信用中，造成国外消费者违约的原因、使用的收账程序以及为解决问题所需使用的各种方法，都与国内信用相似。正是由于各种影响国外收账活动的因素，信用经理建立内部控制机制以尽早发现那些逾期未付款的账户就显得尤为重要。一些迅速的补救措施，如发邮件、打电话或发电报等，通常都会有助于发现客户延迟付款的原因。一旦确定了原因，信用经理就能制定出更明智的收账计划，并能更有效地执行这些计划。

当各种收账方法都失败了，并且该笔出口货款最终被定义为"强制收账款项"或"涉及法律诉讼的款项"时，信用经理面临着一个十分棘手的问题。应收账款处于这一阶段时，信用经理需要决定是否值得实施进一步的措施。在国外打官司往往既花钱又费时，而且其最终结果可能并不能弥补所花费的成本。显然，只有大额的未付款项才值得考虑采取法律措施。如果真的需要执行法律措施，那么债权人应该咨询他们的银行、法律顾问，或向某个出口机构征求意见以便在国外找到一位能干的法律顾问。在一些国家，只有其国民才允许作为律师参与诉讼案件。美国出口商聘请外国律师进行诉讼活动也并不总是有利的，经常会觉得自己的权利并没有得到完全地实现。

如果一笔国外应收账款处于强制收账状态（因采取法律诉讼而区别于普通收账），一些知名的机构可以提供有益的帮助。邓百氏公司以及国家信用管理协会的 FCIB 就是这样的机构。这些机构经常使用一些所谓的"道义劝告"，以强调维持良好信誉的重要性。

此外，还可使用商业仲裁来对逾期未付的账户进行迅速且成本较低的处理。由美国仲裁协会、合作性行业协会以及美国商会联合组织的全球性仲裁系统已经运作许多年了。

判断国外信用风险需考虑的因素
- 外国政府的政策
- 经济稳定性
- 货币与汇率
- 商业惯例
- 距离
- 政府鼓励出口的计划
- 收账

出口销售条款

近些年来，在许多国际市场中，对国外客户的争夺变得异常激烈。当存在这种情况时，进口商往往会讨价还价以争取更宽松的信用条款。当前，这种讨价还价已经变得非常普遍，因而许多信用经理都相信，能否提供一些特别的信用条款，是一笔交易能否达成的决定性因素。但是，出口信用经理必须小心，避免将信用授予那些利用竞争环境，但财务状况却不佳或已恶化的公司。尽管当前的竞争环境加剧了出口商的信用问题，但是其未来发展还是很乐观的。因为随着竞争的加剧，一些国际市场将会克服它们复杂的政治和经济环境的影响，使得汇率风险以及货币限制大幅下降。

正如国内贸易的销售条款以交易所包含的风险程度或交易特殊的环境来对信用账户进行分类一样，国际贸易中所使用的销售条款至少在一定程度上也体现了交易所包含风险的性质。按照风险逐渐降低的顺序，**出口销售条款**（export terms of sale）可被划分为以下几种类型：

1. 开放性账户；
2. 委脱销售；
3. 票据托收；
4. 委托购买书；
5. 出口信用证；
6. 交货前付款。

开放性账户

开立一个**开放性账户**（open account）并使用弥补距离因素以及正常延迟时间的销售条款，在出口信用交易中是很少使用的。出口商只有在非常信任客户，并且外汇供应情况也有利的条件下才会使用这种销售条款。因为在一些国家，清偿票据债务能比清偿开放性账户欠款更优先地获得外汇。

委脱销售

委脱销售（consignment sales）在对外贸易中的使用范围也很小，特别是在存在外汇和货币管制，因而外汇不能自由兑换成美元的情况下，出口商是不会使用这类销售条款的。各国对商品所有权转移的法律规定是不同的，而仅仅这些法律就可能妨碍这类销售条款的使用。但是，如果出口商将商品发运给他们非常信任的老主顾，或是发运给他们海外的子公司和销售代理，是可以使用委脱销售条款的。使用该销售条款时，客户必须处于一个较发达的市场中，该市场中的贸易机构和银行机构必须具备处理委脱销售的能力。

票据托收

即期汇票和远期汇票是出口信用销售中使用极广的信用工具。**汇票**（draft）是一个人对另一个人发出的支付命令书。**即期汇票**（sight draft）要求在见票时立即付款，而**远期汇票**（time draft）则是规定在未来的某一时间付款。票据上所规定的付款货币既可以是美元也可以是外国货币，这取决于出口商和进口商之间所达成的协议。

通常，出口贸易中所使用的汇票（不论是远期的还是即期的）都是跟单汇票，而不是光票。**跟单汇票**（documentary draft）附有全部所有权文件及重要的货运单据，如提单、保险单以及装运单据等。而**光票**（clean draft）则不附有任何其他单据。当进口商收到货物时，出口商可通过银行发出光票以收回货款。

当使用汇票托收时，出口商应读一读由国家信用管理协会出版的《商业法律信用手册》（Credit Manual of Commercial Laws），该书每年出版一次。该书在销售条款、贸易术语以及各种文件要求等方面提供了许多有用的信息。此外，为了避免产生误解、出现延期付款或使用更复杂的收账程序，应清楚地规定银行对票据进行托收所使用的工具、外国银行汇回款项所使用的方式，并事先确定收账费用、税费以及其他一些费用。

委托购买书

出口销售条款可能会规定以附有**委托购买书**（authority to purchase）的跟单汇票进行付款。委托购买书授权一家本国银行，代表一家外国银行购入出口商向进口商签发的跟单汇票。该委托使出口商能够立即兑现跟单汇票从而迅速获得资金。

出口信用证

如果出口商要求更加确定的付款保证，那么除了采用发货前付款方式之外，还可以要求进口商开立一张出口信用证。

《统一商法典》对**信用证**（letter of credit，L/C）所下的定义如下：信用证是由银行应客户申请开立的，承诺在满足信用证上所规定的各项条款时，由银行保证按汇票或其他支付命令付款的单据。

在一笔要求以信用证方式付款的出口贸易中，外国进口商同银行交涉，以出口商为受益人建立一个信用账户用来支付货款。通常，只要收到货物装运单据，银行就会付款。所以，在出口信用证方式下，进口商的银行承担了付款的责任。

由外国银行开立，并被美国银行所承兑的信用证，称为**不可撤销出口信用证**（irrevocable export letter of credit）。不可撤销出口信用证也可能由美国银行开立，或虽由外国银行开立但并没有被美国银行所承兑。该类信用证项下的票据是由外国银行进行支付的，而不是由美国银行支付。当然，在出口贸易中也有可能开立一张**可撤销出口信用证**（revocable export letter of credit）。由于这类信用证可能被取消或条款被更改，因此出口商仅就银行承兑该信用证项下的即期或远期汇票获得短期的保证。出口商很乐于使用这两种正式的信用工具，而它们的使用范围也很广。

由于在不可撤销信用证的条款下，出口商能够立即将获得承兑的汇票转化为现金，所以出口商更乐于使用这种类型信用证。使用这种信用证时，出口商所需做的全部工作就是签发一张附有运输单证的汇票并将它交给承兑行。银行在核实了出口商的权利之后即承兑该汇票。一旦银行承兑了不可撤销信用证条款下的汇票，出口商就能立即在公开市场上将该汇票贴现，并可获得除去贴现利息外的所有货款。所以，实际上，以不可撤销信用证销售就相当于现金销售。当然，如果出口商想节约贴现费用，他可以持有该票据直至到期。

表 18—1 列出了使用出口信用证过程中可能出现的问题。

表 18—1　　　　　　　使用出口信用证可能出现的问题

注意以下使用信用证过程中出现的红色警报	
汇票可能出现的问题 汇票上的小写金额或大写金额与发票上的不同。 向购买商而不是开证行签发票据。 信用证的号码以及开证日期未标明或错误。 出票人名称不同于发票上的名称。 汇票向特定受益人开出，但汇票背面却没有写明该受益人名称。 信用证条款要求签发汇票，但却没有签发。 汇票内容与信用证内容不同。 信用金额超出信用额度。 金额与发票上的数量不相符 **发票可能出现的问题** 发票上的名称和地址与信用证中的不同。 发票上的商品数量与其他单证中的数量不一致。 单价以及由单价所计算出来的总价不正确。 缺少销售条款（如 FOB, C&F, CIF 等）或销售条款不正确。 缺少信用证所要求的单证。 在要求签字的情况下缺少签字。 发票上的标号与其他单证不同。	发票与信用证列明的商品描述不同。 发票上显示出信用证条款所不允许的超运、短装或分批发货。 所提交的发票联数不足。 对预先确定的发货，进行信用证条款禁止的货运或费用调整，（如电报费、航空邮寄费、储存费、利息费用和通讯费等）。 **提单可能出现的问题** 没有提供信用证条款中所要求的全套单证。 不清洁提单（提单中有诸如包装出现问题或商品质量有缺陷等标注）。 提供包租船提单。 没有显示出商品已实际"发运出港"。 提单上的发货港口及收货港口与信用证上的不同。 没有体现是否预付了运费。 表明商品是装在"甲板上"发运的。 提单签发日期迟于信用证条款所规定的日期。 没有货运人/代理人/货主的签字。 提单上的商品描述与其他单证上的不符。

续前表

注意以下使用信用证过程中出现的红色警报	
保险单可能出现的问题 承保险种不符合信用证条款的要求。 保险偿付的货币种类不符合信用证的要求。 保险单或保险证明书没有签字或适当的背书。 保险生效日期迟于商品发运日期。 保险金额不足。 保险单上的商品描述与其他单据上的不符。 没有提供全套单据。 保险单上的一些修改未经授权。 保险单不可转让（除非信用证条款允许）。 保险单未经双方签字。	当提单显示商品要经过转运时，保险单并未对转运进行保险。 当要求提供保险单时却提供了保险证明书。 **其他单证应注意的问题** 原产地证明应符合进口国要求。 当要求出具商品的重量单，装箱单或体积单、分析证明和检验证明时，必须填制详细并完全符合信用证条款的要求。 当要求公证时，各单据必须按信用证条款进行公证。

注：上述资料亦可见——Erice R. Anderson，"Coming to Terms with Importers"，*Business Credit*，March 1993，p. 15；and Sidney S. Goldstein and Bruce S. Nathan，"How Strict Is Strict Compliance?" *Business Credit*，May/June 1990，p. 39.

资料来源：Herman J. Ortmann，"The Pitfalls of Letter of Credit"，*Business Credit*，November-December 1990，p. 24. Permission granted by the National Association of Credit Management，*Business Credit*.

交货前付款

在出口贸易中，出口商要求进口商在交货前先付款的情况与国内贸易中的情况一样，即当进口商不能申请到信用证，或进口商信用等级明显较低时，出口商往往就会要求进口商以**交货前付款**（cash before delivery，CBD）的条款交易。但是，出口商要求交货前付款，也并不一定完全是由进口商造成的，当进口国的外汇环境处于这样一种状况下，即如果使用了较宽松的销售条款，那么款项可能被拖延很长一段时间，这时出口商也会要求交货前付款。在国内贸易中，商品很少是以这种条款销售的，国际贸易中也一样。

> **出口销售条款**
> ● 开放性账户
> ● 委脱销售
> ● 票据托收
> ● 委托购买书
> ● 出口信用证
> ● 交货前付款

国外信用信息的来源

对国外信用客户和国内信用客户所进行的信用评估是基本相同的。当然，对国际贸易中特有因素进行的评估是例外。同样，国际贸易中信用信息的来源以及信用报告的内容和格式，也基本上与国内贸易信用分析中常用的相同。但是，正如我们前面提到的一样，由于国外信用报告机构的人员配备有时不够充足，而且这些机构并不总能获得全部必需的信息，所以我们并不是总能获得有关国外信用客户的良好的信用资料。

外国购买商信用信息的来源可以被分为以下两类：国内来源和国外来源。国内来源又可以进一步划分为商业信用报告机构、出口商的银行、美国商业部和有关外贸的出版物这几个来源。而国外来源则包括进口商、进口商的银行以及出口商的海外销售代表等。

商业信用报告机构

随着这些年来出口以及世界贸易范围的扩大，信用报告机构所能提供的高质量的信用报告服务也越来越多了。邓百氏和国家信用管理协会（NACM）的 FCIB 就是两家非常著名的提供国外信用资料的机构。这两家机构都提供世界上大多数自由贸易国家的制造商、批发商、销售代理商以及其他商业企业的信用报告。邓百氏还提供一些东方国家的企业的信用报告。随着 Equifax 信息服务公司以及 Experian 公司（前身为 TRW）加入这一领域，进一步加剧了这个行业的竞争。

邓百氏公司

邓百氏公司在许多国家都设有办事处，并且拥有一个信用代理商的国际网络。国内和国外的制造商、批发商及银行都可以从邓百氏公司的分支机构那里获得信用资料。他们提供的关于国外客户和国内客户的信用报告类型是基本一致的，除了国外报告要求将报告的重点放在外国客户的背景和信誉上，而不是放在财务状况上。信用报告和国际出版物中使用的绝大多数信用信息，都是邓百氏公司的国外机构通过详细的信用调查所搜集的。

邓百氏公司拥有一个世界范围的信用信息交流网，使用这个网络，在欧洲、北美洲和太平洋地区，都能进入公司的信用信息数据库。客户可以通过他们的标准打印终端或个人计算机来获得这些数据。其中，欧洲的信用信息数据库以 6 种语言提供了各种简要的信用资料。

邓百氏公司出版了十几种主要的国际贸易参考书和工商指南，其中包括《出口商百科全书》（*Exporter's Encyclopedia*）。这本书详细列出了在180 多个国家进行贸易时需要注意的各种因素和规则，它能给信用管理人员提供很多有价值的帮助。该书最主要的部分有以下几个：要求的单据、进口许可证、外汇管理法规以及主要合同等。

邓百氏公司还提供以下一些服务：（1）通过其分支机构和代理商网络提供国际收账服务；（2）市场研究；（3）专项调查；（4）出口支持；（5）广告宣传；（6）直接营销。

FCIB-NACM

FCIB 是国家信用管理协会中负责国际事务的部门，他为那些从事国际贸易活动或对国际贸易感兴趣的协会会员服务。

早在 1919 年，国家信用管理协会就创立了这个由会员所有的 **FCIB-NACM 公司**（FCIB-NACM Corporation），目的是为了帮助出口商处理国际贸易中内在的诸多信用问题。就像与 FCIB 承担相同职责但负责国内事务的部门一样，他起到一种偿付记录交流所的作用，只不过 FCIB 负责交流的是国外客户对出口商的偿付记录。这一机构所提供的资料并不是历史资料或财务资料，而是关于美国出口商的真实分类账信息以及信用经历信息。FCIB 所提供的外国企业信用报告的主体部分与商业信用报告基本相同。但是，在外国企业信用报告中，就一个特定账户向 FCIB 进行报告的会员往往将国外客户为以下几个信用等级：高、较好、基本满意，不满意以及差，并相应地以 Q、R、S、T 和 U 这 5 个字母来表示。

FCIB 提供的其他服务：

1. 提供跨国收账服务。

2. 为参与信息交流的会员免费提供全部的国外信用交流报告的复本。

3. 每两周提供一期信用简报。

4. 提供每月以信件或人员参与方式举办的圆桌会议的会议记录，该会议会讨论国外信用、收账和汇兑等相关问题。

5. 提供咨询以及市场研究服务。

Equifax 公司的国际业务

Equifax 公司有 3 个主要的国际部门：Equifax 加拿大部、Equifax 欧洲部和 Equifax 南美部。这几个国际部门提供许多服务，包括：消费者信用信息服务、应收账款服务、支票保付服务、市场信息服务、信用评分服务以及收账服务。

Experian 公司（前身是 TRW）

在 1996 年 11 月，原先的 TRW 信息服务公司被英国诺丁汉州的 CCN 集团所合并。这家新的全球信息提供商在他服务的所有市场上都处于领先地位，他提供许多与信用相关的服务。Experian 公司还持有日本第三大消费者信用报告公司——中央信息交流社的少量股份。CCN 集团在英国、荷兰、意大利、法国、德国、西班牙、比利时、加拿大、南非、澳大利亚以及美国等国家和香港等地区都有经营活动。

商业银行

通常，出口商进行国际贸易时参与交易的银行会拥有一些外国客户的信用资料。这与银行作为国内客户信用信息来源的职能发生了直接冲突。由于银行经常直接地参与出口信用销售，他们逐渐地积累了大量的外国信用信息。由于在出口信用交易中经常使用到汇票和信用证，这使银行对出口信用经理所关心的信用信息产生了兴趣。

如果银行的客户是以信用为目的，他就可以从银行获得一些信用资料，而这些资料往往包含在银行的大量文件中。当要求获得这些信用资料时，债权人应该完整地回忆出口信用交易中所有的细节。完整的交易资料有助于银行作出最准确和最有用的回复。此外，由于银行的国外机构以及联行拥有关于进口商偿付国际贸易债务的第一手资料，这能使银行可能获得一些自有档案中所没有的信用资料。

出口信用经理非常重视银行拥有的国外客户资料。他们从银行可能获得的资料包括：进口商公司的历史和发展中的重要事件；进口商公司的财务实力和能力（如果可以获得的话）；由银行的海外分支机构和联行提供的进口商偿付记录。通常，通过商业银行这一渠道可获得完整的、高质量且可迅速得到的信用资料。

其他来源

信用经理还可以从许多其他的来源获得一些有价值的信用信息。如国际贸易方面的出版物、出口商协会和进口商的银行都可以提供一些有价值的补充资料。如果出口信用经理能与各个国际贸易行业组织保持密切的联系，那么他很容易就能获得关于特定市场以及其他成员遇到的汇兑问题等方面的重要资料。当然，出口商的销售人员、国外代理人以及客户也都是不可忽视的信用信息来源。

美国商业部能提供一些关于国外公司的有价值的资料，他的国际贸易统计报告对出口商也很有价值。而美国的国外服务机构则负责保证那些对信用经理作出决策有价值的资料的真实性。

最后，我们再简单地介绍一下所谓的"边缘法银行（Edge Law Banks）"。1919 年 11 月颁布的《边缘法》（Edge Law）是《联邦储备法》的一个组成部分，它主要对联邦商业公司独立从事国际或国外银行业务或者从事其他一些国际金融业务进行法律上的规定。这些银行是信用经理获得有价值信用信息的非常好的一个来源。

信用卡在美国以外地区的流行

目前，银行信用卡是美国最成功的出口产品之一。随着世界各国经济的发展和繁荣，对信用服务的需求也越来越大。国外的老百姓都很欢迎信用卡，这使信用卡的使用也得到了迅速的扩张。目前，信用卡使用最多的国家和地区有日本、中国台湾、韩国以及许多欧洲国家。甚至一些拉丁美洲国家在控制住通货膨胀之后，也显示出相当的信用卡使用潜力。欧洲的信用卡交易量保持着迅猛的增长势头，特别是在英国和德国。

重要术语

委托购买书 authority to purchase   出口销售条款 export terms of sale
交货前付款（CBD） cash before delivery（CBD）
FCIB-NACM 公司 FCIB-NACM Corporation
光票 clean draft
不可撤销出口信用证 irrevocable export letter of credit

委脱销售 consignment sales　　信用证（L/C） letter of credit（L/C）
跟单汇票 documentary draft　　开放性账户 open account
汇票 draft
可撤销出口信用证 revocable letter of export credit
即期汇票和远期汇票 time and sight drafts
出口信用保险 export credit insurance
有效的管理工具 tools of efficient business management
进出口银行 Export-Import Bank

讨论题

1. 你认为为什么美国国际收支会连续十几年出现赤字？

2. 为什么美国制造商对国外市场的兴趣越来越大？

3. 什么因素加剧了对国外信用购买者进行信用风险评估的问题？请对各因素进行解释。

4. 你认为国外的信用运营比美国更先进还是更落后？

5. 出口信用保险的基本目的是什么？

6. 美国进出口银行提供的服务有哪些？

7. 说明使用委脱销售条款和开放性账户所需具备的条件。

8. 即期汇票和远期汇票有什么不同？

9. 评价以下观点："实际上，使用不可撤销出口信用证条款销售相当于现金销售。"

10. 为什么美国企业更喜欢以交货前付款条款进行销售？

11. 请阐述获得信用信息的国内来源和国外来源之间的异同。

12. 为什么商业银行是获得国外客户信用信息的一个来源？

13. 什么是 FCIB？解释他所承担的职责。

第6篇阅读参考

International Trade Credit

Bocchino, Ralph. "Improving Your Collections of Foreign Receivables." *Business Credit*, November/December 1996, p. 47.

Burd, Laura. "Export Credit Insurance: The Risk Management Tool With an Edge." *Business Credit*, July/August 1995, p. 23.

"Distance Neighbors: Prospects for a First World Credit Economy in Mexico." *Credit World*, July/August 1996, p. 24.

Feely, Mary. "The Obstacle Course in Overseas Markets." *Collections & Credit*, April 1996, p. 49.

Flock, Michael. "Doing Business Abroad: Open Account or Letter of Credit?" *Business Credit*，March 1995，p. 23.

"Managing Risks by Selling Internationally on Open Account." *Business Credit*，January 1996，p. 13.

McIntosh, Paul F. "Export Credit Management—Is It Different?" *Business Credit*，November/December 1996，p. 7.

Mose，Max G. and Murry S. Lubitz. "Selling and Collecting Internationally：A Survey for Credit Grantors—Part 1：From Australia to Ireland." *Business Credit*，November/December 1996，p. 25.

Richard，Leslie A. and Stephen F. Borde. "International Trade Financing：An Exposition and Update." *Business Credit*，November/December 1996，p. 19.

Roth，Louis A. "Export and Domestic Trade Insurance." *Business Credit*，March 1995，p. 4.

Stroh，Leslie. "Safe Harbors for Oversea Shipments：A Guide to Protecting your Exports." *Business Credit*，November/December 1994，p. 21.

Wagoner，Jeffrey L. "Extending International Credit and Collecting Foreign Debts." *Business Credit*，November/December 1996，p. 29.

Williamson，Irene K. "Entering New Markets：The Practical Pilgrim." *Credit World*，November/December 1995，p. 11. （International Trade）

相关网址

http：//www. exim. gov 美国进出口银行

第 7 篇
收账管理与控制

第19章　收账政策与实践

学习目标

在学完本章后，你应该能够做到：

- 描述一个运行良好的收账系统所要达到的目标；
- 解释导致债务无法偿付的一些常见原因；
- 讨论影响收账政策的各个因素；
- 解释收账系统的各个重要组成部分；
- 描述在一个普通的收账系统中存在的 4 个不同阶段；
- 讨论在各个不同收账阶段中可能采取的各种措施和可能使用的各种收账工具；
- 描述自动收账系统的使用。

内容提要

收账是任何信用业务的一个内在组成部分。一些客户往往会拖延债务的偿付，有些客户甚至根本就不准备偿付欠款。显然，以上所描述的这两种情况，都会对信用运营的盈利性产生不利的影响。

运作良好的收账系统所要达到的目标

任何一个收账系统都必须能够收回账款。然而，由于公司还必须同维持良好的客户关系、恢复客户的信誉、鼓励客户迅速付款并尽可能降低收账费用，所以，要收回货款就变得很困难了。每家公司都必须考虑以上的几个目标，并决定应优先达到其中的哪些目标。如果及时收回货款是公司最主要的目标，那么一旦发现某笔款项没有按时偿付，公司就会立即全力以赴地采取收账措施。但是，所采用的收账方法可能费用很高，而且还可能会破坏同客户的良好关系。另一方面，如果一个公司最主要的目标就是要维持同客户的良好关系，那么他对客户的付款要求和所采用的收账方式就会很温和，甚至是委婉的，但这样做会使得收账的进程放慢。公司必须了解收账努力和利润之间的关系，以决定所应采取的最佳收账方法。

补充公司的营运资本头寸

每一个公司都需要现金以维持公司运营。如果收账活动滞后了，那么公司可能就需要从外部借款以偿付自己的欠款。通常，在一个大公司中，收账部门必须与财务经理密切合作，以预测未来几个月内所能收回的现金以及可使用的现金额度。如果债权人要避免现金流产生问题，就必须及时并足额地收回货款。

降低运营费用和坏账损失

尽管收回账款项是重要的，但是收账系统不能使公司负担过多的费用。收账费用通常包括电话费用、邮寄费用、法律费用、收账机构的费用以及参与收账活动的雇员工资等。一般来说，一笔货款的偿付被拖延得越久，收回它的可能性就越小。对未按期付款的债务人未采取适当补救措施的时间越长，收账要花费的费用也就越高，因为这时要收回货款，通常需要采用更复杂的收账方法。

最大的一项费用就是坏账损失。**坏账损失**（bad debt）是一项运营费用，当一笔货款被认为是不可收回的，并且货款金额被用于冲销公司销售收入时，就发生了坏账损失。确定坏账损失的目的，就是要在一笔款项不可收回时停止一切收账活动。做出冲销一笔货款决定的原因是不同的，这些原因可能包括债务人企业的倒闭、债务人的消失以及有理由确信客户永远不能偿债等。但是，这时债权人可能并没有完全放弃，他可能会偶尔地去调查一下债务人的状况，看看债务人的状况是否得到改善，收回款项的可能性是否增加。有一些导致坏账损失的原因，如一些法律限制或债务人破产造成的收账障碍，将使债权人无法采取任何后续措施。

维持良好的客户关系

收账可能是一种很伤感情的行为。几乎没有任何客户愿意承认他们没有能力完成付款义务。实际上，有时是因为债权人的错误，或者由于发生了一些异常的情况（如原始发票丢失）而采取了收账措施，客户可能并不存在任何有意的违约行为。客户即使因为一些不幸的事件而不能如约付款，但在度过这些短暂的难关后，可能又会成为良好的客户。一个收账系统不应该过早采取严厉的收账措施。收账行为以及收账方式应该与违约的严重程度相称。维持良好的客户关系对吸引合格的客户再次购买企业的产品，以及使企业在社区内保持良好的声誉，都是很重要的。

恢复客户的信誉

有些客户确实存在一些失误，并且未能按期偿付。作为收账程序的一部分，债权人可能要同这些客户一起努力，以帮助他们找出不能偿付的原因并帮助他们改善信用行为。这些客户可能是由于延误、过度负债或对债务不谨慎而不能按期付款的。如果延长他们的信用期限，并帮助他们确认负债总额、分析各种收入来源、制定出可行的偿付计划，他们将从中受益。帮助那些可以从补救措施中受益的客户，将有助于维持他们同债权人的长期合作关系。

扩大销售

一个好的收账部门通常能够扩大销售。信用客户一般都会从那些他们及时付款并维持着良好信誉的公司那里购买商品。如果贷款提供者能按约定帮助借款者进行定期支付，借款者就会向其申请更多的借款。同样，如果不能很好地处理以前的收账问题，可能会使债务人感到困窘，从而阻碍了未来的销售。在这种情况下，客户会转向公司的竞争对手购买所需的商品。

促进同客户的沟通

其实有时，造成收账困难的原因只是没能与客户进行适当的沟通。债权人与债务人之间的接触与沟通必须是及时而有效的。有时候，发票传送延误了，而债权人自己又没有进行适当的沟通，这样就产生了误解。一些合理的误解可能使得客户在账单到期时没能进行偿付。与客户的沟通包括当客户没有按期付款或违反了信用协议时，及时地采取后续措施。例如，如果一笔款项原本应该在星期一偿付而款项没有到达，那么债权人就应该在星期二询问客户，以查明为什么款项仍未到达。债权人同样还必须不时地提醒债务人他们违约的严重性。收账活动需要有圆滑有效的交流技巧和对客户行为的理解能力。优秀的收账人员都是有恒心并且善解人意的，此外，最重要的是他还是一个优秀的沟通者。

收账系统的目标

- 补充公司的营运资本头寸
- 降低运营费用和坏账损失
- 维持良好的客户关系
- 恢复客户的信誉
- 扩大销售
- 促进同客户的沟通

未偿付的原因

导致客户不进行偿付的原因有许多种。不同原因导致的未偿付状况，其严重程度以及收回款项的可能性是大不相同的。当然，收账人员要尽快地确定款项未按时偿付的原因。使用的收账工具以及总的收账效果也会因未偿付原因的不同而不同。

债务人误解信用条款

如果债务人对信用条款产生了误解，他就可能察觉不到欠款已经到期了。这种情况的发生，可能是由于债务人没有收到发票或账单，也可能是发票或账单丢失了，还可能是发票或账单上的条款不清楚。有时，在商业信用业务中，销售代表为了完成一笔交易，可能会给予客户必要的额外时间进行货款的支付。当然，客户可能会假装不知道欠款已到期，而以误解条款作为借口。为了维持同客户的良好关系，收账人员通常都应该相信客户确实是误解了条款。但是，如果一位客户过多地使用这个借口，收账人员就有理由不再相信该客户未察觉款项已经到期。

对金额产生争议

有时候，客户会觉得销售商的要价太高，或者觉得他们收到的商品属于次品。还有一些时候，客户会觉得账单金额是不正确的。在这些情况下，收账人员就需要仔细地搜集可用来作为证明的事实，有时还要做进一步的调查。一旦争议解决了，债权人通常很快就能收到货款了。

债务人的粗心或无效率

从这类债务人那里收回货款应该没有什么大问题。这类债务人由于受其他一系列问题的干扰而忘记了偿付欠款。他们可能使用了一个低效率的记录账单到期日的系统，或者是由于他们太粗心甚至是健忘。在大多数这类情况下，只要有一个账单到期的提示，就可以马上收回款项，并且不会破坏同客户的良好关系。

由于债务额太小使客户忽略了偿付

一小部分负责应付账款的职员或客户会觉得，如果负债金额太小，他们目前可以暂不付款，直到该款项金额变大，再开出一张支票一次性支付全部的欠款。在这种情况下，债务人企业并没有试图逃避付款，而只不过想延长一段时间会在将来对债权人进行偿付。这种情况除了造成债权人采取收账活动的麻烦之外，通常还会产生另一个问题，那就是一笔负债金额算不算"小"的标准不同，也就是说对一个企业来讲某一金额是小的，但对另一个企业而言可能并不小。

债务人有延迟偿付的习惯或本性

有一些客户有延迟付款的恶名。对这类客户，债权人只有在使用了各种收账方法并作出各种不同程度的劝告之后，才能收回货款。如果一家公司事先就知道一位客户属于这种类型，但仍决定向其销售商品，就必须仔细地分析一下销售所能带来的毛利，并将它与销售带来的成本相比较。由于收账需要花费资金，这种销售的成本一般都比较高。即使有可能失去一位客户，负责收账活动的管理人员也应对那些具延迟付款习惯或本性的债务人采取严厉的收账措施。这类客户的责任心很差，债权人一般都不愿意向他们销售商品，而且即使向他们销售商品，也不能产生什么利润。

财务管理不善

这种类型的客户给收账部门的经理造成的麻烦可能是最多的。一般来说，这类客户还是很诚实、很乐观的，但是他们购买过度了。由于财务管理状况不好，他们往往会发现自己无法完成已达成的协议条款。债权人决定是采取严厉的收账政策还是宽松的收账政策之前，必须对这一类客户学会进行合理购买的可能性作出判断。该债务人能否被纠正并成为一个好的客户呢？如果这一问题的答案是否定的，那么就应该终止同他们的业务关系。

客户暂时缺乏现金但信誉良好

这类客户通常是由于一些不可控制的因素，如疾病、丧失收入、经营状况恶化或其他事由而无法按期偿付。虽然这类债务人实际上并不是想逃避债务并且他们的违约也不能被视为是出于他们的本性，但是债权人还是不应该推迟收账行为。债权人应尽快地作出一些善意的调整或者延长信用期限，并且应该坚持要求债务人竭尽全力达到新协议的要求。

只有使用强制措施才能收回账款

这类客户在本质上与那些有延迟偿付习惯的客户相类似。但是，在与这类客户打交道时，债权人要进行更多的说服工作，有时甚至是进行威胁，才能收回款项。大多时候，除非对他们做出强烈的要求，否则他们会延迟偿付或者根本不付款。信誉对那些已经习惯严厉收账行为的企业根本就不算什么。正是由于这一原因，在与这些恶意的违约者进行交涉时，收账部门应该在他们的欠款逾期后马上采取强有力的措施。那些不太严厉的措施对这些债务人根本就不管用，债权人因此所花费的成本也不会产生任何回报。

歪曲信用条款

这类客户主要出现在商业信用业务中。这类客户至少应该包括两种人。第一种是那些即使现金折扣期限已过，仍坚持执行现金折扣条款的客户。各个企业对这一情况所采取的措施是不同的。最好的做法是归还支票并要求全额付款，还是应先接受支票再对剩余的欠款开出一张账单呢？不论企业采用哪一种方式，在收账时都应该做出清晰准确的声明，指出债务人违背了信用条款。声明的激烈程度则要视该客户对企业盈利的影响以及与该客户未来的交易量而定。

另一种这一类型的客户只进行部分偿付、在折扣期过后开出扣除现金折扣的支票或者在支票背面注明一个日期以使偿付日期处于现金折扣期内。与那些可能是由于粗心而违约的客户相比，对采取这类行为的恶意违约者，债权人应更强调"什么是信用"这个问题。

逃债

逃债是指债务人故意迁移或变更营业地点以逃避对债务的偿付。收账人员只有在信件被返还或电话打不通时才能发现这一事实。最初的逃债者调查是为了证明是真的存在逃债，还是仅因为债务人忘了通知债权人他们新营业地点的地址。通过查阅债务人的原始信用申请表并完成新一轮核实和信用调查，债权人一般都能很快地发现债务人的实际地址。如果确实发生了逃债行为，那就应该询问一些参考人，并实施一切可能的措施找到债务人。

欺诈

债权人不必为这种不诚实的债务人考虑，同时也不应该再与这类债务人维持良好的关系，并应拒绝与其一切可能的交易。一旦债权人确信债务人是不诚实的，并且正在进行欺诈行为，就可将该账户交给律师或者收账公司，并指示他们对债务人采取必要的法律措施。在与这种客户交涉时，时间是最宝贵的，这时就不应该再按部就班地执行普通的收账程序了。

未偿付的原因

- 债务人误解信用条款
- 对金额产生争议
- 债务人的粗心或无效率
- 由于债务金额太小使客户忽略了偿付
- 债务人有延迟偿付的习惯或本性
- 财务管理不善
- 客户暂时缺乏现金但信誉良好
- 只有使用强制措施才能收回账款
- 歪曲信用条款
- 逃债
- 欺诈

影响收账政策的因素

收账人员需要有收账政策和指导方针来帮助他们决定应对哪些客户执

行收账措施。收账政策会简要地列出可使用的收账工具，并且会提示收账人员在不同的收账阶段之间，一般应等待多长时间。当然，收账人员一般都会根据具体情况来应用这些工具与时间框架。在决定应采取哪种类型的收账政策时，公司必须认识到有许多因素会影响收账政策。资本、竞争情况、销售产品的类型以及客户的类型是最重要和最具影响力的一些因素，尽管此外还有许多其他影响因素。

资本

影响一个公司收账政策最重要的因素之一就是该公司所拥有或可使用的资本总额。不论债权人希望采取多么宽松的收账政策，如果他自己拥有的营运资本有限，他将不得不采取严厉的收账政策以满足自已的债权人的要求。大多数公司并不拥有非常充足的营运资本，他们一般依靠商品的流转提供所需的资金。但是如果这些商品是以信用方式销售的，那么仅仅有商品的流转是不够的。这时还需要加上一个步骤，即通过收回账款来完成信用销售。这一步骤应以多快地速度完成，取决于公司对营运资本需要的紧急程度。所以，公司营运资本的可获得性和需要程度就在决定公司应采取何种收账政策中发挥了决定性的作用，尽管从其他的影响因素出发可能应采取一项不同的收账政策。

竞争情况

另一个影响收账政策的因素就是"公司的竞争对手是怎么做的？"在这一点上，公司所在社区的大小也起着一定的作用。通常，在大城市中，与竞争者采取不同收账政策的余地较大，而在小城镇中则余地较小。但是，不论社区的大小，客户都能了解到不同企业的信用管理和收账政策。所以，一家公司必须了解他的直接和间接竞争对手向他们共同的客户所提供销售条款的内容。

销售商品的类型

公司所销售商品的类型也同样影响着公司应采取的收账政策。一种商品的消费速度越快，就越需要迅速地收回相应货款，即所需采取的收账政策应越严厉。另一方面，如果所销售的商品是耐用品，并且可以收回商品（尽管这样做并不理想），那就不大需要采取严厉的收账政策。但是，这并不意味着一家销售耐用品的公司就永远不需要采取严厉的收账政策，这要在考虑销售商品的类型以外，再考虑其他一系列因素后加以决定。

客户的类型

如果有某种神奇的方法可以根据客户未偿付的原因对账户进行分类并能找出最有效的收账方法，那么收账工作就会变得很容易并且收账的结果也会更好。但可惜的是，目前并不存在这种神奇的分类方法。所以，在这种方法在经济上和技术上变得可行之前，对客户进行分类的任务就落到了信用工作人员的头上了。

有一些客户会主动地进行定期的偿付。属于这一理想类型的客户解决了一部分对客户进行分类的任务，并且也使得他们自己远离了可能的被催还欠款的情况。

所以，在决定应采用何种收账政策和收账措施时，许多公司会先试图发现客户是否会自觉地进行偿付或者只需要一点提醒就会进行偿付。在这些情况下，如果需要对客户施加一些压力，也应该逐渐、缓慢地进行。属于这一类型的客户是这样的债务人，即尽管他们偿付时可能会存在一些困难，但他们对债权人的询问会积极地反应，如解释不能付款的原因并说明何时可以进行全额偿付。

如果公司意识到他们最初接受客户的信用购买是一个错误，那么这些客户就处于另一极端了。对他们实施渐进的、温和的收账方法将会收效甚微。实践证明，只有强硬的措施才对这类客户有效，立即警告他们将采取法律措施可能是惟一能获得结果的办法。

对处于迅速偿付的债务人和决定赖账的债务人之间的客户，判断力和经验在决定收账政策的严厉程度、应实施收账方法的强硬程度以及何时应对客户施加压力上，就起到了决定性的作用。对于这些客户，适当地划分他们的类型是最困难的。

收账系统的重要组成部分

信用政策与收账政策的协调

公司必须决定什么样的信用政策与收账政策配合方式对于公司是最合适的。公司的信用政策和收账政策有以下几种配合方式：

1. 宽松的信用政策与严格的收账政策；
2. 严格的信用政策与宽松的收账政策；
3. 宽松的信用政策与宽松的收账政策；
4. 严格的信用政策与严格的收账政策。

在这4种组合方式中，前2种组合方式是最常见的。例如，一家男士服装专卖店可能会制定很严格的信用标准，因此对收账就会相对宽松一些。而其他一些公司可能会在向客户提供信用时较宽松，但同时准备采取一些严厉的收账措施。不幸的是，第3种组合方式经常出现在那些没能很好地处理信用管理职能的小企业中。

灵活性

一套好的收账系统应该能将所采取的收账工具与客户未偿付原因的确定程度相配合。在收账程序实施的初期，收账人员需要查出客户未偿付的原因。过分严厉的收账方法可能会损害同客户之间的关系，而过分温和的收账措施则往往会使得欠款的偿付被进一步地延迟。

在决定向某个客户实施收账程序的时间长度时，也需要有灵活性。在某些情况下，可允许客户自由地推迟一段时间付款。但是在另一些情况下，只要客户未按时付款，就应迅速地采取严厉的收账工具与收账技术。

迅速对逾期款项作出反应

收账系统必须要能够迅速地发现逾期账款并能迅速作出适当反应。现在，许多公司采用计算机系统对那些已入账的款项进行监督。在收账的初期，需要发出一些常规的信件和通知，这实际上是由计算机准备并发出的。然而，某些客户的账户应被作上标记，以便省略这一步骤，因为对这些客户而言，靠一些常规的信件是不能收回账款的。

坚持

要成功收回账款，一个关键因素就是坚持。如果一笔款项未按期偿付并已做出了新的偿付安排，那么就需要立即打电话或作出其他反应。如果新的偿付安排仍未完成，那么就必须马上进行另一项交涉活动。那些最成功的收账人员都很有毅力，从不轻易放弃努力。收账系统同样需要有一个有效的方式将账户归入一个**暂存数据**（suspense file），以便在偿付安排不能执行时，重新取出档案加以审查并采取进一步的行动。

节约费用

收账系统需要考虑的一个重要因素是收账活动所产生的费用水平。如果收账的费用过高，那么通过收取融资费用（如果存在的话）所获得的收入就会被迅速的消耗掉。利用第三方（如收账公司和律师）进行收账的花销特别大，所以，除了那些特别严重的情况以外，不应使用他们。了解了这些收账成本后，在决定将一笔应收账款移交给第三方处理之前，公司往往会在内部做出更多的收账努力。

法律方面的考虑

不同的法律，不论是州法律还是联邦法律，都会对收账程序产生影响。许多时候，法律会定义出什么是"侵扰"，并列出各种收账过程中不允许采取的行为。法律对收回财产所有权、扣押财产以及对合同条款的一些限制也同样会对收账产生影响。所以，收账人员了解这些法律就显得尤为重要。

> **收账系统的重要组成部分**
> - 信用政策与收账政策的协调
> - 灵活性
> - 迅速对逾期款项做出反应
> - 坚持
> - 节约费用
> - 法律方面的考虑

常用的收账系统

一个设计良好的收账系统可以被比喻为一系列可以将违约的客户归入不同类别的筛。最初的筛成本很低，并且与客户的交涉也较温和，可以保持相互间的良好关系。而稍后的一些筛则不是那么常规，其执行费用较高，并且可能很严厉，不再能维持同客户的良好关系。这些审查程序会将那些不愿付款的债务人归入更小且更精确的类别中去。

依据所包含的不同收账努力划分，一个普通的收账系统包括以下4个阶段：

1. 非个人的常规阶段；
2. 非个人的要求付款阶段；
3. 针对个人的要求付款阶段；
4. 采取严厉的收账方法或诉诸于法律的阶段。

表19—1显示了以上各个阶段所适宜使用的收账方法以及在各个阶段可能遇到的债务人的类型。

表 19—1   **常用的收账系统**

系统的不同阶段	可使用的各种收账工具	涉及的债务人的类型
非个人的常规阶段	付款说明——第1、第2、第3等 用插页或附在说明上的标签作为款项的催付通知 准备用于提醒客户付款的信件 （注：这些仅指在客户超过信用期限未付款时所使用的收账方法）	等待付款通知的债务人 诚实但忽略了付款的债务人 遇到暂时财务困难的债务人 因粗心或耽误而未付款的债

非个人的要求付款阶段	要求付款的正式信件：
	  以"发生了什么问题"的语气询问
	  以"告诉我们不付款的原因"的语气询问
	  告知履行信用责任的光荣
	  告知公平交易的常识
	寻求债务人的回复：
	  打电话
	  发出专门信件，如：
	    挂号信（特快专递）
		诚实但忽略了付款的债务人
		因粗心或耽误而未付款的债务人
		遇到暂时财务困难的债务人
		过度购买的债务人
		发生事故或不幸的债务人
		产生争议的账户

针对个人的要求付款阶段	收账人员：
	  打电话
	  私人拜访
	向以下人员发出私人信件：
	  债务人
	  雇主
	  信用调查局
		过度购买的债务人
		无力清偿债务的债务人
		发生事故或不幸的债务人
		欺诈——不准备付款的债务人
		产生争议的账户

续前表

系统的不同阶段	可使用的各种收账工具	涉及的债务人的类型
采取严厉收账方法或诉诸于法律阶段	信用展期协议 债务重组协议 利用收账机构 扣押财产或用工资作抵押 收回财产所有权 律师 法律诉讼 采取其他行动	与个人要求付款阶段所遇到的债务人类型相同（但所有债务人都应该拥有财产）

375

在每一个阶段，债权人都对债务人的类型进行划分。由于在各个阶段建议使用的收账工具太多了，所以不能将它们归入一个运营系统。当在特定情况下需要确定一个收账系统时，信用经理就应该从中选出与收账任务最符合的收账工具，决定收账方法的使用频率，并决定使用不同收账方法所应间隔的时间长度。信用经理依据他们所面临的情况、公司的需要以及客户的品德来选择合适的收账方法。他们同样应该遵从其经营领域的惯例，只有在以充分信息为基础做出判断的前提下，才可以偏离他们的惯例。

这种普通的收账系统遵从有效收账的一些原则。它建议对大部分的账户使用低成本的常规方法，并假设客户都愿意并且能够在收账的初期就偿付他们的债务。在使用过那些低成本并且能同客户保持良好关系的收账方法之后，大部分的应收账款都可被收回，接着就可以有选择地使用一些成本高的收账方法以收回剩下的一小部分应收账款。使用强硬的方法收回的款项往往只占很小的一部分，因为需要使用强硬收账方法来收回的货款金额本来就不大。在这里，债权人的客户不再考虑维持同客户的良好关系，因为公司的内部筛选程序已将那些应与其保持良好关系的客户的应收账款划分出去了。这样，在这4个不同的收账阶段，收账部门对客户所施加的压力逐步加大，直到使债务人感觉到，除了付款以外没有其他更好的办法，并且付款是怎么逃避不了的（但是，不幸的是，这一点并不是总能做到）。

这种普通的收账系统将为各种收账努力提供一个良好、有效并且合理的组织结构。选择收账工具的技巧、单独准备的收账方法的质量以及合适的时间安排，都应保证采用的收账系统与公司的实际情况以及客户的性质相适应。

非个人的常规阶段

在这一阶段，对各债务人的内部分类开始了。许多债务人在规定的信用期限内就偿付了款项，所以在收账系统的4个阶段都不会考虑到这类客户。当客户在规定的信用期限到期时仍未付款，这一阶段就开始了。

在这一阶段所使用的一些常用的收账工具有：发给客户的非个人名义的付款说明（或账单）、付款说明中的便条或标签、说明中的一些加盖印章的或书面的标注、用于提醒客户付款的各种信件（见图19—1与图19—2）。在这一阶段，收账工具的使用对象通常包括那些等待欠款到期通知的债务人、诚实但却忘记付款的债务人、因粗心或耽搁而未付款的债务人以及遇到暂时财务困难而不能付款的债务人。

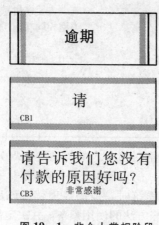

图 19—1 非个人常规阶段

资料来源：Courtesy of International Credit Association

图 19—2 非个人的常规阶段（信件样式）

信件是联系债务人最重要的方式之一。不论是使用付款说明、便条还是正式的信件，债权人都必须牢记，他们所使用的收账工具的目的，就要让债务人明白"欠款必须马上偿付"。不时更改付款说明和正式信件中的措辞是很明智的。实际上，一些公司对他们所使用的每一份正式信件中的付款要求程度都做了记录。另一些公司还使用彩色的信纸或彩色打印以尝试这样做是否会增加收账工具的效果。

在这一非个人的常规阶段，公司使用了一种很温和的付款暗示，该暗示并未表明逾期付款是很严重的。应该在欠款逾期后多久使用暗示会有所不同，这取决于公司的政策以及所涉及账户的类型。对于应在1周或半个月内偿付的货款，给予3天的宽限期是很平常的。由于分期付款账户通常是由当期收入来偿付的，所以当期的款项未按期偿付，往往意味债务人必须到下一付款期才能进行偿付。但是我们在设计一个收账系统时却往往忽略了这类因素。

非个人的要求付款阶段

如果第一阶段所使用的温和的通知未能使债务人付款或作出相应的反应，那么就应该使用更有力的措施加速款项的收回。这就是第二阶段的目的。在这一阶段，做出的收账努力仍然是"非个人的"，但是其形式已从常规程序转向非常规的程序或已经含有要求债务人付款的意义了。所使用信件也不再是那种以非个人名义发出的常规形式，而是采取"发生了什么问题？"或"告诉我们不付款的原因。"这样的语气，或者激起客户对履行信用责任和公平交易的荣誉感。

在过去的几年里，电话作为一种收账工具，使用频率得到了极大的提高。除了能直接向债务人要求付款外，与使用信件相比，打电话的费用也更低。当认识到电话作为收账工具的价值后，许多公司在决定是否接受信用购买时，会将客户是否拥有电话考虑在内。

当给一个确实仍使用信件上所用地址的客户发出了信件，但该客户却不给予回复时，债权人可以使用其他更有效但花费也更高的办法。如专递信件或挂号信件等这些非普通信件的使用，就可确保债务人能够接到询问信件。其他可选的方法还有使用保递信件或指定收件人接收信件、回单显示签收人姓名的信件及回单显示收信人地址的信件。

这个阶段所涉及的债务人类型通常包括：诚实但忽略了付款的债务人；处于暂时财务困难的债务人；因粗心而未付款或耽误了付款的债务人；在产生债务后发生了不幸的事件而不能付款的债务人；过度购买的债务人；认为欠款金额有误的债务人；因认为交易的某一阶段有问题而对欠款金额产生异议的债务人。

针对个人的要求付款阶段

第三阶段往往是以个人的名义要求债务人偿付欠款。所有的收账努力都是以个人的名义直接向债务人作出的，这些收账努力（见表 19—2）也是债权人在采取严厉的收账措施或诉诸于法律之前所作的最后努力。令债权人进入这一收账阶段的债务人包括：过度购买的债务人；将要无力清偿债务（并有可能破产）的债务人；发生了某种事故或遭遇不幸的债务人；惯于欺诈根本不想付款的债务人以及认为欠款金额不正确并对账单有异议的债务人。

这一阶段经常使用的收账工具包括一些寄给个人信件（通常是一系列的信件，于不同的间隔期发出），指出债权人在该阶段为了收回账款而被迫使用的一些收账程序。在这一阶段，债权人可能会通知当地的信用调查局其债务人拖延付款的情况。使用个人收账员或通过电话私人联系的方法在这一阶段也比较常用。

这一阶段所采取行动的费用要比前两个阶段更高。向个人发出的信件是这一阶段所使用的主要工具之一。尽管向个人发出的信件通常花费更大，但是它与那些固定格式信件相比，能够针对不同情况进行更有说服力的劝说。通常，债务人的反应会更积极，并且其结果也会更好。

采取严厉收账方法或诉诸于法律的阶段

在此前的 3 个阶段中，债权人在采取行动之前还会考虑如何维持同客户的良好关系。但是，在这一阶段，债权人同债务人之间的关系已经破裂了，债务人的"蜜月期"也结束了。这一阶段所涉及的债务人大体与第三阶段所涉及的债务人类型相同，但是现在债权人在采取法律行动（如诉讼）之前，必须考虑债务人所拥有财产的类型。但仍有许多公司由于担心采用本节所讨论的收账方法可能带来不好影响而不使用这些方法。

表 19—2 　　　　　　　　对个人的要求付款阶段的例子

日期

约翰·C·斯洛先生

000 大街

本市，本州

亲爱的斯洛先生：

您想从我们这里获得公平对待，对吧？

我们所有的收账程序都是基于诚实和深思熟虑所做出的。我们愿意在一切方面同您合作。

但可惜的是，我们所做出的所有收账努力都没有产生任何效果。

现在，我们向您发出最后的通知：请偿付所有货款！

除非您在未来的 5 天内全额偿付了债务或者作出合理的安排，否则我们将通过专业的收账公司向您收款。

请您公平行事……立即采取行动，否则您将会有大麻烦。

您真诚的，

（签字）

打印的名字

职务

资料来源：Courtesy of International Credit Association.

延期付款协议

延期付款协议（extension agreement）给予债务人更多的时间来偿还负债。在这一协议下，那些诚实但却暂时不能清偿债务的客户将被给予一个更长的期间以偿还债务。只有在债权人确信会使双方都受益时，才能达成延期付款协议。

债务重组协议

债务重组协议（composition agreement）是指一组债权人同意债务人以一个减少了的金额作为对他所欠债务全额的偿付。通常，只有当债务人处于破产的边缘时，债权人才会接受这种重组协议。该协议的达成通常还需要有全体债权人的合作，因为任何一个债权人都不愿意接受减额偿付，除非其他债权人都接受。只有在债务人是诚实的并且没有任何欺诈行为时，债权人才会同意减少债务人的负债规模。这一协议免除了债务人的一部分债务，而债权人只能收回其全部债权的一定比例而不再采取任何更严厉的措施。

相关的一种处理方式是当一个债务人承担了过多的债务时，债权人放弃或减免其债务的利息。当债务人与一个替处于困境的债务人筹集资金并支付账单的债务咨询机构共同处理债务问题时，这一情况就有可能发生。债权人同意以减少债务作为偿付计划的一部分，并且，在某些情况下，只要债务人同经过授权的债务咨询机构合作，债权人就会只要求债务人偿还其所欠的本金，而不需付任何利息。而且，有些非营利的债务咨询机构是由同一社区内的贷款提供者筹资设立的，他们已达成协议，允许以一个比实际收回款项高的金额冲销债务人的账户。例如，债务咨询机构会从对特定债权人 100 美元的欠款中扣除 15％。这样尽管债权人只收到 85 美元，但他仍视债务人已全额偿付欠款。参与债务咨询机构的债权人一般会要求，只有经过他们指定的债务人才能享受到此待遇。

专栏 19—1　　　　　　　　信用管理建议

有效收账电话的步骤

1. 确认债务人的身份并核对其地址。
   使用债务人的全名并确信你谈话的对象确实是对该笔款项负责的人。
2. 说出你以及你的雇主的名字。
   正确表述你的身份以及你打电话的目的是很重要的。
3. 要求对方对已到期的款项进行全额偿付。
   以系统的、条理的方式要求对方全额偿付，并强调这是惟一能接受的金额。
4. 战略性的停顿。
   等待债务人说明你什么时候能收到货款，或者不能收到货款的原因。
5. 辨明未付款的真实原因。
   如果你怀疑自己并没有了解到整个事情的真相，那就真诚地向对方作进一步的询问，并努力判断出债务人对该笔款项的偿付态度。
6. 作出一个合理的、可行的偿付安排。
   该安排必须对债务人和你的公司都是可行的。帮助债务人恢复偿还逾期欠款的能力。
7. 说服债务人付款。
   列举债务人全额偿付欠款的好处并解释债务人维持良好信誉的重要性。
8. 重复一下偿付安排并作出适当记录。
   告诉债务人你将在约定的日期等待他的付款并指出你已将以上的信息做了记录。
9. 感谢债务人的合作。
   告诉他们，如果偿付还要被延迟，应立即与你联系。

收账机构

另外一种公司所能采用的严厉收账方法，就是将一笔应收账款委托给收账机构。尽管在美国有成千上万家收账机构，但其中最著名的一家，还是联合信用调查社的收账服务分部。该机构的成员遍布全美和加拿大，并且构建了一种"网络收账服务"。每家地方收账分支机构都可以（他们实际上也这样做）向其他地方分支机构寻求帮助，以确定其当地债权人的客户的具体位置。一笔应收款项的信息通常会直接传送到所涉及的任何其他分支机构，并且，为收回款项，直接由债务人所在地分支机构的工作人员向债务人要求付款。这些地方的收账服务分支机构往往也建有他们自己的收账系统，并且其程序与我们刚才所提到的 4 个阶段十分相似。

尽管平均收账费用一般为所收账款金额的 1/3～1/2 之间，但通过这类机构收账的费用还是有很大不同的。对于那些金额在 25 美元及以下的款项、逾期超过 12 个月的款项、需要追踪逃债者或采取法律诉讼的款项，收账机构往往都收取 50％的费用，必要时还会收取不超过 5 美元的费用。

一旦一笔应收款项已移交给一个收账机构，债权人就应坚持所有的交涉都通过该机构进行，并要求收账机构提供收账的阶段性报告以及收回账款的时间和方式安排。

美洲收账者协会（ACA）是一个代表位于美国、加拿大以及其他 100 多个国家的收账机构的行业协会。为了成为 ACA 的会员，一个收账服务机构必须向其附属的州协会或州联合协会申请。一旦申请被接受，他就成为 ACA 的一个会员。所有的协会会员都要应其本州或 ACA 的要求交纳一部分会费。ACA 不仅为收账人员提供教育项目，而且还为债权人和消费者提供教育项目。由于 ACA 所提供的收账服务占全部正规收账服务的 2/3 以上，ACA 的职能之一就是将州和联邦法规的变动通知其所有会员。

财产扣押或工资抵押协定

我们将这两种方法结合在一起，来说明通过要求债务人以其部分收入提供担保以收回到期款项时可使用的方法。但是，从这两种方法的执行方式上看，它们的差异是非常大的。

尽管扣押权的实际名称可能会有所不同，但在任何一个州，它都以某种形式存在着。**财产扣押**（garnishment）是一种法律程序，通过这一程序，债权人可以用债务人置于第三方手中的财产或货币清偿其已到期的债务。其中最常见的结果就是法庭下令，要求雇主从每笔薪金中扣留一笔款项送交债权人。这一程序要求有法庭的命令，在这一命令中，债权人可能会获得要求第三方（即拥有债务人财产、货币或信用的另一方）对被告（即债务人）的债务承担付款责任权利。

《消费者信用保护法》第 3 款对财产扣押做出了一定的限制。它规定，每周从工资中扣留的款项不得超过税后工资的 25％或者税后工资扣除联邦最低工资的 30 倍，二者中较小的一个作为最终的标准。联邦法律仅适用于跨州的商业活动，但是这一分类几乎将所有经营中的企业都包括进去了。法律同样禁止雇主以雇员的工资为偿还其债务而被扣留为理由解雇该雇员。《公平劳动者标准法》（Fair Labor Standards Act）所规定的最低工资率每提高一次，债务人免于扣留的工资金额也随之增大一次。

工资抵押协议（wage assignment）通常是在信用交易达成的时候，由债务人签字同意的一个协议，该协议规定债权人在债务人不付款的情况下，可以不需要法庭指令而直接从债务人的工资中扣留一笔款项。这一协议仅适用于工资抵押协议上所指明的雇主支付的工资。为了保护工资收入者，大多数州都对工资抵押协议的使用作了限制。有时虽然允许存在工资抵押协议，但是客户却有权在任何时候撤销该协议，这基本上就使得工资抵押协议无效了。有时候工资抵押协议被宣告为无效，原因是雇员并没有享受到正当的法律程序、司法系统所提供的个人法律保护以及在法庭上听证的权利。

当然，对财产扣押和工资抵押协议还有其他一些限制。在一些州，州政府的雇员不受财产扣押程序和工资抵押协议的约束。对于联邦政府的雇员和军人，也不能适用这些约束。但是，1978 年 4 月 22 日，美国的邮政服务部被要求承认法庭所下达的工资扣留命令的有效性。这一决定的产生基于以下情况，即 5 个联邦上诉法庭一致认为，美国的邮政服务部无权免于工资扣押。

商品收回

商品收回（repossession）是一种法律程序，即当债务人不能如约付款时，债权人就获得作为抵押品的商品所有权。例如，一个债务人可能会以其汽车作为贷款的抵押品。在这种情况下，收回财产所有权的程序就是债权人利用他的合法权利获得该汽车的所有权。

尽管重新收回债务人未付款的商品通常是债权人最不愿意做的事情，但这有时却可能是债权人唯一能做的事。**收回财产权**（right of replevin）规定，如果债权人能够出示优先于债务人的权利证明，那么依合同条款，在债务人未完成偿付时，债权人就可重新收回其信用销售的商品。例如，如果债务人以附有条件的销售合同购买了一件家用电器，一旦他不能如期付款，那么该财产的所有权仍归属于债权人，因为定期付款是这项销售成立的一个条件。但是，各州法律对在什么情况下可使用重新占有财产权作出的规定有很大的不同。

只有当债权人在商品上具有抵押权益并且在诉讼得到立案审判后获得重新占有财产的授权之后才能执行商品收回程序。

律师收账

另一种收账方法就是将应收账款委托给一位律师，他将会像收账机构一样，采取行动以保证收回款项。在这一安排下有两种不同的做法：（1）委托公司自己的律师，他通常将以一位私人律师而不是公司的雇员的身份与债务人联系；（2）委托一位独立的律师，他将会在收取一定费用或佣金的基础上帮助公司收回账款。

法律诉讼

当公司使用其他收账方法都失败了，并且债务人有足够的财产用来执行法律判决时，公司通常就会考虑通过法律诉讼来收回款项。由于诉讼可能对公司形象造成影响，公司通常都不愿意使用它。诉讼主要完成以下两件事：（1）确立债务存在的法律事实并明确其金额；（2）为债权人收回账款提供法律补充和辅助。但是，仅仅得到判决结果并不能保证收回账款。因而债权人在采取法律诉讼之前，必须确定债务人有足够的财产可用来偿还债务。

通过法律诉讼收回账款的有效性由于以下两个原因将有所减弱。第一，一项债务不能永远存在。各个州都有限制性的法规，明确规定一项债务被允许存在的时间以及延展债务期限的条件。第二，不同州的法律规定了某些财产以及收入的一定份额是不能通过法律诉讼扣留的。设立这些宽限条件，是因为人们相信剥夺债务人所有的财产及收入，对于社会和债务人本身都是不公平的。

其他措施

金额较小的款项可以通过各种小法庭或者由一些州所谓的治安法庭来收回。同样，不同州的法律对这些法庭活动的规定是不同的。目前还没有资料列出了所有的严厉收账措施或法律措施。

自动收账系统

对计算机和自动收账系统的使用正以极快的速度增长着。现代科技对信用管理的各个阶段都产生了一定的影响。在收账领域，计算机和自动化所起的作用也正在扩大并且改善了收账的效果。现代计算机系统对收账努力进行了有效的组织，并为管理活动提供了大量有用的信息。

组织收账努力

在一个电子化的收账系统中，对纸和笔的使用已经大大减少。收账人员每天坐在计算机终端前，输入密码并确认后，就可以对一个计算机组织的客户清单进行操作。那些最需要进行电话联系的客户将会显示在计算机屏幕上，并且附有有关客户及其偿付记录的数据。当打完一个电话后，收账人员输入收账安排的具体内容，接着就可对屏幕上的下一个客户进行操作了。由于所有的偿付都被计算机系统记录下来，如果一项偿付安排未得到执行，计算机就会注意到它并且再次将客户的资料显示出来，以供收账人员采取进一步的行动。

处理常规的通信

在许多自动化收账系统中，第一次账款逾期通知以及一些常规信件都是由计算机在欠款到期日后的若干天自动发的。如果计算机所发出的通知没有产生任何结果，那么客户的资料就会在一个工作日内在计算机上显示出来。可以给客户做上不同的标记以计算机能够将某一特定类型和数量的通知自动发给他们。例如，已知用常规信件不能产生效果的客户可以被选出来，以更快地进入针对个人的要求付款阶段，这样就可以较早给客户打电话以讨论偿付安排。

分析拖欠的债务

计算机会不断地分析账户的欠款金额以及逾期款项的性质。**账龄分析**（age analysis）是对应收账款依其最后一次偿付至今的时间长短进行分类的一种方法。对逾期账款账龄的分类通常包括 30 天、60 天、90 天以及 90 天以上 4 种类型。例如，一个 30 天账户是指一笔款项被拖延偿付的时间在 30 天以上。当一笔款项自最后一次偿付起拖欠的时间达到 60 天时,它就变为一个 60 天账户。大多数公司都对拖欠款项进行监督,以帮助他们预测现金流量并分析作出收账努力获得成功的可能性。

监测客户的偿付模式

先进的计算机系统可以通过监测单个客户的偿付模式来判断他们正常的信用行为。那些一贯按时付款的客户会发现他们的信用额度被增加了。偿付记录良好的客户在未按期付款时,可能会收到更多非正式的通知受到较温和的收账程序的对待。如果计算机发现了一个延迟付款较严重的客户,就会开始减少该客户的信用额度以降低公司潜在损失的可能性。实际上,有些自动收账系统还包括可以预测客户破产以及其他偿付问题的程序。

评估收账人员的业绩

由于计算机里存有与偿付情况以及收账努力相关的数据,所以它还可以用来评估收账部门以及收账人员的工作能力。在一些情况下,计算机还可以统计各个收账人员打出电话、达成偿付协议的数量以及其沟通的成功与失败。那些成功的收账人员一般都很欢迎这种可使他们获得赏识的系统。

进行电话催付

尽管这一业务活动还未被广泛地使用,但已有一些系统正在试行计算机设计好的催付电话。由于现代化的计算机系统包括一些能够拨号并转播语音信息的工具,所以一些系统允许计算机拨打电话并录下结果。当然,在计算机发出信息前,必须采取一些措施确信对方正是所要联系的人。在一些计算机系统中,先由收账人员确认对方的身份,但确认之后就会马上由计算机发出适当的信息。显然,我们还需考虑保护个人隐私权的问题。然而,在一些早期的试验中,这种系统能在 1 个小时内完成数百个电话。

> **自动收账系统支持的功能**
> - 组织收账努力
> - 处理常规的通信
> - 分析拖欠的债务
> - 监督客户的偿付模式
> - 评估收账人员的业绩
> - 进行电话催付

重要术语

账龄分析	age analysis	收回财产权	right of replevin
坏账损失	bad bet	商品收回	repossession

债务重组协议	composition arrangement	延期付款协议	extension agreement
暂存数据	suspense file	财产扣押	garnishment
工资抵押协议	wage assignment		

讨论题

1. 解释为什么收账行为是商业信用的内在组成部分。

2. 什么是坏账？什么情况下可以确定一笔应收款成为坏账损失？

3. 一个有效的收账部门将如何在一个零售商店中对扩大销售做出贡献？

4. 列出并描述一些不能偿付债务的原因，当你在描述每个原因时，请说明在该情况下你将如何行动以收回款项。

5. 什么是追踪收账？请列出所有可用于确定债务人位置的方法。

6. 描述影响一个特定公司所采用的收账政策的 4 个重要因素。

7. 列出并解释一个普通收账系统的重要组成部分。

8. 描述一个普通的收账系统所包含的 4 个不同阶段，解释各个阶段所使用的语气、收账方法以及维持同客户关系这一目标各有什么不同。

9. 解释采取严厉收账方式所使用的 6 种工具或技术。

10. 解释计算机和自动收账系统在收账活动中的 6 种应用方式。

案例分析

收回逾期账款

比尔和贝蒂·斯蒂文斯夫妇未能按期偿付他们的汽车贷款。今天是 1 月 10 日，他们自去年 11 月 25 日起就未能付款。其他有关贷款的资料如下：

初始余额：	11 000 美元
贷款条款：	付款期限为 36 个月，每月付款 349.80 美元
已付款次数：	15 次
当前账户余额：	6 773 美元
最后一次付款的日期：	11 月 25 日
逾期付款次数：	2 次

你将给斯蒂文斯夫妇的住所打一个催收欠款电话，交谈对象是贝蒂。选择一个合作者以完成以下的收账电话及交谈。下列的每一个情况都代表着不同的"借口"，它们要求你做出不同的反应。请依照完成一个有效收账电话的步骤进行。

1. 圣诞开支

　　贝蒂解释说他们在圣诞礼物上花费过多。她告诉你他们刚填完他们的所得税单并要在 4 月 15 日前要交纳全部税款。

　　2. 办公用品销售公司出了问题

　　由比尔经营的办公用品销售公司出现了一些额外的费用开支，使他不得不从私人存款账户上取出更多的钱以进行投资。他不知道什么时候商店的情况会好转，以使他们有能力进行付款。

　　3. 支票正在发送途中。

　　贝蒂认为肯定发生了什么错误，因为他们已经将款项发出了。

　　4. 未预料到的医疗开支。

　　比尔在公司搬箱子时，不小心碰伤了背。但他们会尽可能早地付款。

　　5. 发生了婚姻问题。

　　比尔和贝蒂可能要离婚。比尔已经搬出去住，并将车开走了。贝蒂不知他去了哪里，而且她也无力进行偿付。

第 20 章 控制账户与评估效率

学习目标

学完本章后，你应该能够做到：

- 讨论消费者信用保险和商业信用保险这两个领域；
- 描述重构一个原始协议所能采用的方式；
- 解释一个延期付款协议所具备的特征；
- 解释债务重组所要达到的目的；
- 解释为债权人利益而作出的财产转让；
- 概括说明与消费者破产和企业破产相关的程序和问题；
- 描述什么是债务咨询服务；
- 解释各种测试信用管理部门运营业绩方法的优点及具体计算方法。

内容提要

上一章所讲的内容是收账政策及实践。讲述的重点是建立收账政策、影响收账政策的因素，以及一个有效收账系统中存在的不同阶段。而本章所讲述的是信用保险所发挥的职能、收账过程中出现的各种情况的具体处理方法，以及如何对信用管理业绩进行测试和评价。

消费者信用保险

了解在某些消费者信用交易中所使用的一种收账工具——消费者信用

保险，是非常重要的。设计**消费者信用保险**（consumer credit insurance）的目的，就是为了在消费者死亡、生病、残疾或失去收入时，保险公司能够代替消费者偿还欠款。

近些年来，与消费者信用交易有关的人寿保险和伤残保险的使用增加很快。许多不同类型的信用提供机构现在都为债务人提供这一特殊类型的保险，即消费者信用保险。该保险中，债权人为第一受益人。如果被保险人死亡，保险公司将全额偿还债务。如果被保险人残疾了，那么保险公司将对他（或她）的分期付款信用进行偿还。消费者信用保险还可进一步细分为以下两种主要类型：信用人寿保险和信用事故与健康保险。一些贷款提供者还提供失业保险，以对借款者所面临的非自愿性失业进行承保。

信用提供者可以通过提供个人保险单（在这种情况下债务人通常要支付保险费）或在集体保险单下为个人提供保险证明书这两种方式，来为他们的客户保险。提供集体保险的费用可能由债权人支付，或者通过明确的收费项目将费用转移给债务人。然而不幸的是，一些客户认为信用保险是自动地包含在他们的贷款合同中的，而另一些客户则误认为要得到贷款就必须接受信用保险。对信用保险特征的误解，是我们所面临的一个更大的问题。

信用保险的性质

信用保险的保险额与消费者的负债总额相同，其承保期限则为消费者的信用合同或分期付款销售合同的期限。该保险不需要对债务人进行体检就可提供，对债务人的身体缺陷和职业风险也不加以限制，并且不论被保险人处于哪个年龄阶段，其保费是统一的。

个人的信用人寿保险单既可以采用递减定期方式也可以采用平均定期方式。**递减定期保险**（decreasing-term coverage）所提供的保险收益随着分期付款债务的减少而减少，所以在该险别下，保险额总是与债务金额相一致（或大体一致）。在**平均定期保险**（level-term coverage）方式下，有效的保险额在债务持续期内始终保持不变。在这两种保险方式中，递减定期保险是更经常使用的一种。

信用事故和健康保险（credit accident and health insurance）有两种最基本的类型，即采用剔除期间的保险政策和采用追溯期间的保险政策。在这两种政策中，保险公司都只在一个伤残期（即等待期）——通常为14天后，才会承担起分期付款的责任。如果该保险政策规定了一个剔除期，那么伤残债务人在等待期内所支付的任何款项都不能从保险公司那里得到补偿。如果险别是可追溯的，那么保险公司将会对债务人在等待期内所支付的款项给予补偿。

消费者信用保险对债务人和债权人都是有利的。债务人从中受益，是因为保险为债务人提供了保护并使他们保有一种平静的心态，允许他们更多地使用信用，使他们在需要时能找到信用合同的联合签字者，并且这种保险是任何人都可获得的。债权人从中受益，是因为保险为他们提供了额外的保护，并使他们免除了收账所带来的麻烦。此外，当债务人死亡或残疾时能获得利益能自然而然地增加贷方的商誉，并且大量的消费者债务人也需要有这种保险。

在最近几十年来，由于以下几种原因，使消费者信用保险的使用增长迅速：

1. 公众对安全的渴望；
2. 保险所提供的利益；
3. 消费者信用使用的增长；
4. 一些有利的州法的出台；
5. 债权人提供保护的多样性；
6. 保险公司之间为扩大业务所产生的竞争；
7. 该险别得到的大众的喜爱；
8. 债权人机构通过向债务人销售信用保险能够获得的费用收入。

但是，各州仍然对消费者信用保险进行了一些管制，因为：（1）消费者在谈判中处于不利地位，并且他们一般并不精通与保险相关的知识；（2）保险公司，作为向债权人销售保险服务的机构，一般会要求比必要佣金更高的保险费；（3）如果没有有效的法律管制，一些不道德的债权人会利用保险对他们的顾客收取额外的费用。

以下的一些规定将会有助于抑制对这种保险的滥用：

1. 个人保险或集体保险所收取的保费以及债权人得到的补偿，都必须受到限制。
2. 保险总额不能超过债务金额，并且承保期限不能超过负债的期限。
3. 除了从债权人那里以外，债务人还必须能够自由地从其他渠道获得保险。
4. 债权人必须给被保险人一份描述该保险内容保单的说明或复本。
5. 当债务被预先偿还或再融资后，该保险必须被终止并退还剩余部分的保险费用。
6. 索赔的款项必须由保险公司偿付，而不是由信用提供者偿付。
7. 制定保单的保险公司必须获得了在其所在州从事经营活动的授权。
8. 出售个人或集体保险的债权人必须经其所在州的保险部门允许或授权。
9. 所有的保险政策都必须经过保险部门的审查和批准。

商业信用保险

商业信用保险（business credit insurance）是在保险公司与一家企业签订的一项协议，在该协议下，保险公司承诺对因债务人企业未能清偿其债务而给被保险企业所造成的异常损失进行补偿。此外，被保险企业还能从保险公司那里获得一些其他服务和利益。

商业信用保险的目的

在第 1 章，我们将信用定义为一种使用范围有限的交易中介。由于时间和风险这两个因素，信用的使用范围受到了限制。所以，在每笔信用交易中都存在风险因素，而信用经理必须决定是独自承担这一风险还是与别人一同承担。有些公司应用应收账款保理业务，让另一机构无追索权地承担接受信用及收回账款的任务。为了得到这一服务，公司必须对保理机构支付一笔费用。信用保险是另一种与其他人共同承担信用风险的方式，不过这一次是与一家保险公司而不是与一家金融机构共担风险。公司在支付了一笔费用后，将信用交易风险与一个专业机构共同承担了，正如火灾、被盗、风暴以及公共责任风险被其他类型的保险公司所承担一样。信用保险仅对那些非正常的损失进行承保，它并不对正常损失（或初始损失）进行保险。

正如人寿保险并不能免除对医生和良好的体育锻炼的需要一样，商业信用保险也并没有免除对信用部门和信用经理的需要。但是，这类保险是一种非常有价值的管理工具，尽管在很大一部分商业领域中还未使用到它。

商业信用保险的基本特征

商业信用保险主要用于保护制造商、中间商、批发商和特定类型的服务机构。

由于商业信用保险的保险单模式、范围变更条款以及保险条款的规定各种各样，所以商业信用保险单可以依据各个投保人的需要分别制定。过去，保险人在提供一般保险单时还提供单个账户保单。这类单个账户保险单只适用于保险公司挑选出来的单个账户。近些年来，由于保险公司可能遇到的逆向选择风险，他们很少再提供单个账户保险单了。实际上，现在所提供的保险单基本上都属于一般保险单类型。

在制定保险单时，可以提供也可以不提供允许保险公司对逾期未付账户的所有收账阶段进行处理的条款。当以一种可选择的收账方式制定保险单时，被保险公司可能会将任何逾期未付款移交给保险公司进行收账，如果在10天内收回了款项，那么被保险企业就不必支付任何费用；如果超过10天，保单会列出费用条款。当然，一些保险单可能没有提供这种收账条款。

在商业信用保险单下，有两种损失是可不承保的，即共同保险额和初始损失。保险的目的是为了弥补那些**非正常的损失**，而这些免除使公司要通过其信用部门自行解决那些正常损失。

保险公司和被保险企业将就按承保销售额的一定百分比计算**初始损失**（primary loss）达成一致，并在保险单中清楚地定义初始损失的最低限额。保险中的可免除金额代表着公司信用部门所应承担的正常损失，对这部分损失，保险公司不需要进行赔付。计算初始损失的百分比会因承保风险、销售额以及被保险企业过去所实际承担损失的不同而有所差异。

共同保险（coinsurance）是一种协议，该协议中规定被保险企业对其投保账户的总损失承担一定的份额。在这种情况下，被保险企业的信用部门分担了保险公司所担保的所有损失。共同保险率通常在10%～20%之间，但在一些保险单中也可能不规定共同保险。例如，在共同保险率为20％的条件下，保险公司对被保险企业损失的1 000美元仅赔付800美元。对于那些并不处于知名的征信公司所评估的第一或第二信用等级的企业或者根本没有进行信用评估的企业，保险公司可能要求他们承担更高的共同保险率。

商业信用保险的优点

当一家企业承受了非正常的坏账损失后，信用保险并不只是从财务上进行了补偿而已。

改善盈利预测能力

商业信用保险的支持者指出，该保险的使用者可预先对其次年的额外或非正常信用损失有一个清楚的了解。通过将正常损失与信用保险费加总，信用经理可以相当精确地估计出可能发生的最大损失。如果一家企业的成本控制系统运作良好，并且也能精确地预测其他费用，那么企业就可对其预期利润进行良好的估计。信用保险的这一用途取决于所签订保险单的类型，因为有些保险单并未承保各种风险所产生的所有可能损失。

扩大销售

信用保险同样对信用经理工作中促进销售的方面有所帮助。一些信用经理承认，购买信用保险使他们在接受信用购买方面变得更谨慎了，因为要符合信用保险单中的各项条款。而其他一些信用经理则认为，购买信用保险将使他们不必那么谨慎。购买信用保险能将特定的损失转移给保险公司，使被保险企业能够在接受信用方面承担更大的风险，从而扩大销售。由于保险公司承保任何增加的利润，而该利润又是留给企业的，所以信用保险能使一些企业在接受客户的信用购买上更加自由。

改善收账效果

一笔款项拖欠的时间越长，要收回它的难度也就越大。保险公司通常规定，要申请赔付，逾期账户必须在发货后的12个月内或者欠款到期后的3个月内移交给保险公司，时间以二者中较长的一个为准。保险公司往往采用一些有力的收账措施，这增加了较早收回应收款的机会，也增加了债权人企业能收回的款项金额。由第三方（当第三方是一家保险公司时）进行收账所产生的心理上的影响是不容忽视的。

增强公司的借款能力

许多公司为了维持运营需要不时借款。其中的一些贷款未经担保；而另一些则会以应收账款作为担保获得。

商业信用保险的缺点

一些信用管理人员认为，商业信用保险存在的缺点超过了它所具有的任何优点。有些信用经理甚至极端地认为，只要企业拥有有效的、运作良好的信用部门，就根本不需要信用保险。尽管商业信用保险的使用范围很广，但也并不是所有企业都需要它。某些类型的企业可能会发现商业信用保险是不必要的或只有极少优点甚至是没有优点。

通常，商业信用保险有以下几个主要的缺点，即费用较高、使人产生错误的安全感、收账方面的限制、保险单条款的一些限制性规定以及与其他类型的保险相比存在的必要性。

费用

商业信用保险的保险费支出是企业的一个费用项目。尽管设计信用保险的目的是要弥补那些非正常的损失，但是一些企业发现，长期来看，保险对账户的弥补金额通常要小于公司所支付的保险费。当然，公司不能忽略以下的事实，即公司在保险期间所享受的免受额外损失的保护，并且，从一定程度上讲，能够将坏账损失控制在一个正常范围内也是很幸运的。相似地，那些购买了健康和事故保险并且安安全全地生活了 5 年的人们可能会想，即使他们没有购买保险，他们仍然也能度过这 5 年。但是，如果他们在保险生效的第一年里就有 1 个月需要住院，那么他们的感觉就会非常不同了。即使未能从商业信用保险（或健康与事故信用保险）中得到任何补偿，但是从保险费的支付中，我们可以感到受到了一种保护。

错误的安全感

另一项反对商业信用保险的重要理由就是，它有可能会导致信用经理更多地依赖保险的保护而不是依靠他们自己的判断。所以，商业信用保险会给信用经理一种错误的安全感。由于额外的坏账损失能够得到弥补，信用经理就会减少降低坏账损失的努力，并有可能放宽接受信用的条件而从信用保险中获得补偿。

收账方面的限制

大多数商业信用保险单都规定，逾期账户要在发货后 12 个月内移交给保险公司。以前，这一期限仅为 6 个月，这使得信用部门有时缺乏足够的时间使用友好的收账方法收回全部欠款或适当地减少账款（如稍后将介绍的债务重组）。将该期限从 6 个月延长到 12 个月是因为存在这样的事实，即经常会发生一些情况使债务人不能在规定的信用期限内偿付，而买卖双方之间谨慎制定的偿付协议可能会使债务得到全额的偿付并且还能维持他们之间的良好关系。

保险单条款的限制性

商业信用保险并不承保所有的信用损失。债权人必须承担一些正常的（或基本的）坏账损失，而一些批评就来源于对基本损失的计算。

商业信用保险另一个引起争论的特征是，对任何一个客户的承保风险，主要取决于由邓百氏公司和其他专门的征信公司评估的客户信用等级。信用决策主要基于信用机构的评级，将导致不能给予其他可用于信用分析的信用资料以足够的重视。但是，从保险公司的角度看，这些限制是很公平的，但这类限制似乎限制了信用经理在做出决策前权衡所有因素并分析相关信息来源的责任。

信用保险与其他类型保险的比较

仅仅因为保险能够保护企业的存货、建筑物和设备免受火灾或其他意外灾祸，就说公司也需要对其应收账款进行保险，这样说是没有认清以上两种需要的区别。那些将所有存货和设备都放置于一个建筑物内的企业，面临着在很短时间内被一次火灾、洪灾、龙卷风或者风暴夺走所有资产的危险。为了防止这类损失，企业应购买保险。而那些工厂很分散并且因火灾或其他自然灾害而导致其财务破产可能性很小的公司，显然可以通过建立一些储备系统以提供他们自己的保险。

但企业的应收账款因某一单个灾祸而全部损失的可能性是极小的。即使某一企业的应收账款在行业领域或地理上很集中，在某一年内损失大部分的应收账款也是很难想像的。不管怎样，对一些大额账户提供保险以防止额外损失，还是被许多企业证明是一种较好的措施。

保险公司永远不能被作为公司信用部门和信用经理的替代。使用商业信用保险也并不是为了使信用管理人员在接受信用时不必谨慎。商业信用保险的主要目的，是为了防止那些即使采取了预防和保护措施仍会发生的一些预料不到并且无法避免的损失。

商业信用保险

优点：

● 改善盈利预测能力

● 扩大销售

● 改善收账效果

● 增强借款能力

缺点：

● 费用较高

● 错误的安全感

● 收账方面限制

● 保险单条款的限制性

● 信用保险与其他类型保险的比较

收账中的一些特殊情况

大多数收账活动都是很常规化的。如使用发票、电话、收账信件以及可能采取一些法律措施来收回欠款。但是，有时候这些收账工具都无法收回款项，客户的账款仍然拖欠严重。这些客户通常都存在着严重的财务问题，并有可能考虑申请破产。这种情况既有可能发生在商业信用中，也有可能发生在消费者信用中。无论什么时候发生这些严重的情况，信用经理都必须准备着手实施一些非常规的解决方案。

重构初始协议

这一解决方案是指更改原有的信用条款或合同并达成一个新的协议。在商业信用中，销售条款一般并不涉及利息费用的收取，所以一位商业信用的债务人可能被要求签发一张**本票**（promissory note），即在未来某一时间支付货款的承诺。该本票面额一般都包括其到期日超出净信用期所需支付的利息费用。在消费者信用中，**重新贷款协议**（rewrite a loan）（该协议包括获得一笔新贷款对现有贷款进行偿还）并不少见。尽管协议一般并不涉及新的款项，但是它能使债务人及时偿清债务并得到一个新的开始。如果贷款的期限被延长了，那么协议还可能会降低偿付额。债权人必须确定债务人将遵守新的贷款协议，否则就不应该重构现有的贷款协议。另一种可选方案就是允许债务人**递延付款**（payment deferral），这是一项由债权人签发并被加入到原合同末尾的允许债务人暂不付款的协议。一些州的法规允许收取一种递延费用，这种费用通常与对债务全部偿清前的期限内所应收取的利息费用相同。

如果贷款协议含有**加速条款**（acceleration clause），那原始合同中的定额偿付条款和原先所设定的偿付期就无效了。加速条款通常会因为债务人逾期欠款的金额已经达到一个规定的限额而要求债务人立即全额偿付其剩余的债务。由于债务人通常并不能偿还贷款，所以就以原始合同中所规定的利率每天对债务人收取利息费用。这一条款使债权人增加了一笔额外的利息收入，而这笔收入在原先制定的偿付计划中并不存在。

延期付款协议

一项**延期付款协议**（extension agreement）既有可能由单个债权人签发，也有可能由债权人集体签发，其实质是一项延期付款权，在该权利下，债务人将在未来某一时间对债权人进行全额偿付。这一协议仅对那些在协议上签字的债权人有效，并且也并不强迫债权人参加。由此，如果债务金额大的债权人想给债务人延期，但一些小债权人并不同意这样做，其他债权人有时会对小额债权人进行全额偿付，以防止他们要求执行债务人破产的程序。但是，在给予债务人延期付款权前，信用经理都会对债务人的财务困难程度进行仔细的估计。

债务重组协议

债务重组协议（composition settlement），不论是否规定了延期付款，都是一项合同性安排，在该安排下，那些在协议上签字的债权人同意减少债务人的负债总额并同意解除债务人的剩余债务。例如，一组债权人可能会同意只收回他们债款的75％就可视为债务已全额清偿了。一般而言，该协议必须将所有债权人包括在内，否则会使一些债权人得到全额偿付而另一些债权人却没有。

同样，债权人应注意只将这一安排给予那些解除其超额债务负担后，能在未来获利的债务人。并且，如果发现债务人有欺诈行为，应使该债务重组协议失效，并且欺诈者将被最大限度的检举。

财产转让

当延长债务期限不能保证债务的偿付，并且也不能达成债务重组协议时，一种"友好的"企业清算和解决债务的方法就是财产转让。

为债权人利益而进行的财产转让（assignment for the benefit of creditors）一般被认为是一项由那些已经不能清偿债务（即负债超过资产）的债务人所自愿采取的法庭外行动。债务人以信托的方式将其部分或全部资产转移给第三方，即破产财产管理人，以便这些财产或者其出售所得的收入能用于清偿他们的债务。这类财产转让要在共同法或州法律（各个州都有某种形式的法律对财产转让作出了规定）约束下执行。

乍一看，财产转让好像能够防止破产程序（这将在下一部分介绍）所带来的各种弊端。这种方法的倡导者指出，它具有执行速度快、费用低廉、不受法庭限制、保密性以及能分配给债权人更多资金等优点。但这种方法的批评者指出，该方法具有以下几个缺点：

- 财产转让已构成一种破产行为；
- 债务人不能被宣誓检验；
- 没有对一些具有优先受偿权的债务提供优先偿付；
- 没有债权人的同意，债务人仍不能免除其未偿还的债务；
- 在州法律中并没有关于执行该程序的统一规定；
- 对破产财产管理人进行的不动产管理缺乏直接的监督。

破产

破产（bankruptcy）是联邦法庭的一项法律程序，在该程序中，债务人被宣告为无清偿能力，并且债务人的某些财产将由法庭指定的财产托管人进行清算，用所获得的收入在债权人之间进行公平地分配。该程序有两个基本目的，即为破产债务人提供一个重新开始的机会，以及保证债权人从债务人现有的财产中获得一个公平的份额。

谁可以申请破产？

任何一个居住在美国、拥有财产或经营企业的人都可以在《联邦破产法》规范下申请破产保护。将它称为"保护"，是因为一旦个人或企业申请破产之后，所有为收账而采取的法律行动依**自动中止条款**（automatic stay）规定都必须被中止。银行、保险公司、铁路局、储蓄和贷款协会以及政府机构都不能申请破产，尽管确实存在一些规定用来帮助他们重新组织经营活动。

破产的类型

破产的类型通常以《联邦破产法》中的各章节号来定义。**第 7 章**（chapter 7）有时也称为**直接破产**（straight bankruptcy），它是指将企业所有不能免除偿债的资产变现，最大限度地对企业的剩余债务进行清偿。**第 9 章**（chapter 9）适用于市政当局。**第 11 章**（chapter 11）主要应用于对企业进行重组。**第 12 章**（chapter 12）用于帮助家庭农场主重组农场及其财务结构。**第 13 章**（chapter 13）通常被称为**工资收入者计划**（wage earner's plan），因为它包含一个法庭批准的计划，允许用债务人将来的收入对其债务进行清偿。表 20—1 显示了近些年来已归档的各种破产申请。

表 20—1 1986—1994 年间已存档的和悬而未决的破产申请（以类型和《联邦破产法》章节分类）

（截止日为每年的 6 月 30 日。仅包含《1978 年破产改革法》规范下处理的破产案件。破产：一项法律上的认定，指明一个企业或个人已无清偿能力，并且必须对其进行重组或清算。申请"已存档"，意味着已通过向法庭工作人员提交一项申请以开始法律诉讼程序；"悬而未决"则是一项行政手续尚未完结的诉讼程序。）

项　　目	1986 年	1987 年	1988 年	1989 年	1990 年	1991 年	1992 年	1993 年	1994 年
已存档总数[1]	477 856	561 278	594 567	642 993	725 484	880 399	972 490	918 734	845 257
企业破产[2]	76 281	88 278	68 501	62 534	64 688	69 193	72 650	66 428	56 748
非企业破产	401 575	473 000	526 066	580 459	660 796	811 206	899 840	852 306	788 509
自愿性破产	476 214	559 658	593 158	641 528	723 886	878 626	971 047	917 350	844 087
非自愿性破产	1 642	1 620	1 409	1 465	1 598	1 773	1 443	1 384	1 170
第 7 章[3]	332 679	397 551	423 796	457 240	505 337	612 330	679 662	638 916	578 903
第 9 章[4]	7	10	3	7	7	20	15	9	17
第 11 章[5]	24 443	22 566	18 891	17 465	19 591	22 495	24 029	20 579	17 098
第 12 章[6]	(X)	4 824	3 099	1 717	1 351	1 358	1 643	1 434	976
第 13 章[7]	120 726	136 300	148 771	166 539	199 186	244 192	267 121	257 777	248 246
第 304 节[8]	1	27	7	25	12		29	19	17
悬而未决总数	728 577	808 504	814 195	869 340	961 919	1 123 433	1 237 357	1 183 009	1 134 036

注："X"代表资料不可获得。

[1] 商业破产，包括第 7 章、第 9 章、第 11 章或第 12 章下所存档的案件。

[2] 包括在第 7 章、第 11 章或第 13 章下所存档的破产案件。

[3] 第 7 章，对企业或个人的不能免除清偿债务的资产进行清算。

[4] 第 9 章，对市政当局的债务进行调整。

[5] 第 11 章，个人或企业的债务重组。

[6] 第 12 章，对每年有固定收入的家庭农场主的债务进行调整，自 1986 年 11 月 26 日起生效。

[7] 第 13 章，以个人的固定收入对债务进行调整。

[8] 11 USC., 第 304 节，附属于国外诉讼程序的案件。

资料来源：Administrative Office of the U. S. Courts, *Annual Report of the Director*.

申请破产

任何人，除了上面提到不能申请破产的企业外，都可以申请**自愿性破产**（voluntary petition for bankruptcy）。丈夫和妻子可以各自申请破产或联合申请破产。大多数个人或企业还可以被强制执行**非自愿性破产**（involuntary bankruptcy），只要有达到规定数量的债权人，并且他们拥有足够多企业未清偿的债务就可以申请让他们破产。如果一家业绩不断下降的公司每天都发生亏损，那么债权人强制公司破产以保留其现有的资产，可能最符合债权人的利益。在一个非自愿性破产案件下，法庭采取的第一个步骤就是确定债务人是否真的丧失清偿能力了。

破产程序

破产程序提供了一个有序的过程以确定资产、偿付账单并清偿债务。以下是《联邦破产法》第 7 章中有关清算的各个步骤：

1. 制作破产申请文件。自愿性破产或非自愿性破产的申请都会在联邦法庭存档。在一个非自愿性破产案件中，申请破产的债权人必须证明，债务人有未按期付款的违法行为，或者债务人在欠款逾期后 120 天内指定了一个清算人，或为债权人利益而对其资产进行了财产转让。债务人也会被给予一个机会来证明他有清偿能力，如果债务人成功了，那么他将从债权人那里获得损失赔偿。

2. 法官发布一道命令以中止收账程序并指定一个破产财产托管人。该托管人负责代表债权人保管债务人财产并监督清算。债权人如果愿意，他可以在之后的程序中自己选择一个永久的财产托管人。

3. 债权人的初次会议。债权人的第一次会议是破产程序所规定的，参加该会议的有财产托管人、债务人和债权人。债务人提供一个列明其全部收入和债务的清单。债权人同样有机会检查债务人并可就企业的资产和债务提问。债权人同样还可以因债务人欺诈而提出书面索赔要求，或将他们的债务排除在破产程序以外。

4. 托管人收回资产。托管人收回不能免除债务清偿的资产，执行受担保债权人的决定，并从欺诈性交易和优先得到偿付的权利中索回资产。**优先权**（preference）是指对一项债务的偿付，通常在破产前的 90 天内执行，该权利能帮助单个债权人免受损失但却使整个债权人群体受损。一项**欺诈性转让**（fraudulent conveyance）包括为隐藏资产而向他人转移资产或者将资产以低于公平价格出售以使债权人无法得到它们。

受担保的债权人必须作出选择，是保留他（或她）的担保权益还是参加破产程序。如果受担保债权人选择保留其担保品，那么该项资产就会从可用于清偿债务的资产清单中除去。通常，债务人会保留担保品而债权人则保留担保权益。

5. 债务人选择可免于清偿债务的资产。可免于清偿债务的资产是指那些能够不被托管人用于清偿债务的资产。这些资产仍保留给债务人作为债务人"重新开始"的基础。这些可免于清偿的资产往往是由州法律所规定的，尽管在某些州债务人能够在州法律和联邦法律所列出的免于清偿的资产清单中选择一个。在大多数州，以下几项资产可免于清偿债务：有限的现金、债务人的住所、衣物、贸易工具、保险以及某些汽车权益。

6. 对非免除性资产进行分配。财产托管人必须依以下的优先顺序对资产进行分配：

　　a. 破产的费用。

　　b. 在法庭接受破产申请之后企业日常运营所产生的债务。

　　c. 在接受破产申请之前 90 天内雇员所取得的工资。

　　d. 在接受破产申请之前 180 天内企业雇员所应获得的附加福利。

　　e. 农场主和渔民对储存设施的求偿权。

　　f. 消费者对其已付款但尚未获得的商品或服务的求偿权。

　　g. 对债务人赡养费、生活费及抚养费的求偿权。

　　h. 对政府的负债，如以前 3 年所欠的税款。

　　i. 如果还有剩余资金，就将这部分资金在普通的未获得担保的债权人之间进行分配。

7. 免除剩余债务，经过以上各步骤后仍未清偿的债务，由法官在财产托管人的建议下给予免除。这一免除取消了债务并且债务人也不需对它进行进一步的偿还。但是，尽管债务人得到了债务免除，仍有一些债务是有效的。不受债务免除影响的债务包括：

a. 拖欠政府机构的税款。

b. 收益用于联邦税收的贷款。

c. 由欺诈而产生的债务，如通过虚报财务状况而取得的债务。

d. 不包括在破产计划中的索赔。

e. 与贪污或盗窃相关的债务。

f. 赡养费。

g. 抚养费。

h. 政府机构作出的罚款。

i. 助学贷款，除非该贷款拖延了至少5年。

j. 那些从债权人处取得的表明在破产前应该"已装运"的商品购买和预付现金。

显然，在《联邦破产法》第11章和第13章所描述的破产程序与上面所述程序是不同的，因为其目的是要对债务人的财务进行重组。第13章所描述的破产程序，基于债务人可获得的收入与仔细构造的预算，为个人设计了一项计划以减轻其对债权人的负债。由于《1994年破产改革法》允许的无担保债务可达到250 000美元，并且有担保债务可达到750 000美元，这使得第13章所述的债务人的资格限制得到了加强。第13章所述的破产程序失败的可能性较小，显然更受债权人的欢迎。表20—2显示了第11章所述的债务人公司是如何重组的。同样，其目标也是要让一个企业生存下去，并且作为可以继续经营的企业而脱离破产程序。

信用经理的责任

当作为申请其他企业非自愿性破产的一员时，或接到自愿性破产或非自愿性破产的通知后，信用经理都应该立即采取一些步骤，以保护其所在企业的利益。以下就是这些必要的步骤：

1. 停止所有进一步的信用活动。标注所有记录以表明信用额度被取消了。

2. 尽可能多地收回债权。暂停或终止向破产企业发出的所有支票和其他汇款的支付。对所有正在发运过程中的商品下达停止命令。停止所有正在生产或正确认订单的商品生产工作。一旦有合法的机会，就提出诉讼，以索回已被债务人所拥有的商品，获取或持有所有已被你的企业占有的或者能被你合法占有的债务人资产。

3. 对所有受担保的债权执行财产扣押程序，或者占有所有抵押品以及其他你的企业享有留置权的财产，尽可能多地取得财产占有权。

4. 为自己的求偿权提供书面证据。

5. 参加债权人会议；参与选择一个能干的财产托管人；尽最大的能力确保不动产是由一个声誉良好的律师处置的。

6. 在任何存在丝毫欺诈嫌疑的时候，协同其他债权人进行调查以发现更多的欺诈证据。推迟破产审查直到调查结束。

表 20—2　　　　　　　　**公司是如何在第 11 章* 的指导下进行重组的**

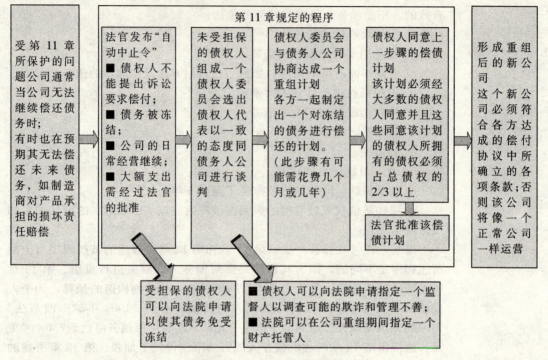

受第 11 章所保护的问题公司通常当公司无法继续偿还债务时；有时也在预期其无法偿还未来债务，如制造商对产品承担的损坏责任赔偿	第 11 章规定的程序				形成重组后的新公司这个新公司必须符合各方达成的偿付协议中所确立的各项条款；否则该公司将像一个正常公司一样运营
	法官发布"自动中止令"■ 债权人不能提出诉讼要求偿付；■ 债务被冻结；■ 公司的日常经营继续；■ 大额支出需经过法官的批准	未受担保的债权人组成一个债权人委员会选出债权人代表以一致的态度同债务人公司进行谈判	债权人委员会与债务人公司协商达成一个重组计划各方一起制定出一个对冻结的债务进行偿还的计划。（此步骤有可能需花费几个月或几年）	债权人同意上一步骤的偿债计划该计划必须经大多数的债权人同意并且这些同意该计划的债权人所拥有的债权必须占总债权的 2/3 以上	

法官批准该偿债计划

受担保的债权人可以向法院申请以使其债务免受冻结	■ 债权人可以向法院申请指定一个监督人以调查可能的欺诈和管理不善；■ 法院可以在公司重组期间指定一个财产托管人

注：* 指《联邦破产法》的第 11 章，这一章对债务人企业的重组进行了规定。

资料来源：*St. Petersburg Times*，January 16，1990，p. 2A. Adapted with permission from AP/Times art.

7. 协助对破产公司的审查，并帮助其他债权人索回在该案件存在的可避免的优先权和转让。

8. 一旦有理由，就应保留最终求偿权，并且，如果提出了理由，就应参与对破产公司的刑事诉讼。

信用经理最重要的责任产生于这样的事实，即他们往往有权决定一个债务人是进入破产程序，还是采用其他方法脱离困境。过早地由于收账困难求助于破产，意味着一些不必要的案件将使破产法庭承受过多的负担。通过破产对债务进行清算与以其他方式进行债务清算相比，可能会产生更高的费用和更少的收益。所以，债权人在同意成为申请债务人企业破产的成员之前应仔细地考虑，是否所有其他可能的收账方式都被详细地讨论过了。

另一个需要考虑的因素是债务人的态度。如果债务人对他所偏好的一些债权人提供优先权或者为了阻碍、拖延或欺骗债权人，而通过转让交易或隐瞒财产的方式进行财产分散，那么为了保护所有债权人并保证对财产进行公平的分配，必须将债务人的财产置于破产程序之下。但是，如果债务人努力做到公平并采取各项可能的措施以保护债权人的利益，那么，明智的债权人会帮助债务人免于破产并找出一些更好的办法以使债务人走出困境。

债务调整局

由于认识到加快收账程序（尤其是在债务人已无清偿能力和财务状况恶化时）的必要性，许多行业都已组织了某种形式的**债务调整局**（adjustment bureau）或类似机构来帮助他们的成员（尤其是那些在较大的市场中心的成员）处理他们的逾期账款。国家信用管理协会通过在其组织内部建立地方债务调整局，成为在发展和扩大这种机构的使用上的一个杰出开拓者。

债务调整局已有很长的历史了。已知最早的用于解决陷入财务困境的债务人问题的商业机构，是 1868 年在旧金山出现的。自那时起，其他的这类机构就得到了发展。在许多情况下，我们确实需要有债务调整局的参与。债务调整局提供的管理相对于破产法庭提供的管理而言，其花费比较低。这种管理能使债权人更快地参与进来，并且债务调整局往往还能提供一些长期的解决方案，而这是法庭无法做到的。

国家收账服务组织（The National Collection Service）是由国家信用管理协会于 1971 年设立的，其主要目的是对一些全国性或地区性公司开展新的收账业务。这些公司的债权直接移交一个经批准的与债务人距离最近的国家收账服务局，以展开收账活动。

这部分同样还应提一下**大宗销售法**（bulk sales laws）。尽管这并不是一种严格意义上的收账工具，州法律一般都会要求在将一个企业"大宗"出售之前，卖方必须为买方提供债权人列表（包括名称、地址、所欠债务的金额）以及企业的存货清单，并且还必须通知债权人该企业将被出售。制定这些法律的目的是防止债务人以过高的价格将企业售出，并使债权人在全额收回欠款时处于一种不稳定的状态——在通过该法律之前，这确实是一个问题。

消费者信用咨询服务

消费者能从一系列渠道获得信用咨询，如非营利性咨询中心、营利性咨询中心、信用合作社、律师以及许多其他渠道。但是，消费者应谨慎地选择他（或她）的咨询师。

非营利性信用咨询中心对那些清偿债务有困难的债务人很有帮助，因为这类中心会与债权人联系并试图安排一个偿付计划。消费者信用咨询服务协会（Consumer Credit Counseling Service，CCCS）在 47 个州拥有超过 350 家非营利性机构。CCCS 的咨询专家帮助消费者建立现实的预算，并在该预算的基础上努力安排一个偿付计划。咨询专家还会帮助消费者建立支出计划来安排其生活费用、偿债支出以及其他的财务支出。咨询专家与顾客的会晤给消费者提供了一个机会，可以讨论与财务相关的问题并为其未来支出建立一个计划。

如果消费者的负债超过其月度预算，CCCS 就可能建议他（或她）建立一个债务管理计划，该计划要求债权人减少偿付额并延长偿付期限。CCCS 将每月偿付一定的资金直到偿清所有债务。一些债权人对采用

CCCS 债务管理计划的客户免收融资费用。采用该计划的客户须同意当其处于该计划中时不再增加其信用负债。

国家消费者信用基金会的主要活动是教育那些使用消费者信用的人们。该教育项目并不仅仅教育那些将成为未来消费者的年轻人，而且也教育那些已经过度负债并急需一些专家建议的成人消费者。在消费者信用咨询服务机构在全国范围内组织和管理的地方性办事处的资助，国家消费者信用基金会在处理与消费者信用有关的问题的领域中工作已超过 25 年了。

信用部门业绩评价

经常为完成一些日常工作而忙碌往往使信用经理往陷入无数的工作细节中，而不能停下来仔细思考一下他们的工作目标到底是什么，或者检查一下自己为完成任务而采取的工作方法是否正确。如果没有明确的目标以及测量工作进展的工具，信用管理人员就有可能会将其珍贵的时间、精力和金钱浪费在并不能产生理想结果的弯路上。尽管信用经理花费了相当长的时间评估他们的客户，但却可能无法评估他们自己的业绩。

信用管理人员应能够回答以下两个问题：

1. 从当前和预期的未来环境出发，本公司信用部门的责任是什么？应采取何种适当的政策？

2. 我能使用什么方法来判断这些政策是否得到了执行？

信用部门的责任

在为信用部门设定合理的目标时，信用管理人员对以下 3 个利益团体都负有隐含的责任：

1. 雇用他们的公司。

2. 信用被信用管理人员接受的债务人。

3. 其利益可能会（并且毫无疑问将会）被他们的行为所影响的商业和社会团体。

信用管理人员对其公司的责任是最直接和最明显的。企业管理的主要目标就是要获得利润，而信用职能的中间目标就要达到最大的销售额和最小的损失。这就是信用部门对企业利润目标所作的贡献。在某些时候，信用部门较看重扩大销售这一目标，而在另一些时候，却较看重避免损失这一目标。但是，更经常的情况是他们同时要考虑这两个目标。为了接受这一理想目标，"最小损失"这个词必须从最大的可能损失这一角度理解。当制定了谨慎并坚持不懈的收账政策时，一个公司能保证较低的坏账损失，但是由于高的收账成本和费用以及持有应收账款的高成本，使得公司可能无法获得最大的利润。其最终结果可能是大大地减少了利润，在公司处于财务困境时，这种政策会因使资金滞留于运转周期长的应收账款上而严重地阻碍公司的经营。我们在制定信用政策时同样不应该忽略时间因素。我们到底应该在多长的时期内衡量公司的最小损失和最大销售呢？采用较低标准的信用政策，可能意味着一些顾客将会使公司遭受损失，但也有一些顾客可能会成为公司未来的大客户。对理想的信用部门目标的一个更好的解释，可能是在现在和将来都应追求最小成本和最大利润。

信用经理同样还需要为债务人的利益服务，信用经理对债务人所承担的义务与其为自己公司所负的责任一样明白和确切。一个明智的销售部门会发现，在产品销售中使顾客感到满意是最重要的，同样，信用部门也应意识到在各项信用交易中客户满意度的重要性。

信用经理涉及的第三种利益是社会的一般利益。经济社会也许并不参与债权人与债务人之间所进行的交易，它不过是一个旁观者。正因如此，一般社会利益经常地被直接参与者的行为所损伤，除非债务人在信用购买时很谨慎，并且债权人也谨慎地决策以确定对各方都有利的信用接受额度。

信用部门业绩的测试[①]

在认识了信用管理对本公司、债务人和社会的责任并清楚地界定了信用部门运营的目标之后，下一步就是衡量这些目标的完成程度，也即测试信用部门为完成其任务所采用的方式。测试和评价的目标就是要评估个人、各部门以及整个公司的业绩。尽管在采用何种评价方法上，各公司的做法各不相同，但大多数公司都试图以某种方式来监督他们的运营。

适当的测试和测量方法对公司是非常有帮助的。这些方法可以被用来确定在部门的雇员中哪些人是专家以及哪些领域需要一些额外的培训。那些工作完成得很好的员工能够被发现，并且这些测量可作为员工业绩评估和工资增长的依据。业绩测量同样还能改善公司的政策和程序、减少客户的投诉并改善现金流状况。

某些用于以上目的的测量方法对大多数信用工作人员来说都非常熟悉，但是另外一些测量方法可能只为那些研究过相关信用工作的信用管理人员所熟悉。许多信用部门除了使用坏账损失指标外就没有其他的业绩检测指标。设计一些工具或指标的目的，就是要为信用管理提供一些测量其运营效率的方法。这些工具能帮助信用经理确定他们的部门是否实现了最大销售和最小损失的目标。以下的部分描述了其中的一些工具。

信用研究基金会花费了大量的努力，试图对这诸多计算方法进行标准化，并为使用者提供了一些调查资料。信用研究基金还出版了一本《年度基准报告》（*Annual Benchmarking Report*），该书按照标准行业分类方法（SIC）和工业分类方法提供了一些比较的基准。这些公布的数据有助于信用部门进行横向比较以检查他们的业绩。

坏账损失

通常，我们是依据经验对信用部门的效率进行判断的。当信用经理能够减少坏账损失或将坏账损失保持在最小的额度时，我们就认为其部门的运营是成功的。甚至在今天，一些信用经理还以其公司在年度内几乎未发

---

① 见《业绩评估》（*Measures of Performance*）一书，书中由信用研究基金会与国家信用管理协会出版，该书全面地描述了信用部门的业绩测试及测量方法。

生任何坏账损失，或者坏账损失与公司的信用销售额或总销售额相比微不足道作为其吹嘘的资本。不幸的是，尽管经验判断被公司部分高层管理人员所欣赏，但这种经验判断是具有误导性的。仅有很小的坏账损失记录并不能不容置疑地证明信用管理的效率。实际上，坏账损失可能是一个用于判断运营效率的不太好的基准，因为如果信用经理很保守并且只接受那些风险最小的信用购买申请，那么他要实现较小坏账损失是非常容易的。但该种政策通常会使公司的业务被竞争对手夺走，从而导致利润的减少。

坏账损失率是应用最早的信用部门效率测试指标之一，并且仍然是信用经理经常使用的指标之一。该指标通常以在一定时期内发生的坏账损失与同一时期内总的信用销售额相除来表示，其公式如下：

$$\text{坏账损失率}=\frac{\text{注销的坏账损失}}{\text{总的信用销售额}}$$

但是，在计算该比率时却没有一个统一的方法。有一些公司以坏账损失与总销售额相比来计算该比率；而其他公司则以坏账损失与信用销售额相比来计算该比率。并且，对于一笔应收账款逾期多久后才可以被定义为坏账这一点，各公司的做法也各有不同。有些公司由其信用工作人员自行决定在什么时候一笔应收账款可以作为坏账；有些公司则在一笔应收账款逾期达到一定期限时才定义为坏账；还有些公司在发生了特定的事件，如得到了一个不理想的裁决或类似事件之后才将一笔应收账款定义为坏账。此外，由于一些应收账款可能在逾期后不久就被划为坏账，而另一些则有可能在逾期许多个月后才被注销，所以在计算该比率上很可能产生错误。结果是，某一给定年度的坏账损失可能是由上一年度的信用决策和收账程序引起的，然而该坏账损失却与当前年度的信用销售额相比较，从该比率得出的结论也被应用于当前年度的信用和收账政策。并且，由于坏账记录的时滞，销售额的大幅波动可能会导致坏账损失率的一些错误变动。这样一来，当信用销售额增加且现金销售额基本保持不变时，计算该比率的分母就会扩大从而使计算结果好于实际情况。

坏账损失率自然会随着行业的不同、竞争环境的变化、一年中的不同月份或季节以及总的经济状况的不同而有所不同。对坏账损失做出正确理解，需要比较企业当前年度和以前年度的经营所产生的坏账损失，以及其他企业在类似条件下所产生的坏账损失。与其他企业进行比较所需的数据已能够越来越容易地从各种信用和贸易协会以及联邦政府那里获得。但是，当信用经理参照其他销售商的坏账损失率为自己的企业确定合理的坏账损失率时，他必须保持谨慎。由于我们刚刚所讨论的时滞因素，任何其他企业在某一独立年度的坏账损失率几乎都是没有任何价值的。此外，如果其他公司经营产生的毛利较高或较低，那么他们合理的坏账损失率将会偏小或偏大。如果能够了解不同企业间毛利的差异，那就应该对此进行调整。对公司几个年度的坏账损失率进行趋势分析，其本身并不能说明公司的信用或收账政策正在变得更严格还是更宽松。宏观经济形势的波动以及特定地区及贸易的发展对坏账损失率所产生的影响，要比公司信用及收账政策变动所产生的影响更加深刻。

对坏账损失率过分依赖是很危险的，因为这样做意味着过分强调在接受信用申请时应持有的谨慎态度。公司的政策应将坏账损失率维持在正常范围之内。而对各个企业而言，正常的范围应基于其自身经营所产生的毛利来确定。

应收账款周转天数

这是测量信用和收账部门业绩最常使用的一个指标。从根本上说，该指标是以日销售额衡量应收账款的水平。基本计算公式如下：

$$\frac{应收账款余额}{日平均销售额}=应收账款周转天数$$

为了使该公式适用于季度，信用经理会以 3 个月的平均应收账款余额除以该季度内的日平均销售额。数学上，上面的公式最终变为：

$$DSO=\frac{前 3 个月月末的应收账款余额总和}{该季度内的总销售额}\times30$$

$$DSO=\frac{15\ 000\ 美元+16\ 000\ 美元+17\ 000\ 美元}{45\ 000\ 美元}\times30=32（天）$$

以上公式表示该公司以价值为其 32 天销售额的资金投资于他的应收账款。如果应收账款周转天数增加了，我们一般认为信用部门的工作做得不是很好，没能有效地收回应收账款。

但是，那些认真研究过 DSO 的人会指出，该公式对销售额非常敏感。也就是说，在一段时期内 DSO 的计算结果会随着销售额的变动而发生剧烈的波动。DSO 指标的反对者指出，该指标不能很好地反映季节性的销售变化及体现出销售淡季，所以应收账款周转天数的变动在很大程度上与信用部门的效率并不相关。最近，在一些流行的期刊上对 DSO 刊登了很多文章，并且讨论了该指标的一些其他计算方法。其中的一些新近出现的计算方法有：最优的可能应收账款周转天数（Best Possible DSO）、以销售为权重的应收账款周转天数（Sales-Weighted DSO）、日平均逾期应收款额（Average Days Delinquent）以及实际应收账款周转天数（True DSO）。

逾期指数

这种对信用管理的测试衡量的是逾期应收账款的比例，它以逾期应收账款总额或逾期应收账款的笔数表示。指数由总的逾期款项除以总的应收账款计算得出，其公式如下：

$$逾期指数=\frac{逾期应收账款总额}{应收账款总额}$$

当该逾期指数在连续几个期间都计算时，它就可以起到一种指示器的作用，可以表明不良债权的总量是增加还是减少了。如果该指数在任何一个给定期间内增长得过快，信用管理人员就可采取一些步骤以控制这种趋势或使比率恢复到正常状况（正常状况的指数可由多年的记录来确定）。

收账效率指数（CEI）

这个比率表明的是在一定期间内所作的收账努力的有效性。该指数计算出来的结果越接近 100%，表明收账越富有成效。CEI 是由瑞典皇家空军研究所（SR Research）的文凯特·史尼旺（Venkat Srinivasan）博士与信用研究基金会合作发展的另一种衡量信用管理业绩的指标。一般认为，该指数消除了应收账款周转天数对销售额过度敏感这一弊端，其公式如下：

$$CEI = \frac{\text{期初应收账款总额} + \text{季度信用销售额}/3 - \text{期末应收账款总额}}{\text{期初应收账款总额} + \text{季度信用销售额}/3 - \text{期末应收账款账面余额}} \times 100$$

该公式将收回的款项（作为分子）与总的应收款金额（作为分母）进行比较。因为收账效率指数一般能被更早地计算出来，有助于较早地预测收账中的困难，从而使公司有足够的时间预先采取一些有效的措施，所以它比坏账损失率具有更多的优点。一般来说，当该比率下降时表明不良应收款增加或收账效率下降。这些对信用活动的测量指标，应该能帮助信用经理发现不良信用政策的后果。例如，收账效率指数的下降可能表明公司的信用条款过分宽松了，或者是接受了一些不良客户的信用购买申请，还有可能是公司屈从于竞争压力而放松了信用条件。此外，过分严格的收账措施、过度保守的信用接受条件以及一些在承担风险上不适当的犹豫等，都可以通过观察这些指标的变动趋势而较早地发现。

信用部门的成本核算

通过一些计算公式，可以对运营一个信用部门的成本进行监督。尽管最高管理层可能并不会提供信用购买选择权，但尝试确定信用部门的成本仍然是值得的。

$$\text{每 1 美元信用销售额的成本} = \frac{\text{信用部门运营总成本}}{\text{信用销售额}}$$

$$\text{信用工作人员人均成本} = \frac{\text{信用部门运营总成本}}{\text{信用工作人员人数}}$$

$$\text{每一笔交易的成本} = \frac{\text{信用部门运营总成本}}{\text{交易笔数}}$$

即使是在同一行业，由于各企业的组织结构和成本分配系统不同，在不同企业间进行成本比较也是很困难的。信用部门的成本包括工作人员的工资、获得信用资料的各种费用、收账过程中发生的法律诉讼费、设备费以及支付给收账机构的费用等。当在不同时期比较各成本指标时，应以同种方式汇总和分摊各种成本。

信用申请接受率

公司接受信用的数量体现了公司对信用申请、申请者信用资质以及公司当前所采用的信用政策的态度。此指标体现了公司接受的信用申请的比例。

指标的计算方法如下：

$$\text{信用申请接受率} = \frac{\text{接受信用申请的数量}}{\text{提交的信用申请总数}}$$

这个比率在不同公司之间的差别很大，这取决于公司所处的行业、公司信用政策的严格程度以及所处经济周期的阶段。

新开账户数

信用部门的活动可由其在考察期内新开立的账户数量来反映。新开设账户的数量表明了公司对信用服务的重视程度以及公司对获得新订单的机会是否敏感。新开设账户的数量同样还可以衡量公司信用公开的效率。这个数字与信用申请接受率一起，可以用来评价公司的信用政策是宽松还是严格。

应收账款的账龄分析

账龄分析（age analysis）就是依各账户逾期的时间对它们进行分类。一些典型的分类包括：未到期应收账款、逾期 30 天的应收账款、逾期 60 天的应收账款、逾期 90 天的应收账款和逾期超过 90 天的应收账款这几类。这分析方法源于以下一个事实，即在一笔应收账款未偿付的时间、收回该款项的可能性以及可能的坏账净损失之间存在一种直接而重要的联系。账龄分析有助于信用工作人员确定什么是最重要的收账任务，并能帮助他们预测企业的现金流量。

各项应收账款的账龄分析可以以一个详细的明细表作为补充，以显示各逾期款项债务人的姓名以及账户目前的状态。这类明细表在批准客户的追加信用申请时是非常有用的。

解释分析结果

以上的一些数字以及计算结果应该与以前各月的数据以及尽可能多的以前年度相同月份的数据进行比较。多年中对上述数据的积累能帮助信用经理判断季节性趋势，而这些趋势在任何分析中都应予以考虑。同样，与同类企业的比较则能够显示出目标公司的相对水平。

以上各指标仅反映了平均状况，在总体收账测试表现良好时，仍然会有某些账户不能按期偿付。信用管理人员应该认识到这一状况，并在任何基于平均状况上的分析中都考虑到这一点。

一家公司应收账款收回率的上升，可能是经济环境改善的反映，而不是公司信用和现金销售的改善。之所以会出现这种情况，是因为顾客在申请新的信用购买之前，一般都会先偿付其原有的债务。相反的，经济环境的恶化有可能更早地被公司信用销售额的下降所反映，而不是由公司应收账款收回率的下降所反映。这一结果是由于债务人不愿在他们确信能够偿还债务之前进行额外的信用购买造成的。对发生的变化进行适当的分析，能帮助信用管理人员履行其对公司、对客户以及对社会所负有的责任。

提交测试结果

当信用部门能展示其自身运营的成果时，也就能更容易、更确定地证明信用运营是公司业务的一个重要部分。计算机已经显著提高了每个人搜集、保存以及运用与应收账款及信用业绩相关的各种数据的能力。计算机生成的各种图表和报告，可被用于向最高管理层提交各种关于信用部门运营成功或失败的测量。例如，通过使用直方图显示各项应收账款的账龄，同时使用曲线图显示公司应收账款收回率的季节性波动，信用经理就可以使其老板对信用业务的大体情况有所了解，并且他还能更好地准备资料来证明信用部门的运营和预算的合理性。

重要术语

加速条款　acceleration clause　　　信用工作人员人均成本　cost per credit employee

信用申请接受率　acceptance index

每1美元信用销售额的成本　cost per credit sales dollar

债务调整局　adjustment bureau　　　每一笔交易的成本　cost per transaction

账龄分析　age analysis

信用事故和健康保险　credit accident and health insurance

为债权人利益而进行的财产转让　assignment for the benefit of creditors

应收账款周转天数　days sales outstanding（DSO）

自动中止条款　automatic stay　　　递减定期保险　decreasing-term coverage

坏账损失率　bad debt loss index　　　延期付款协议　extension agreement

破产　bankruptcy　　　欺诈性转让　fraudulent conveyance

大宗销售法　bulk sales laws　　　非自愿性破产　involuntary bankruptcy

商业信用保险　business credit insurance

平均定期保险　level-term coverage

新开账户数　number of new accounts opened

递延付款　payment deferral　　　逾期指数　past-due index

优先权　preference　　　初始损失　primary loss

共同保险　coinsurance　　　本票　promissory note

收账效率指数（CEI）　collections effectiveness index（CEI）

重构贷款协议　rewrite a loan　　　债务重组协议　composition settlement

自愿性申请　voluntary petition　　　消费者信用保险　consumer credit insurance

工资收入者计划　wage earner's plan

讨论题

1. 你如何解释收账是任何信用运营的内在组成部分这一事实？

2. 消费者信用保险所要达到的目的是什么？它是如何帮助债务人和债权人的？

3. 解释消费者信用保险的两个主要类型。

4. 解释为什么各州要对消费者信用保险进行规范。

5. 解释为什么一家公司可能会使用商业信用保险。

6. 商业信用保险是否有助于收回所欠货款？

7. 以重构初始合同作为一种收账方式，有哪些选择？

8. 应在什么情况下使用延期付款协议和债务重组协议？

9. 破产的最基本目的是什么？

10.《联邦破产法》第7章所描述的破产程序采取的重要步骤是什么？

11. 解释消费者信用咨询服务的目的。

12. 信用管理人员对 3 家利益集团负有潜在的责任，这 3 家利益集团具体包括什么？

13. 如何使用各种测试方法对信用部门的运营进行评估？

14. 你是如何定义坏账损失的？

15. 讨论为什么要分析应收账款的账龄。

第 7 篇阅读参考

Collections Management and Control

Blakeley, Scott E. "Chapter 9 Bankruptcy and Unsecured Creditors." *Business Credit*, March 1995, p. 8.

Briggs, Janet M. "Highlights of the Bankruptcy Reform Act of 1994." *Credit World*, March/April 1995, p. 14.

Callahan, W. Terrence. "Improving Performance through Benchmarking." *Business Credit*, January 1996, p. 42.

Chek, Larry. "When Filling an Involuntary Bankruptcy Petition Makes Sense." *Business Credit*, October 1995, p. 41.

Daly, James J. "It's Getting Harder to Hide." *Collections & Credit Risk*, March 1996, p. 57. (Skiptracing)

Dockery, Darrell. "Deductions: 'Cashflow Killer'" *Business Credit*, March 1995, p. 44.

Fishman, Robert M. and Brian L. Shaw. "The Involuntary Bankruptcy Proceeding." *Business Credit*, October 1996, p. 16.

Flock, Michael. "Automation in the Collections Industry." *Credit World*, November/December 1996, p. 19.

Henderson, Michael J. "How to Elude Bankruptcy Performance Claims." *Business Credit*, March 1995, p. 12.

Hutnyan, Joseph D. "Congress Changes Bankruptcy Rules." *Credit Union Magazine*, December 1994, p. 38.

Laughlin, Alex. "Top Ten Things to Do When a Bankruptcy Is Filed." *Business Credit*, April 1996, p. 7.

Leibowits, David P. "Organization of Creditors' Committees in Chapter 11." *Business Credit*, October 1996, p. 27.

Middleton, Martha. "Is DSO DAO?" *Collections and Credit Risk*, December 1996, p. 21.

Mines, Ron. "Listening＋Training＋Negotiating＝Successful Collections." *Credit World*, January/February 1996, p. 16.

Snyder, Jesse. "Credit Coverage: Nutty or Nifty?" *Collections and Credit Risk*, December 1996, p. 45.

Weinberg, Joel B. "Non-Bankruptcy Alternatives for the Financially Distressed Business." *Business Credit*, October 1995, p. 19.

Whiteside, David E. "Collections Goes Online." *Collections and Credit Risk*, January 1996, p. 35.

相关网址

http://www.abiworld.org 美国破产研究学会

案例分析

办公用品供应公司收账效率测评

比尔已经从办公用品供应公司的季度财务记录中搜集到以下资料。请使用这些资料计算以下的各项指标。

单位：美元

该季度初的应收账款余额	12 500
该季度末的应收账款余额	13 500
该季度内所发生的应收账款余额	8 000
该季度的信用销售总额	50 000
季度内各月末的应收账款余额	
第1个月末	17 000
第2个月末	18 000
第3个月末	13 500
该季度所发生的坏账损失额	1 000
该季度内接受了25份新的信用购买申请	
该季度内开立了20个新账户	

计算以下各项指标：

应收账款周转天数（DSO）

收账效率指数

逾期指数

坏账损失率

信用申请接受率

词汇表

　　货到付款（AOG）　一种销售条款，在此条款下，现金折扣期及偿付期限从货物到达目的地后开始计算。

　　加速条款（Acceleration Clause）　一种分期付款信用条款，它规定，如果逾期未付的款项达到特定金额，则以后各期的贷款都视为到期，必须立即清偿，或者根据合同持有方的要求处理。

　　信用申请接受率（Acceptance Index）　表明所批准的信用申请占所有申请的百分比的一项指标。

　　应收账款（Account Receivable）　记录应收账款的会计分录，指由于提供商品和服务而应对其客户收取的款项。

　　酸性测试比率（Acid-Test Ratio）　也称为速动比率，指扣除存货后的大部分流动资产与流动负债的比率。

　　比例附加法（Add-On Method）　在贷款前计算融资费用，并将其加计到贷款金额上作为清偿总额的方法。

　　可调整利率的抵押贷款（Adjustable Rate Mortgage）　一种不动产贷款形式，在还款期内会对利率作周期性调整。

　　调整余额法（Adjusted Balance Method）　对上月减去支付和贷款的账户余额后收取利息费用。

　　债务调整局（Adjustment Bureau）　帮助收回债款的机构。

　　调整期间（Adjustment Period）　反映抵押贷款利率调整的时间频率。

　　反对意见（Adverse Opinion）　由审计人员集体表示的意见，认为财务报表的编写与通行的会计准则的要求不完全一致。

　　会员信用卡（Affinity Cards）　一种通用信用卡，专门发放给拥有某种联系的群体的成员，例如同一组织中的成员。

账龄分析（Age Analysis） 根据上次的偿付距现在的时间长短而对账户做出分类。

逾期账户分析（Aging of Accounts） 一种对账户的详细分析，例如，未到期账户、逾期 30 天账户、逾期 60 天账户及逾期 1 年账户等。

分期偿还（Amortization） 用分期付款的方式，系统地对本金余额进行连续偿付，直到债务全部偿清为止。

分期付款一览表（Amortization Table） 对分期付款贷款的偿还情况的列表，列示了已付利息额，所欠本金数额以及每次还款后的账户余额。

分期偿还贷款（Amortized Load） 直接递减的抵押贷款。

年均百分率（Annual Percentage Rate） 一种标准化的计算方式，将利息和其他费用加计，表明了均摊在整个贷款期的贷款总成本。

预付折扣率（Anticipation Rate） 根据借款者提前还款的日期，削减其应付的一部分利息，从而鼓励借款者提前还款，其中计算削减利息的利率，就是预付折扣率。

资产（Asset） 用于家庭或商业运营的资源、财产和其他有价值的物品。

为债权人利益而进行的财产转让（Assignment for the Benefit of Creditors） 一种债务人采用的自愿的法庭外行为。由于债务人经常无力偿债，故将其部分或全部资产委托给第三方，这些资产或其变现所得的款项，可以用来偿还债务。

承担条款（Assumption Clause） 房屋的预期购买者可以保存仍属于卖方的抵押品。

购买委托书（Authority to Purchase） 委托一家银行代表国外银行进行购买的委托书，由卖方向买方开出汇票收款。

授权（Authorization） 对用户使用的信用数额的一种控制。

自动柜员机 ［Automated Teller Machine（ATM）］ 一种设施，使消费者无须出纳的帮助，只需使用远程终端设施，就可以进行各种银行交易，如存款、提取现金、查询账户余额及转账。

自动中止条款（Automatic Stay） 破产程序中的一项条款，规定一旦提出书面的破产要求，收回欠款的一切法律程序都将被中止。

日平均余额法（Average Daily Balance Method） 当客户偿付欠款时，支付的利息费用随结算周期中时点的变化而变化。

空头支票（Bad Check） 被金融机构拒付的支票，通常是由于开出支票的账户上现金不足。

坏账损失（Bad-Debt Expense） 公司会计账簿中的费用项目，用于记录无法收回的债款。

坏账损失率（Bad-Debt Loss Index） 一段时期内，注销的坏账金额占信用销售总金额的比率。

资产负债表（Balance Sheet）　反映企业在某一时点财务状况的报表。

漂浮抵押贷款（Balloon Mortgage）　一种贷款形式，以固定利率计息的贷款，其任意一年的贷款额可一次结清。

漂浮付款条款（Ballon Payment Clause）　抵押贷款中，要求在规定的期限结束时一次偿清固定利率的长期贷款。

银行承兑汇票（Banker's Acceptance）　对买方的银行开出的汇票。

银行控股公司（Bank Holding Company）　在一个或多个商业银行中控股的公司。

破产（Bankruptcy）　企业处于无力还债的状态，并且法律与公众已对此状态认可，企业破产时，对债权人或债务人或他们双方会有特定的合法要求。

基准利率（Base Interest Rate）　用以计算出各种上限的利率，一般指申请贷款时指数与边际利率的总和。

债券（Bond）　一种书面合同，其中包含在未来特定时间付款给持票人的承诺。

大宗销售法（Bulk Sales Laws）　一项州法律，用来防止债务人在破产前将其资产和存货廉价出售，以此保护普通债权人的利益。

商业信用（Business Credit）　为购买用于转售的商品或获取运营资金而将信用作为交换中介时形成的信用关系。

商业信用保险（Business Credit Insurance）　主要用于保护制造商、中间商、批发商以及某些服务提供机构的利益，方法是补偿保单持有人的非正常信用损失。

商业信用经理（Business Credit Manager）　一种职位，职责是推销、分析并收回商业信用。

经济周期（Business Cycle）　在我们的经济体系中，总支出及生产活动层面上的波动。

商业信息报告［Business Information Report（BIR）］　邓百氏公司提供的信用报告，内容包括偿付历史、财务实力及企业运营状况这几个方面。

商业报告（Business Report）　消费者信用报告机构准备的报告，包括有关小型企业及其业主——通常为合伙或单个业主——的信息。

能力（Capacity）　欠款到期时，信用申请者偿付欠款的能力。

资本（Capital）　贷款申请者的财务实力，主要决定于其储备资产的多少。

融资租赁（Capital Lease）　一种租赁形式，业主所有的收益及风险都通过租赁转移。

现金支取（Cash Advance）　用通用信用卡得到的贷款，允许借款者按照信用卡发行时制定的条款在现有的现金支取限额内提取现金。

现金信用（Cash Credit）　借贷双方达成协议，规定借款者可以从贷款提供者那里得到现金，并在以后偿还，一般来说，需收取利息费用。

现金折扣（Cash Discounts）　因债务人提前偿付欠款而为其提供的折扣。

现金折扣期（Cash Discount Period）　允许提供现金折扣的时期。

现金流量的估计（Cash Flow Estimate）　对预计的可支配收入的计算，用收入扣减预计的费用即可得出。

现金流预测（Cash Flow Forecast）　用于估计自发票开出之日起 10 日内现金收支的有计划的程序。

现金支票（Casher's Check）　由银行签发的汇票，要求以银行的自有资金支付。现金支票由银行行政人员或工作人员签发。

现金条款（Cash Terms）　不要求立即付现，自发票开出后 10 日内的信用条款。

交货前付款〔CBD（Cash before Delivery）〕　提前付款的条款，要求在商品运抵买方前偿付货款。

保付支票（Certified Check）　一种普通的支票形式，由受票行的行政人员接收。这种支票一般都要盖章，并以预留资金为偿付。

品质（Character）　无形的与个人的正直和道义感有关的个人品质的综合。

赊账卡（Charge Card）　不需支付融资费用，可随时获得贷款的卡、金属卡或其他任何单一工具。

预付款〔CIA（Cash In Advance）〕　提前付款的条款，要求在商品运抵买方前偿付货款。

等级行动诉讼（Class Action Suit）　原告代表自己或对被告拥有同样债权的他人，向被告提起诉讼。

光票（Clean Draft）　用在国际贸易中的一种不附有所有权凭证的票据，通常在进口商收到商品后，通过银行渠道送出光票，从而得到货款。

货到付款〔COD（Cash on Delivery）〕　一种销售条款，在此条款中，买方必须向运送商品的代理商支付货款。

共同保险（Coinsurance）　保险单中规定的条款，要求被保险人按指定的百分比承担一部分损失。

抵押品（Collateral）　当信用消费者不能偿付贷款时，其所有权将被转移给贷款提供者的财产。

附带期票（Collateral Note）　以个人财产作为担保的期票。

收账活动（Collection Activities）　为使消费者按时偿付账单或欠款所采用的任何措施。

收账效率指数（Collection Effectiveness Index）　一种百分比计算，用于度量一定时期内收账活动的有效性。

收账政策（Collection Policy）　一种指导方针，用于帮助信用工作人员决定，运用何种收账工具以及如何收回公司贷出的款项。

商业化信用报告机构（Commercialized Reporting Agencies）　对有关消费者和企业信用历史的资料进行搜集、保存及出售的机构。

商业融资公司（Commercial Finance Company） 为应收账款进行融资的主要渠道。

商业票据（Commercial Paper） 是一种短期无担保的贷款工具，由需要资金的大型公司发行。

常识（Common Sense） 指一种良好的判断。

共同财产权州（Community Property State） 这类州的法律规定，不论婚前财产所有权归谁，婚后，配偶都享有所有彼此财产的共同所有权。

补偿余额（Compensating Balance） 银行贷出资金时，要求其客户存入银行的贷款的最小百分比。

债务重组协议（Composition Arrangement） 债权人在偿债问题上签订的协议，同意借款者只偿付欠款的一部分。

有条件的销售协议（Conditional Sales Agreement） 是一种销售合同，说明了信用购买时还款的期限和还款额，并规定商品所有权保留于卖方手中，直至全部价款付清。

环境（Conditions） 信用分析因素的一种。分析贷款申请者对经济体系的适应程度，以及经济事件对其偿付能力和偿付意愿的影响程度。

委托销售条款（Consignment Terms） 在不转移商品所有权的情况下，将商品出售给他人或企业，卖方无须拥有商品的所有权，而只是代表所有者将其出售。

消费者信用（Consumer Credit） 最终消费者在购买商品和服务时以信用作为交易中介，这种信用称为消费者信用。

消费者信用保险（Consumer Credit Insurance） 在消费者贷款期间或分期付款销售协议生效期间进行的保险，规定在债务人死亡或伤残时，保险公司代其偿付欠款。

消费者信用报告机构（Consumer Credit Reporting Agencies） 一种信用报告机构，为企业提供关于消费者信用历史和信誉的信用报告。

消费者金融公司（Consumer Finance Companies） 在州法律规范下贷款给消费者的公司。

连续性服务（Continuous Service） 对影响账户的新近发展情况做出的自动提示。

控制（Control） 管理的一项任务，即确认或检查工作进展情况，并对工作偏差进行矫正。

控制功能（Control Functions） 用于控制账户，以确保未偿付总债务对个人消费者而言是合理的。

成本分析（Cost Analysis） 通过找出不同活动的真实成本（如每位信用工作人员的信用成本、每1美元销售的信用成本），来帮助管理者制定与信用活动有关的合理决策。

销售成本（Cost of Goods Sold） 企业销售的产品或存货的成本。

信用（Credit） 一种交易中介，只能得到有限的接受。

意外及健康信用保险（Credit Accident and Health Insurance） 一种

保险形式，规定如果债务人伤残，由保险公司代其偿付分期付款欠款。

信用报告社（Credit Bureau）　搜集、保存并出售与消费者信用历史有关的信息的机构。

信用报告社的调查（Credit Bureau Inquires）　表明哪些贷款提供者或相关主体曾要求查询特定信用档案的一览表。

信用报告社报告（Credit Bureau Report）　内容包括偿付历史信息以及来自公共部门的记录、收账机构和其他渠道的信用信息。

信用卡（Credit Card）　一种收取融资费用的卡。

信用卡银行（Credit Card Bank）　一种业务范围有限的专业银行，仅能提供信用卡贷款。

信用品质（Credit Character）　信用消费者按协议规定偿付贷款的意愿。

信用咨询中心（Credit Counseling Centers）　对无力还债的人提供帮助，协助其建立预算和还款计划的地方。

信用决策（Credit Decision）　信用经理做出的决策，决定接受或拒绝信用申请。

信用调查（Credit Investigation）　采取一系列步骤来证实信用申请中的信息并确定消费者是如何处理过去债务的。

信用限额（Credit Limit）　规定的账户保持良好状况条件下可以贷出的最高现金额。

信用额度（Credit Line）　预先规定的贷款额度，允许消费者在一定的限额内增加信用购买。

信用经理（Credit Manager）　商业组织中的个人，其责任是评估消费者的信用申请，并有权在信用交易中使用商业资源。

信用管理程序（Credit Management Process）　指一系列的管理步骤，包括促销信用购买选择、分析信用申请的风险以及在债务发生后收回账款。

信用期限（Credit Period）　允许买方还款的时限，在此时限后的还款即为逾期还款。

信用政策（Credit policy）　一种书面的政策说明，信用部门用其界定所提供的信用类型，并说明可承受风险的基本特点。

信用评分系统（Credit Scoring System）　一种统计表格或计算机程序，对信用申请和信用报告社报告中的不同项目进行打分。

信用条款（Credit Terms）　类似于销售条款，是买卖双方就商品和服务的偿付问题达成的协议。

信用合作社（Credit Union）　一种团体，成员将各自的资金集中起来，相互以相对较低的利息提供贷款。

债权人（Creditor）　信用交易中拥有资金或收取偿付款的一方。

信誉（Creditworthiness）　商家或消费者用其保证未来进行偿付的承诺来获得商品、服务或资金的能力。

交叉销售（Cross-Selling）　寻找机会销售公司提供的其他服务。

流动资产（Current Assets） 包括现金和正常情况下在一个营业周期内可变现的其他资产。

流动负债（Current Liabilities） 在下一年或下一个营业周期内将被清偿的负债。

流动比率（Current Ratio） 流动资产与流动负债的比率。

循环结账（Cycle Billing） 在一个月中的每个工作日，不断将信用档案中的科目加以系统分类，并将账单提供给不同的消费者群。

订货付款〔CWO（Cash with Order）〕 要求在向买方发出商品之前支付货款的预付条款。

日均单利法（Daily Simple Interest Method） 不同于追加法，因为日利率（通常为年利率的1/365）用来与现金贷款的每日未付余额相乘计算出利息额。

应收账款周转天数（Days Sales Outstanding） 公司持有应收账款的平均天数，由应收账款总额与平均日销售额相比得出。

交易商准备金（Dealer Reserve） 储存在银行中的款项，是希望出售分期付款合同的零售商与希望购买合同的金融机构之间达成的协议中的一部分。

公司信用债券（Debenture） 一般由企业发行的一种无担保债券，其偿付情况要依赖于企业的盈利能力。

借记卡（Debit Card） 用于通过电子系统提现的一种塑料卡，提取的现金存储于他处，以备支付购买商品和服务的款项。

债务人（Debtor） 信用交易中欠款或偿付债务的一方。

负债比率（Debt Ratio） 每月总的债务支出额与月收入的比率。

负债所有者权益比率（Debt-to-Net Worth Ratio） 负债总额与所有者权益或净资产金额的比率。

递减定期保险（Decreasing Term Coverage） 一种人寿保险，规定死亡赔付额随时间递减，一般情况下与递减的分期付款贷款的余额相等。

违约保险（Default Insurance） 如果借款者未偿付欠款，则由保险公司代表借款者作抵押清偿（用抵押品折现还款）。

人口信息（Demographic Information） 与家庭成员的身份及居住地相关的信息。

折旧（Depreciation） 在长期资产的寿命周期中分配资产成本的过程。

直接调查（Direct Inquiry） 联系雇主、信用提供者及其他个人的过程，用来证实信用申请者的情况并提供关于申请者偿付意愿及偿付能力的信息。

拒绝发表意见（Disclaimer of Opinion） 一种审计人员的意见，即拒绝对财务报表的制作和准确性提供意见，常由于信息不完全所致。

折扣贷款（Discount Loan） 一种贷款安排，在贷款发放时，扣减整个贷款期的利息。

贴现率（Discount Rate）　联邦储备体系向隶属于体系的商业银行发放贷款时，对其收取的利率。

描述性账单（Descriptive Billing）　每月由机器印制的报表，反映与消费者有关的各种财务数字。

跟单汇票（Documentary Draft）　附有所有权凭证及重要的货运单据（例如，提单、保险证明书和运输凭证）的汇票。

首期付款（Down Payment）　买方对全部货款的一部分进行的现金支付。

汇票（Draft）　应持票人的要求或在指定的日期，支付确定的金额给持票人的支付命令书。

耐用品（Durable Goods）　自然寿命相对较长，且可长期使用的制成品。

电子数据交换〔EDI（Electronic Data Interchange）〕　用电子传输方式实现企业与企业间的数据交换。

电子资金转移系统（Electronic Funds Transfer System）　通过电话线路，用电子信息的方式转移资金。

就业信息（Employment Information）　关于个人的雇主姓名、职业、收入及工作时间长短的信息。

出口信用保险（Export Credit Insurance）　为防止国外客户不履行合同，对债权人提供的保险。

进出口银行（Export-Import Bank Exim Bank）　一种政府机构，通过各种贷款、贷款担保和保险业务，对产品外销的企业提供帮助。

出口销售协议（Export Terms of Sale）　买卖双方签订的协议，涉及出口贸易中商品和服务的偿付事宜。

延期付款协议（Extension Agreement）　一种延期偿付协议，债务人承诺在超过偿付期限一段时间后，再对债务进行全部清偿。

要价过高的信用交易（Extortionate Credit Transaction）　要价苛刻或过高的交易。

额外期限（Extra Dating）　指一种销售条款，允许买方延期付款，从而鼓励其及早订货。

事实（Fact）　已被客观地证明为真实的信息。

保理机构（Factor）　金融机构或其他机构，他们从客户那里购买应收账款，同时承担全部信用风险。

保理（Factoring）　涉及应收账款融资的服务，保理机构购买应收账款并承担所有信用风险。

《公平信用报告法》（Fair Credit Reporting Act）　于 1971 年生效，规范了信用报告机构，提供了消费者获得信息的渠道，并包括报告方法和形式，它使现今的消费者能受到平等的对待。

财务报表造假（Falsification of Financial Statements）　在报表中捏

造账务，从而欺骗信用分析人员。

（美）联邦存款保险公司〔FDIC (Federal Deposit Insurance Corporation)〕 对商业银行的存款进行保险的公司。

《1989 年金融机构改革、恢复和强化法》〔FIRREA (Finance Institutions Reform, Recovery, and Enforcement Act of 1989)〕 对存贷款行业进行改革，并修正了原有的联邦法规。

融资费用（Finance Charge） 在信用交易过程中，债务人需支付给债权人的额外费用，是高于债务人应付款项的那部分费用。

财务资本（Financial Capital） 用于创办、维持并运营一家企业的资金。

财务报表分析（Financial Statement Analysis） 用来自财务报表中的数据，计算各种财务比率及进行其他计算。

首次抵押（First Mortgage） 赋予贷款提供者对不动产价值的第一要求权，以防借款者不偿付贷款或无力清偿。

财政政策（Fiscal Policy） 国会使用的政策，通过法规改变税收及政府支出水平。

固定利率抵押贷款（Fixed-Rate Mortgage） 用不动产作担保的贷款，在还款期间用事先确定的固定利率计算贷款利息。

丧失赎回权（Foreclosure） 一种法定程序，如果借款者不能还款，贷款提供者将利用其对财产的担保权益，强行变卖财产用以抵债。

正式申请（Formal Application） 一种综合性的表格，用来搜集有关申请者信用资质的信息，并由信用分析人员对表上列示的情况进行调查。

欺诈性转让（Fraudulent Conveyance） 将财产转移到他人名下，从而隐藏财产，或将财产低价卖出以逃避债权人的清算。

完全追索权（Full Recourse） 销售商将其发行的分期付款销售票据售卖或让渡给银行，如果买方过期未付款，则由销售商对此票据无条件担保并负全部责任。

财产扣押（Garnishment） 一种法定程序，规定原属于债务人的财产或资金，其所有权归属于债权人，实物保存在第三方手中，将会用于清偿债务。

一般性的商业征信公司（General Mercantile Agency） 一种商业信用报告机构，其首要职责是提供关于各种类型的企业的信用报告。

通用信用卡（General-Purpose Credit Cards） 可循环使用的信用卡账户，用于从同意以此卡代替现金作为支付手段的销售商那里购买各种商品和服务。

信用评级（Grading the Credit） 审核证据，并以一种有序的方式记录特性判断，（此特性判断是从与特定因素相关的特定证据中得出的）。

毛利（Gross Margin） 净销售额超过产品销售成本的差额。

晕圈效应（Halo Effect） 如果对某一因素（如高收入）的印象超过其他因素，因而不能全面考虑，影响到信用决策的制定，这种效应被称为晕圈效应。

住宅权益信用额度（Home Equity Line of Credit） 一种开放性信用方案，其信用贷额度基于借款者在房地产方面拥有的权益。

住宅权益贷款（Home Equity Loan） 一种分期付款贷款，由不动产权益或净值作担保，金额等于从不动产市价中扣除未偿付的首次抵押后的余额。

门槛（House Standard） 信用经理据以判断公司商品购买者信用风险特性的指导原则。

身份识别（Identification） 确保购买者本人即为在银行中具有实名账户的当事人的技术。

损益表（Income Statement） 反映一定时期销售额、销售成本、费用以及期间净损失的报表。

独立销售组织［Independent Sales Organizations（ISO）］ 为银行提供外部帮助的组织。帮助银行选择潜在的信用卡持有者以及零售、服务公司，从而扩展银行的信用卡业务。

指数（Index） 不受贷款提供者影响的外部指数，当可调整利率的抵押贷款的利率变动时，此指数被用于决定利率如何变动。

间接贷款人（Indirect Lender） 诸如银行、消费者融资公司之类的金融机构，他们买入销售商签订的分期付款贷款合同。

工业银行（Industrial Banks） 在一些州中，依据工业贷款法组织的银行公司，主营业务是发放消费者分期付款贷款。

归入档案的信用报告（In-File Credit Report） 最普遍的信用报告形式，指信用调查社所提供的当前记录于其档案中的各种信息。

通货膨胀（Inflation） 商品和服务价格的普遍上涨。

非正式申请（Informal Application） 一种相对简短的信用申请表格，由消费者填写，并送交信用提供者处理。

初始利率（Initial Interest Rate） 指贷款的原利率，可作为一种营销策略来吸引借款者。

初步甄别（Initial Screening） 信用部门作出的省时、低成本的调查，用来确认信用申请者是否达到开立信用账户的最低标准。

分期付款贷款（Installment Loans） 由借款者在未来的一段时期内定期偿还的一系列贷款安排。

分期付款条款（Installment Terms） 写入分期付款协议中的条款，注明定期付款的金额、频率和时间安排。

无形资产（Intangible Asset） 商业运作中无实物形态的资产，如商誉、专利等。

存货融资（Inventory Financing） 一种信用形式，由贷款提供者提供给零售商，以使其有足够的存货供应进行展示和销售。

调查政策（Investigation Policy） 一种书面形式的方针政策，用以帮助信用调研者搜集充足的信息，从而作出正确的决策。

消费者信用调查报告（Investigative Consumer Reports） 通过私人拜访和传统方式获得信息的信用报告，包括消费者品德、名誉、个人性格特点及生活方式等信息。

419

判断性的决策制定（Judgemental Decision Making） 基于经验、学识和直觉作出信用决策的能力。

分类账信息（Ledger Information） 企业的货币交易记录，能反映单个信用客户使用信用账户的情况。

信用证〔Letter of Credit（L/C）〕 银行的书面协议，承诺兑现汇票或其他支付命令。

平均定期保险（Level Term Coverage） 指一种人寿保险，在保险期内，死亡赔付额保持不变。

杠杆收购（Leveraged Buyouts） 当购买企业时，用借款支付购买成本。

存续期利率上限（Lifetime Interest Rate Cap） 可调整利率的抵押贷款协议中的条款，规定抵押品在存续期内利率的上升幅度，从而界定了最高利率。

有限承兑（Limited Acceptance） 出于对信用交易中的两个因素——风险和时间——的考虑，信用具有有限承兑性。

流动性（Liquidity） 公司偿付日常债务的能力。

流动性比率（Liquidity Ratios） 指分析企业流动性时，通用的 7 个重要比率。

信用额度（Line of Credit） 根据事先的安排，信用机构用兑现超过目前账户余额的支票的方式，贷给消费者最高贷款的金额。

锁箱（Lockboxes） 指一个中心支付地点，是金融机构提供的一项服务，接受客户寄来的支付款，并由金融机构将支付款记入账户。

固定资产（Long-Term Asset） 存在时间超过一个营业周期的投资和资产，其价值损耗将分摊于使用年度中。

长期负债（Long-Term Liability） 从记入资产负债表日起 1 年以上到期的债务。

管理效率（Managerial Efficiency） 能够在财务报表分析中得以反映，决定一个公司长期获利及成功运作的能力。

保证金率（Margin Rate） 每个调整点上的利率，等价于指数和保证金率的加计。

营销（Marketing） 将商品和服务从生产者手中转移到最终消费者手中的过程和功能。

技工留置权（Mechanics Lien） 为了获得建筑工程中劳务及建筑材

料的优先偿付权，由州法令规定的权利。

交易中介（Medium of Exchange）　商品或服务交易中，对卖方而言可接受的价值承载物。

商品信用（Merchandise Credit）　用来购买用于转销的商品、原材料和存货。

缩微胶片（Microfiche）　指一种微型胶片，以缩微的形式存放多页资料，用特殊的放大仪器来阅读。

货币政策（Monetary Policy）　由联邦储备体系控制，包括几种不同的政策工具，用以扩张或收缩货币供给，从而调整利率的政策。

货币市场共同基金（Money Market Mutual Fund）　投放于短期无担保的货币市场的投资基金，投资对象包括公司债券、国库券和商业票据等。

抵押（Mortgage）　以房地产作为履行债务的担保。

抵押贷款银行家（Mortgage Bankers）　发放抵押贷款的公司和个人，他们将抵押贷款出售给其他投资者，提供按月付款服务，也可以作为交纳税收和保险金的代理商。

月支付上限（Monthly Payment Cap）　月支付额的年增长界限。

共同基金（Mutual Fund）　投资公司汇集众多投资者的资金用于购买特殊种类的有价证券，这些资金称为共同基金。

负分期偿还（Negative Amortization）　抵押贷款或其他贷款所处的一种状态，是指因为付款不足以偿付到期利息，故未偿付的余额逐渐增加。

可转让票据（Negotiable Instruments）　商业交易中用于借款、支付或转账的书面票据，通常包括本票、支票、汇票等多种类型。

净利润（Net Profit）　也称为"净收益"，指公司一定时期内的收入扣除一切开支后的余额。

销售利润率（Net Profit Margin）　净收益与净销售额的比率，表明每1美元销售额中利润所占的百分比。

信用净期限（Net Credit Period）　在销售条款中，账款逾期前给予客户的偿还期。

网络（Networking）　利用电缆将几台计算机连接，实现资源共享，即称为网络。

净营运资本比率（Net Working Capital Ratio）　净营运资本与净销售额的比率，其中净营运资本为流动资产减去流动负债。

名义年利率（Nominal Annual Rate）　如果贷款时间不足或超过1年，名义利率就要被转化为名义年利率。

名义利率（Nominal Rate）　利息额与消费者想要的贷款额的比率。

非银行性银行（Nonbank Banks）　一种新的银行类型，允许提供支票账户或商业贷款，但不能同时提供这两项业务。

无追索权（Nonrecourse）　销售商对客户不进行信用偿付免责。

数据式的决策制定（Numerical Decision Making） 基于数据的决策制定方式，给不同特性和观测值以权数，并计算出总分，按分数作出决策。

开放性账户交易（Open Account Transaction） 在买卖双方的商业记录中，都会记录于会计分录中的一种信用销售。

公开市场业务（Open-Market Operations） 联邦储备体系在市场上公开买卖政府债券的行为。

经营性租赁（Operating Lease） 一种短期的设备租赁，可随时取消租赁协议。

观点（Opinion） 未经证据或确实的消息证实的信念或结论。

Optima 卡（Optima Credit Card） American Express 于 1987 年 3 月发行的信用卡。

订单限额（Order Limit） 不需信用经理或上级主管批准，单批订货允许的最高金额。

普通应收账款融资（Ordinary Accounts Receivable Financing） 一种协议，允许金融机构无须通知债务人，而有追索权地购买客户的应收款。

普通条款（Ordinary Terms） 包括两个期限——净信用期间和现金折扣期。

组织（Organizing） 一种管理职能，即组织活动并为单个雇员分配任务。

透支方案（Overdraft Plan） 为借款者提供提前批准的贷款准备金，一般将其存入支票账户，在借款者所需之时，可方便地提取。

所有者权益（Owner's Equity） 对资产总额扣减负债总额后的企业资产所拥有的剩余要求权。也称为股东权益、持股者权益、资本账户、资产净值等。

逾期指数（Past-Due Index） 逾期应收账款额与应收账款总额的比率。

典当行（Pawnbroker） 可以以特定的利率贷款的贷款提供者，但必须将个人资产留给典当行作担保。

支付条款（Payment Terms） 与销售条款相似，指买卖双方在商品及服务的付款问题上达成的协议。

百分比比较法（Percentage Comparison Method） 也称"百分之百"或"一般规模法"，资产负债表中的科目用占资产总额的百分比表示，损益表中的科目用占净销售额的百分比表示。

完善抵押利息（Perfect a Security Interest） 通过专门的政府机构准备并填写报表，从而记录担保利息的过程。

个人财产担保贷款（Personal Guarantee） 若债务人不能偿债，将其个人财产用于还款的协议。

人事报告（Personnel Report）　由消费者信用报告机构为将要雇佣员工的雇主准备的报告，内容包括被考虑雇佣的个人的资料。

私人抵押贷款保险［P. M. I.（Private Mortgage Insurance）］　对常规住宅抵押贷款，即非政府贷款，进行的保险。

基点（Point）　等于抵押品面值的百分之一，作为获得抵押贷款时需支付的额外费用。

优先权（Preference）　一种债务偿付，通常在破产消息发布前 90 天内进行，以债权人群体的利益为代价满足单个债券人的利益。

预付条款（Prepayment Clause）　如果抵押品被提前赎回，要求抵押品持有者支付特定的费用或罚金。

预付条款（Prepayment Terms）　可减少或消除信用交易中的不利因素和风险。

信誉信用卡（Prestige Card）　维萨卡或万事达卡将众多银行的产品纳入单个信誉产品中。

期初余额法（Previous Balance Method）　融资费用的计算基于上月的账户余额，即使本月账户欠款未足额偿付，也无须扣减偿付或信用额。

初始损失（Primary Loss）　总损失中作为正常损失的部分，它必须是在保险公司赔付之前发生的亏损。

头等贷款利率（Prime Rate）　一种最优惠的利率，由商业银行提供给信誉最好的商业客户。

私人信用（Private Credit）　提供给个人或企业的贷款，用于经济中的私人交易领域。

私人抵押保险（Private Mortgage Insurance）　为保证常规的住宅抵押贷款的偿还，由抵押品持有者支付保险费的险种。

程序（Procedures）　完成工作时的一步步的指令，用以使工作任务连续地完成。

本票（Promissory Note）　在未来一定日期支付一定金额款项的书面承诺。

促销（Promotion）　用广告或其他的宣传形式，刺激产品的销售或增加服务的使用。

公共信用（Public Credit）　提供给某级政府，用以购买无偿提供给公民的商品、服务和实施福利项目。

公共部门记录的信息（Public Record Information）　政府、法院系统和其他公共机构掌握的数据，可供任何对其感兴趣的人参考。

部分保留意见（Qualification as to Scope）　一般当审计人员未能确定应收账款或未能真正盘点存货的提取时，会发表此意见。

保留意见（Qualified Opinion）　当审计人员认为企业的财务报表大体来讲较好，只是在某几点上不尽如人意时，发表此意见。

比率分析法（Ratio Analysis）　通过比率的形式，来反映财务报表中各项目间的基本关系。

不动产抵押贷款（Real Estate Credit）　一种信用形式，资金以贷款的形式给予借款者，借款者以不动产作为担保品或抵押品。

不动产投资信托（Real Estate Investment Trust）　由股票构成的投资，股票一经发行，即在股票交易市场上交易，其初始发行筹得的款项被投资于抵押品或房地产市场中。

不动产抵押票据（Real Estate Mortgage Note）　以不动产作担保的票据。

提前还款折扣（Rebate for Prepayment）　如果贷款被提前偿还，按分期付款贷款协议规定，将返还预先计算的总利息的一部分。

应收账款周转率（Receivables Turnover）　本期平均应收账款除以本期赊销净额所得的比率。

追索权（Recourse）　一种普通应收账款融资安排，它规定，如果债务人不付款，账户购买者有权要求返还资金。

划红线注销（Redlining）　将某些客户作为贷款风险人群划出贷款对象的范围。

商品收回（Repossession）　在分期付款中，因买主未能按期付款而将商品重新收回的法定程序。

回购（Repurchase）　普通应收账款融资合同条款，此条款规定账款购买者有权在借款者无力偿还时，将其收回以抵补其余未付款项。

住宅抵押贷款信用报告（Residential Mortgage Credit Report）　综合性的最新信用调查社报告，作为住宅抵押贷款交易的一部分，费用通常作为结算成本由借款者支付。

法定存款准备金要求（Reserve Requirements）　机构（银行、信用合作社、储蓄和贷款协会等）必须以现金或存款的形式将存款的一部分保存在联邦储备体系中。

零售信用（Retail Credit）　消费者使用循环信用证、分期付款合同或服务信用，直接从销售商手中购买最终消费品和服务的信用形式。

分期付款信用（Retail Installment Credit）　一种信用计划或信用方案，允许购买者在未来以一系列固定款项的支付来购买商品。

30 天零售赊销账户（Retail 30-Day Charge Account）　为零售消费者提供的机会，可以对一系列的赊购记账，这类账户由零售商运作，在预定的时期末（通常为 1 个月）送出账单或文件。

限制性合同（Restrictive Covenants）　一种必须遵守的协定，列示了当贷款未偿付时，不允许从事的行为及需要从事的行为。

资产收益率（Return on Assets）　在一定时期内，净收入与平均总资产的比率。

投资回报率（Return on Investment）　在一定时期内，净收入与平均所有者权益的比率。

可撤销的信用（Revocable Letter of Credit）　银行签发的可撤销的协议，承诺代表个人或公司偿债。

循环信用（Revolving Credit）　一种信用协议，允许客户在事先确定的最高贷款限额内使用信用。

收回财产权（Right of Replevin）　如果债权人的所有权或占有权优先于债务人，在合同条款未被全部履行时，债权人可收回商品。

解约权（Right of Rescission）　赋予签约人的权利，允许其在规定时期内，撤销、废除或取消合同规定的责任。

《罗宾逊-帕特曼法案》（Robinson-Patman Act）　一项联邦法律，规定禁止价格歧视，该法案中包括的销售条款限制了竞争，从而加剧了垄断。

收货时付款〔ROG（Receipt of Goods）〕　该销售条款规定当商品到达目的地时，开始计算现金折扣期和偿付期。

托管公司〔RTC（Resolution Trust Corporation）〕　为了处置那些在 1989 年 1 月 1 日后破产并被监管机构接管的金融机构而设置的公司。

78 公式（Rule of 78s）　一种用于提前计算融资费用折扣额的方法，在分期付款贷款提前偿付时，允许做出这种折扣。

法规（Rules）　罗列何为禁止的行为及何为允许的行为的陈述。

销售金融公司（Sales Finance Company）　一种特殊类型的金融机构，主营业务为从零售商处购入消费者分期付款合同，并向这些零售商提供批发融资。这种融资机构要求的利率与商业银行和提供同等服务的贷款提供者所要求的利率相比，很具有竞争力。

回租协议（Sale Leaseback Arrangement）　在这种协议下，卖方将其资产转移给另一方，同时又通过租赁继续使用该项资产。

资产周转率（Sales to Total Assets）　净销售额与总资产的比率。

储蓄和贷款协会（Savings and Loan Associations）　初始业务为接受储蓄存款并提供抵押贷款的储蓄性金融机构。

存款银行（Savings Banks）　由州政府颁发营业执照的银行，其运营法规有很大的变动性。

季节性延期（Season Dating）　发票的日期由销售的季节而定，并不依据订货或装运的日期，通常被用来引导买方提前订货。

二次抵押贷款市场（Secondary Mortgage Market）　在该市场中，抵押贷款合同由联邦代理机构购买，随后出售给投资者。

二级贷款提供者（Second-Layer Lenders）　从事购入和售出贷款的二次市场活动的人，他们以借款的形式向一级贷款人提供信用。

有担保信用卡（Secured Credit Cards）　通常向无良好资信记录的借款人发行的通用信用卡，要求用借款人的储蓄账户余额作担保。

自动清偿信用（Self-Liquidating Credit）　先用贷款获得要转销的商品和服务，待商品售出后再偿还贷款。

服务信用（Service Credit）　服务提供商以同意客户延期付款的方式向客户提供的信用。

结算成本（Settlement Costs）　与转移不动产所有权有关的费用，以及在买方、卖方、不动产代理人、金融机构以及其他为权益转让提供服务的人之间进行结算时产生的费用。

股份汇票（Share Draft） 一种独特的金融工具，由信用合作社从其成员的股份汇票账户中提款来偿还债务。

即期汇票（Sight Draft） 一种支付命令，要求付款人见票即付款给持票人。

跟单即期汇票条款（Sight Draft-Bill of Lading Terms） 销售条款中规定，在所有权凭证交付给买方之前，买方必须支付即期汇票。

简单评估法（Simple Evaluation） 一种对财务报表的分析方式，信用经理仅检查资料中所示的货币项目。

单利法（Simple Interest Method） 使用日利息费用（通常是年利率的 1/365）在"天"的基础上收取利息费用，这种日利息，要首先从每次支付的款项中扣除。

一次偿清贷款（Single-Payment Loans） 一般性的短期贷款，贷款期在 1 年以内，期末一次性偿还。

一次偿付条款（Single-Payment Terms） 现实中的一种特殊延期付款方式，允许客户在短期内累计其债务，并进行一次性清偿。

逃债（Skip） 指债务人故意变更地址，以逃避偿还债务的行为。

智能卡（Smart Card） 一种用电子系统存储价值用以购物的借记卡。

消费者信用保险（Solvency） 企业债权人的贷款与企业所有者（股东）的投资相比，二者对偿债的金融支持可以显示偿债能力。

偿债比率（Solvency Ratios） 通常指 7 种被普遍使用的比率，可用于表明一家公司的偿债能力。

专业性信用报告机构（Specialized Credit Reporting Agency） 一种商业信用报告机构，提供有关企业所属的行业、规模的大小以及所处的地理位置的报告。

特殊延期条款（Special-Dating Terms） 调整条款以适应对交易或客户而言较特殊的情况。

标准工业比率（Standard Industrial Ratio） 从调查结果中计算出的标准财务比率，由一定的信用报告机构公布，用以反映财务比率的平均水平。

现金流量表（Statement of Cash Flows） 一种会计报表，反映特定时期内现金来源和现金使用的状况。

利润分配表（Statement of Retained Earnings） 一种会计报表，反映净收入的使用状况——或作为企业留存利润，或以股息的形式分配给股东。

存货周转率（Stock Turnover） 销售额与平均存货的比率，可以用成本价或零售价来计算。

商业信用卡（Store Card） 零售商拥有并使用的信用卡，可用来促进其零售商店的销售。

助学贷款（Student Loans） 用于支付学费和其他与教育事项有关的

费用，这种贷款叫做助学贷款。

从属协议（Subordination Agreement） 确立对客户资产的优先权，从而使债权人在债务人不能偿付时占据主动的协议。

暂存数据（Suspense File） 供进一步使用的存储数据，当安排打乱时，可从中调出账户检查。

凯瑟勒条款（Terms Chiseler） 即使债务人的偿付行为发生在现金折扣期满后，仍扣减现金折扣或仅作部分偿付。

销售条款（Terms of Sale） 就商品和服务的支付状况，买卖双方订立的协议。

远期汇票（Time Draft） 一种支付命令，规定在一定时期后或未来特定日期付款。

已获利息倍数（Times Interest Earned） 净收入或净利润与利息支出的比值。

总融资费用（Total Finance Charge） 利息、费用和贷款客户的应付费用总和，将会作为一项贷款条件。

商业承兑汇票（Trade Acceptance） 由卖方签发，买方承兑的一种汇票。

商业折扣（Trade Discount） 与支付时间无关的一种价格策略。

行业集团会议（Trade Group Meeting） 由 NACM 发起，旨在讨论行业共同面对的问题的会议。

旅游和娱乐信用卡（Travel and Entertainment Card） 一种赊账卡，允许持卡者在会员公司购买商品和服务，持卡者会每月收到消费项目的详细清单，并每月结账一次。

证券包销（Underwriting Securities） 投资银行购买公司新发行证券的业务，投资银行期望所购证券在将来出售获利。

过度乐观（Undue Optimism） 一种公司期望的反映，即希望财务报表中某些项目及时恢复或达到其账面价值。

《统一商法典》［Uniform Commercial Code（UCC）］ 一种几乎每个州都采用的法律，其中包括有关商品销售和租赁、商业票据、担保交易、信用证、提单、银行业务和资金转账等各方面的法令。

无保留意见（Unqualified Opinion） 审计人员由于财务报表准确地反映了财务状况和运营结果而发表的满意的意见。

高利贷（Usury） 借款者为得到贷款而向贷款提供者支付的高额利息。

自愿性破产申请（Voluntary Bankruptcy Petition） 债务人提交的破产申请书，用来寻求联邦破产法保护。

工资抵押协议（Wage Assignment） 由债务人签署的协议，通常在信用交易达成时签署，规定债权人在债务不能偿付时，不经法庭命令即可占有债务人一定数量的工资。

工资收入者计划（Wage Earner's Plan） 在联邦破产条例第 13 章中所规定的一种破产形式，包括一项经法院允许的以未来收入偿还债务的计划。

工资扣发（Wage Garnishment） 一种法律程序，将雇主控制的、应发给雇员的货币或财产（如工资）用于偿还债务。

装点门面（Window Dressing） 尽可能有利地表现企业各方面的运营状况。

教师反馈表

McGraw-Hill公司是美国著名的教育图书出版公司，出版了很多著名的计算机类、工程类、经管类以及人文社科类图书。

我们十分重视对广大教师的服务，开发了教师手册、习题解答等教学课件以及网上资源。如果您确认将本书作为指定教材，请您务必填好以下表格并经系主任签字盖章后寄回我们的联系地址，McGraw-Hill公司将免费向您提供英文原版的教师手册或其他教学课件。

您需要教辅的教材：			
姓名：			
系：			
院/校：			
您所教的课程名称：			
学生人数/学期：	_____人/____年级	学时：	
您目前采用的教材：	作者：		
	书名：		
您准备何时用此书授课：			
联系地址：			
邮政编码：	联系电话：		
E-mail：			
您对本书的建议：		系主任签字 盖章	

我们的联系地址：

中国人民大学出版社
北京博闻一方教育文化发展有限公司
联系人：虞洋
电话：010-62513580转601
传真：010-62513583
电子邮件：sales@brivision.com
网址：http://www.cbbook.com

麦格劳-希尔北京代表处教师服务中心
McGraw-Hill Education
北京市海淀区知春路76号
翠宫饭店写字楼1408室　北京100086
Tel: 800-810-1936　ext: 602316032
Fax: 010-6263 8354
E-mail: webmaster@mcgraw-hill.com.cn
URL: http://www.mcgraw-Hill.com.cn

图书在版编目（CIP）数据

消费与商业信用管理：第 11 版：英文 / 科尔普，米希勒著；北京华章图文信息有限公司改编．
北京：中国人民大学出版社，2004
（工商管理经典教材·信用管理系列）
ISBN 7-300-06138-6

I. 消⋯
II. ①科⋯②米⋯
III. 消费信贷－管理－英文
IV. F830.589

中国版本图书馆 CIP 数据核字（2005）第 113842 号

Robert Cole, Lon Mishler:
Consumer and Business Credit Management, ed.
ISBN: 0-256-13904X

Copyright © 1998 by The McGraw-Hill Companies, Inc.
Original language published by The McGraw-Hill Companies, Inc. All rights reserved. No part of this publication may be reproduced or distributed by any means, or stored in a database or retrieval system, without the prior written permission of the publisher.

Simplified Chinese translation edition jointly published by McGraw-Hill Education (Asia) Co. and China Renmin University Press.

本书封面贴有 McGraw-Hill 公司防伪标签，无标签者不得销售。

工商管理经典教材·信用管理系列
消费与商业信用管理（第 11 版）
[美] 罗伯特·科尔
朗·米希勒 著
北京华章图文信息有限公司 改编

出版发行 中国人民大学出版社
社 址 北京中关村大街 31 号 邮政编码 100080
电 话 010-62511242（总编室） 010-82501766（邮购部）
010-82501 （门市部） 010-62514148（门市部）
010-62515195（发行公司） 010-62515275（盗版举报）
网 址 http://www.crup.com.cn
http://www.ttrnet.com（人大教研网）
经 销 新华书店
印 刷 北京市鑫鑫印刷有限公司
规 格 787×1092 毫米 1/16 版 次 2004 年 月第 1 版
印 张 印 次 2004 年 月第 1 次印刷
字 数 588 000 定 价 63.00 元

图书在版编目（CIP）数据

消费者与商业信用管理：第 11 版/（美）科尔著：北京华译网翻译公司译.
北京：中国人民大学出版社，2004
（工商管理经典译丛·信用管理系列）
ISBN 7-300-06138-9

Ⅰ．消…
Ⅱ．①科…②北…
Ⅲ．消费信用-信贷管理
Ⅳ．F830.589

中国版本图书馆 CIP 数据核字（2004）第 114843 号

Robert Cole，Lon Mishler.

Consumer and Business Credit Management-11th ed.

ISBN：0-256-18704-5

工商管理经典译丛·信用管理系列

消费者与商业信用管理（第 11 版）

［美］　罗伯特·科尔
　　　　朗·米什勒　　著

北京华译网翻译公司　译

出版发行	中国人民大学出版社		
社　　址	北京中关村大街 31 号	**邮政编码**	100080
电　　话	010－62511242（总编室）	010－62511239（出版部）	
	010－82501766（邮购部）	010－62514148（门市部）	
	010－62515195（发行公司）	010－62515275（盗版举报）	
网　　址	http：//www.crup.com.cn		
	http：//www.ttrnet.com（人大教研网）		
经　　销	新华书店		
印　　刷	河北涿州星河印刷有限公司		
开　　本	787×1092 毫米 1/16	**版　　次**	2004 年 11 月第 1 版
印　　张	27.75 插页 2	**印　　次**	2004 年 11 月第 1 次印刷
字　　数	563 000	**定　　价**	55.00 元

版权所有　侵权必究　印装差错　负责调换